上海外国语大学中东研究所基地丛书
上海外国语大学教育部“211 工程”三期重点学科建设项目资助

中东核扩散与国际核不扩散机制研究

赵伟明等 著

时事出版社

图书在版编目（CIP）数据

中东核扩散与国际核不扩散机制研究/赵伟明等著．
—北京：时事出版社，2012.3

ISBN 978-7-80232-491-6

Ⅰ.①中…　Ⅱ.①赵…　Ⅲ.①核扩散—研究—中东
Ⅳ.①D815.2

中国版本图书馆 CIP 数据核字（2012）第 019562 号

出 版 发 行：时事出版社
地　　　址：北京市海淀区巨山村 375 号
邮　　　编：100093
发 行 热 线：（010）82546061　82546062
读者服务部：（010）61157595
传　　　真：（010）82546050
电 子 邮 箱：shishichubanshe@sina.com
网　　　址：www.shishishe.com
印　　　刷：北京昌平百善印刷厂

开本：787×1092　1/16　印张：36.5 字数：410 千字
2012 年 3 月第 1 版　2012 年 3 月第 1 次印刷
定价：88.00 元
（如有印装质量问题，请与本社发行部联系调换）

教育部人文社会科学重点研究
基地重大项目

目　录

上篇　国际核不扩散机制研究

下篇　中东地区核扩散案例研究

凡　例

本书注释主要遵循CSSCI来源期刊《世界经济与政治》的体例；第二次引证时只出现作者名、书名（或文章名）、页码，其他信息省略；不常见外国人名、地名和专有名词，第一次出现时附有外文原文；外国人名的翻译主要依据新华通讯社编《英语姓名译名手册》（2004年版）；各种专业术语的表述主要遵循中国国际关系学界的惯例。

导　言

1968年签订的《不扩散核武器条约》至今已有40余年，核不扩散的目标并未真正实现。核国家已由当初的五国（美、苏、英、法、中）增加到现在的九国（美、苏、英、法、中、以、印、巴、朝），[①] 还有相当数量的潜在的核国家。虽然爆发全球性核大战的可能性已大大降低，但地区核扩散和核冲突的危险并没有消除，不少无核国家仍把拥有核武器作为重要的国家目标来追求，一些恐怖组织也在千方百计地获取核武器，核流失和核失控并非耸人听闻之谈，中东正成为继南亚之后最有可能发生核扩散及爆发核冲突的地区。

本书从冷战后世界格局的变化、特别是伊拉克战争后中东格局的变化这一角度来审视中东的核扩散问题，并通过中东核扩散案例对国际核不扩散机制进行评估。冷战结束后，世界格局由美苏对立的两极格局变成美国一超独大的单极格局，某些中东国家原先受约束的获取核武器的愿望并没有因冷战结束而消失，反而强烈地释放了出来。伊拉克战争以后，受美国单边主义政策和先

① 国际社会普遍认为以色列拥有核武器，对此，以色列既不承认也不否认。朝鲜自称拥有核武器，但国际社会认为朝鲜还不拥有实战性核武器。

发制人战略的刺激，一些中东国家获取核武器的愿望不是减弱而是增强了。出现这种状况既与美国的霸权战略、单边主义和核不扩散政策的多重标准分不开，又在一定程度上与国际核不扩散机制自身的缺陷有关。

本书将中东核扩散案例与国际核不扩散机制结合起来进行研究，探索国际安全防范机制与国际热点问题之间的关联。

中东是我国重要的周边战略地区，中东局势对我国西部地区的稳定有很大的关系，中东的核扩散将直接影响我国西部地区的安全。近年来，我国对中东石油的依赖程度正在逐年增加，中东的核扩散形势将对我国的经济发展产生重大的影响。另外，中东核问题以及国际核不扩散机制还涉及大国关系。因此，对中东核扩散态势进行前瞻性研究，对国际核不扩散机制进行客观和正确的评估，可以为我国政府的对策提供建议和依据，并为解决其他的核扩散问题提供借鉴。

迄今为止，国内外除有与本书主题相关或相近的研究外，未见相同的主题。国内与本书主题有关或相近的论著有：1. 朱明权：《核扩散：危险与防止》；2. 王仲春、闻中华：《不散的核阴云——核武器与核战略：从昨天到明天》；3. 袁正领、周杰：《从核战争到有限战争：基辛格〈核武器与对外政策〉浅说》；4. 武以功：《核武器》；5. 乔登江、朱焕金：《人类的灾难：核武器与核爆炸》；6. 吴莼思：《威慑理论与导弹防御》；7. 姚云竹：《战后美国威慑理论与政策》；8. 王逸舟主编：《磨合中的建构》（第一章 李少军：“国际核不扩散体制与中国”）；9. 李东燕：《联合国》；10. 中国军控与裁军协会译：各年度的《SIPRI 年鉴：军备、裁军和国际安全》；11. 中华人民共和国国务院新闻办公室：

《中国的军控、裁军与防扩散努力》等。

国外与本书主题有关或相近的论著和研究报告有：1. 弗尔德曼：《中东核武器和军控》；2. 达那帕拉：《多边外交和核不扩散条约》；3. 泽尔凡尼：《建立中东无大规模杀伤性武器区》；4. 联合国裁军事务署：《多边裁军与不扩散机制以及联合国的作用》；5. 派克：《控制大规模杀伤性武器》；6. 穆克斯莱：《冷战后世界的核武器和国际法》；7. 尚卡尔：《核武器与大国政治》；8. 西帕隆：《21 世纪无核武器区》；9. 埃里森：《避免核无政府主义》；10. 基贝：《中东核扩散动力》；11. 巴马贝：《看不见的炸弹：中东核武器竞赛》；12. 斯德哥尔摩国际和平研究所：《核扩散问题》；13. 简森：《悬崖回头：国家利益和核不扩散条约》；14. 马克斯：《核不扩散条约：悖论与问题》；15. 潘得森：《超越 1995：核不扩散条约的前景》；16. 斯德哥尔摩国际和平研究所：《核门槛国家和核不扩散条约》；17. 基辛格：《核武器与对外政策》；18. [美]《国会档案》；19. [美]《防卫督察》；20. [美]《情报时事通讯》；21. [美]《核扩散新闻》等。

国外将中东地区核扩散与国际核不扩散机制结合起来加以研究的并不多见，分开研究的比较多，且多集中于美国等西方国家，这些国家的学者的研究常常带有十分强烈的西方色彩，观点和结论往往有失偏颇。他们在核扩散问题上也通常采取双重甚至多重标准，以意识形态和国家制度划线，如对某些国家的核活动紧盯不放，而对另一些国家的核活动却持宽容的态度，甚至对有的国家的核武计划视而不见。另外一些学者未能辩证地处理核裁军与核扩散之间的关系，重视核扩散而轻视核裁军。与国外相比，我国学者对该领域的研究显得更加薄弱一些。

本书的总体框架主要分为两部分：第一部分是审视国际核不扩散机制，包括探讨国际条约、国际组织和大国核政策对国际核不扩散机制的影响。第二部分是中东案例部分，评估中东的核扩散态势，并将中东国家分为积极推动核计划的国家（伊朗）、事实上的核国家（以色列）、放弃核计划的国家（伊拉克和利比亚）、核计划进展缓慢的国家（埃及、叙利亚和阿尔及利亚）以及新近开始谋求实施核计划的国家（沙特、阿联酋、阿曼、科威特、卡塔尔、巴林等海湾合作委员会六国）。

本书的基本内容包括：核不扩散条约及其附加议定书、联合国安理会、国际原子能机构、美国的核政策、苏联/俄罗斯的核政策、欧盟的核政策、国际核不扩散机制评估、中东核扩散的内外动因、伊朗核问题、伊拉克核问题、利比亚核计划、中东国家的潜在核计划、中东核扩散态势、建立中东无核区的可能性与可行性，等等。

本书的目标是研究中东的核扩散态势，分析其原因、发展轨迹，并通过中东核扩散案例分析国际核不扩散机制的成败得失，特别是深入研究美国的核不扩散政策及其影响，对中东的核扩散态势作出客观正确的具有前瞻性的评估，为我国政府的对策提供参考和依据，并为解决相关问题如朝鲜核问题提供借鉴。

本书首先运用辩证唯物主义的方法，从内因是变化的依据，外因是变化的推动力这一原理来分析中东国家获取核武器的心态。中东国家发展核武器既有主观原因，如提升国家地位、争夺地区霸权等因素，又有外部因素的刺激，如美国的霸权主义、单边主义和先发制人战略，以及美国核不扩散政策的多重标准等等。其次，本书运用个案研究方法，通过考察中东国家核计划的案例，分析国际核不扩散机制的缺陷。

本书的技术路线是文献资料研究与实地调查访谈相结合。有关中东核扩散问题的文献资料大部分来自美国、以色列等西方国家，它们出于国家利益考虑，往往夸大甚至歪曲中东的核扩散问题，其中不乏不实之词，对此课题组有清醒的认识，我们采取了去伪存真，去粗存精的筛选、分析方法。同时，我们利用出访和接待的机会，多听外国学者特别是来自中东学者的看法和意见，尽量得出客观的真实的结论。我们还有选择地前往国内一些从事军控和裁军的单位和学术团体进行调研，重点访问了国内一些在研究核武器和核扩散方面有比较突出成绩的单位的专家与研究人员，进行了咨询，颇受启发和裨益，在此一并致谢。

上　篇

国际核不扩散机制研究

核武器关系到国家安全，也关系到国际安全。自二战后期美国核武器研制成功以来，核武器便成为影响国际安全的一个重要因素，也成为政界和学界关注的焦点之一。在美苏半个世纪对抗的风风雨雨中，核武器在维护恐怖平衡方面起到关键性作用；在一超多强的后冷战时期，核武器在非对称性威胁方面也同样起到重要作用。

国际核不扩散机制主要包括三方面内容：一是国际条约，包括《不扩散核武器条约》、《全面禁止核试验条约》与核供应国集团及其他大国之间在核材料、核技术、核运载工具出口等方面达成的一系列正式与非正式协议；二是国际组织，包括联合国大会、安理会和国际原子能机构；三是大国的核政策，尤其是美、俄（苏）、欧盟等大国和大国集团的核政策也有力地阻止或推动了核扩散。

一方面，国际条约、国际组织和大国的核政策组成了国际核不扩散机制的“三层网”，在防止核扩散、维护国际和平等方面曾起到积极作用；另一方面，印度、巴基斯坦、以色列和朝鲜等国相继获得核武器以及核门槛国家日益增多表明：无论在历史上还是在当今社会，国际核不扩散机制均存在诸多缺陷。它不仅表明国际核不扩散条约、国际组织和大国核不扩散政策内容不完善且存在漏洞，而且表明国际机制自身的功能也存在缺陷。

第一章

核不扩散机制中的国际条约

核不扩散（Non-proliferation or Anti-proliferation，or Counter-proliferation），是指不扩散核技术、核材料、核武器，而不是“核政策”、“核战略”、“核武器政策”或“核武器战略”。国际条约是核不扩散机制的重要内容。自美国 1945 年 7 月进行了人类历史上第一次核爆炸以来，有核国家与无核国家一直希望以条约的形式将核不扩散目标合法化、固定化。一般而言，核不扩散机制中的国际条约主要包括 1.《不扩散核武器条约》；2.《全面禁止核试验条约》；3. 桑戈委员会、核供应国集团及其他国家集团在核材料、核技术与核运载工具出口管制等方面达成的一系列协议。

第一节　防扩散俱乐部——《不扩散核武器条约》

按照核能力，世界各国大体可分为以下六类：第一，1967 年

1月1日以前成功进行过核爆炸的合法核国家，包括美国、俄罗斯（苏联）、英国、法国和中国；第二，拥有核武器但不具有合法性、不为国际社会承认的核国家，包括以色列、印度和巴基斯坦；第三，曾拥有核武器但后来选择放弃的国家，包括南非、乌克兰、哈萨克斯坦、白俄罗斯等；第四，具有独立制造核武器能力但却尚未拥有核武器的国家，包括加拿大、德国、日本、韩国、瑞典等；① 第五，曾经或正在积极谋求获得核武器的国家，如伊拉克、利比亚、阿尔及利亚、伊朗，这些国家往往打着掌握核技术的旗号，或公开或秘密地谋求获得核武器；第六，已经成功进行过核爆炸但尚未成为有核国家，如朝鲜。从某种程度上说，第五类和第六类国家的存在正是国际社会制订《不扩散核武器条约》、并努力使之得以执行的原因所在。

一、《不扩散核武器条约》的产生与发展

第二次世界大战结束后，核扩散的阴云一直笼罩在世界上空。1945年7月，美国科学家在新墨西哥州阿拉摩哥多（Alamogordo）首次进行了核试验，此后苏联、英国和法国纷纷效仿。仅1945－1996年，全世界各国就进行了2047次核试验。② 核扩散包括两大类：纵向扩散与横向扩散。③ 纵向扩散主要表现为美苏

---

① Mark A. Prelas and Michael S. Peck, *Nonproliferati on Issues for Weapons of Mass Destruction*, Boca Raton: Taylor & Francis, 2005, p. 245.

② 杨效敏著：《核大国竞赛内幕》，哈尔滨：黑龙江人民出版社，2000年版，第418页。

③ K. Subrahmanyam, ed., *Nuclear Proliferati on and International Security*, New Delhi: Institute for Defense Studies, 1985, p. 55.

两个超级大国出于意识形态对抗与核竞赛的目的，不断提高原有核武器的研制水平、增加核武库的储量；横向扩散主要表现为核武器在地域上的扩散，如拥有核武器国家和地区的增多。纵向扩散和横向扩散通常是相互联系、交互出现的。但相对而言，横向扩散是核扩散的主要方面，因为横向扩散更容易给世界带来不稳定因素。例如，20 世纪 70 年代以来，以色列、印度、巴基斯坦和朝鲜先后掌握核武器，成为事实上的“有核国家”；日本、南非、巴西、阿根廷、澳大利亚、加拿大等已经拥有核能力；利比亚、沙特、伊拉克、叙利亚、阿尔及利亚等国一度着手发展了核武器；伊朗核问题爆发之后，中东阿拉伯海湾国家也对发展核技术表现出浓厚的兴趣。上述核扩散的潜在危险实际上都属于横向扩散。

联合国成立后，美、苏、英三国曾共同倡议在联合国设立原子能委员会。1945 年 11 月 15 日，美国、英国、加拿大也建议成立由西方大国主导且有苏联与东欧国家参与的国际原子能委员会，以消除核能破坏性的一面。1946 年 1 月 24 日，联大决定设立安理会领导下的原子能委员会，以确保和平利用核能。1952 年 1 月 11 日，联大决定将原子能委员会和常规军备委员会合并为裁军委员会，隶属于安理会。1959 年，联大通过了“全面彻底裁军”的决议。法国、苏联、英国和美国四国外长决定，成立由东西方两大阵营共十国组成的独立于联大的十国裁军委员会，这十国是：苏联、保加利亚、波兰、捷克斯洛伐克、罗马尼亚、美国、英国、法国、加拿大和意大利。[①] 后来，更名为

① 刘华秋主编：《军备控制与裁军手册》，北京：国防工业出版社，2000 年版，第 76—77 页。

十八国集团，最后简称为裁军委员会（CD），成员国增加至65个，且逐渐丧失了东西方意识形态斗争的“痕迹”，成为联合国第一委员会的翻版。[①] 核不扩散条约谈判就是在裁军委员会中进行的。

20世纪50—60年代，世界上许多国家对核扩散的担心与今天不同，当时国际社会所关注的焦点是美国将核武器与核技术转让给日本、联邦德国以及其他北约国家，从而导致二战时期法西斯势力的复活。1958年，美国国会通过了《原子能法修订案》，允许美国政府将核材料、核信息以及有关核计划的零件转让给“已经在核武器开发方面取得巨大进步的西方国家”，这使国际社会对美国的核扩散行为更加担心。[②]

1961年，在冰岛政府代表的提议下，联大一致通过了一项决议，要求所有国家，特别是核国家达成一项协议，以阻止核武器的转让。1964年1月21日，美国总统约翰逊向十八国裁军委员会提出一项计划，希望结束美苏之间的核竞赛。1965年8月17日，美国向十八国裁军委员会正式提交一份条约草案，该草案禁止有核国家转让核武器，同时无核国家将接受国际原子能机构或其他机构的核查，以确保和平使用核能。苏联则认为，条约应禁止通过第三方直接或间接转让核武器。而美国则表示反对，认为集体防御安排并没有破坏不扩散核武器的总原则。苏联的这一立场主要是针对美国领导下的北约集体防务组织，因为苏联担心美

---

① Thomas Graham Jr., *Disarmament Sketches: Three Decades of Arms Control and International Law*, Seattle: Institute for Global and Regional Security Studies, 2002, p. 257.

② Henry D. Sokolski, *Best of Intentions: America's Campaign Against Strategic Weapons Proliferation*, Westport: Praeger, 2001, pp. 40—41.

国领导下的北约其他成员会从美国那里获得核武器，尤其是联邦德国，从而威胁到苏联西部的安全。

由于受不结盟运动的影响，美苏核竞赛在联合国不得人心，两国的立场随后开始发生转变。1966 年 5 月，美国参议院通过一项决议，要求美国同苏联达成一项不扩散核武器协议。[①] 这一决议使美国的欧洲盟友十分紧张，它们担心美国会以此为契机抛弃欧洲。随后，美国政府做出了解释，强调即将通过的条约只禁止核武器与核爆炸装置的扩散，并没有限制运载系统与运载工具的扩散，所以不会影响美国在欧洲部署核武器，也不会影响美国在欧洲的防务。美国的这一解释打消了欧洲盟友的疑虑。1967 年 8 月 24 日，美苏向十八国委员会提交了内容相同的《不扩散核武器条约》草案。1967 年 12 月 19 日，联大通过一项决议，要求国际社会尽快达成并签署《不扩散核武器条约》。1968 年 1 月 18 日至 3 月 14 日，为达成此条约，十八国裁军委员会在瑞士日内瓦举行会谈。当年 6 月 12 日，联大通过决议，要求联合国成员国在《不扩散核武器条约》上签字。[②]

1968 年 7 月 1 日，《不扩散核武器条约》的缔约国代表分别在华盛顿、莫斯科和伦敦签字，然后再拿回国内交由立法部门签署生效。由于 1968 年发生了苏联入侵捷克斯洛伐克事件，美国国会为在外交上向苏联施加压力，决定暂缓就该条约进行表

---

① Thomas Graham, Jr. and Damien J. Lavera, *Cornerstones of Security: Arms Control Treaties in the Nuclear Era*, Seattle and London: University of Washington Press, 2003, pp. 100—101.

② Thomas Graham, Jr. and Damien J. Lavera, *Cornerstones of Security: Arms Control Treaties in the Nuclear Era*, Seattle and London: University of Washington Press, 2003, p. 101.

决。直到1969年3月13日，美国参议院才通过此条约，同年11月24日《不扩散核武器条约》经美国总统批准，于1970年3月5日正式生效。[①] 该条约规定，1967年1月1日前进行过核爆炸的国家，即美、苏（俄）、中、英、法为合法的核武器国家(NWS)，加入该条约组织的其他成员被称为无核国家(NNWS)。

具体地说，《不扩散核武器条约》主要包括以下核心内容：第一，《不扩散核武器条约》缔约国中的有核国家承诺不将核武器与其他核爆炸装置转移到缔约国中的无核国家；上述有核国家不帮助、不鼓励、不引诱无核国家制造和获得核武器与核装置；有核国家应逐步减少并最终销毁核武器。第二，《不扩散核武器条约》缔约国中的无核国家承诺将不从其他国家接受任何核武器与核爆炸装置，不会控制、制造、获取任何核武器与其他核爆炸装置，也不会寻求此方面的帮助，以制造核武器与其他核爆炸装置，同时它们承诺接受国际原子能机构的核查与监督。[②] 第三，所有国家将努力促进和平利用核技术的交流。第四，所有国家都将努力通过谈判终止核竞赛，在国际监控下达到核裁军的目标。第五，如果缔约国认为条约规定的内容损害了本国的核心利益，该国可以提前90天通知《不扩散核武器条约》组织，选择退出该

① Ian Bellany, *Curbing the Spread of Nuclear Weapons*, Manchester and New York: Manchester University Press, 2005, p. 187.

② David Mutimer, *The Weapons State: proliferation and the Framing of Security*, Boulder and London: Lynne Rienner Publishers, 2000, pp. 2—3; pp. 41—42.

条约。[①] 从以上五点可以看出，第一和第二点主要是防止核武器与核爆炸装置的横向扩散，第四点主要防止核武器与核爆炸装置纵向扩散。

《不扩散核武器条约》在一定程度上是有核国家与无核国家相互博弈、相互竞争的结果，也是两大集团讨价还价的结果。例如，有核国家做出了两项承诺——为无核国家和平利用核能提供技术，同时有核国家通过谈判最终全面禁止核试验，防止核武器的纵向扩散；无核国家以上述两个条件为基础，承诺将放弃对核武器的追求，防止核武器的横向扩散。[②] 为消除无核国家在安全问题上的疑虑，1968 年 3 月 7 日，美、苏、英三国向十八国裁军委员会提交了三方安全保证，三个核大国承诺将在安理会通过的决议中，宣布《不扩散核武器条约》缔约国中的无核国家在面临安全威胁时，核大国将敦促安理会立即采取行动，确保无核国家的安全。这一承诺后来成为安理会第 255 号决议。尽管美、苏、英三国做出了庄严承诺，但与 1963 年通过的《有限禁止核试验条约》相比，许多国家对《不扩散核武器条约》都持较为谨慎的态度，没有马上签字，如澳大利亚于 1973 年才批准，联邦德国和意大利于 1975 年批准，日本于 1976 年批准，

---

① Joseph Cirincione, Jon B. Wolfsthal and Miriam Rajkumar, *Dearly Arsenals: Nuclear, Biological, and Chemical Threats*, 2nd edition, Washington D.C.: Carnegie Endowment for International Peace, 2005, p. 28.

② Zachary S. Davis and Benjamin Frankel, eds., *The Proliferation Puzzle: Why Nuclear Weapons Spread and What Results*, Portland, OR: Frank Cass, 1993, pp. 332—333; Thomas Graham, Jr. and Damien J. Lavera, *Cornerstones of Security: Arms Control Treaties in the Nuclear Era*, Seattle and London: University of Washington Press, 2003, p. 99.

而西班牙直到 1987 年才批准。[1] 20 世纪 60 年代，澳大利亚曾经拥有先进的核技术，并一度希望发展核武器。1968 年，美国外交官也曾经暗示澳大利亚进行和平或非和平核爆炸，以表明"澳大利亚政府支持印尼苏哈托政府对抗中国的决心"。但 1972 年开始，澳大利亚政府的立场发生了根本性转变，工党领袖认为：对澳大利亚的国家安全威胁并不存在，于是开始寻求缔结《不扩散核武器条约》。[2] 韩国与中国台湾也有过类似的打算。20 世纪 70 年代，韩国与中国台湾在美国的巨大压力下，最终放弃了核计划。这从一个侧面表明：《不扩散核武器条约》约束性比较强，对一国乃至一个地区的安全将产生重要影响。

自 1970 年起，《不扩散核武器条约》每 5 年定期召开一次审议会议，对条约的实施和修订进行讨论。1975 年 5 月，有 58 个缔约国参加了第一次审议会议。大会重申了对国际原子能机构核查的支持，并要求形成统一的出口管制措施，特别是加大对非缔约国的核查力度。联大于 1978 年 6 月通过了《不扩散核武器条约》。

1980 年 8 月至 9 月，有 75 个国家参加了《不扩散核武器条约》第二次审议会议。由于有核国家拒绝履行全面禁止核试验承诺，拒绝在纵向扩散方面做出让步，而无核国家认为这是《不扩散核武器条约》得以延续的前提与基础，最终两大阵营相持不

---

① Ian Bellany, *Curbing the Spread of Nuclear Weapons*, Manchester and New York: Manchester University Press, 2005, pp. 137—138.

② Jacques E. G. Hymans, *The Psychology of Nuclear Proliferation: Identity, Emotions, and Foreign Policy*, Cambridge: Cambridge University Press, 2006, p. 129.

下，到9月份会议结束时双方始终未能达成共识。[1] 1985年8月至9月，有83个国家参加了第三次审议会议，与会代表重申了《不扩散核武器条约》在防止核扩散方面起到的积极作用，并重申了其各项原则。同时，无核国家对有核国家迟迟未能就全面禁止核试验进行谈判深感遗憾并表示谴责。

1990年8月20日至9月14日，有84个成员国参加了第四次《不扩散核武器条约》审议会议。也是由于有核国家拒绝兑现全面禁止核试验承诺，会议再次以失败告终。广大无核国家认为，有核国家削减核武器的承诺一直未能兑现，这使《不扩散核武器条约》在执行过程中体现出不公正性。其后，就连瑞士这样的国家也开始反对无限期延长《不扩散核武器条约》。1994年，埃及也对《不扩散核武器条约》无限制延长表示不满，埃及外长穆萨表示，尽管埃及支持《不扩散核武器条约》，但埃及不会支持其无限期延长，甚至不会支持其长时期延长，除非在召开这样的会议之前，以色列能够采取“具体措施”，并朝着签订该条约的方向迈进。[2] 印度尼西亚同埃及持有相似的立场，认为《不扩散核武器条约》无限期延长的根本条件是核裁军。[3]

---

① Louis Rene Beres, Security or Armageddon: Israel's Nuclear Strategy, Massachusetts: D. C. Heath and Company, 1986, p. 122; Thomas Graham, Jr. and Damien J. Lavera, *Cornerstones of Security: Arms Control Treaties in the Nuclear Era*, Seattle and London: University of Washington Press, 2003, p. 105.

② Thomas Graham Jr., *Disarmament Sketches: Three Decades of Arms Control and Inter national Law*, Seattle: Institute for Global and Regional Security Studies, 2002, p. 259; p. 268.

③ Janne E. Nolan, *An Elusive Consensus: Nuclear Weapons and American Security after the Cold War*, Washington DC: Brookings Institution Press, 1999, p. 64.

1995年4月，世界主要国家领导人和代表聚集联合国，商讨《不扩散核武器条约》的期限问题。此前，各国对于《不扩散核武器条约》的前景持不同意见，如无限期延长、再延长25年、再延长一段时间以及弱化该条约等。[①] 以色列长期游离于国际核不扩散体制之外，尤其是它长期拒绝加入《不扩散核武器条约》引起了阿拉伯—伊斯兰国家的不满。在此次会议上，埃及等国指出："以色列是中东地区唯一拒绝加入《不扩散核武器条约》的国家。"这无形中使以色列成为与会各国代表关注的焦点，[②] 埃以关系也因此而出现倒退。尽管各国代表观点相差很大，但最终达成以下三点基本共识：第一，与会代表一致决定该条约将无限期延长；第二，就核不扩散与裁军的原则与目标发表声明，其中一项是要求在1996年达成《全面禁止核试验条约》；第三，强化审议程序，无核国家将敦促有核国家履行第六条规定的裁军义务。[③] 上述三点共识的达成具有重要意义，正如一些评论人士所言：如果此次会议不能使《不扩散核武器条约》无限期延长，《化学武器公约》和《生物武器公约》将面临巨大挑战。1995年5月，在各成员国的共同努力下，《不扩散核武器条约》第五次审议会议取得重要成果，与会代表一致同意无条件、无限期延长《不扩散核武器条约》，并达成以下共识：第一，缔约国于1996年前签订

① 关于此次会议前的详细讨论可参见 George Bunn，*Extending the Non-Proliferation Treaty*：*Legal Questions Faced by the Parties in* 1995，Washington D. C.：American Society of Law，October 1994，pp. 30—44。

② Emily B. Landau，*Arms Control in the Middle East*：*Cooperative Security Dialogue and Regional Constraints*，Brighton，Portland：Sussex Academic Press，2006，p. 146.

③ Keith A. Hansen，*The Comprehensive Nuclear Test Ban Treaty*：*An Insider's Perspective*，Stanford：Stanford University Press，2006，p. 16.

全面禁止核试验条约；第二，继续削减核武器，直至最终消灭核武器；第三，继续建立新的无核区，包括中东无核区；第四，增加核查的次数，扩大核查范围；第五，增加《不扩散核武器条约》的成员。此次会议取得了重要成就，具有里程碑意义。此次审议会议后不久，吉布提、阿曼和阿联酋加入了该条约。[①]

2000年初，为迎接即将到来的《不扩散核武器条约》第六次审议会议，美国和不结盟运动的代表国家埃及举行了磋商，最后双方达成了妥协：美国同意在审议会议中指明以色列是中东地区唯一没有加入《不扩散核武器条约》的国家；埃及则默认审议会议文件中加上“伊拉克违反了《不扩散核武器条约》”这一条。[②] 2000年5月，在《不扩散核武器条约》的第六次审议会议上，与会代表要求美俄尽快执行《削减战略武器条约》（II）。墨西哥、埃及、新西兰、巴西、爱尔兰、瑞典和南非七国一致要求有核国家根据《不扩散核武器条约》第六条的规定，推动核裁军，早日实现完全消除核武器的目标，尽快使《全面禁止核试验条约》生效，支持国际原子能机构就防止核恐怖主义的出现而提出的行动计划，指出以色列是中东唯一未加入《不扩散核武器条约》的国家，并敦促其尽快加入，接受《国际原子能机构》的监督。[③]

① Thomas Graham, Jr. and Damien J. Lavera, *Cornerstones of Security: Arms Control Treaties in the Nuclear Era*, Seattle and London: University of Washington Press, 2003, p. 107.

② Gerald M. Steinberg and Aharon Etengoff, *Arms Control and Non-Proliferation Developments in the Middle East: 2000—1*, Ramal Gan, Israel: The Begin-Sadal Center for Strategic Studies, 2002, p. 37.

③ Joseph Cirincione, Jon B. Wolfsthal and Miriam Rajkumar, *Dearly Arsenals: Nuclear, Biological, and Chemical Threats*, 2nd edition, Washington D. C.: Carnegie Endowment for International Peace, 2005, p. 29.

2005年5月25日，《不扩散核武器条约》第七次审议会议在纽约举行。由于2003年春小布什政府以伊拉克藏匿有大规模杀伤性武器为借口发动了伊拉克战争，美国在此次会议上自然成为众矢之的。另外，美国因在全面禁止核试验方面表现消极，遭到无核国家的强烈批评。例如，马来西亚和阿尔及利亚等国要求美国像中国一样做出承诺，不对无核国家使用核武器，结果遭到美国的拒绝，美国甚至宣布在必要时对敌人先发制人，包括使用核武器。不仅如此，连埃及要求在中东建立无核区的构想也遭到美国的反对，因为美国不希望以色列的核优势受到削弱。

经过七次审议会议后，2005年《不扩散核武器条约》的成员国已经增加到189个（包括朝鲜）。2010年5月，第八次《不扩散核武器条约》缔约国审议大会在纽约联合国总部开幕，来自189个缔约国的代表参加了此次会议，会议主要围绕《不扩散核武器条约》的“三大支柱”，即核不扩散、核裁军及和平利用核能等方面的议题，以大会和小组讨论的形式进行。本次审议大会是在一个全新的国际背景下召开的。一是美国的政策有了一定程度的调整，美俄签署了新的核裁军条约，全球核安全峰会刚刚召开，包括联合国在内的国际社会重视核安全问题和加强核不扩散机制的热情，与21世纪第一个十年中整个核军备控制处于低潮形成了鲜明的对比；二是核不扩散领域出现了新情况，伊朗核问题、朝鲜核问题呈现出十分复杂的局面，国际防扩散形势依然严峻；三是由于全球能源危机及环境气候变化带来的挑战，各国对新能源的需求日益增加，核能作为一种清洁的、潜力无限的新能源越来越受到各国重视。[①] 大多数中小国家认为，加入该条约比不加入该条约更安全、更符合国家利益，这与大国的胡萝卜加大棒政策不无关系。例如，为鼓励无核国家成为该条约的缔约国，核大国做出了重要承诺，其中包括积极承诺和消极承诺。所谓积极承诺是指1968年，美、苏、英三国通过安理会第255号决议，承诺向加入《不扩散核武器条约》的无核国家提供安全保证，确保它们免受核侵略与核威胁的影响；[②] 所谓消极承诺是指1978年，卡特政府承诺美国不会用核武器进攻加入了《不扩散核武器条约》的无核国家，除非该国与另一个有核国家联合起来进攻美国。中国自1964年进行过核爆炸后就宣布：中国决不会首先使用核武器，也不会对无核国家使用核武器，这是世界上唯一做出过如此庄严承诺的有核国家。中国的这一承诺也属于消极承诺的类型。核大国做出的积极承诺与消极承诺使许多中小国家获得了安全感，也有动力加入该条约。但是，美国于1991年针对萨达姆发动海湾战争时却威胁说，如果伊拉克部署生物或化学武器，美国将使用核武器进行报复。[③] 这使许多《不扩散核武器条约》中的无核国家对美国的消极承诺开始产生怀疑。

美国对无核国家做出的消极承诺具有深刻的历史背景，那就是美国同国际原子能机构1976年签订的《核不扩散条约特殊保障

---

① 《〈不扩散核武器条约〉审议大会开幕》，载《人民日报》2010年5月4日，第3版。

② 积极承诺实际上很难操作，比如埃及与韩国都是《不扩散核武器条约》中的无核国家，但埃及是苏联的准盟友，美国很难做到确保埃及的安全；韩国是美国的盟友，苏联很难做到确保韩国的安全；《不扩散核武器条约》内部的无核国家相互间一旦爆发冲突，积极承诺也将面临尴尬的处境。

③ Ian Bellany, *Curbing the Spread of Nuclear Weapons*, Manchester and New York: Manchester University Press, 2005, p. 142.

协定》。《不扩散核武器条约》生效后，日本和欧洲许多无核国家对其中的第三款表示不满，因为它只规定国际原子能机构对无核国家进行核查，而不对有核国家进行核查。澳大利亚也建议将核查范围扩展至有核国家的先进设施以及敏感场所。1976 年 9 月，美国与国际原子能机构达成保障协定，同意国际原子能机构对其与国家安全没有直接关系的核计划与核设施进行核查。1977 年 11 月 18 日，美国与国际原子能机构在维也纳正式签署了《美国与国际原子能机构在美国实施保障之协定》。1978 年 2 月 8 日，美国参议院一致通过该协定，1980 年 12 月 9 日该协定生效，美国向国际原子能机构提供了 200 多处核设施的清单。[①]

二、主要国家对《不扩散核武器条约》的反应

《不扩散核武器条约》自产生之日起便面临诸多棘手难题。例如，该条约刚刚生效时，不仅中法两个大国表示反对，而且巴西和阿根廷等中等国家也拒绝加入，这两个南美国家都在核技术研究方面取得了较大进展。1982 年阿根廷与英国由于马尔维纳斯群岛[②]主权争端而爆发战争，结果阿根廷战败，这使它意识到强大的核威慑能力的重要性，于是开始加快核技术的研发。到了 20 世纪 80 年代初，大约有 22 个国家具有研制核武器的能力，除巴西与阿根廷外还包括日本、联邦德国、加拿大、瑞典、以色列、

---

① Thomas Graham, Jr. and Damien J. Lavera, *Cornerstones of Security: Arms Control Treaties in the Nuclear Era*, Seattle and London: University of Washington Press, 2003, pp. 193—194.

② 英国称福克兰群岛，位于阿根廷东南方的南大西洋水域。

埃及和南非等，许多中等国家希望利用掌握的核能力来威慑对手，也有些国家认为核能力是国家地位的象征。[①]

但是，随着《不扩散核武器条约》的缔约国不断增多，拒绝加入该条约的中等国家逐步丧失了道义制高点。以阿根廷为例，1973 年以前，阿根廷拒绝放弃核武器研制计划，也拒绝加入《不扩散核武器条约》。1978 年 4 月，美国通过了《核不扩散法案》，根据该法案，美国将停止向《不扩散核武器条约》的非缔约国提供浓缩铀，这使阿根廷的核计划面临巨大挑战。[②] 1983 年，阿根廷承认曾经建立了用于铀浓缩的气体驱散工厂，但当年 12 月，阿根廷新总统劳尔·阿方辛（Raul Alfonsin）上台，他宣布放弃核武器研制，并将重心转向民用核技术的开发。1986 年，巴西与阿根廷签订了双边核查协议。1990 年 9 月 17 日，巴西总统科洛尔·德梅洛（Collor de Mello）宣布关闭卡欣布山区（Cachimbo）的核试验场，停止了所谓的和平核爆炸研究工作。[③] 1991 年 7 月 18 日，国际原子能机构与上述两国签订协议，开始对巴西和阿根廷进行核查。1994 年 1 月，阿根廷加入《拉美和加勒比地区禁止核武器条约》，并于当年成为核供应国集团成员国。同年 5 月 30 日，巴西也宣布加入《拉美和加勒比地区禁止核武器条约》。1995 年 2 月 10 日，阿根廷宣布加入《不扩散核武器条约》，国际原子能机

---

① Tunde Adeniran, *Introduction to International Relations*, Yaba Lagos: Macmillan, 1983, pp. 138—139.

② Jacques E. G. Hymans, *The Psychology of Nuclear Proliferation: Identity, Emotions, and Foreign Policy*, Cambridge: Cambridge University Press, 2006, p. 155.

③ Ian Bellany, *Curbing the Spread of Nuclear Weapons*, Manchester and New York: Manchester University Press, 2005, p. 27.

构的核查工作基本结束。巴西则于 1996 年 4 月加入核供应国集团，1998 年批准了《不扩散核武器条约》与《全面禁止核试验条约》。2000 年，巴西政府曾计划推动海军研制核潜艇，这使一度备受关注的拉美无核化问题重新面临不确定性因素。2004 年 11 月，巴西与国际原子能机构达成妥协，宣布接受后者的核查，国际原子能机构则承诺将保护前者敏感的商业机密。①

《不扩散核武器条约》的签订使国际社会重新看到了核不扩散的希望，使横向核扩散的步伐大大放缓，并促进国际社会达成了其他协议，其中最有代表性的是 1970 年达成的《禁止在海床洋底及其底土安置核武器和其他大规模杀伤性武器条约》。该条约 1971 年 2 月 11 日签字，1972 年 5 月 18 日生效。②

“9·11”事件后，国际社会更加认识到核不扩散机制的重要性。2004 年，美国等西方国家启动了防扩散安全行动计划，通过利诱和谈判的双重手段，说服利比亚放弃了核武器研制工作，大大推动了国际防扩散进程。截至 2006 年，世界上已有 186 个国家加入了《不扩散核武器条约》。③ 朝鲜于 2003 年 1 月宣布退出《不扩散核武器条约》，而古巴、印度、以色列和巴基斯坦从未加入该条约，以及伊朗、伊拉克与利比亚曾在未申报地点积极发展核技术表明，《不扩散核武器条约》在执行过程中仍然面临着种

---

① Joseph Cirincione, Jon B. Wolfsthal and Miriam Rajkumar, *Dearly Arsenals: Nuclear, Biological, and Chemical Threats*, 2nd edition, Washington D.C.: Carnegie Endowment for International Peace, 2005, pp. 385—386; pp. 396—399.

② Mani Shankar, *Nuclear Weapons and Power Politics*, New Delhi: Commonwealth Publishers, 2002, pp. 96—97.

③ Keith A. Hansen, *The Comprehensive Nuclear Test Ban Treaty: An Insider's Perspective*, Stanford: Stanford University Press, 2006, p. 11.

种困难，核查工作依然面临严峻考验。

目前《不扩散核武器条约》面临的最大挑战是在中东和南亚地区。在中东，以色列成为事实上的核国家、伊朗以及某些阿拉伯国家对核技术的孜孜追求使未来中东防扩散任务变得相当艰巨，中东无核区构想的实现似乎遥遥无期；在南亚，印度与巴基斯坦强制进行核爆炸使南亚无核区的幻想破灭。

在南亚地区，对《不扩散核武器条约》破坏最多的要数印度。在国际核不扩散机制建立初期，印度就未能够积极参与。例如，早在印度独立之前，印度国大党领袖尼赫鲁就明确指出："印度以它现在所处的地位是绝对不能在世界上扮演二等角色的：要么有声有色，要么销声匿迹。"1948 年，印度成立了原子能委员会；50 年代中期，印度接受美国"和平利用原子能"计划的援助，并一度从美国购买了重水，在孟买郊外建立了当时亚洲第一座核研究反应堆——池式反应堆。现代核武器的制造主要依靠两种材料，要么是高浓缩铀，要么是达到制造武器等级的钚。[①] 印度的钍资源丰富，储量居世界第一位，矿石储量为 450 万吨，其中易开采的约 3.6 万吨。印度以此为原材料，大力发展核动力反应堆，以生产钚，用钚建造增值反应堆，将钚 232 变为铀 235。1960 年，印度在加拿大的帮助下建成了一座后处理厂，并具备了生产武器级钚的能力。[②]

1971 年，印度公然肢解了巴基斯坦，并导致东巴基斯坦

---

① Mark A. Prelas and Michael S. Peck, *Nonproliferation Issues for Weapons of Mass Destruction*, Boca Raton: Taylor & Francis, 2005, p. 5.

② 野庆裕、周碧松编著：《不散的蘑菇云》，武汉：长江文艺出版社，2001 年版，第 153—154 页。

——孟加拉国的独立。美国当时为显示对盟国巴基斯坦的支持，派出了具有核打击能力的第七舰队前往印度洋，这次军事调动大大刺激了印度领导人，使他们意识到了核武器的巨大威慑力。1974 年，印度宣布成功进行了一次和平核试验。尽管印度一直打着“和平利用核能”的旗号，但它谋求发展核武器的野心此后不断暴露出来。印度是世界上屈指可数的几个尚未加入《不扩散核武器条约》的核国家之一。印度认为，安理会常任理事国全部是核大国，这对世界上其他中小国家来说是不公平的，印度发展核武器主要是为了对付中国的威胁。①

长期以来，印度政府认为《不扩散核武器条约》一味强调防止核武器横向扩散，却忽视了核武器纵向扩散——大国的核军备竞赛所带来的危险。印度政府多次指出，如果认为 1995 年还是 1970 年那就完全错了。1995 年，国际形势已经发生了很大变化。正如不结盟国家所指出的，世界和平与安全的前提是裁军，不是核禁试。在当年举行的《不扩散核武器条约》审议与扩大会议上，印度拒绝参加，认为世界和平的关键是裁军，不是防止核扩散。② 据估计，截至 2005 年底，印度已经生产了 334—504 公斤的武器级钚，大约可以生产 75—110 枚核弹头。印度新总理辛格上台后表示：核扩散是个全球性而非地区性问题，必须在全球范围内加以处理。只要印度认定核大国未向核裁军的方向努力，印

---

① Joseph Cirincione, Jon B. Wolfsthal and Miriam Rajkumar, *Dearly Arsenals: Nuclear, Biological, and Chemical Threats*, 2nd edition, Washington D.C.: Carnegie Endowment for International Peace, 2005, p. 222.

② Mani Shankar, *Nuclear Weapons and Power Politics*, New Delhi: Commonwealth Publishers, 2002, p. 11.

度就不会取消其核计划，不管哪个党执政。[1]

印度研制核武器极大地刺激了巴基斯坦，促使其寻求建立"可信的、最小规模的核威慑"。1972 年，巴基斯坦秘密地开展了核武器计划，沙特和利比亚作为伊斯兰国家为巴基斯坦的核计划提供了大量资金支持。截至 2005 年末，巴基斯坦可能已经生产了 1110—1440 公斤武器级铀，这些铀足够生产 50—110 件核武器，而美国出售给巴基斯坦的 F-16 则是巴基斯坦的主要核运载工具。[2] 从核库存来看，巴基斯坦目前拥有大约 10—15 件核武器，而印度则拥有 60—80 件核武器。

《不扩散核武器条约》面临的重要挑战来自于朝鲜。20 世纪 70 年代，苏联曾经向朝鲜提供了研究反应堆，该反应堆接受国际原子能机构的监督。[3] 1985 年，朝鲜宣布加入《不扩散核武器条约》，但拒绝接受国际原子能机构的核查。1992 年 4 月 9 日，朝鲜宣布接受国际原子能机构的保障监督协定，并同韩国就半岛无核化问题发表了联合声明。朝鲜开始接受国际原子能机构检查，但随后改变立场，表示不能接受国际原子能机构的核查。1994 年 3 月，朝鲜政府宣布退出《不扩散核武器条约》；

---

① Joseph Cirincione, Jon B. Wolfsthal and Miriam Rajkumar, *Dearly Arsenals: Nuclear, Biological, and Chemical Threats*, 2nd edition, Washington D. C.: Carnegie Endowment for International Peace, 2005, p. 226.

② Leonard Weiss, "Pakistan: It's Deja-Vu All over Again," *Bulletin of the Atomic Scientists*, May/June 2004, pp. 52—53; Joseph Cirincione, Jon B. Wolfsthal and Miriam Rajkumar, *Dearly Arsenals: Nuclear, Biological, and Chemical Threats*, 2nd edition, Washington D. C.: Carnegie Endowment for International Peace, 2005, p. 243.

③ Ian Bellany, *Curbing the Spread of Nuclear Weapons*, Manchester and New York: Manchester University Press, 2005, p. 31.

当年6月，朝鲜又退出国际原子能机构。美国政府则对朝鲜发出武力威胁，声称如果朝鲜不同国际原子能机构通力合作，美国将不排除动武。朝鲜政府则不甘示弱，双方出现了剑拔弩张的局面。[①] 最终经谈判和国际社会的斡旋，美国于1994年10月同意向朝鲜提供轻水反应堆和其他援助，总价值数十亿美元。朝鲜根据《日内瓦协议》，同意采取核冻结措施，与国际原子能机构合作，接受"特别核查"，朝鲜核危机暂时告一段落。[②]

朝鲜政府谋求发展核武器主要出于对付美国等西方大国的威胁，特别是美国为遏制朝鲜，在韩国驻扎了3万军队。2002年10月，朝鲜承认从事了铀分离活动，这使美国非常吃惊，美国政府指责其违反了《不扩散核武器条约》和"朝韩南北双方关于半岛无核化的联合声明"。2003年1月10日，朝鲜驱逐了国际原子能机构的核查人员，并再次宣布退出《不扩散核武器条约》。[③] 但是联合国并不认为朝鲜已经退出该条约组织，原因是，根据《不扩散核武器条约》的规定，缔约国必须提前90天通知该条约组织，而朝鲜并没有这样做。2005年1月，朝鲜政府首次宣称已拥有核武器；2006年10月9日，朝鲜不顾国际社会的反对强行进行了核试验，成为另一个事实上的核国家，朝核问题六方会谈机制面临巨大挑战；2009年5月25日上午，朝鲜再次进行了核试验。6

---

① Stephen J. Cimbala and James Scouras, *A New Nuclear Century: Strategic Stability and Arms Control*, Westport, Connecticut and London: Praeger, 2002, p. 141.

② Kim Kyoung-Soo ed., *North Korea's Weapons of Mass Destruction: Problems and Prospects*, Elizabeth, New Jersey: Holloym International Corporation, 2004, p. 19.

③ Mark A. Prelas and Michael S. Peck, *Nonproliferation Issues for Weapons of Mass Destruction*, Boca Raton: Taylor & Francis, 2005, pp. 216—217.

月12日，联合国安理会一致通过第1874号决议，对朝鲜再次进行核爆炸提出最严厉谴责，要求朝鲜立刻停止核武计划及试射弹道导弹，加强对朝鲜的经济制裁，授权各国拦截朝鲜的可疑船只及货物。像朝鲜这样与美、日、韩三大国长期敌对的政府对核武器孜孜以求，主要不是出于核武器的军事打击能力，而是因为其重要的象征意义和威慑能力。核武器不仅是中小国家对付大国军事打击、增加威慑的法宝，而且是地区乃至世界大国的“标记”。伊朗核危机的性质同朝核危机存在许多相似之处。

对《不扩散核武器条约》一度构成巨大挑战的除南美的巴西和阿根廷、中东的以色列与伊朗、南亚的印度和巴基斯坦和东北亚的朝鲜外，非洲大陆的南非也曾积极研制核武器并成功制造出核武器。1971年，南非开始了核武器研制工作。1974年，南非决心建立“有限核武库”，此后在核技术方面不断取得突破。1977年8月，由于担心以苏联为首的华约军队从安哥拉和莫桑比克入侵本国，南非政府计划在卡拉哈里沙漠地区进行核爆炸。[①]1977年中期，苏联的卫星照片显示：南非似乎进行了一次地下核试验。此后，南非的核计划以惊人的速度向前推进。1979年9月22日，南非成功制造出原子弹；1989年，南非又制造了5枚当量为1—1.8万吨的核弹。到1990年，南非已建成了瓦兰达巴核工厂，每年能制造出2—3枚原子弹。[②]

但是，1989年，德克勒克上台后不久，南非在核问题上的立

---

① 王仲春、闻中华：《不扩散的核阴云》，北京：国防大学出版社，2000年版，第206页。

② 杨效敏著：《核大国竞赛内幕》，哈尔滨：黑龙江人民出版社，2000年版，第420页。

场发生了重大转变。当年11月，德克勒克批准了终止和彻底销毁核武器的方案。1991年7月10日，南非决定放弃核武器，宣布加入《不扩散核武器条约》。1993年3月24日，南非总统德克勒克首次对外承认，南非曾经制造出核武器，但在1991年7月10日以前已经销毁了所有核武器装置，其他有关核武器的文件与硬件材料也同时销毁。[①]

南非是世界上第一个拥有核武器之后最终宣布放弃核武器的国家，为1996年非洲无核区的建立奠定了重要基础。1996年，南非签署了《全面禁止核试验条约》并于1999年批准了该条约。分析人士指出，南非总统德克勒克之所以在核问题上改变立场，一方面是因为美国收购了南非高浓度铀，另一方面是因为担心曼德拉执政后，核技术将落入黑人手中。因此，南非国内政治的发展直接影响了其核立场。

20世纪90年代初，苏联解体，德国统一，欧洲的冷战宣告结束，《不扩散核武器条约》既面临机遇，又迎来了挑战。一方面，越来越多的国家开始遵守和执行《不扩散核武器条约》。如1992年，法国和中国宣布加入《不扩散核武器条约》。20世纪90年代，中国关闭了青海核武器研制基地，[②] 全面承担了核武器国家所应承担的各项不扩散义务。中国一直反对核扩散，并主张与国际社会一道，为早日彻底消灭核武器而努力。为使《不扩散核武器条约》得到更好的执行，1995年，美、俄、中、法、英等五

---

① Mark A. Prelas and Michael S. Peck, *Nonproliferation Issues for Weapons of Mass Destruction*, Boca Raton: Taylor & Francis, 2005, pp. 36—37.

② 参见中华人民共和国国务院新闻办公室：《中国的军控、裁军与防扩散努力》(白皮书)，北京，2005年9月。

国在华盛顿举行会谈，并最终就《不扩散大规模杀伤性武器准则》达成协议。缔约国承诺将承担义务，不扩散核武器、生物武器和化学武器，不直接或间接帮助无核、生、化武器国家或其他任何国家研究、制造、试验、储存或者部署核、生、化武器。[①]

1995年11月，澳大利亚政府发起成立了“堪培拉消除核武器委员会”，此独立组织由来自美、俄、法、英、中、日、澳大利亚、埃及、巴西、瑞典、斯里兰卡和马来西亚等12国的17名裁军专家组成。该委员会于1996年8月提交一份报告，呼吁世界各国尤其是核大国为建立无核武器世界而努力；联合国裁军委员会21国集团于1996年8月8日在日内瓦裁军谈判会议上正式向核国家提出要求，希望它们能够分三阶段消除核武器，并通过了《关于消除核武器的行动计划》。[②] 1995年，各国一致同意将《不扩散核武器条约》无限期延长。[③] 1996年7月29日，中国成功地进行了一次核试验。中国政府当天宣布：从1996年7月30日起，中国政府将暂停核试验。国际局势的发展促使很多国家对核不扩散的前景充满信心。

另一方面，随着世界形势的发展，各国在核武器方面的地位与身份也发生了很大变化，这对原有的条约机制构成了很大挑战。例如，《不扩散核武器条约》将成员国分为1968年1月前成功进行核爆炸的合法的核国家（美、俄、英、法、中）与1968年

---

① 刘华秋主编：《军备控制与裁军手册》，北京：国防工业出版社，2000年版，第84页。

② 刘华秋主编：《军备控制与裁军手册》，北京：国防工业出版社，2000年版，第143—144页。

③ David Mutimer, *The Weapons State: proliferation and the Framing of Security*, Boulder and London: Lynne Rienner Publishers, 2000, p. 4.

1月前未成功进行核爆炸的无核国家（上述5国以外的国家），但印度与巴基斯坦于1998年相继进行过核试验，成为事实上的核国家；朝鲜于2006年进行了核试验以后，也宣布成为核国家；自20世纪80年代以来，以色列拥有核武器几乎已经是公开的秘密，而上述四国在《不扩散核武器条约》中事实上归为无核国家一类已经相当牵强，归为有核国家也不合适，这表明该条约随着国际形势的发展，已面临许多现实的难题。

战后以美苏合作为主导的国际核不扩散机制面临新的问题，尤其是前苏联加盟共和国独立后纷纷自动成为核国家，这使防扩散的任务变得极为紧迫。苏联解体后，俄罗斯继承了前苏联的大部分“核遗产”，共有200吨钚和800—1200吨高浓缩铀，并主要存放在以下部门：1. 国防部库存，主要在部署的1.5万至2.5万件核武器中；2. 前苏联原子能部，该部门存放大量武器级裂变材料；3. 核发电反应堆；4. 研究所与科研机构中，这些核材料对核不扩散机制构成了严峻挑战。据不完全统计，1991—1994年，德国共查出700件涉及前苏联核走私德国事件；1994年前9个月，涉及前苏联地区核走私的事件竟多达100起。[①] 除俄罗斯外，白俄罗斯曾部署了前苏联800件核武器，乌克兰部署了前苏联1900件战略核武器和2650—4200件战术核武器，哈萨克斯坦境内存放着前苏联1410枚战略核弹头。例如，美国曾在哈萨克斯坦发现1278磅的高浓缩铀，这些材料完全可以制造20件简单的核武器，一旦恐怖分子获得这些材料并研制出核武器，后果将不堪

① Graham T. Allison etc., *Avoiding Nuclear Anarchy: Containing the Threat of Loose Russian Nuclear Weapons and Fissile Material*, Cambrige: The MIT Press, 1996, p. 21; p. 23.

设想。[①] 如果这些核武器不加以处理，乌克兰和哈萨克斯坦将直接成为世界上第三和第四号核大国。另外，以色列、印度和巴基斯坦相继成为拥有核武器国家；伊拉克核查危机、朝鲜核危机与伊朗核问题接连爆发，给地区安全形势增添了变数。

幸运的是，上述前苏联加盟共和国均选择了放弃核武器的做法，使横向核扩散的范围大大减小，《不扩散核武器条约》得到遵守。1991 年，俄罗斯、白俄罗斯、哈萨克斯坦与乌克兰等 11 个前苏联加盟共和国承诺将由一个国家来管理前苏联遗留下来的核武器，各加盟共和国将在不迟于 1992 年 7 月 1 日和 1994 年底分别将战术和战略核武器归还给俄罗斯。此后，前苏联地区的核不扩散工作继续顺利推进，白俄罗斯于 1993 年 7 月 22 日正式加入《不扩散核武器条约》；哈萨克斯坦于 1994 年 2 月 14 日批准了该条约；乌克兰于 1994 年 12 月 5 日正式加入该条约。[②] 上述国家放弃核武器一方面是因为它们认为核武器只能给它们带来危险而不是安全，另一方面也是大国积极努力的结果。客观地说，美国在冷战后防止核扩散方面做出了重要贡献。苏联解体后，许多前苏联加盟共和国面临严重的经济困难，急需外来援助，而美国就是利用这一点，积极向它们提供安全保证与经济援助，促使并鼓励上述国家放弃核武器。例如，为劝阻乌克兰放弃核武器，美国

① Graham Allison, *Nuclear Terrorism: the Ultimate Preventable Catastrophe*, New York: Henry Holt and Company, 2004, p. 64.

② Joseph Cirincione, Jon B. Wolfsthal and Miriam Rajkumar, *Dearly Arsenals: Nuclear, Biological, and Chemical Threats*, 2nd edition, Washington D. C.: Carnegie Endowment for International Peace, 2005, pp. 365—366.

提供了2亿美元的援助。[1]

此外，为帮助前苏联加盟共和国解决遗留核武器问题，1992美国总统老布什还曾宣布成立国际科学技术中心（International Science and Technology Center），以资助前苏联从事核、生化武器研制的科学家，美国、日本和欧共体共提供了7500万美元的启动资金。[2] 1994年11月23日，美国政府宣布：哈萨克斯坦境内的581公斤高浓缩铀已被秘密运往美国。同年12月5日，欧洲安全与合作首脑会议在布达佩斯举行。俄罗斯、英国和美国对乌克兰、白俄罗斯和哈萨克斯坦做出了相同的安全承诺。

在美国的努力推动下，乌克兰、白俄罗斯、哈萨克斯坦等国相继宣布放弃核武器与核计划，这在一定程度上避免了世界核扩散的步伐加快。[3] 巴西、阿根廷、南非等国放弃对核武器的追求，在一定程度上促进了国际核不扩散机制的构建，核门槛国家数量至少减少了一半。

但是核扩散的危险从来没有消除过，特别是苏联解体后，核材料面临着扩散的巨大风险。冷战后核扩散的重要特点是：潜在核扩散的主体除主权国家外还出现了个人，防核扩散的重要任务之一便是防止核专家将核技术、核材料与核设施转让给无核国家。据统计，冷战时期，苏联曾一度将国民生产总值的40%用于军事工业，培养了一大批军事科学家、工程师和技术人员，其中相当一部分从事核

---

① Glenn p. Hastedt, *American Foreign Policy: Past, Present, Future*, Upper Saddle River, N. J.: Prentice Hall, 2003, p. 404.

② Mark A. Prelas and Michael S. Peck, *Nonproliferation Issues for Weapons of Mass Destruction*, Boca Raton: Taylor & Francis, 2005, p. 232.

③ 刘华秋主编：《军备控制与裁军手册》，北京：国防工业出版社，2000年版，第372页。

武器开发。苏联解体以后，这些科学家生活极为艰难，很多核技术研究人员为谋求生计纷纷离开本国，前往欧洲，使核技术与核材料扩散成为国际社会关注的焦点，尤其是以美国为首的西方国家更是担心核技术与核材料扩散到“无赖国家”或恐怖分子手中，威胁其安全利益。例如，2004 年 9 月，西方媒体报道说，南非一家公司从欧洲进口了铀浓缩设备，对其进行改造后，计划出售给利比亚。[①]

欧洲与亚洲的核扩散形势更加严峻。1994 年 8 月 10 日，在德国的巴伐利亚州，警方在慕尼黑机场抓获了两名核走私犯，查出 300 余克高纯度钚 239，纯度为 87%。此核材料来自于莫斯科。[②] 1994 年 12 月，捷克警察逮捕了一名捷克科学家、一名俄罗斯人和一名白俄罗斯人，他们试图走私 8 磅高浓缩铀。2000 年 4 月，四名携带 2 磅高浓缩铀的格鲁吉亚人被逮捕。2003 年 11 月，俄罗斯法院判处一名高级官员 18 个月监禁，原因是他试图出售 2 磅铀材料，以获取 5.5 万美元的回报。[③] 同年，国际原子能机构在伊朗和利比亚执行核查任务时发现，巴基斯坦核武器之父卡迪尔·汗（A. Q. Khan）在世界上建立了核黑市网络，这种非法的核走私网络涉及伊朗、利比亚、朝鲜及其他国家。国际原子能机构总干事巴拉迪曾将此称为“私人核扩散的沃尔玛”，其中利比亚为从黑市上获得关键核技术花去了 1 亿美元，伊朗和朝鲜则从

① Joseph Cirincione, Jon B. Wolfsthal and Miriam Rajkumar, *Dearly Arsenals: Nuclear, Biological, and Chemical Threats*, 2nd edition, Washington D. C.: Carnegie Endowment for International Peace, 2005, p. 412.

② 野庆裕、周碧松编著：《不散的蘑菇云》，武汉：长江文艺出版社。2001 年版，第 218 页。

③ Graham Allison, *Nuclear Terrorism: the Ultimate Preventable Catastrophe*, New York: Henry Holt and Company, 2004, p. 73.

卡迪尔·汗手中“引进”了离心机设计图。2004 年，卡迪尔·汗承认自己在核交易黑市中扮演的角色。[①] 由于美国在伊拉克战争后需要巴基斯坦在“反恐”领域的合作，小布什政府并没有在此问题上过多纠缠，卡迪尔·汗得到穆沙拉夫总统的特赦。截至 2007 年 7 月，卡迪尔·汗仍然处于巴基斯坦政府的软禁之下，但巴基斯坦国内反对软禁卡迪尔·汗的呼声日益高涨。尽管上述私人核扩散渠道最终受到堵截，但这并不意味着私人核扩散问题已经得到解决。或许卡迪尔·汗核扩散网络涉及更多国家，而揭露出来的事实只不过是私人核扩散的冰山一角。

“9·11”事件后，美国等西方大国面临着防止核扩散的新任务，《不扩散核武器条约》也面临诸多问题。小布什政府认为，核扩散的危险主要表现为四大类：核恐怖主义、新兴核国家与地区冲突、现存的核武库以及现行政府垮台。2001 年 11 月，小布什在会见普京时指出：“我们最优先考虑的是阻止恐怖分子获得大规模杀伤性武器，我们将尽一切可能切断它们获得生化武器、核武器、材料和专业技术的渠道。”[②] 防核扩散问题成为防止大规模杀伤性武器扩散问题的一部分，已经摆在世界各国面前。不过，进入 21 世纪以来，从地域分布来看，防核扩散的重点仍然是中东地区、南亚次大陆和朝鲜半岛。与横向扩散相比，纵向核扩散的可能性大大减小，美、俄、英、法、中五个核大国库存的核

---

① Joseph Cirincione, Jon B. Wolfsthal and Miriam Rajkumar, *Dearly Arsenals: Nuclear, Biological, and Chemical Threats*, 2nd edition, Washington D. C.: Carnegie Endowment for International Peace, 2005, pp. 247—249.

② Joseph Cirincione, Jon B. Wolfsthal and Miriam Rajkumar, *Dearly Arsenals: Nuclear, Biological, and Chemical Threats*, 2nd edition, Washington D. C.: Carnegie Endowment for International Peace, 2005, p. 15; p. 19.

武器数量总体上在不断减少，核军备竞赛基本上得到控制。

表 1 《不扩散核武器条约》规定的有核国家

核武器件数统计表：1945—2002①

截至年份	美国	苏联（俄罗斯）	英国	法国	中国	总件数
1945	6	—	—	—	—	6
1946	11	—	—	—	—	11
1947	32	—	—	—	—	32
1948	110	—	—	—	—	110
1949	235	1	—	—	—	236
1950	369	5	—	—	—	374
1951	640	25	—	—	—	665
1952	1005	50	—	—	—	1055
1953	1436	120	1	—	—	1557
1954	2063	150	5	—	—	2218
1955	3057	200	10	—	—	3267
1956	4618	426	15	—	—	5059
1957	6444	660	20	—	—	7124
1958	9822	869	22	—	—	10713

① "Table of Global Nuclear Weapons Stockpiles, 1945—2002," Natural Resources Defense Council, http://www.nrdc.org/nuclear/nudb/datab19.asp. 在核武器总件数的统计方面尚无统一数据，也有人认为截至 2005 年，俄罗斯拥有 1.6 万件，美国 1.03 万件，中国 410 件，法国 350 件，英国 200 件，以色列约 100～170 件，印度 75～110 件，巴基斯坦 50～110 件。参见 Joseph Cirincione, Jon B. Wolfsthal and Miriam Rajkumar, *Dearly Arsenals: Nuclear, Biological, and Chemical Threats*, 2nd edition, Washington D.C.: Carnegie Endowment for International Peace, 2005, p. 8.

续表

截至年份	美国	苏联（俄罗斯）	英国	法国	中国	总件数
1959	15468	1060	25	—	—	16553
1960	20434	1605	30	—	—	22069
1961	24111	2471	50	—	—	26632
1962	27297	3322	205	—	—	30823
1963	29249	4238	280	—	—	33767
1964	30751	5221	310	4	1	36287
1965	31642	6129	310	32	5	38118
1966	31700	7089	270	36	20	39105
1967	30893	8339	270	36	25	39563
1968	28884	9399	280	36	35	38633
1969	26910	10538	308	36	50	37841
1970	26119	11643	280	36	75	38153
1971	26365	13092	220	45	100	39822
1972	27296	14478	220	70	130	42193
1973	28335	15915	275	116	150	44791
1974	28170	17385	325	145	170	46195
1975	27052	19055	350	188	185	46830
1976	25956	21205	350	212	190	47913
1977	25099	23044	350	228	200	48920
1978	24243	25393	350	235	220	50441
1979	24107	27935	350	235	235	52862
1980	23764	30062	350	250	280	54706
1981	23031	32049	350	275	330	56035
1982	22937	33952	335	275	360	57859

1983	23154	35804	320	280	380	59938
1984	23228	37431	270	280	415	61623
1985	23135	39197	300	360	425	63416
1986	23254	40723	300	355	425	65056
1987	23490	38859	300	420	415	63484
1988	23077	37333	300	410	430	61549
1989	22174	35805	300	410	435	59124
1990	21211	33417	300	505	430	55863
1991	18306	28595	300	540	435	48176
1992	13731	25155	300	540	435	40161
1993	11536	21101	300	525	435	33897
1994	11012	18399	250	510	450	30621
1995	10953	14978	300	500	400	27131
1996	10886	12085	300	450	400	24121
1997	10829	11264	260	450	400	23203
1998	10763	10764	260	450	400	22637
1999	10698	10451	185	450	400	22184
2000	10615	10201	185	450	400	21851
2001	10491	9126	200	350	400	20567
2002	10640	8600	200	350	400	20190

三、《不扩散核武器条约》产生的辐射效应

《不扩散核武器条约》自签订生效以来，在阻止核扩散方面发挥了积极作用。美国总统肯尼迪在 20 世纪 60 年代初曾经担心：

到20世纪60年代末，一大批国家将纷纷仿效法国，从而成为核国家，届时核国家数量将达到15—20个，包括发展中国家和像日本和德国等工业先进的发达国家；到20世纪70年代末，世界上将有25—30个国家宣布拥有核武器，这些国家将用核武器建立自己的核武库。[①] 为此，肯尼迪于1961年发起组建了军控与裁军委员会。但上述核扩散局面至今也没有实现。到目前为止，国际社会尚未发现一个《不扩散核武器条约》的成员国拥有核武器，该条约无疑对试图研制核武器的国家起到了重要的限制作用。[②] 客观地讲，谋求发展核武器的国家不是增加了，而是减少了。例如，20世纪60年代，有23个国家从事或谋求发展核武器；到了20世纪80年代，只有19个国家谋求发展核武器；到了2005年，除五大核国家、印度、巴基斯坦和以色列外，只有朝鲜和伊朗、个别阿拉伯国家似乎谋求推动核计划。许多国家在此过程中均放弃了核计划，如中立国瑞典原先曾经计划制造出100枚核弹头以武装自己的陆海空三军，最终却选择放弃了该计划，[③] 南非、巴西、阿根廷、伊拉克、利比亚、阿尔及利亚、韩国、德国和日本等国也放弃了对核武器的追求。随着核不扩散的步伐加快，世界的军备竞赛也有降温的趋势。例如，1985年世界的军费总开支约

① Thomas Graham Jr., *Disarmament Sketches: Three Decades of Arms Control and International Law*, Seattle: Institute for Global and Regional Security Studies, 2002, p. 257.

② Tanaka Akihiko, *The New Middle Ages: the World System in the 21st Century*, translated by Jean Connell Hoff, Tokyo: International House of Japan, 2002, p. 125.

③ Joseph Cirincione, Jon B. Wolfsthal and Miriam Rajkumar, *Dearly Arsenals: Nuclear, Biological, and Chemical Threats*, 2nd edition, Washington D.C.: Carnegie Endowment for International Peace, 2005, p. 18.

占世界各国国内生产总值的6.2%；到了2002年，世界军费开支仅占各国国内生产总值的2.6%；2007年，世界军事开支总额为1.33万亿美元，占当年世界GDP总量的2.5%。[①]

随着《不扩散核武器条约》的酝酿、形成和发展，无核区和防止核扩散的区域机制也不断建立起来，如1967年的拉美无核区，1996年的南太无核区，1996年的非洲无核区，1997年的东南亚无核区（曼谷协定）。此前，也曾有人提出建立南亚无核区和中欧、北欧无核区的构想。《不扩散核武器条约》的签订有力地推动了世界区域无核区的兴起。无核区的建立与扩展是《不扩散核武器条约》的重要成果。

早在1956年，波兰外交部长雷帕奇（Adam Repacki）就提出了建立中欧无核区的构想，他认为波兰、捷克斯洛伐克、联邦德国和民主德国可以建立中欧无核区。该建议当时虽为苏联接受，但却遭到美国的拒绝。1959年国际社会签订了《南极条约》，该条约于1961年生效。《南极条约》禁止在南极洲进行核爆炸，禁止在该地区处理放射性废物。它是世界上达成的第一个关于无核区的协议，对《外层空间条约》和《海床公约》的形成起到了重要作用。1963年，苏联提出了建立地中海无核区的构想；随后芬兰又提出建立芬兰、丹麦、冰岛、挪威和瑞典组成的北欧无核区；1974年埃及和伊朗联合倡议建立中东无核区；同一年巴基斯坦提出建立南亚无核区。[②] 遗憾的是，由于冷战思维主导着美苏两国决策者，上述无核区构想绝大部分未能付诸实践。

---

① Anup Shah, "World Military Spending," *Global Issues*, March 1, 2009.

② Amba Pande, *Regional Security in Southeast Asia and the South Pacific: Prospects of Nuclear Free Zone*, Delhi: Authors Press, pp. 6—7.

由于1957年苏联发射了第一颗人造地球卫星，美国开始考虑通过外交手段阻止苏联在外层空间部署核武器。1960年9月22日，美国总统艾森豪威尔在联大发表演说时呼吁将即将生效的《南极条约》适用范围扩展至外层空间和其他星体。但苏联主张将此问题放在核裁军问题中一并加以讨论，特别是美国应当拆除部署在苏联和中欧边境的中程和短程导弹。经过谈判，苏联做出让步，同意将北约部署中短程导弹问题与裁军问题分离开来。1966年6月16日，美苏达成了初步协议。当年12月19日，在美苏的共同努力下，《外层空间条约》生效。1967年1月27日，条约开始在华盛顿、伦敦和墨西哥城对外签字。当年4月25日，美国参议院一致通过了该条约，并于10月10日批准生效。根据《外层空间条约》，缔约国承诺不把核武器及其他大规模杀伤性武器运送到月球、其他星球、太空和地球轨道上；月球和其他星球只用作和平目的，禁止将它们作为军事基地或武器试验场所。[①] 小布什上台后，美国政府一方面承诺将在未来十年使核弹头削减至1700至2200枚，但另一方面，美国又宣布冷战后的美俄关系不同于冷战期间的美苏关系，必须重新调整美国的核力量，以保持一定的威慑力。2001年12月13日，美国宣布将放弃1972年美苏两国达成的《反弹道导弹条约》，并计划在太空建立导弹拦截系统，这是对上述条约的违背。

1967年，关于建立拉美无核区的《特拉特洛尔科条约》（the Treaty of Tlatelolco）在墨西哥城的特拉特洛尔科举行签字仪式。

---

① Thomas Graham, Jr. and Damien J. Lavera, *Cornerstones of Security: Arms Control Treaties in the Nuclear Era*, Seattle and London: University of Washington Press, 2003, p. 35.

1990年7月，上述条约经过修改，范围扩展至加勒比地区，实际上变成了《拉丁美洲和加勒比禁止核武器条约》。由于阿根廷直到1990年才批准该条约，巴西和智利尽管批准了该协定，但宣布不执行该条约，所以直到1994年该条约才正式生效。它规定：缔约国的核设施与核材料只用作和平目的，不管出于何种目的，都不允许将核武器运往拉美地区，包括出于核试验目的。2007年2月，联合国秘书长潘基文在《拉丁美洲和加勒比禁止核武器条约》诞生40周年之际发去贺电，称赞该条约在防止核扩散方面做出的努力。

1972年，《不扩散核武器条约》生效两年，各国开始考虑扩大核不扩散的地缘范围，当年《海床协定》生效，该协定规定：各缔约国将承担义务，不在海岸线12英里以外的海床部署核武器及其他大规模杀伤性武器。①

1986年，在澳大利亚的推动下，关于建立南太平洋无核区的《拉罗通加条约》（Treaty of Rarotonga）生效，澳大利亚、瑙鲁、斐济、新西兰、所罗门群岛、汤加、图瓦卢等国成为缔约国。

在非洲，南非、利比亚、阿尔及利亚等国曾经对获得核武器比较感兴趣。南非一度研制出了核武器，但20世纪90年代初又选择放弃核武器与核计划。2003年伊拉克战争后，利比亚领导人卡扎菲也宣布放弃核计划，并于当年通告国际原子能机构：利比亚曾经进口过天然铀和离心机零件，今后将接受国际原子能机构的核查。北非阿拉伯国家——阿尔及利亚也曾经获得小型核反应堆，但1995年，阿尔及利亚宣布加入《不扩散核武器条约》。

① Ian Bellany, *Curbing the Spread of Nuclear Weapons*, Manchester and New York: Manchester University Press, 2005, pp. 106—108.

1996年，关于建立非洲无核区的《佩林达巴条约》开始对非洲各国开放签字。该条约规定：非洲地区不仅禁止获得核武器，而且禁止研发核武器。非洲无核区条约的签订标志着南方发展中国家对《不扩散核武器条约》的坚定支持，也对其他区域的核不扩散工作指明了方向。[①]

东南亚无核区的构想首先是1984年印尼政府提出的。1995年，东南亚各国就建立东南亚无核区进行了磋商。结果，东南亚各国签订的《曼谷条约》于1997年生效。[②] 东南亚无核区似乎与东北亚和南亚核扩散趋势形成鲜明的对比。1992年，朝鲜与韩国就实现半岛无核化问题进行了磋商，并发表了《朝鲜半岛无核化联合宣言》。2006年朝鲜单方面宣布进行了核试验后，朝鲜半岛无核化的前景不容乐观。

"9·11"事件后，美国等西方国家为防止大规模杀伤性武器的扩散，在世界范围内积极推动无核区的建立。2002年，哈萨克斯坦、吉尔吉斯斯坦、塔吉克斯坦、土库曼斯坦和乌兹别克斯坦就建立中亚无核区举行了会谈。[③] 2006年9月8日，哈萨克斯塔、吉尔吉斯斯坦、塔吉克斯塔、土库曼斯坦和乌兹别克斯坦5个中亚国家的领导人在前苏联核武器试验场塞米巴拉金斯克市签署了《中亚无核武器区条约》或《塞米巴拉金斯克条约》（Treaty of

---

① 关于非洲无核区的讨论可参见 United Nations Department of Public Information etc., *Disarmament: Responding to New Realities in Disarmament*, New York: United Nations Publication, 1994, pp. 1—12.

② Ian Bellany, *Curbing the Spread of Nuclear Weapons*, Manchester and New York: Manchester University Press, 2005, pp. 114—116.

③ Joseph Cirincione, Jon B. Wolfsthal and Miriam Rajkumar, *Dearly Arsenals: Nuclear, Biological, and Chemical Threats*, 2nd edition, Washington D.C.: Carnegie Endowment for International Peace, 2005, p. 34.

Semipalatinsk），受到中国、俄罗斯等周边大国的欢迎。

与中亚无核区相比，中东无核区目前遥遥无期。2010年5月28日，第八次《不扩散核武器条约》审议大会在美国纽约联合国总部闭幕。189个缔约国经过近一个月时间辩论，几乎是在最后一刻达成一致，通过最后文件。这份文件要求联合国会同相关方面于2012年召开一次国际会议，中东地区所有国家将参加，就建立中东无核武器和其他大规模杀伤性武器区展开讨论。文件呼吁中东地区所有没有签署核不扩散条约的国家以无核武器国家身份加入这一条约，尤其呼吁以色列签署条约并把所有核设施纳入国际原子能机构安保机制。①

在建立无核区问题上，中国政府认为应遵循以下原则：第一，无核区应由有关国家根据本地区的实际情况，在自行协商、自愿协议的基础上建立；第二，无核区应符合《联合国宪章》的宗旨和原则，不应被用来干涉区域外国家的内部事务；第三，无核区的无核地位不得受其他安全机制的影响，无核区的国家不应以包括军事同盟关系在内的任何借口而不履行有关义务；第四，无核区应有明确的地理界定，不应包括大陆架和专署经济区，也不应包括无核区条约缔约国与邻国存在领土主权和海洋权益争议的地区；第五，无核区应建立包括国际原子能机构保障监督措施在内的有效核查机制，切实防止核武器扩散；第六，无核区的安排应有助于成员国开展和平利用核能的国际合作，从而促进这些国家的经济和科技发展；第七，核武器国家应尊重无核区的地位，并承担相应的义务，承诺无条件地不对无核区使用或威胁使

① “中东无核区倡议‘点名’以色列”，http://world.people.com.cn/GB/11730231.html.

用核武器。[①]

四、《不扩散核武器条约》面临的挑战

截至2007年3月22日，世界上有188个国家成为《不扩散核武器条约》的缔约国，145个缔约国与国际原子能机构签署了《保障协定》，78个缔约国批准实施了它们与国际原子能机构签订的《保障协定附加议定书》，以实施原子能机构理事会于1997年5月批准的《保障协定附加议定书》中所述的强化保障措施，共有930个核设施接受原子能机构的保障监督视察。[②] 但是，以色列、南非、印度、巴基斯坦和朝鲜等先后进行了核爆炸，不能不说是《不扩散核武器条约》存在缺陷。冷战结束后，纵向扩散与横向扩散都有不同程度的表现，前者如美国宣布启动国家导弹防御系统与战区导弹防御系统，此举不仅会打破美俄之间的战略核平衡，而且可能会引起新一轮核竞赛。[③] "9·11"事件后，朝核问题与伊核问题使国际社会存在横向扩散的危险。2004年夏，南非同伊朗宣布在核能方面将密切合作，这使西方对于伊朗核问题的前景更加持悲观态度。

自《不扩散核武器条约》于1970年生效以来，拥有和曾经拥有核武器的国家至少增加了5个（包括印度、巴基斯坦、以色列、

---

① 刘华秋主编：《军备控制与裁军手册》，北京：国防工业出版社，2000年版，第72—73页。

② 徐学银：《〈不扩散核武器条约〉的评判与展望——从朝鲜、伊朗核危机说起》，载《法学论坛》2007年第12期，第141页。

③ Amba Pande, *Regional Security in Southeast Asia and the South Pacific: Prospects of Nuclear Free Zone*, Delhi: Authors Press, p. 4.

南非和朝鲜），试图研制核武器的国家更多，在中东地区包括伊拉克、利比亚、伊朗等，其根源是多方面的。首先是《不扩散核武器条约》自身的缺陷。该条约一方面禁止核武器的扩散，另一方面却主张和平使用核能。由于核技术具有军用和民用双重属性，许多国家可以打着和平利用核能的旗号秘密发展核武器，包括印度、巴基斯坦、以色列、南非等。

其次，国际核扩散的根源还在于国际无政府状态。在安全竞争的状态下，各国不得不通过研制核武器来增加对潜在敌人的威慑能力，这往往导致核扩散“多米诺骨牌”现象的出现。例如，美国成功研制核武器刺激了苏联，苏联的核武器研究刺激了法国和中国，中国的核武器研制成功在一定程度上刺激了印度，而印度的核武器研制也诱发了巴基斯坦对核武器的追求。积极谋求发展核武器的国家常常声称，谋求核武器是它们不可剥夺的权利。在中东地区，以色列的核武器研制成功刺激伊朗加快核计划，而伊朗的核计划又激发了海合会国家对核技术的追求。国家之间的安全竞争导致安全困境的出现，这种连锁反应导致事实上的有核国家不断增加，横向扩散日益严重，今后国际防扩散任务相当艰巨。

最后，冷战以来，国际核扩散的势头有增无减，与西方国家尤其是美国在防扩散方面执行的双重或多重标准有很大关系，例如以色列和印度等所谓的民主国家在寻求核武器时，美国采取“暧昧”政策；同美国关系友好的国家在发展核技术时，常常得到美国的默认与允许，如巴列维王朝时期的伊朗在发展核计划时就得到了美国的支持；同美国关系不友好的国家在寻求核武器时却常常遭到美国的打压，如海湾战争之后的伊拉克和利比亚、

“9·11”之后的朝鲜和伊朗。其他西方国家也是如此。如2002年12月9日，西班牙军队根据美国军方提供的情报，在阿拉伯海截获了来自朝鲜的飞毛腿导弹，后来发现这些导弹不是运往伊拉克而是运往也门的，所以这艘轮船获准通行。[①] 这是美国和西方国家执行双重标准最好的例子。大国尤其是核大国站在国家利益而不是全球利益的角度审视《不扩散核武器条约》，必然出现偏见与歧视，双重或多重标准大大降低了《不扩散核武器条约》的效能。

随着时代的发展，1968年签署的《不扩散核武器条约》似乎越来越不能跟上时代的发展，要求对其进行修改的呼声日益高涨。例如，该条约将世界上的国家分为有核国家与无核国家，这无形中使非缔约国印度、巴基斯坦和以色列不受约束。2004年，有些以色列学者认为应当对《不扩散核武器条约》第一条加以修改，删去“有核国家”与“无核国家”的表述，改为：“每个缔约国承担责任，不向任何国家转让核武器，……也不帮助、鼓励或诱使任何国家制造与获得核武器。”[②] 在2005年12月召开的《不扩散核武器条约》审议会议上，与会代表列举了其在新的时代所面临的一系列问题：非国家行为体获得违禁武器的问题；缔约国轻易退出此条约的可能性；国际原子能机构在先进核技术方面对其他国家的依赖；核能贸易的增加；冷战核思维的延续；裁

① Ian Bellany, *Curbing the Spread of Nuclear Weapons*, Manchester and New York: Manchester University Press, 2005, p. 149.

② Eograun Asculai, *Rethinking the Nuclear Non-Proliferation Regime*, Tel Aviv: the Jaffee Center for Strategic Studies, June 2004, p. 20.

减核武器步伐缓慢；多边主义行动的失败等。[①] 2010 年 5 月，在纽约召开的《不扩散核武器条约》第八届审议大会上，伊朗总统内贾德在大会发言，指责美国及其他西方国家在核政策上奉行双重标准，破坏国际防扩散体制；而出席会议的美国国务卿希拉里发言时则指出，伊朗的核野心令世界处于危险之中。她呼吁国际社会与美国一起，阻止伊朗的核计划。[②]《不扩散核武器条约》及审议大会，已经成为国家间政治斗争的武器，要想认真得以履行，今后还有很长的路要走。

第二节 避免核军备竞赛 ——《全面禁止核试验条约》

自人类首次进行核爆炸以后，国际社会提出了各种方案，阻止美苏超级大国和其他国家进行核试验，以维护人类的共同安全。本着这种精神，有核国家与无核国家进行了多次协商与谈判，以期通过国际制度和国际条约约束大国进行核试验与核竞赛。经过各国的共同努力，国际社会分别签订了《有限禁止核试验条约》、《限制核试验当量条约》、《和平核爆炸条约》和《全面禁止核试验条约》，体现出核禁试机制不断完善的过程。

① Chamundeeswari Kuppuswamy, "Is the Nuclear Non-Proliferation Treaty Shaking at Its Foundation? Stock Taking after the 2005 NPT Review Conference," *Journal of Conflict & Security Law*, Vol. 11, No. 1, 2006, p. 141.

② "内贾德指责西方国家在核政策上奉行双重标准", http: //news. 163. com/10/0504/04/65QIPUJK000146BC. html.

一、国际禁止核试验的背景

《不扩散核武器条约》的主要功能是防止核武器的横向扩散；《全面禁止核试验条约》则既防止核武器横向扩散，又防止其纵向扩散。全面禁止核试验的构想的产生主要源于四个推动因素。首先，在大规模杀伤性武器中，国际社会已经禁止使用生物武器。另外，《化学武器公约》已于1995年生效，截至2004年，世界上已经有156个国家签署了《化学武器公约》。国际社会在禁止生物和化学武器方面取得的成就使人们对全面禁止核试验产生了较高期待。[①] 其次，核试验给人类带来了严重危害。仅1951—1963年，美国在内华达试验场就爆炸了125颗核弹。1970年，美国有4562枚战略核弹头，苏联有2700枚战略核弹头；1978年，美国拥有11000枚核弹头、2142枚导弹，而苏联有4500枚核弹头和2550枚导弹；[②] 1989年美国的战略核弹头增至14530枚，苏联则增至12403枚。[③] 核大国之间的核竞赛对世界环境造成了严重污染。再次，20世纪60年代初，美、苏、英等核武器国家之所以愿意在核禁试方面做出让步，是因为核试验与维持数量巨大的核武库代价十分高昂。以美国为例，从1940年到2005年，美

---

① M. Lakshmi Narasaiah, *Arms Race and Peace*, New Delhi: Discovery Publishing House, 2004, p. 3.

② R. Everett Langford, *Introduction to Weapons of Mass Destruction: Radiological, Chemical, and Biological*, Hoboken, New Jersey: John Weley & Sons, 2004, p. 78.

③ Ian Bellany, *Curbing the Spread of Nuclear Weapons*, Manchester and New York: Manchester University Press, 2005, p. 167.

国在核武器项目方面共花费了 5.5 万亿美元，每年大约要花费 300 亿美元维持核库存。[①] 频繁的核试验与核竞赛已经成为核国家难以承受的经济负担。最后，促成美、苏、英大国考虑禁止核试验的还有其他偶然性因素。1954 年 3 月 1 日，美国在太平洋中部进行了核试验，其爆炸当量（1500 万吨梯恩梯）超过了人们预期的水平，结果日本渔船“幸运龙”号上的一名船员死亡，其他数人受伤。[②] 同一年，苏联在一次核爆炸中产生的有毒物质飘落到日本，影响到了日本的食物链，尤其是牛奶中的锶－90 的含量超标。[③] 以上几点是核大国开始寻求核禁试的重要原因。

表 2 世界已知核爆炸次数统计：1945－1996 年[④]

年份	美国		苏联（俄罗斯）		英国		法国		中国		总数
	大气层	地下	大气层	地下	大气层	地下	大气层	地下	大气层	地下	
1945	1	0	0	0	0	0	0	0	0	0	1
1946	2	0	0	0	0	0	0	0	0	0	2
1947	0	0	0	0	0	0	0	0	0	0	0

① Mark A. Prelas and Michael S. Peck, *Nonproliferation Issues for Weapons of Mass Destruction*, Boca Raton: Taylor & Francis, 2005, pp. 243—244.

② Jan Prawitz and James F. Leonard, *A Zone Free of Weapons of Mass Destruction in the Middle East*, New York and Geneva: United Nations, 1996, p. 10.

③ Thomas Graham, Jr. and Damien J. Lavera, *Cornerstones of Security: Arms Control Treaties in the Nuclear Era*, Seattle and London: University of Washington Press, 2003, p. 1375.

④ “Table of Known Nuclear Tests Worldwide: 1945—69, 1970—96,” Natural Resources Defense Council, http: //www. nrdc. org/nuclear/nudb/datab15. asp.

续表

年份	美国		苏联（俄罗斯）		英国		法国		中国		总数
	大气层	地下	大气层	地下	大气层	地下	大气层	地下	大气层	地下	
1948	3	0	0	0	0	0	0	0	0	0	3
1949	0	0	1	0	0	0	0	0	0	0	1
1950	0	0	0	0	0	0	0	0	0	0	0
1951	15	1	2	0	0	0	0	0	0	0	18
1952	10	0	0	0	1	0	0	0	0	0	11
1953	11	0	5	0	2	0	0	0	0	0	18
1954	6	0	10	0	0	0	0	0	0	0	16
1955	17	1	6	0	0	0	0	0	0	0	24
1956	18	0	9	0	6	0	0	0	0	0	33
1957	27	5	16	0	7	0	0	0	0	0	55
1958	62	15	34	0	5	0	0	0	0	0	116
1959	0	0	0	0	0	0	0	0	0	0	0
1960	0	0	0	0	0	0	3	0	0	0	3
1961	0	9/1*	58	1	0	0	1	1	0	0	71
1962	39	55/2	78	1	0	2**	0	1	0	0	178
1963	4	41/2	0	0	0	0	0	3	0	0	50
1964	0	39/6	0	9	0	2	0	3	1	0	60
1965	0	37/1	0	14	0	1	0	4	1	0	58
1966	0	44/4	0	18	0	0	5/1*	1	3	0	76
1967	0	39/3	0	17	0	0	3	0	2	0	64
1968	0	52/4	0	17	0	0	5	0	1	0	79
1969	0	45/1	0	19	0	0	0	0	1	1	67

续表

年份	美国		苏联（俄罗斯）		英国		法国		中国		总数
	大气层	地下	大气层	地下	大气层	地下	大气层	地下	大气层	地下	
1970	0	38/1	0	16	0	0	8	0	1	0	64
1971	0	23/1	0	23	0	0	5	0	1	0	53
1972	0	27	0	24	0	0	3/1	0	2	0	57
1973	0	23/1	0	17	0	0	5/1	0	1	0	48
1974	0	22	0	21	0	1	7/2	0	1	0	54
1975	0	22	0	19	0	0	0	2	0	1	44
1976	0	20	0	21	0	1	0	4/1	3	1	51
1977	0	20	0	24	0	0	0	7/2	1	0	54
1978	0	19	0	31	0	2	0	10/1	2	1	66
1979	0	15	0	31	0	1	0	10	1	0	58
1980	0	14	0	24	0	3	0	11/1	1	0	54
1981	0	16	0	21	0	1	0	12	0	0	50
1982	0	18	0	19	0	1	0	9/1	0	1	49
1983	0	18	0	25	0	1	0	9	0	2	55
1984	0	18	0	27	0	2	0	8	0	2	57
1985	0	17	0	10	0	1	0	8	0	0	36
1986	0	14	0	0	0	1	0	8	0	0	23
1987	0	14	0	23	0	1	0	8	0	1	47
1988	0	15	0	16	0	0	0	8	0	1	40
1989	0	11	0	7	0	1	0	8/1	0	0	28
1990	0	8	0	1	0	1	0	6	0	2	18
1991	0	7	0	0	0	1	0	6	0	0	14

续表

年份	美国		苏联（俄罗斯）		英国		法国		中国		总数
	大气层	地下	大气层	地下	大气层	地下	大气层	地下	大气层	地下	
1992	0	6	0	0	0	0	0	0	0	2	8
1993	0	0	0	0	0	0	0	0	0	1	1
1994	0	0	0	0	0	0	0	0	0	2	2
1995	0	0	0	0	0	0	0	5	0	2	7
1996	0	0	0	0	0	0	0	1	0	2	3
总数	215	815	219	496	21	24	50	160	23	22	2046#
	1030		715		45		210		45		

* 和平核爆炸。

** 英国所有地下核试验都是在美国进行的。

\# 核爆炸总次数包括印度于1974年5月18日进行的一次地下核试验。1997～2002年，上述五大国不再进行核试验。

从发展历程来看，国际核禁试主要经历了四个阶段，分别表现为以下关于核禁试条约的签订，即1963年签订的《有限禁止核试验条约》、1974年达成的《限制核试验当量条约》、1976年达成的《和平核爆炸条约》以及1996年达成的《全面禁止核试验条约》。这四个条约环环相扣，既表现出延续性，又体现出进步性。

二、从《有限禁止核试验条约》到《限制核试验当量条约》

1954年4月，也就是美国于1945年7月进行首次核试验后近十年，印度总理尼赫鲁提出了终止核试验的建议，从而使印度成为世界上第一个提出全面禁止核试验的国家。[1] 战后，全面禁止核试验的谈判主要是在联合国裁军委员会的框架内进行的。禁止核试验的谈判始于 1955 年，首先在美苏两个超级大国之间进行。1955 年 5 月，联合国裁军委员会曾经就终止核试验问题举行过会谈，但由于核查问题与其他相关问题难以解决，谈判始终未能取得实质性突破。

核试验对全球环境造成的严重破坏促进了国际和平运动的兴起，民间反对核试验的呼声不断高涨。艾森豪威尔上台后提出大规模报复战略，宣布美国将继续进行核试验。1957 年 6 月 14 日，苏联首次提出禁止核试验建议，计划成立国际监控委员会来检查当时的三个核国家和太平洋地区，同时世界所有国家暂停核试验，结果美国拒绝了该建议，苏联也随后宣布恢复核试验。但在同年，考虑到核试验的各种负面效应，艾森豪威尔总统宣布有条件暂停两年核试验，并希望苏联也能做出同样的决定，结果也没有得到苏联的响应。1959—1960 年两年里，美、苏、英达成一致，停止了核试验。

1958 年 1 月 13 日，来自世界上 43 个国家的 9000 多名科学家联名致信联合国秘书长，要求立即签订一项停止核试验的国际协议。[2] 1958 年 7—8 月，美国、英国、法国、加拿大、苏联、波兰、捷克斯洛伐克和罗马尼亚等国的科学家召开了一次会议。会议发表的公报称，在世界各地建立 160—170 处陆上监测站进行全

---

① Richard Dean Burns, ed., *Encyclopedia of Arms Control and Disarmament*, New York: Scribner, 1993, p. 828.

② 王仲春、闻中华著：《不扩散的核阴云》，北京：国防大学出版社，2000 年版，第 304 页。

面禁止核试验的核查工作是可能的。[①] 声势浩大的反对核试验浪潮促使各国政府尤其是美、苏、英核国家政府考虑禁止核试验问题，并在 1959 年和 1960 年两年暂停核试验，但是在美苏意识形态激烈竞争的冷战时期，核禁试道路相当漫长和曲折。

各国科学家和民间团体形成的反核试验力量不断壮大，但这种力量丝毫没有影响核国家进行核爆炸的决心，也丝毫没有减少核爆炸的次数。20 世纪 60 年代初，美苏曾经就全面禁止核试验进行过谈判，谈判的焦点之一是核查问题。苏联主张通过本国的方式进行核查，而美国倾向于联合现场核查；美国主张每年进行 7 次核查，而苏联则只同意每年 3 次，最终谈判破裂。[②] 1960 年，法国进行了首次核爆炸，而苏联则于 1961 年 8 月恢复核试验，进行了迄今为止最大的一次核爆炸，其当量达到了 5860 万吨梯恩梯。为防止美苏出现新一轮核竞赛、尽早实现核禁试，1962 年，十八国裁军委员会讨论了核禁试问题，美苏两大集团形成了初步共识。1963 年 6 月 10 日，美国总统肯尼迪在美国大学宣布，美、苏、英三大国将在莫斯科召开会议，就核禁试（禁止在大气层、水下和外层空间进行核试验）问题进行磋商。1963 年 8 月 5 日，美、苏、英三国外长在莫斯科签订了《有限禁止核试验条约》(LTBT),[③] 全称是《禁止在大气层、外层空间和水下进行核试验

---

① Thomas Graham, Jr. and Damien J. Lavera, *Cornerstones of Security: Arms Control Treaties in the Nuclear Era*, Seattle and London: University of Washington Press, 2003, p. 1375.

② Thomas Graham, Jr. and Damien J. Lavera, *Cornerstones of Security: Arms Control Treaties in the Nuclear Era*, Seattle and London: University of Washington Press, 2003, p. 30.

③ 也有学者将其称为"《部分禁止核试验条约》(PTBT)"。

条约》。美国参议院于当年 9 月 24 日以 80 票对 19 票通过了该条约，肯尼迪总统于当年 10 月 7 日批准，条约于 10 月 10 日生效。此后世界上共有 124 个国家加入了《有限禁止核试验条约》,[①] 包括印度和以色列。但当时法国和中国拒绝加入该条约，原因是《有限禁止核试验条约》所设置的障碍主要是技术上的，即美、苏、英三国都已掌握了地下核试验技术，而法国和中国尚未掌握，两国认为这只不过是美、苏、英维持核垄断地位的伎俩罢了。即便如此，绝大多数国家对加入该条约仍表现出浓厚兴趣，包括积极谋求发展核技术的国家，主要是因为它并没有规定对缔约国进行核查，也正因为这一点，条约的约束力比较弱。总体而言,《有限禁止核试验条约》在防止核试验方面起到了一定的约束作用，但其局限性也是不言而喻的。它旨在将核禁试分为两个阶段：部分禁试和全面禁试，部分禁试是全面禁试的第一阶段，各国希望通过部分禁试达到禁止所有核试验的终极目标。

1974 年，印度在地下进行了一项所谓的“和平核试验”后，美国和苏联开始就《有限禁止核试验条约》中规定的地下核试验当量进行谈判。早在 1958 年，美、苏、英三国就控制核试验的当量问题在日内瓦举行会谈，即“终止核试验会议”。由于核禁试问题关系到大国的国家安全，会谈没有取得重大进展。1974 年春，美苏两国开始就进一步限制核爆炸当量举行磋商。由于苏联的核爆炸一般当量较大，美国建议将当量限制在 15 万吨梯恩梯，即当量大约是 1945 年日本广岛核爆炸的十倍，并将该当量视为“门槛”。经过数轮谈判，美苏双方于 1974 年 7 月 3 日达成了《限

---

① 刘华秋主编：《军备控制与裁军手册》，北京：国防工业出版社，2000 年版，第 169—170 页。

制核试验当量条约》(Threshold Test Ban Treaty, TTBT), 该条约规定：自1976年3月31日起，美国和苏联将双方地下核试验当量控制在15万吨梯恩梯。《有限禁止核试验条约》规定，大国核试验当量不得超过几百万吨梯恩梯当量，而《限制核试验当量条约》规定的当量要小得多。前者主要限制核爆炸的形式，后者主要限制核爆炸的规模，为后来的《全面禁止核试验条约》奠定了基础。

《限制核试验当量条约》对于核爆炸当量较大的苏联来说似乎并不公平，所以苏联认为必须考虑到偶然、不经意违反协议的情况，包括稍微超过15万吨梯恩梯当量的情况。美苏双方于1974年底又针对此问题展开磋商，并达成了以下共识："美苏双方将全面遵守《限制核试验当量条约》，但是在估计核爆炸的当量时存在技术上的不确定性，这种不确定性可能会导致偶尔、轻度的、不经意的、对15万吨当量这一门槛的破坏。双方讨论了这一问题，并同意：1. 每年一两次不经意中超过了这一规定的核试验不被视为违反协定；2. 一旦协议遭到违反将引起双方的关注，在一方的请求下美苏将进行磋商。"① 同《有限禁止核试验条约》不同，《限制核试验当量条约》主要是针对美苏两个超级大国的，具有双边协定的特征。但由于美苏达成了上述共识，《限制核试验当量条约》为双方日后破坏该条约留了条"尾巴"。尤其是随着时间的推移，苏联多次进行的地下核爆炸都超过了15万吨梯恩梯当量的限制，特别在里根时期更是如此。美苏达成的这一新条

① Thomas Graham, Jr. and Damien J. Lavera, *Cornerstones of Security: Arms Control Treaties in the Nuclear Era*, Seattle and London: University of Washington Press, 2003, p. 374.

约受到国际社会的广泛欢迎和赞赏，但却遭到印度的强烈批评。印度政府认为，由于核大国有技术作保障，该条约维护了核大国进行的小当量试验，却剥夺了其他国家的核诉求。由于美苏冷战逐步升级，美国参议院直到1990年6月28日才以98票对0票通过该协议，老布什总统直到1990年12月11日才批准该条约，所以《限制核试验当量条约》生效时间相当晚，主要是因为其核查问题相当复杂。

三、从《和平核爆炸条约》到《全面禁止核试验条约》

1974年7月3日美苏达成的《限制核试验当量条约》第三条规定：双方将对和平核爆炸的定义作进一步磋商。苏联代表称，由于其国内建设需要（如隧道挖掘），苏联不仅需要和平核爆炸，而且需要成组和平核爆炸。1976年4月，美苏就和平核爆炸的界定问题达成一致。1976年5月28日，美国总统福特与苏共中央总书记勃列日涅夫分别在华盛顿和莫斯科签署《美苏和平利用地下核爆炸条约》，简称《和平核爆炸条约》。《和平核爆炸条约》（PNET）由一份条约、一份附加议定书和一份声明组成，有效期为5年，到期后可顺延5年。它规定：所有和平核爆炸须在军用核试验以外场所进行，遵守《限制核试验当量条约》和《不扩散核武器条约》的规定，以确保和平核爆炸不会带来与核武器研制有关的利益。[①] 此外，它的第三条还具体规定：缔约国可在条约所规定的试验场之外各自管辖或控制的任何地方进行15万吨梯恩梯以下的和平核爆炸，

---

① Keith A. Hansen, *The Comprehensive Nuclear Test Ban Treaty: An Insider's Perspective*, Stanford: Stanford University Press, 2006, p. 7.

也可应他国要求在该国领土内进行、参加或协助15万吨梯恩梯当量以下的和平核爆炸。但缔约国双方不得进行15万吨梯恩梯当量以上的单个和平核爆炸，也不得进行总当量超过150万吨梯恩梯的组合和平核爆炸；进行和平核爆炸的一方必须在事前及事后向对方提供详细的资料。[①] 该条约第四条和第五条规定了核查的手段，并成立联合协商委员会以处理具体问题。1976年7月该条约送往参议院进行审批，参议院对外关系委员会于1977年还举行了听证会，结果一直未能批准此条约。直到1990年6月28日，《和平核爆炸条约》才和《限制核试验当量条约》一起在参议院以98票对0票全票通过。1990年12月11日，老布什总统批准了该条约，条约签订15年后才正式生效。

《有限禁止核试验条约》和《限制核试验当量条约》为后来国际社会达成《全面禁止核试验条约》奠定了基础。特别是在1977—1980年期间，美、苏、英三国举行了数轮谈判，就全面禁止核试验交换了看法。尽管最后会谈没有取得预期的成果，但各国都认可全面禁止核试验的总方向。[②]

里根执政后，美苏之间爆发了一场新冷战，全面禁止核试验谈判也一度搁浅。里根曾多次表示，全面禁试不符合美国的安全利益。[③] 1985年8月6日，苏联单方面宣布在此后18个月内暂停

① Thomas Graham, Jr. and Damien J. Lavera, *Cornerstones of Security: Arms Control Treaties in the Nuclear Era*, Seattle and London: University of Washington Press, 2003, pp. 434—435.

② David Mutimer, *The Weapons State: proliferation and the Framing of Security*, Boulder and London: Lynne Rienner Publishers, 2000, p. 120.

③ David Mutimer, *The Weapons State: proliferation and the Framing of Security*, Boulder and London: Lynne Rienner Publishers, 2000, p. 121.

核爆炸试验，但却没有得到美国的积极响应，苏联政府于两年后恢复了核试验。正当美国的立场日趋强硬时，苏联的立场开始出现软化。1988年8月，《有限禁止核试验条约》的成员国墨西哥、印尼、秘鲁、斯里兰卡、南斯拉夫和委内瑞拉六国要求修改该条约。上述国家考虑到环境因素，建议将《有限禁止核试验条约》修订成《全面禁止核试验》条约。核大国在全面禁试问题上立场已经出现松动，主要是因为随着东欧社会主义阵营土崩瓦解，美国面临的威胁大大降低。1990年8月，在《不扩散核武器条约》的审议会上，无核国家认为，《不扩散核武器条约》等于维护了核大国的既得利益，使无核国家处于劣势，只有核大国与无核国家全面停止核试验、核大国开始核裁军，世界最终才能消灭核武器。墨西哥等国代表甚至威胁说，若不能全面禁止核试验，将考虑是否支持1995年到期的《不扩散核武器条约》。这无疑给核大国增加了压力。

20世纪80年代末、90年代初，世界核大国纷纷宣布单方面暂停核试验。例如，前苏联宣布于20世纪90年代初暂停核试验。1991年1月7日，《有限禁止核试验条约》的成员国会聚纽约，召开了该条约的修正会议。在开幕仪式上，联合国秘书长德奎利亚尔强调指出：此次修正会议适逢世界历史发展的重要关头。相互敌对的安全概念与原则已经丧失吸引力，美苏两大强国之间的合作成为人们的期望。[①] 此次会议后，美苏关系出现了进一步缓和的局面。例如，美国国会于1992年秋通过了埃克森—米切尔—哈特菲尔德（Exon-Mitchell-Hatfield）法案，根据该法案，美国

---

① Harald Muller, David Fischer and Wolfgang Kotter, *Nuclear Non-Proliferation and Global Order*, Oxford: Oxford University Press, 1994, p. 109.

将寻求全面禁止核试验，并在9个月内暂停核试验，[1] 于是老布什政府宣布暂停核试验。由于英国的核试验全部在美国的内华达核试验场举行，1992年，英国也被迫暂停核试验。1992年英国和法国也紧随美国之后，做出了相似的承诺。1993年克林顿入主白宫后，美国的立场发生了更大变化。他于当年7月2日宣布，美国暂停核试验的期限将延长至1994年9月。[2] 当年秋天，克林顿在联大指出："我已经将防扩散视为我国最优先的政策考虑。"[3] 1993年12月，联大支持国际成员举行一项多边谈判，就《全面禁止核试验条约》问题展开进一步磋商。于是，裁军委员会成立了特设委员会（Ad hoc Committee），就签订《全面禁止核试验条约》展开磋商。特设委员会主席是荷兰驻裁军委员会大使，特设委员会费用的1/4由美国承担，其余部分由裁军委员会其他成员分担。1994年初，裁军委员会开始就全面禁止核试验条约举行谈判，但进展相当缓慢。1996年7月，中国宣布暂停核试验。至此，五个核大国均已单方面宣布暂停核试验。1996年1月，裁军委员会就全面禁试的谈判再一次陷入僵局，主要是因为印度提出要求有核国家必须在限定的时间内实现核裁军；中国则要求保留

---

① Thomas Graham Jr., *Disarmament Sketches: Three Decades of Arms Control and International Law*, Seattle: Institute for Global and Regional Security Studies, 2002, p. 238.

② Mani Shankar, *Nuclear Weapons and Power Politics*, New Delhi: Commonwealth Publishers, 2002, pp. 100—101.

③ Bill Clinton, "Confronting the Challenge of a Broader World," *Department of State Dispatch*, Vol. 4, No. 39, 1993.

和平核爆炸，以满足国内经济发展的需要。[①] 当年 6 月，为促进《全面禁止核试验条约》早日达成，中国放弃了上述要求，但印度仍然坚持原先的立场。

据统计，从 1945—1996 年近半个世纪，世界共进行了 2045 次核试验，其中美国 1030 次，苏联 715 次，法国 210 次，英国 45 次，中国 45 次。以前苏联为例，1961 年苏联从事了 51 次核试验，1962 年又试验了 5000 万吨梯恩梯当量的核爆炸。据称，1979 年，南非与以色列曾经举行了联合核爆炸试验。另外，印度于 1998 年进行过 5 次核试验，巴基斯坦也进行过 6 次核试验。所以人类进行过的核爆炸总次数难以统计。[②] 对于美俄等大国来说，由于计算机模拟核试验技术已经十分发达，它们开始倾向于全面禁止核试验。

《全面禁止核试验条约》是在国际裁军委员会（CD）框架内谈判达成的。该委员会是国际社会围绕军控与裁军问题设立的多边谈判机制，其前身是日内瓦谈判机制，包括 1960 年的 10 国裁军委员会、1962—1968 年的十八国裁军委员会以及 1969—1978 年的裁军委员会会议组织。国际裁军委员会有自己独立的运行规则，但却与联合国保持着密切的联系，它每年须向联大汇报工作，同时由联合国提供预算。国际裁军委员会达成协议后将呈送联大表决通过，再让国际成员签字生效。1979 年国际裁军委员会

---

① Thomas Graham, Jr. and Damien J. Lavera, *Cornerstones of Security: Arms Control Treaties in the Nuclear Era*, Seattle and London: University of Washington Press, 2003, p. 1377.

② 也有人认为英国曾进行过 44 次核试验。参见 Keith A. Hansen, *The Comprehensive Nuclear Test Ban Treaty: An Insider's Perspective*, Stanford: Stanford University Press, 2006, p. 2.

正式启动，其成员国既包括有核国家，也包括无核国家。其中无核国家成员多是不结盟运动的成员国，它们在裁军委员会中组成了21国集团。尽管后来21国集团的成员数增加至29个，但国际社会仍然习惯将它们称作21国集团。[①] 1992年国际裁军委员会达成了冷战后第一项协议——《禁止化学武器公约》，使国际社会对裁军的前景充满信心。1994年1月25日，国际裁军委员会通过一项决议，要求为达成《全面禁止核试验条约》而成立特设委员会。在当年9月召开的会议上，21国集团提出，《不扩散核武器条约》本质上出于核裁军的目的，而非仅仅出于防扩散的目的，否则，该条约对无核国家极不公平。无核国家不发展核武器是建立在"有核国家逐步减少并最终销毁核武器"这一承诺之上的。

谈判过程中，中方代表曾经提出，中国有许多建设项目，需要在必要时进行和平核试验，况且1976年美苏曾经达成了《和平核爆炸条约》。但由于很难区分和平核试验与军用核试验，《全面禁止核试验条约》最后文本中没有保留这一条。1996年9月10日，联合国第51届大会以158票赞成、3票反对、5票弃权通过了《全面禁止核试验条约》，并于当年9月24日签署。[②] 其中，在联大投反对票的国家是印度、不丹和利比亚；投弃权票的国家是黎巴嫩、古巴、毛里求斯、叙利亚和坦桑尼亚。印度反对《全面禁止核试验条约》，给该条约的实施带来了麻烦，但印度代表

---

① Keith A. Hansen, *The Comprehensive Nuclear Test Ban Treaty: An Insider's Perspective*, Stanford: Stanford University Press, 2006, p. 10; p. 15.

② Mark A. Prelas and Michael S. Peck, *Nonproliferation Issues for Weapons of Mass Destruction*, Boca Raton: Taylor & Francis, 2005, p. 232.

强调指出：它之所以投反对票是因为该条约的归宿是防扩散，而不是裁军，《全面禁止核试验条约》只不过是《限制核试验当量条约》的翻版，具有很强的欺骗性和歧视性。1996 年 8 月，印度外长古杰拉尔（Inder Kumar Gujral）声称，《全面禁止核试验条约》将有损于印度的主权，所以印度不会加入。而巴基斯坦则强调，如果印度不加入此条约组织，巴基斯坦也难以加入。但与印度相比，巴基斯坦的态度较为温和。例如，它并没有像印度那样极力阻止联大通过《全面禁止核试验条约》，也没有将巴基斯坦的两处核设施从该条约文本中撤出。[①] 但结果印巴这两个事实上的核国家均未加入。伊朗则强烈反对将以色列、阿拉伯国家和伊朗并列归为中东、南亚小组。即便如此，联合国大多数成员国仍对此条约持积极态度。9 月 24 日，联合国成员国开始正式签字加入，美国是第一个在条约上签字的国家，当年共有 156 个国家签署了该条约。截至 2005 年，共有 175 个国家在条约上签字，122 个国家批准《全面禁止核试验条约》。

四、《全面禁止核试验条约》的内容及其影响

《全面禁止核试验条约》[②] 分序言、17 条、按区域划分的签字国、生效条款以及议定书，其主要精神是根据《不扩散核武器条

---

① Keith A. Hansen, *The Comprehensive Nuclear Test Ban Treaty: An Insider's Perspective*, Stanford: Stanford University Press, 2006, p. 44.

② 《全面禁止核试验条约》的文本可参见"Comprehensive Nuclear Test Ban Treaty (CTBT) Text," in Keith A. Hansen, *The Comprehensive Nuclear Test Ban Treaty: An Insider's Perspective*, Stanford: Stanford University Press, 2006, pp. 87—179.

约》第四条内容而形成的，在一定程度上是对《不扩散核武器条约》的完善与发展。其第一条规定：缔约国不得在自己主权管辖范围内进行任何核试验爆炸或其他任何核爆炸，也不得参与任何形式的核爆炸。[①] 换言之，地下核试验与和平核爆炸均在禁止之列，这与《有限禁止核试验条约》与《和平核爆炸条约》、《限制核试验当量条约》相比应当说是一个巨大进步。为使该条约认真得以贯彻执行，国际社会成立了核不扩散条约组织，以管理国际监控系统（IMS）和国际数据中心（IDC）。但许多发展中国家反对建立国际监控系统（IMS），因为它们担心这会沦为西方发达国家搜集发展中国家情报的工具。考虑到政治因素、成本因素和实际操作因素，裁军委员会在远程监控系统中采用了四种技术，即地震、水声、声学和地面放射性核技术。"全面禁止核试验条约组织"总部位于奥地利维也纳，下设技术秘书处，负责收集和分析数据；执行委员会，负责联系各国政府以及处理现场核查工作；成员国会议，负责监督条约的执行。其中执行委员会具有重要作用，它由 51 个成员国组成，经选举产生，其构成主要根据缔约国的地域分布。其决定需经执行委员会成员中至少 30 名成员同意方可生效。[②] 条约的修改需经缔约国成员简单多数通过，且没有反对票。该条约没有有效期，但成员国可以在国家最高利益受到危害时宣布退出该条约。对该条约持坚决抵制态度的是印度，

---

① Thomas Graham, Jr. and Damien J. Lavera, *Cornerstones of Security: Arms Control Treaties in the Nuclear Era*, Seattle and London: University of Washington Press, 2003, p. 1379.

② Thomas Graham, Jr. and Damien J. Lavera, *Cornerstones of Security: Arms Control Treaties in the Nuclear Era*, Seattle and London: University of Washington Press, 2003, p. 1378.

印度不仅在裁军委员会而且在联合国大会极力阻止该条约的通过。

《全面禁止核试验条约》在国际核禁试方面具有划时代意义。但由于“核爆炸”定义比较模糊，也由于对“低当量核试验”进行核查比较困难，所以《全面禁止核试验条约》在关键内容上措词比较模糊，如它只是笼统地规定：“缔约国将承担责任，不从事核武器试验与其他核试验”①，像《有限禁止核武器条约》一样没有界定核试验的内涵。这给该条约的认真履行无疑设置了障碍。另外，《全面禁止核试验条约》还存在自相矛盾之处，如它一方面规定禁止一切核试验，包括和平核爆炸，另一方面它又规定可以向核禁试审议会议提出请求，从而获准进行和平核爆炸。

为使《全面禁止核试验条约》得以有效执行，执行委员会还成立了国际监控系统，在世界范围内设立了 321 个技术中心，其中有 170 个地震监测站、11 个海上水声站、80 个监测大气中辐射材料的检查站和 60 个低音检测站。②

《全面禁止核试验条约》成为国际核不扩散机制的重要条约，对核大国乃至核门槛国家起到了重要的约束作用。为保障该条约的实施，1996 年 11 月 19 日，联合国秘书长召集该条约缔约国开会，并成立了全面禁止核试验条约组织预备委员会（A Preparatory Commission for CTBTO）。该委员会由缔约国提供资助，并由两个机构组成：即所有缔约国参加的全体会议组织以及临时技

---

① Keith A. Hansen, *The Comprehensive Nuclear Test Ban Treaty: An Insider's Perspective*, Stanford: Stanford University Press, 2006, p. 26.

② Ian Bellany, *Curbing the Spread of Nuclear Weapons*, Manchester and New York: Manchester University Press, 2005, p. 169.

术秘书处。预备委员会还有两个分支机构，即A工作组与B工作组，前者负责行政与预算事务，后者主要负责核查事务。[①]《全面禁止核试验条约》为国际防核扩散工作注入了活力。同年，关于建立非洲无核区的《佩林达巴条约》与关于建立东南亚无核区的《曼谷条约》相继签署，国际核不扩散机制进一步完善。

尽管核不扩散机制逐步建立起来，但反对建立该机制的阻力也接踵而至。例如，美国和印度曾于1993年在安理会联合提交一份议案，要求通过《全面禁止核试验条约》，在核禁试方面美国和印度表现得尤为活跃和积极。[②] 但是，为巩固自己的核垄断地位，1997年7月和9月，美国在内华达核试验场进行了两次临界试验，1998年又进行了四次临界试验。印度于1998年5月11日和13日进行了5次核试验。巴基斯坦也不甘示弱，掀起了同印度的核竞赛高潮。当年5月28日和30日，巴基斯坦进行了6次核试验。[③] 印巴针锋相对的核竞赛不仅使南亚无核区的设想破灭，国际核不扩散机制经受挫折，而且使中东地区的不扩散工作面临更大的压力。欧盟、西方七国集团、世界银行随后宣布取消对印度和巴基斯坦的所有新贷款。1998年6月4日，中、美、俄、法、英五国在日内瓦召开会议，会后发表的联合声明谴责了印巴核试验，并敦促两国立即加入《全面禁止核试验条约》。此后，

---

① Mani Shankar, *Nuclear Weapons and Power Politics*, New Delhi: Commonwealth Publishers, 2002, p. 3.

② Jacques E. G. Hymans, *The Psychology of Nuclear Proliferation: Identity, Emotions, and Foreign Policy*, Cambridge: Cambridge University Press, 2006, p. 193.

③ Gerald M. Steinberg, *Arms Control and Non-Proliferation Developments in the Middle East*: 1998—1999, Ramat Gan, Israel: The Begin-Sadat Center for Strategic Studies, 2000, p. 25.

美国对印巴实行制裁，克林顿总统还给出了印巴解除禁运的条件：1. 印巴签署《全面禁止核试验条约》；2. 限制部署核武器与运载系统；3. 努力加入《削减裂变材料条约》（FMCT）；4. 正式承诺禁止核技术与导弹出口；5. 就克什米尔问题恢复和谈。① 在国际社会的施压下，印度同巴基斯坦于1999年2月同意各自单方面宣布暂停核试验。② 小布什上台后，特别是在"9·11"事件后，巴基斯坦成为美国发动阿富汗战争的前线，印度也成为美国遏制中国的重要战略伙伴，美国政府逐步取消了对印巴的制裁措施。

对《全面禁止核试验条约》构成挑战的不仅是印度和巴基斯坦这两个南亚国家，而且还有当今世界头号强国——美国。尽管美国曾是第一个在《全面禁止核试验条约》上签字的国家，但1999年10月13日，美国参议院否决了《全面禁止核试验条约》。③ 参议院之所以做出这样的决定主要出于以下原因：第一，关于核查问题。美国一些参议员认为，伊拉克、伊朗和朝鲜都是《不扩散核武器条约》的成员国，但是伊拉克一直欺骗国际原子能机构，使核查的效能大大降低，伊朗和朝鲜也都有自己的核计划；第二，关于《全面禁止核试验条约》的执行委员会问题。该委员会不像安理会那样使美国能够享受权威，有可能使美国在执

---

① Joseph Cirincione, Jon B. Wolfsthal and Miriam Rajkumar, *Dearly Arsenals: Nuclear, Biological, and Chemical Threats*, 2nd edition, Washington D.C.: Carnegie Endowment for International Peace, 2005, pp. 223—224.

② Keith A. Hansen, *The Comprehensive Nuclear Test Ban Treaty: An Insider's Perspective*, Stanford: Stanford University Press, 2006, p. 70.

③ 刘华秋主编：《军备控制与裁军手册》，北京：国防工业出版社，2000年版，第11页。

行委员会中处于少数或弱势地位；第三，如果加入该条约并停止核试验，美国难以确保其核库存的安全，也难以确保其研制的新款核武器的有效性。计算机模拟试验尽管越来越普遍，但其可靠性至今仍值得怀疑。[①] 早在1995年，美国著名科学家们组成了JASON小组，该小组随后公布了《1995年核试验报告》，该报告认为，为了确保美国的核库存优势，美国政府须在未来继续进行500吨梯恩梯当量以下的核试验。JASON小组显然希望将《全面禁止核试验条约》变成《限制核试验当量条约》。[②] 这份报告为美国国内反对加入《全面禁止核试验条约》的多数共和党议员找到了借口。例如，在1999年就《全面禁止核试验条约》表决时，美国参议院中共有52人投了反对票，48人投了赞成票，这离2/3多数赞成票尚有很大距离。有些参议员投反对票是因为他们认为此条约威胁到了美国的国家利益，还有些共和党参议员投反对票是因为他们想削弱克林顿总统的威信。克林顿性丑闻曝光后，美国共和党曾希望弹劾总统，结果未能成功，他们希望利用批准《全面禁止核试验条约》的机会提升国会在决策中的影响力。[③] 所以美国两党政治也影响了该条约的执行。2001年7月，新上任的美国总统小布什奉行单边主义外交路线，虽承诺将积极参与《全面禁止核试验条约》的预备委员会工作，支付其中90%的费用，但仍表示不会批准《全面禁止核试验条约》。2001年11月，为促

---

① Ian Bellany, *Curbing the Spread of Nuclear Weapons*, Manchester and New York: Manchester University Press, 2005, pp. 170—171.

② Keith A. Hansen, *The Comprehensive Nuclear Test Ban Treaty: An Insider's Perspective*, Stanford: Stanford University Press, 2006, p. 26.

③ Keith A. Hansen, *The Comprehensive Nuclear Test Ban Treaty: An Insider's Perspective*, Stanford: Stanford University Press, 2006, p. 50.

进《全面禁止核试验条约》早日生效，缔约国在纽约召开了会议，与会代表呼吁尚未批准该条约的国家尽快批准加入，但美国抵制了此次会议，并阐明了布什政府拒绝签订该条约的原则立场。[①] 2003年9月，第三届促进《全面禁止核试验条约》生效大会在维也纳举行。

《全面禁止核试验条约》至今尚未生效，这主要是因为该条约要求包括5个核大国在内的44个国家签字批准。[②] 21世纪初，许多国家签字并批准了该条约，其中中国、哥伦比亚、埃及、印度尼西亚、伊朗、以色列、美国虽已签字，但国内立法机构尚未批准；印度、朝鲜和巴基斯坦三国尚未在条约上签字。截至2010年，已签约的国家增加至177个，其中已批准的有138个，39个未批准。2005—2006年，委内瑞拉、越南、利比亚、土耳其、葡萄牙、巴西、印尼、埃及、韩国等《全面禁止核试验条约》缔约国相继宣布要发展核计划，全面禁试的前景不容乐观。[③] 因此，《全面禁止核试验条约》何时能够生效，还有待作进一步的观察和分析。

---

① Gerald M. Steinberg and Aharon Etengoff, *Arms Control and Non-Proliferation Developments in the Middle East*: 2000—1, Ramal Gan, Israel: The Begin-Sadal Center for Strategic Studies, 2002, p. 51.

② 这44个国家分别是：阿尔及利亚、阿根廷、澳大利亚、奥地利、孟加拉国、比利时、巴西、保加利亚、加拿大、智利、中国、哥伦比亚、朝鲜、埃及、芬兰、法国、德国、匈牙利、印度、印尼、伊朗、以色列、意大利、日本、墨西哥、荷兰、挪威、巴基斯坦、秘鲁、波兰、罗马尼亚、韩国、俄罗斯、斯洛伐克、南非、西班牙、瑞典、瑞士、土耳其、乌克兰、英国、美国、越南和扎伊尔等。

③ 李慎明、王逸舟主编：《2007年：全球政治与安全报告》，北京：社会科学文献出版社，2007年版，第91页。

第三节　堵截核扩散源头
——核出口管制与禁产制度

一国若想研制核武器，必须具备四个条件：经济条件、技术条件、工业条件与材料条件。要堵截核扩散的源头，首先需要从核技术、设备、材料及其运载工具方面阻止核扩散。《不扩散核武器条约》出口委员会对可用于发展核武器的技术、设备、材料及其相关的运载工具进行出口控制，但却存在严重缺陷。为弥补《不扩散核武器条约》之不足，核供应国形成了若干非正式出口管制机制，其中具有代表性的是桑戈委员会（Zangger Committee）、核供应国集团、导弹及其技术控制、《禁止生产裂变材料条约》谈判等，前三项通过出口管制防止核材料与核技术向其他国家扩散，属于阻止横向核扩散；第四项旨在裁军委员会中达成协议，减少有关国家的核材料生产，属于阻止纵向核扩散。

一、桑戈委员会达成的出口管制制度

如果说《不扩散核武器条约》及其监督机制——国际原子能机构形成了核不扩散机制的第一层，桑戈委员会则成为核不扩散机制的第二层，它主要从核技术、核材料上堵截核扩散。桑戈委员会实际上是 1947 年美国提出的巴拉奇计划的实施。当时美、苏、英等国希望成立国际机构对核材料颁发出口许可证，并承担

检查任务，以促进各国和平利用核能。[1] 该委员会以第一任主席、瑞士人桑戈的名字命名。1970 年，《不扩散核武器条约》生效。条约第四条规定，缔约国有开发与利用核技术的权利，为和平利用核能，它们有权交换核设备、核材料与核科技信息。但是，毋庸置疑，核设备、核材料与核科技信息的交换使核武器扩散充满了潜在危险，因为在实践中，很难分清楚一国利用原子能是出于军用还是民用的目的。尽管该条约第三条规定：成员国将承担义务，不向无核国家提供 1. 原料或特殊裂变材料；2. 用于加工、使用和生产特殊裂变材料的设备与材料，但究竟有哪些材料属于违禁范围，条约中没有明文规定。国际原子能机构也未能在核材料与核技术出口方面提供详细的说明。[2] 1971—1974 年间，由美、英、法等 15 个国家组成的小组，在桑戈主持下，在维也纳举行了一系列非正式会议，就核出口"竞争规则"和"触发清单"（trigger list）达成了谅解。该小组被称为"桑戈委员会"，又称"核出口国委员会"。该委员会是非正式组织。[3]

1973 年中东石油危机爆发后，许多国家以"保障国内石油供应安全"为借口，积极谋求核技术开发，这给核不扩散构成威胁。为贯彻该条约第 3 条第 2 款关于核出口控制的要求，1974 年 8 月，一些有核出口能力的国家自愿开展了各种磋商，制定了向无核国家出口核材料、设备和技术的准则，并组成《不扩散核武器条约》出口国委员会，亦即桑戈委员会。该委员会一致认为：

---

① Ian Bellany, *Curbing the Spread of Nuclear Weapons*, Manchester and New York: Manchester University Press, 2005, pp. 126—129.

② Richard Kokoski, *Technology and Proliferation of Nuclear Weapons*, Oxford: Oxford University Press, 1995, p. 179.

③ http://www.zanggercommittee.org/Zangger/default.htm.

1. 某些国家获得军用或军民两用进口产品危害到了集体的利益；2. 多边出口管制制度能够有效减少此类危害；3. 出口国的商业利益不应当受到损害。[①] 为此，桑戈委员会规定了三个基本原则：第一，向无核国家出口的原材料与特殊裂变材料，不管是出于直接转让、生产、加工或使用的目的，都不能转变为核武器与其他核爆炸装置；第二，向无核国家出口的原材料与特殊裂变材料，须接受国际原子能机构的保障监督；第三，向无核国家出口的原材料与特殊裂变材料，不得再次转让给无核国家，除非接受国同样接受再次转让的保障监督。1974 年，国际原子能机构 INFCIRC/209 号文件公布了桑戈委员会提出的主要原则。[②] 桑戈委员会现任主席是捷克人克拉克（Pavel Kluck）。

1974 年，桑戈委员会达成协议，列出一串核材料与核设备的"触发清单"，并提交给国际原子能机构。该"触发清单"要求向无核国家出口触发清单上所列的原材料、可裂变材料、为加工、使用或生产特种可裂变材料专门设计或制造的设备或材料，进口国须接受国际原子能机构的保障监督。随着时间的发展，"触发清单"也在不断地变化。它在防止横向核扩散方面起到了十分重要的作用。桑戈委员会规定的触发清单也存在一定的缺陷，例如它规定：《不扩散核武器条约》缔约国的无核国家进口"触发清单"上的核材料时，必须接受国际原子能机构的监督；非《不扩散核武器条约》缔约国的无核国家进口"触发

---

① Brad Roberts, ed., *Weapons Proliferation in the 1990s*, London: The MIT Press, 1995, p. 125.

② Theodore A. Couloumbis and Thanos p. Dokos, *Arms Control & Security in the Middle East & the CIS Republics*, Athens, Greece: Eliamep, 1995, p. 71.

清单”上的核材料时不必接受国际原子能机构的监督。后一条暴露了核供应国出口控制制度的漏洞。许多国家就是利用上述漏洞，在和平利用核能的名义下，因不接受国际原子能的保障而秘密开展了核计划，如印度、巴基斯坦、南非、巴西、阿根廷等。① 桑戈委员会出发点很好，但由于其成员只是《不扩散核武器条约》的缔约国，且由于法国和中国直到1992年才加入上述条约，所以冷战时期桑戈委员会堵截核扩散源头的能力十分有限。② 特别是桑戈委员会并没有关于核查的条款，因此难以监控有些国家将敏感核材料转让到第三国；桑戈委员会规定的内容也不可能成为国内法律，所以不具有约束性。核供应国集团形成不久，20世纪70年代末、80年代初，美苏展开了新一轮核军备竞赛，核材料出口现象十分严重，导致管制核材料出口的桑戈委员会一度效能相当有限。

随着时间的推移，桑戈委员会成员不断增加，截至2007年6月，桑戈委员会成员国有36个，③ 中国于1997年10月加入桑戈

---

① 刘华秋主编：《军备控制与裁军手册》，北京：国防工业出版社，2000年版，第374页。

② David Mutimer, *The Weapons State: proliferation and the Framing of Security*, Boulder and London: Lynne Rienner Publishers, 2000, p. 3.

③ 它们分别是：阿根廷、澳大利亚、奥地利、比利时、保加利亚、加拿大、中国、克罗地亚（2006年6月30日加入）、捷克、丹麦、芬兰、法国、德国、希腊、匈牙利、爱尔兰、意大利、日本、韩国、卢森堡、荷兰、挪威、波兰、葡萄牙、罗马尼亚、俄罗斯、斯洛伐克、斯洛文尼亚、南非、西班牙、瑞典、瑞士、土耳其、乌克兰、英国和美国等。

委员会，并于1999年2月首次参与了“触发清单”的讨论。[①] 几十年间，它经历了形成—衰弱—兴起的过程。

1990年，伊拉克萨达姆政权不顾国际社会的强烈反对，公然出兵吞并了主权国家科威特，并宣布科威特是伊拉克的一个省。美国政府发起组建了多国部队，发动了海湾战争。海湾战争后，美国等西方国家一直怀疑伊拉克藏匿了大规模杀伤性武器，并在秘密研制核武器。为防止萨达姆政权获得核武器，老布什政府利用自己所处的强势地位，积极推动桑戈委员会在阻止核材料出口方面发挥积极作用。在西方国家的积极倡导下，桑戈委员会重新被“激活”。1991年3月5—7日，桑戈委员会成员在荷兰海牙举行会议，成立了工作组，增强了对两用核材料与核技术的出口管制。[②]

国际核不扩散机制的形成与完善的过程本质上就是填补漏洞的过程，其目的是通过完善国际机制来阻止核武器的扩散。例如，1968年《不扩散核武器条约》通过，1970年生效。当时该条约并没有将氢的放射性同位素——氚列在规定的“特殊的核材料”一类中。但由于该材料具有军用和民用两用性，很容易被有些国家用于核武器的研制。20世纪80年代，国际社会缺乏氚出口管制多边机制，多国出口管制协调委员会（Coordination Com-

---

① Joseph Cirincione，Jon B. Wolfsthal and Miriam Rajkumar，*Dearly Arsenals：Nuclear，Biological，and Chemical Threats*，2nd edition，Washington D.C.：Carnegie Endowment for International Peace，2005，p. 33. 不过，此书中只列举了31个国家，没有列入最近加入桑戈委员会的中国、克罗地亚、斯洛文尼亚、土耳其和乌克兰5个成员。

② Martin B. Kaliowski，*International Control of Tritium for Nuclear Nonproliferation and Disarmament*，Boca Raton：CRC Press，2004，p. 23.

mittee for Multilateral Export Control）是各国管制氚出口的唯一机构。但由于该机构没有规定核查条款，所以很多国家并未严格执行该协调委员会的规定。1990 年 9 月，在《不扩散核武器条约》第四次审议会议上，与会代表提出就建立供应与出口管制制度早日进行磋商。1992 年，核供应国集团在华沙举行正式会晤，并通过了“转让与核有关的军民两用设备、材料和相关技术指导原则”，规定氚、氚化物、含氚混合物及相关设备等都在出口管制之列，除非浓度在 1500GBq 之内。[①] 核供应国达成的这一指导性原则实际上弥补了《不扩散核武器条约》的漏洞，成为堵截核扩散的“第二道防线”。1997 年 10 月，中国加入“桑戈委员会”，以进一步协调国际核出口控制原则。

二、核供应国集团达成的出口管制制度

核供应国集团与桑戈委员会组织之间存在一定的交叉关系，但前者成立的时间稍晚一些。桑戈委员会成立后不久，1974 年印度以和平利用原子能为由，进行了核爆炸，这无疑表明《不扩散核武器条约》存在较为严重的漏洞，因为印度的核试验是打着和平利用核能的旗号进行的，这使它获得了研制核武器所必需的技术与材料。为防止印度的邻国巴基斯坦以及巴西、阿根廷等国纷纷效仿印度进行所谓“和平核爆炸”，1975 年 11 月，在美国的推动下，桑戈委员会成员国同《不扩散核武器条约》的非缔约国——法国在伦敦秘密召开会议，出席会议的有美国、苏联、英

① Martin B. Kaliowski, *International Control of Tritium for Nuclear Nonproliferation and Disarmament*, Boca Raton: CRC Press, 2004, pp. 22—24.

国、法国、联邦德国、加拿大和日本。与会代表承诺将限制出口特殊核材料、技术以及与钚加工、铀浓缩、重水生产有关的重点设备。美国总统福特认为，不应当向冲突和不稳定地区出售核材料；美国其他官员则认为，只能向接受国际原子能机构保障的国家出售上述材料与设备。① 当年，上述国家成立了核供应国集团（Nuclear Supplier Group），亦即伦敦俱乐部。核供应国集团成员承诺将"提高核出口管制的透明度，并同集团以外的国家密切配合，鼓励其他国家遵守核供应国集团的行动准则"。②

同桑戈委员会一样，核供应国集团遵守"触发清单"的规定内容。1976 年 1 月，核供应国集团通过了指导原则，并将此指导原则递交给国际原子能机构总干事。它不仅规定了对技术转让的管制，而且规定了对设备转让的管制。为解决核材料扩散问题，美国政府曾提出一项建议，要求核供应国集团通过一项协议，规定成员国在向非《不扩散核武器条约》缔约国出口"触发清单"上的材料与设备时，须要求这些国家接受国际原子能机构的核查，否则不予出口。核供应国集团于 1976 年通过了新的"核转让准则"和"触发清单"，出口控制制度比《不扩散核武器条约》出口委员会规定的内容更加严格，具体内容如下：1. 保证不将转让的材料、设备和技术用于制造核爆炸装置；2. 所有转让的材料及使用转让设备和技术的设施，包括使用转让技术复制的铀浓缩、后处理和重水生产设施在内，都须接受国际原子能机构的保

① Henry D. Sokolski, *Best of Intentions: America's Campaign Against Strategic Weapons Proliferation*, Westport: Praeger, 2001, p. 63.

② Eograun Asculai, *Rethinking the Nuclear Non-Proliferation Regime*, Tel Aviv: the Jaffee Center for Strategic Studies, June 2004, p. 25.

障监督；3. 对转让的核材料与核设施提供充分的实物保护，防止被盗或散失；4. 不得将转让的材料、设备和技术再转让给第三国，除非第三国接受同样的限制或原转让国参与再转让；5. 未经核供应国同意，不得利用转让的铀浓缩设施生产高浓缩铀，或对转让的核燃料进行后处理。[①] 1978 年 1 月，美国领导下的核供应国集团 15 国成员向国际原子能机构提交了核出口指导性原则，共 16 条，其中包括"触发清单"。这份指导性原则主要包括：1. 进口国需完好保护进口的设备；2. 国际原子能机构负责检查可疑进出口产品及其技术；3. 出口产品再次出口时须接受出口管制，且须经原出口国的同意；4. 利用进口技术生产浓度为 20%以上的浓缩铀时须经供应国的同意，并通报国际原子能机构；5. 支持国际原子能机构的保障监督；6. 设计的设备能够促进国际原子能机构的保障监督。1978 年，国际原子能机构 INFCIRC/254 号文件公布了核供应国集团提出的主要原则。与桑戈委员会不同，核供应国集团的参加者不必是《不扩散核武器条约》的缔约国，所以对潜在的核出口国家的限制范围更广。[②] 不过，核供应国集团的上述承诺都是单方面的，也是非正式的，它们可以根据需要随时做出撤除、更改或调整。例如，法国曾于 1976 年 12 月宣布禁止任何铀浓缩、加工技术与设备的出口，但 1978 年年中，法国却放弃

---

① 刘华秋主编：《军备控制与裁军手册》，北京：国防工业出版社，2000 年版，第 374—375 页。

② David Mutimer, *The Weapons State: proliferation and the Framing of Security*, Boulder and London: Lynne Rienner Publishers, 2000, p. 3.

了这一原则立场。[1]

但上述出口管制制度并未得到很好执行，主要是因为自从1977年以后，核供应国集团一直未能定期举行会议。1978—1990年大约12年时间里，核供应国集团基本处于“半死亡状态”，这主要是因为许多国家不愿意执行严格的出口管制措施，因为这会大大增加监察工作量，也会严重影响商业收益。加拿大于1976年、澳大利亚与瑞典于1977年、美国、波兰、捷克斯洛伐克于1978年、日本于1989年、德国于1990年才正式接受核供应国集团的出口管制要求。[2] 许多国家考虑到出口创汇而在出口敏感核技术与核材料方面放宽了管制。直到1990年伊拉克入侵科威特、萨达姆据称正在谋求发展核武器时，核供应国集团才意识到其机构的重要性。1991年3月，核供应国集团复会。第二年，该集团成员国表示，它们将不会向任何国家转让新的核材料，除非这些国家同意接受国际原子能机构的监督。在此期间，许多国家完全是按照自愿的方式执行以上原则，还有些国家根本没有执行上述原则。某些欧洲核出口国家抵制所谓的“全面出口保障监督”，原因是像印度和巴基斯坦这样的非《不扩散核武器条约》成员国会寻求国际市场，也可以寻求黑市交易，而它们的核计划从未受到核查。相反，朝鲜和伊朗都是《不扩散核武器条约》的缔约

---

① Roger F. Pajak, *Nuclear Proliferation in the Middle East: Implication for the Superpowers*, Washington D. C.: National Defense University Press, 1982, pp. 21—22.

② Tadeusz Strulak, “The Nuclear Suppliers Group,” *The Nonproliferation Review*, Fall 1993, p. 3.

国，但这并不妨碍它们获得核技术。[1] 此外，在相当长时间里，法国不是《不扩散核武器条约》的缔约国，自然不接受国际原子能机构的核查，这是其他欧洲国家所难以接受的。尽管核供应国集团拒绝了美国的提议，但1978年，美国国会通过了《不扩散核武器法案》，该法案规定美国将单方面执行出口管制措施，亦即美国不会向任何国家出口核材料与核技术，除非进口国所有的核活动都能够接受国际原子能机构的核查。"9·11"事件以后，布什政府宣布，只有签订了国际原子能机构《附加议定书》和《附加保障协定》的成员才能出于和平目的进口核设施。同时，布什敦促核供应国集团成员不要向任何国家转让钚分离和铀浓缩设备和技术，除非这些国家已经拥有大规模设备，可以进行这些活动。[2]

同桑戈委员会一样，后冷战时期，核供应国集团也趋于活跃。1992年4月，为防止伊拉克获得大规模杀伤性武器，核供应国集团的成员国在华沙举行会议，会后宣布三项政策：1. 核材料与核技术进口国必须接受国际原子能机构的全面保障监督；2. 管制范围扩展至军民两用核设备与核技术，并制定相应准则；3. 修改1977年的"触发条款"。[3] 2004年5月，核供应国集团通过了"全面控制"（catch all）原则，允许成员国阻止向任何可能用于核武器研制计划的国家或集团出口核材料、设备与技术，即便此

---

① Ian Bellany, *Curbing the Spread of Nuclear Weapons*, Manchester and New York: Manchester University Press, 2005, pp. 129—130.

② Ian Bellany, *Curbing the Spread of Nuclear Weapons*, Manchester and New York: Manchester University Press, 2005, p. 141; p. 151.

③ Richard Kokoski, *Technology and Proliferation of Nuclear Weapons*, Oxford: Oxford University Press, 1995, p. 182.

类出口物品并不在核供应国集团出口管制清单上。[①] 截至 2010 年 12 月，核供应国集团有 45 个成员国，[②] 欧洲委员会（European Commission）为观察员。这些成员国中有的并没有核技术与核材料出口能力，如卢森堡和塞浦路斯，主要是因为它们很可能成为核技术与核材料的中转地。[③] 加入核供应国集团必须具备以下条件：第一，有能力出口核供应国集团规定的材料；第二，能够执行核供应国集团规定的原则；第三，能够修改本国立法，使执行核供应国集团规定的原则成为可能；第四，已经加入并认真履行《不扩散核武器条约》、《拉美及加勒比无核区条约》、《非洲无核区条约》、《南太无核区条约》和《东南亚无核区条约》中的一个或多个；支持国际社会在防止核扩散、大规模杀伤性武器扩散以及运载工具扩散方面所做的努力。[④]

但是，核供应国集团属非正式机构，缺少强制力，许多规定无法认真得到贯彻执行。如 1997 年，共有 26 个国家向核供应国

---

① Quentin Michel, "The Evolution of Nuclear Export Control Regimes: from Export Control List to Catch-all Clause," *Atoms for Peace: An International Journal*, Vol. 1, No. 1, 2005, p. 79; Joseph Cirincione, Jon B. Wolfsthal and Miriam Rajkumar, *Dearly Arsenals: Nuclear, Biological, and Chemical Threats*, 2nd edition, Washington D. C.: Carnegie Endowment for International Peace, 2005, p. 34.

② 它们是阿根廷、澳大利亚、奥地利、白俄罗斯、比利时、保加利亚、巴西、加拿大、中国、克罗地亚、塞浦路斯、捷克、丹麦、爱沙尼亚、芬兰、法国、德国、希腊、匈牙利、爱尔兰、意大利、日本、哈萨克斯坦、韩国、拉脱维亚、立陶宛、卢森堡、马耳他、荷兰、新西兰、挪威、波兰、葡萄牙、罗马尼亚、俄罗斯、斯洛伐克、斯洛文尼亚、南非、西班牙、瑞典、瑞士、土耳其、乌克兰、英国和美国。

③ Eograun Asculai, *Rethinking the Nuclear Non-Proliferation Regime*, Tel Aviv: the Jaffee Center for Strategic Studies, June 2004, p. 25.

④ http://www.nuclearsuppliersgroup.org/member.htm.

集团组织申报了其出口的武器，其中有 4 个国家不属于该组织成员。当时核供应国集团 33 个成员国中有 10 个未申报其出口的武器。[①] 自印度和巴基斯坦 1998 年宣布拥有核武器以后，核供应国集团对其进行了严格的核禁运。但是，上述两个机构的良好运行依赖于成员国的密切配合，特别是在国内立法方面的密切配合，使成员国能够制定严格的出口管制措施，同时加强同情报部门与其他成员国的配合，才能起到良好效果。

冷战期间，中国不是核供应国集团的成员，但中国在核材料出口方面一直按照原则办事。1991 年 11 月，中国政府宣布，一如既往向国际原子能机构通报中国向无核武器国家出口或从无核武器国家进口大于 1 有效公斤[②]核材料的情况。1993 年 7 月，中国正式承诺，在自愿基础上向国际原子能机构通报所有核材料的进出口、核设备及相关非核材料的出口情况。1996 年 5 月，中国承诺不向无核武器国家未接受国际原子能机构保障监督的核设施提供帮助，包括不对其进行核出口，不与其进行人员与技术的交流与合作。中国已将进口国接受国际原子能机构全面保障监督作为核出口条件。[③] 2004 年 1 月 26 日，中国驻维也纳代表团大使张

---

① David Mutimer, *The Weapons State: proliferation and the Framing of Security*, Boulder and London: Lynne Rienner Publishers, 2000, p. 86.

② 有效公斤是专有名词，如铀的有效公斤计算方法是：对于铀-235 同位素原子百分含量不小于 1%的铀，以公斤为单位的铀的实际量乘以铀-235 同位素原子百分含量的平方；对于铀-235 同位素原子百分含量小于 1%、大于 0.5%的铀，以公斤为单位的铀的实际重量乘以 0.0001；对于铀-235 同位素原子百分含量不大于 0.5%的铀，以公斤为单位的铀的实际重量乘以 0.00005；对于铀-233，其有效公斤算方法与铀-235 相同。参见中华人民共和国国务院：《中华人民共和国核材料管理条例》，北京，1987 年 6 月 15 日。

③ 参见中华人民共和国国务院新闻办公室：《中国的军控、裁军与防扩散努力》(白皮书)，北京，2005 年 9 月。

炎分别致函核供应国集团主席和国际原子能机构总干事，正式申请加入核供应国集团。同年5月28日，在瑞典哥德堡举行的核供应国集团年会上，经全会审议一致同意，接纳中国加入核供应国集团。[①] 至此，中国已成为“桑戈委员会”与“核供应国集团”两大出口管制机构的成员国。

近年来，核供应国集团就防止核扩散问题举行过多次磋商。2008年8月21日和22日，核供应国集团就是否同意取消对印核出口限制在维也纳进行了两天讨论，但未能取得结果。2008年9月4日，核供应国集团再度就此磋商。为达成一致，美国对美印核能合作草案做出了技术性修改，并在会前广泛游说。由于会议各方分歧依然明显，原计划5日下午结束的会议被一再延长。新西兰、奥地利、爱尔兰等国强调，印度必须遵守防扩散承诺。

三、导弹及其技术控制制度

核扩散包括核技术、核材料、核设备以及核运载工具的扩散等。桑戈委员会与核供应国集团尽管弥补了《不扩散核武器条约》的不足，通过出口管制限制了核扩散的速度与规模，但也存在缺陷，尤其是它忽略了无人核武器运载工具的扩散。核运载工具的扩散主要包括弹道导弹、巡航导弹以及其他核武器运输工具系统的扩散。早在20世纪50年代，美国就在艾森豪威尔“和平利用空间项目”的指导原则下，积极与印度和巴西分享导弹技术。但是，美国政府逐渐意识到导弹技术出口对核扩散的影响。卡特时期美日达成协议，日本承诺，其从美国获得的导弹技术只

① http：//news. xinhuanet. com/ziliao/2003—07/10/content _ 966322. htm.

用于和平目的，该协议于1980年生效。此后，美国开始考虑通过多边谈判解决军民两用导弹及其技术的出口问题。由于担心导弹向当时15个与西方利益和价值观不同的国家扩散，1983年，美国同加拿大、法国、德国、意大利、英国和日本共7个西方国家举行了秘密会议。西方七国集团成员国宣布于1987年起将履行导弹及其技术控制制度（Missile Technology Control Regime）。该制度主要是由美国发起组建的。1987年4月16日，该制度指导方针由西方七国同时公布。苏联解体以后，前苏联加盟共和国如俄罗斯、乌克兰、白俄罗斯、哈萨克斯坦等国导弹及其技术扩散问题，也引起了国际社会的关注。① 认真完善导弹及其技术控制制度越来越具有必要性。两伊战争期间，伊朗和伊拉克使用了射程在200—400英里的导弹；1988年初，以色列威胁将对沙特的CSS-2中程导弹发动先发制人打击；1989年，苏联支持下的阿富汗政府声称曾向美国支持的反政府武装发射了300枚导弹。② 国际核不扩散机制的完善需要防止弹道导弹、巡航导弹等核运载工具的扩散。

导弹及其技术控制制度是个非正式自愿参加的组织，各方承诺认真履约，只出口非军用卫星、飞机以及小型、短程战术导弹，同时缔约国分享此领域的情报信息。③ 它的目的是防止可运

---

① John C. Baker, *Non-Proliferation Incentives for Russia and Ukraine*, New York: Oxford University Press, 1997, pp. 47—48.

② Leonard S. Spector and Jacqueline R. Smith, *Nuclear Ambitions: The Spread of Nuclear Weapons* 1989—1990, Boulder: Westview Press, 1990, p. 19.

③ Henry D. Sokolski, *Best of Intentions: America's Campaign Against Strategic Weapons Proliferation*, Westport: Praeger, 2001, p. 65.

载核武器的导弹及其硬件扩散，该组织现有 34 个成员国，[①] 其通过协商一致的办法达成协议。导弹及其技术控制制度每年举行一次全体会议，主席由各成员国轮流担任。该组织不设秘书处，日常事务主要由法国外交部处理。导弹及其技术控制制度旨在让所有成员国制定统一的大规模杀伤性武器无人运载系统的出口管制，包括导弹、无人空中运载系统及相关的设备、材料与技术。该组织的成员国及其伙伴国以自愿的方式执行导弹及无人空中运载系统的出口许可制度。[②] 1992 年，导弹及其技术控制制度对其指导原则进行了修改，扩展为“限制大规模杀伤性武器扩散的危险”，亦即包括核武器、生物武器与化学武器。[③]

西方大国对导弹出口一直比较关注，主要是因为导弹可以用作核武器的运载工具。与飞机运载核弹不同的是，导弹飞行时间短、机动性强、速度快、射程远，使它成为主要的核武器运载工具。因此，导弹出口的透明度具有重要意义。[④] 2000 年，导弹及其技术控制制度会议在巴黎举行，美国、英国、法国和加拿大提出了导弹及其技术控制制度的相关原则、承诺和建立信任机制，并强调同该组织以外的国家展开对话。2000 年 10 月，第 15 次导

---

① 包括阿根廷、澳大利亚、奥地利、比利时、保加利亚、巴西、加拿大、捷克、丹麦、芬兰、法国、德国、希腊、匈牙利、冰岛、爱尔兰、意大利、日本、卢森堡、荷兰、新西兰、挪威、波兰、葡萄牙、韩国、俄罗斯、南非、西班牙、瑞典、瑞士、土耳其、乌克兰、英国和美国等。

② “The Missile Technology Control Regime,” http: //www. mtcr. info/english/index. html.

③ Henry D. Sokolski, *Best of Intentions: America's Campaign Against Strategic Weapons Proliferation*, Westport: Praeger, 2001, pp. 66—67.

④ Kent L. Biringer, “Missile Threat Reduction and Monitoring,” in Michael Krepon ed., *Nuclear Risk Reduction in South Asia*, New York: Palgrave Macmillan, 2004, p. 101.

弹及其技术控制制度全体会议在赫尔辛基举行，与会代表探讨了弹道导弹出口管制问题，还谈到了各国导弹项目开发带来的危险，通过了《反对导弹出口行动准则》。在“9·11”事件后，大规模杀伤性武器扩散问题摆在美国和其他西方国家面前，导弹及其技术控制制度发挥了越来越重要的作用。2001年9月，第16次导弹及其技术控制制度全体会议举行。为支持美国的反恐计划，该组织要求缔约国严格遵守《反对导弹出口行动准则》，使之更透明、涉及范围更广。[①]

导弹及其技术控制制度既不是正式的国际组织，也不是正式的国际条约，而是一项出口指导原则，它规定禁止出口可承载核弹头的大型弹道导弹、巡航导弹和空间运载工具。“9·11”事件以来，澳大利亚、奥地利、比利时、丹麦、芬兰、卢森堡、荷兰、新西兰、挪威、西班牙和瑞典等西方国家也纷纷宣布将履行上述导弹出口原则。该原则得到了很好的贯彻执行。例如，1992年5月11日，美国宣布对印度航天研究组织（ISRO）和俄罗斯航天组织（Glavkosmos）实行制裁：美国在两年内将不得向这两个组织出口和进口商品，禁止这两家机构与美国公司签订合同。美国推出这项制裁措施的原因是：印度航天研究组织准备从俄罗斯航天组织进口低温火箭引擎，这显然违反了导弹及其技术控制制度。[②] 此后，俄罗斯在导弹及其技术出口方面开始执行较严格的管制标准，并于1994年10月初申请加入导弹及其技术出口制

① Gerald M. Steinberg and Aharon Etengoff, *Arms Control and Non-Proliferation Developments in the Middle East*: 2000—1, Ramal Gan, Israel: The Begin-Sadal Center for Strategic Studies, 2002, p. 53.

② Mani Shankar, *Nuclear Weapons and Power Politics*, New Delhi: Commonwealth Publishers, 2002, pp. 38—40; p. 45.

度。1995年8月8日，俄罗斯加入该俱乐部，并参加了当年10月10—12日在波恩举行的导弹及其技术控制制度全体成员国会议。[①] 20世纪90年代中期，美国中情局提供的资料显示，世界上有20多个国家寻求获得大规模杀伤性武器及其运载工具的技术，[②] 这对导弹及其技术控制制度无疑是巨大的挑战。更为严重的是，导弹及其技术控制制度虽能降低核扩散的风险，但很难预防拥有核武器的恐怖分子的袭击。有学者指出，恐怖分子袭击一国（如美国）最可能的方式是货物集装箱而不是导弹。据统计，现在每天大约有5万个货物集装箱运送到美国，而其中存在的风险也是不言而喻的。[③] 由此可见，导弹及其技术控制制度本身并不能够防止核恐怖分子的袭击。

长期以来，中国一直不是导弹及其技术控制制度的成员国。2004年6月1日至2日，外交部军控司司长刘结一与导弹及其技术控制制度主席、阿根廷大使塞尔萨莱在北京共同主持了第二轮中国与导弹及其技术控制制度对话会。英、法、俄、加、韩、乌克兰、日本等导弹及其技术控制制度成员国官员和专家参加了对话会。双方重点就当前形势下进一步发展中国与导弹及其技术控制制度关系、出口控制执法等问题进行了深入讨论。此后，中国于2004年9月正式申请加入“制度”。2007年7月、2009年7

---

① Alexander A. Pikayev, etc., *Russia, the US and the Missile Technology Control Regime*, New York: Oxford University Press, 1998, p. 66.

② Clive Jones and Caroline Kennedy-Pipe, eds., *International Security in a Global Age: Securing the Twenty-first Century*, London: Frank Cass, 2000, p. 162.

③ Graham Allison, *Nuclear Terrorism: the Ultimate Preventable Catastrophe*, New York: Henry Holt and Company, 2004, p. 107.

月，双方在京又举行了两轮对话，就导弹出口控制、中国与“制度”关系等问题交换了意见，增进了相互了解。①

四、《禁止生产裂变材料条约》

桑戈委员会、核供应国集团与导弹及其技术控制制度提出的出口管制原则虽然阻止了核材料与核运载工具的横向核扩散，却始终未能阻止纵向核扩散，即核大国生产的核材料、核武器不断增加的趋势。当时，以印度为代表的无核国家反对加入桑戈委员会与核供应国集团，认为其规定的原则同《全面禁止核试验条约》一样，维持了核大国拥有核武器的现状。1979 年国际裁军委员会启动后，国际社会许多成员曾经设想达成一项协议，阻止核裂变材料的扩散，包括核纵向扩散。1991 年 5 月 29 日，美国总统老布什提出冻结裂变材料的生产，以促进中东的军控。1992 年 7 月，老布什提出了包括禁止生产裂变材料在内的全球军控动议。20 世纪 90 年代初期，裁军委员会也提出《禁止生产裂变材料条约》（Fissile Material Cutoff Treaty），希望各国能够以谈判的方式达成此项协议，通过禁止进一步生产武器级铀和钚来阻止核扩散。该条约并不限制燃料级铀和钚的生产，也不限制核弹头其他元件的生产。1993 年 9 月 27 日，克林顿在联合国发表演说时倡议国际社会就禁止生产用于核爆炸或不受国际社会监督保障的核材料而达成协议。为推动国际社会达成此协议，克林顿提出了美国未来的做法：1. 寻求尽可能消除库存的高纯度铀和钚；2. 鼓

① “导弹及其技术控制制度”，http://www.mfa.gov.cn/chn/gxh/zlb/zcwj/t320980.htm.

励建立更加严格的地区安排，限制不稳定地区与扩散高风险区裂变材料的生产；3. 将美国的多余裂变材料交给国际原子能机构，接受检查；4. 限制民用核能中的钚储量，减少民用高浓缩铀的储量。[①] 克林顿提出的这项建议存在一系列复杂问题。首先，它允许在国际监督保障的情况下生产高浓缩铀，也允许与核爆炸目的无关的高浓缩铀的生产，核材料禁产只能是一句空话；其次，成员国可以像《不扩散核武器条约》缔约国一样，在获得大量浓缩铀和钚时宣布退出。[②]

1993 年 12 月，联大通过了第 48/75L 号决议，要求成员国达成“非歧视性、多边、能够有效开展国际核查的条约，禁止为核武器与其他核爆炸装置生产核材料”。1994 年 10 月，中美外长发表共同声明，表示将推动核大国之间达成《禁止生产核武器用裂变材料公约》，即《禁产公约》。1995 年 3 月 23 日，日内瓦裁军委员会敦促国际社会就此问题展开谈判。1997 年 4 月，中、美、俄、法、英五个核大国发表声明，承诺将早日缔结《禁产公约》；1998 年 8 月，日内瓦裁军谈判会议决定特设一个谈判缔结《禁产公约》的委员会。[③] 绝大多数国家表示同意，克林顿总统向以色列施加压力，要求其支持《禁产公约》谈判，在最后一分钟以色

① Efraim Inbar and Shmuel Sandler, eds., *Middle Eastern Security: Prospects for an Arms Control Regime*, London: Frank Cass, 1995, p. 63.

② Shai Feldman, *Nuclear Weapons and Arms Control in the Middle East*, London: the MIT Press, 1997, p. 169.

③ 王仲春、闻中华著：《不扩散的核阴云》，北京：国防大学出版社，2000 年版，第 266 页。

列政府也宣布支持这一计划，但埃及等阿拉伯国家表示反对。[1] 2004年，美国政府宣布，如果不能进行国际核查，美国反对达成上述条约。当年11月4日，联大通过了第A/C.1/59/L.34号决议，[2] 就禁止生产用于核爆炸或不受国际社会监督保障的核材料达成了共识。但由于美国的极力反对，《禁止生产裂变材料条约》难以产生实际效用。在日内瓦，因裁军委员会内部意见相左，谈判也一直未能启动。

"9·11"事件前，当美国再次提出上述问题时，中国和俄罗斯政府认为，削减裂变材料问题应当与禁止在外层空间部署核武器问题相挂钩。2004年，裁军委员会又提出一项折中协议——将《禁止生产核武器用裂变材料公约》与阻止在外层空间军备竞赛以及核裁军等一揽子问题放在一起进行谈判。[3] 当年7月，美国以"削减裂变材料很难有效检验"为由，拒绝启动谈判。另外，有些国家提出，所有的有核国家与无核国家都应当公布各自的裂变材料的储量，这遭到许多国家的反对。[4] 因此，《禁止生产核武器用裂变材料公约》至今仍处于构想阶段。

从国际核不扩散各种条约来看，冷战期间各国努力的重点是核谈判，冷战后各国努力的重点是实施核谈判达成的协议；冷战

---

① Gerald M. Steinberg, *Arms Control and Non-Proliferation Developments in the Middle East*: 1998—99, Ramat Gan, Israel: The Begin-Sadat Center for Strategic Studies, 2000, p. 49.

② "Fissile Material Cut-off Treaty," *Wikipedia*, http://en.wikipedia.org/wiki/Fissile_Material_Cut-off_Treaty.

③ Keith A. Hansen, *The Comprehensive Nuclear Test Ban Treaty: An Insider's Perspective*, Stanford: Stanford University Press, 2006, pp. 21—22.

④ Eograun Asculai, *Rethinking the Nuclear Non-Proliferation Regime*, Tel Aviv: the Jaffee Center for Strategic Studies, June 2004, p. 51.

期间各国最为担心的是核武器的横向扩散；冷战结束后，各国最为担心的是核武器的纵向扩散，因此美俄削减战略核武器谈判在冷战结束后吸引了世界的目光。[①] “9·11”事件之后，朝核问题与伊核问题成为新的防核扩散焦点，防范恐怖分子获得核武器成为国际防扩散的重要议题。但是，迄今为止，大国尚未在这一问题上达成共识，如巴基斯坦在2010年1月以拥有核武器的印度对其构成“明显且迫在眉睫的威胁”为由，拒绝参加有关禁止生产核武器裂变材料的全球谈判。巴基斯坦的立场，对于致力于重启全球核裁军进程的奥巴马政府来说是个打击。印度与美国及其他一系列核强国的核协议及军火交易促使巴方采取了这一立场。巴基斯坦驻日内瓦大使阿克兰（Zamir Akram）称这样的条约将把巴基斯坦置于一个永远不利的局面。某些核国家的不配合政策对于联合国裁军会议也构成了严重阻碍。裁军大会成员曾提议启动谈判，协商要求停止生产用于制造核武器的高浓度铀和钚的《禁止生产核武器裂变材料公约》（FMCT）。[②] 因此，21世纪国际核不扩散各类条约所要防范的对象不仅是主权国家，还包括非主权实体。核扩散的主体也呈多元化的“扩散”之势。

---

① Brad Roberts, *Weapons Proliferation and World Order after the Cold War*, The Hague: Kluwer Law International, 1996, pp. 181—186.

② “巴基斯坦拒绝参加禁止生产核裂变材料全球谈判”，http://news.sohu.com/20100127/n269855219.shtml.

第二章

核不扩散机制中的国际组织

除上述条约外，执行这些条约的国际组织也成为影响国际核不扩散机制运作的重要因素，其中最突出的要数位于美国纽约的联合国大会与安理会、位于日内瓦的国际原子能机构。上述两个国际组织既参与了国际核不扩散条约的制定，又参与了国际核不扩散条约的监督与执行，对国际核不扩散机制的运作产生了重要影响。

第一节 “伸张正义”——核不扩散机制中的联合国

联合国在核不扩散机制方面所发挥的作用主要体现在两个机构——联合国大会与安理会。这两个机构既是国际核不扩散机制的监督机构，也是执行机构。

一、联合国大会在核不扩散机制中的作用

长期以来，人们一直认为，联合国大会通过的决议常常难以执行，所以出现了议而不决、决而不行的尴尬局面，在防核扩散方面也常常如此。早在 1946 年 1 月 24 日，联大就通过了第 1 号决议，要求完全销毁大规模杀伤性武器，包括核武器，并促进国际社会和平利用核能。1960 年 2 月，法国爆炸了第一颗原子弹，并引发了美苏之间新一轮核军备竞赛。为阻止核武器的纵向扩散，1961 年 11 月 24 日，联合国第 16 届大会第 1063 次全体会议召开。与会代表普遍认为，国际范围的核竞赛将会危及世界所有国家的安全，除非尽快阻止各国进行核试验。最后，联大通过了《禁止使用核武器及热核武器宣言》，认为使用核武器或热核武器是违反联合国宗旨、国际法、人道主义及破坏《联合国宪章》的行为，一概作为摧残人类及其文化罪论。宣言还敦促联合国秘书长就签订一项禁止在战争中使用核武器及热核武器公约，当年联大还通过了“防止转让和获得核武器的决议”。然而，上述公约对核大国限制作用很小。1962 年，美国就进行了 92 次核试验，而苏联进行了 42 次核试验，创历史新高。[①] 但是，客观地分析，联大在防止核扩散方面仍然发挥了重要的平台作用，其通过的决议具有一定的道德约束力，并为相关国家签订核不扩散相关协定

---

① 潘岐京、黄波编著：《核生化武器与防护》，北京：国防工业出版社，2004 年版，第 71—72 页。也有统计认为，1962 年美国进行了 94 次核试验，苏联进行了 79 次核试验。这种统计误差主要在于是否将美苏单方面宣称的和平核爆炸计算在内。参见“Table of Known Nuclear Tests Worldwide：1945—69，1970—96，”Natural Resources Defense Council，http：//www. nrdc. org/nuclear/nudb/datab19. asp.

奠定了基础。例如，1961 年 11 月，爱尔兰代表在联大提出一项倡议，要求有核国家不要将核武器与相关核信息转移到无核国家，最后联大通过了此项决议（联大第 1665 号决议），并要求十八国裁军委员会就此举行谈判，争取达成一项协议。[①] 随后联合国会员国就《不扩散核武器条约》在十八国裁军委员会框架内进行谈判。该谈判分为两个阶段，第一阶段是美、苏、英三个核大国之间的谈判；第二阶段是上述三个核大国同无核国家之间的谈判。[②] 谈判最终取得了积极成果，联大通过一项“防止转让和获得核武器的决议”，它为 1968 年达成《不扩散核武器条约》奠定了基础。1963 年联大通过了“禁止在地球和其他天体轨道安置核武器和其他大规模杀伤性武器的决议”。1965 和 1966 年，联大再次敦促相关国家尽快达成协议，以阻止核武器的扩散，并要求十八国裁军委员会为实现此目标而努力。[③] 联大的上述决议促成了美苏达成《外层空间条约》，该条约于 1966 年 12 月 19 日生效。20 世纪 70—80 年代，联大就裁军问题召开了三次特别会议，第一次特别会议是在 1978 年 5 月 23 日至 6 月 30 日；第二次特别会议是在 1982 年 6 月 7 日至 7 月 10 日；第三次特别会议是在 1988 年 5 月 31 日至 6 月 25 日。其中第一次取得了成功，而后两次裁军特别会议均以失败告终。[④] 联大裁军特别会议机制为各国探讨

---

① Timothy L. H. McCormack, *Self-Defense in International Law: the Israeli Raid on the Iraqi Nuclear Reactor*, New York: St. Martin's Press, 1996, p. 64.

② D. Bourantonis, *The United Nations and the Quest for Nuclear Disarmament*, Aldershot: Dartmouth, 1993, p. 83.

③ Mani Shankar, *Nuclear Weapons and Power Politics*, New Delhi: Commonwealth Publishers, 2002, p. 85.

④ D. Bourantonis, *The United Nations and the Quest for Nuclear Disarmament*, Aldershot: Dartmouth, 1993, p. 145.

核裁军提供了重要平台。

1966年，第21届联合国大会通过了美苏达成的《外层空间条约》，根据此条约，缔约国承诺不在外层空间放置核武器及其他大规模杀伤性武器；禁止在月球和其他天体上进行一切军事活动；外层空间的科研活动须用于和平目的。此条约生效两年后，1968年，意大利提出上述公约应当包括禁止“为损坏、损害或干扰其他国家卫星而发展和使用地基和天基系统”。[1] 由于美苏都未能在反卫星武器问题上达成一致，意大利提出的建议一直搁浅。

1971年12月16日，联大就终止核试验与热核试验问题通过了三项决议，第一项是联大第2828号决议，该决议谴责一切形式的核试验，并敦促核国家尽早结束核试验；第二项决议呼吁核大国停止任何类型的核试验，立即就终止核试验达成一项协议，并要求核国家不要部署核武器；第三项决议重申了禁止所有核试验的紧迫性。[2] 上述三项决议主要是发展中国家提出的，它们十分担心有核国家参与军备竞赛必然会殃及其他中小发展中国家，使它们处于被动地位。1981年，联合国通过另一项决议，即《阻止核灾难宣言》，它庄严宣布：1. 首先使用核武器的国家与领导人将对人类构成了最严重的犯罪；2. 首先使用核武器的国家与领导人没有任何的合法性；3. 任何允许使用核武器的原则和行为都与

---

① 刘华秋主编：《军备控制与裁军手册》，国防工业出版社，2000年版，第258页。

② Mani Shankar, *Nuclear Weapons and Power Politics*, New Delhi: Commonwealth Publishers, 2002, pp. 98—99.

人类的道德标准和联合国崇高理念相违背。①

在建立无核区方面联大也发挥了重要作用。1963 年 11 月 27 日，联大通过了 1911—18 号决议，该决议中提出的建立无核区的构想有力地促进了 1967 年拉美无核区的建立，也为后来的东南亚无核区、非洲无核区的建立铺平了道路。1974 年，在芬兰的提议下，联大要求裁军委员会成立临时工作小组，“全面研究无核区”。当年 7 月 15 日，伊朗驻联合国代表提出了建立中东无核区的构想。该无核区东到伊朗，西到利比亚，北到叙利亚，南到也门，但不包括土耳其、塞浦路斯和马耳他。② 这些地区众多国家长期以来对发展核武器怀有浓厚的兴趣，有的已经启动了本国的核计划。“十月战争”以后，中东国家尤其是阿拉伯国家深刻感受到中东爆发美苏核战的危险，也意识到中东核扩散趋势在不断扩大，于是，1974 年 7 月 23 日，埃及和伊朗在联大会议上联合倡议建立中东无核区。12 月 9 日，联大以 128 票赞成、2 票弃权、0 票反对的结果一致通过了建立中东无核区的决议，其中以色列与缅甸投了弃权票。③ 但是，由于后来以色列在建立无核区问题上的不合作态度，中东无核区至今没有建立起来。1974 年，巴基斯坦提出建立南亚无核区。④ 1988 年秋，埃及再次向联合国秘书长

---

① Sohail H. Hashmi and Steven p. Lee, eds., *Ethics and Weapons of Mass Destruction: Religious and Secular Perspectives*, Cambridge: Cambridge University Press, 2004, p. 62.

② Shai Feldman, *Nuclear Weapons and Arms Control in the Middle East*, London: the MIT Press, 1997, p. 161.

③ Mahmoud Karem, *A Nuclear-Weapon-Free Zone in the Middle East: Problems and Prospects*, Westport: Greenwood Press, 1988, p. 96.

④ Amba Pande, *Regional Security in Southeast Asia and the South Pacific: Prospects of Nuclear Free Zone*, Delhi: Authors Press, pp. 6—7.

提交请求，要求联合国“研究有效和可核查的措施以促进中东无核区的建立”。当年，该议案在联合国获得一致通过。[①] 联大成为第三世界国家构建无核区的重要讨论场所。在1975年联大第30次会议上各成员国进一步讨论了无核区问题，并于1975年12月11日通过了第3472号决议。决议要求各国政府、国际原子能机构和其他相关国际组织予以关注，并对无核区的概念进行了界定。[②] 1990年10月，联合国秘书长德奎利亚尔提出了建立中东无核区的构想，他提交的这份报告认为：中东无核区是一个长远目标，必须循序渐进，中东国家之间必须建立信任感。[③]

联大在减少核爆炸装置生产裂变材料方面也做出了重要成就。20世纪90年代中期，裁军委员会提出《禁止生产核变材料条约》(Fissile Material Cutoff Treaty)，[④] 以进一步限制武器级铀和钚的生产来阻止核扩散。1993年12月16日，第48届联合国大会以协商一致的方式通过了第48/75L号决议，该决议就“禁止为核武器或其他核爆炸装置生产裂变材料”问题进行谈判，其内容主要包括以下四点：1. 建议在最适当的国际论坛中就一项非歧视性的、多边的、可有效进行国际核查的禁止为核武器或其他核爆炸装置生产裂变材料的公约进行谈判；2. 请国际原子能机构帮助调研这项公约所要求的核查安排；3. 呼吁所有的国家赞同非

---

① Jan Prawitz and James F. Leonard, *A Zone Free of Weapons of Mass Destruction in the Middle East*, New York and Geneva: United Nations, 1996, p. 60.

② Amba Pande, *Regional Security in Southeast Asia and the South Pacific: Prospects of Nuclear Free Zone*, Delhi: Authors Press, p. 7.

③ Emily B. Landau, *Arms Control in the Middle East: Cooperative Security Dialogue and Regional Constraints*, Brighton, Portland: Sussex Academic Press, 2006, p. 40.

④ 又名《裂变材料禁产条约》、《禁止生产核武器烈变材料公约》。

歧视性的、多边的、可有效进行国际武器核查或其他核爆炸装置生产裂变核材料公约的目标；4. 决定在第 49 届联合国大会临时议程中列入题为“禁止为核武器或其他核爆炸装置生产裂变材料”的议题，并以高票得以通过，广大发展中国家成为推动该协议顺利通过的“中流砥柱”。[①] 该条约并不限制燃料级铀和钚的生产，也不限制核弹头其他元件的生产。

2000 年 9 月，第 55 届联大会议上埃及等阿拉伯国家要求建立中东无核区。伊朗则批评西方核大国的双重标准，允许“犹太复国主义政权”拥有核武器。以色列则强调，以政府并不反对建立中东无核区的长远目标，但作为第一步，中东地区有关国家必须进行和谈，因为伊拉克与伊朗的常规武器已经威胁到了以色列的安全。以色列承诺将通过核供应国集团认真履行导弹及其技术控制制度。[②] 2004 年 11 月 4 日，联大第一委员会以 147 票赞成、2 票反对、2 票弃权（另有 8 票未参加投票）通过了《禁止生产核变材料条约》，其中美国和太平洋岛国帕劳投了反对票，以色列和英国弃权，包括伊朗在内的其他国家投了赞成票。美国主张应成立国际核查特别委员会，确保对其他国家的监督检查。[③]

---

① 刘华秋主编：《军备控制与裁军手册》，北京：国防工业出版社，2000 年版，第 228 页。

② Gerald M. Steinberg and Aharon Etengoff, *Arms Control and Non-Proliferation Developments in the Middle East*: 2000—1, Ramal Gan, Israel: The Begin-Sadal Center for Strategic Studies, 2002, p. 42.

③ "Fissile Material Cut-off Treaty," *Wikipedia*, http: //en. wikipedia. org/wiki/Fissile _ Material _ Cut-off _ Treaty.

二、联合国安理会在核不扩散机制中的作用

在联合国，除联大外，安理会也是国际核不扩散机制的重要组成部分。例如，1968 年大国就《不扩散核武器条约》达成一致后，当年 6 月 19 日，联合国安理会在第 1433 次会议上通过了第 255 号决议，承诺向缔约国提供安全保证。[①]《不扩散核武器条约》虽然为许多国家所接受，但该条约缺乏秘书处。国际原子能机构虽然承担了条约的核查工作，但却不能保证该条约的认真执行。当国际原子能机构无法强制执行其意志时，它就会把调查报告呈送给联合国安理会，让安理会通过决议、强制执行核查与其他工作。[②] 安理会无形中成为国际核不扩散机制强制执行的力量保证。但是，冷战期间，受美苏争霸的影响，联合国安理会未能有效维护国际核不扩散机制的有效实施。例如，1974 年印度进行了一次和平核爆炸，加拿大宣布终止同印度的核合作，美国也宣布将对印度出口核材料采取更加严密的监控措施。但由于印度不是《不扩散核武器条约》的缔约国，安理会未能做出强烈反应，导致印度在核武器道路上越走越远。冷战结束后，安理会的权威性得到了提升。1992 年 1 月，安理会成员国举行首脑会议，各国领导人承诺未来将加强合作，维护国际和平与安全，并对违反国

① Mason Willrich，*Non-Proliferation Treaty*：*Framework for Nuclear Arms Control*，*Charlottesville*，Virginia：the Michie Company，1969，p. 197.

② Eograun Asculai，*Rethinking the Nuclear Non-Proliferation Regime*，Tel Aviv：the Jaffee Center for Strategic Studies，June 2004，p. 15.

际原子能机构规约的行为采取必要措施。[①] 总的说来，冷战后安理会对核不扩散机制的影响主要体现在两方面：1. 就核问题通过相关决议；2. 以安理会名义组建核查小组。

在伊拉克核查问题上，安理会发挥了重要作用。1991 年，以美国为首的多国部队向伊拉克发动了海湾战争。此后，联合国安理会以"维护国际安全"为由，于 1991 年 4 月 3 日通过了第 687 号决议，要求伊拉克解除武装。同时，联合国还成立了一个特殊组织——伊拉克特别委员会（简称特委会），以敦促伊遵守联合国决议，其主要任务是消除伊拉克大规模杀伤性武器，包括核武器，规定"伊拉克必须在国际社会的监察之下无条件接受销毁、消除化学与生物武器、射程在 150 公里以上的弹道导弹及相关零件、所有的核武器及用于核武器的核材料和元件"。[②] 根据安理会授权，特委会成员有权利进入伊拉克任何场所，并有权进行拍照、采访、提取样品进行化验等等。特委会的活动经费一部分来自于各方自愿捐助，另一部分来自于伊拉克在世界各地被冻结的资产。当年 8 月 9 日，国际原子能机构总干事表示，伊拉克有未声明的违禁产品。8 月 15 日，联合国安理会通过了第 707 号决议，谴责伊拉克作为《不扩散核武器条约》的缔约国却未能遵守国际原子能机构的保障监督协定。9 月 20 日，国际原子能机构召开大会，谴责伊拉克未能履行《不扩散核武器条约》的义务。10 月，为维护国际原子能机构的权威，安理会再次通过了关于伊拉

① Timothy L. H. McCormack, *Self-Defense in International Law: the Israeli Raid on the Iraqi Nuclear Reactor*, New York: St. Martin's Press, 1996, p. 92.

② Jean E. Krasno and James S. Sutterlin, *The United Nations and Iraq: Defanging the Viper*, Westport: Praeger, 2003, p. 7.

克问题的新决议——第 715 号决议。该决议要求对伊拉克采取核查与监督，并要求伊拉克认真履行安理会第 687 号决议。[①]

冷战后，世界上五个合法的有核国家也同时是安理会的常任理事国，所以安理会通过的决议、授权执行的核查任务往往体现了大国意志，特别是美国的意志。美国还常常以安理会核查为由对不满美国霸权的国家进行打压。这样，安理会核查一方面成为核不扩散机制的重要手段，另一方面成为美国等大国扩展权力的工具。

以伊拉克特委会为例，该委员会必须向安理会和联合国秘书长呈送报告，但它只对安理会负责，不接受秘书长的管理。海湾战争结束后，伊拉克特委会发现，萨达姆政府离制造核武器的目标已经相当接近。1992 年，联合国安理会举行峰会，各国领导人在联合公报中一致认为，武器扩散是对国际和平与安全的威胁。安理会将采取必要措施防止大规模杀伤性武器及其运载工具的扩散。[②] 安理会随后加大了对伊拉克核查力度，并相继通过了安理会第 707 号决议和第 715 号决议。由于美伊围绕核查问题龃龉不断，克林顿政府于 1996 年敦促安理会通过了针对伊拉克的 1051 号决议，要求实施对伊拉克进出口监控制度，阻止军民两用物资进出伊拉克，以期在源头上阻止伊拉克重新发展核武器与其他大规模杀伤性武器。1991—1998 年，联合国伊拉克特委会共对伊拉克进行了 260 次检查任务，以查出伊拉克违禁的大规模杀伤性武

---

① Richard Kokoski, *Technology and Proliferation of Nuclear Weapons*, Oxford: Oxford University Press, 1995, p. 104.

② David Mutimer, *The Weapons State: proliferation and the Framing of Security*, Boulder and London: Lynne Rienner Publishers, 2000, p. 88; p. 155.

器。1999 年 1 月 29 日，特委会总结了伊拉克大规模杀伤性武器的销毁情况。[①]

1998 年，美国同伊拉克围绕核查问题爆发危机，联合国秘书长安南在美伊之间展开斡旋，但最终未果。1998 年 3 月，联合国安理会通过了 1154 号决议，要求伊拉克政府与联合国伊拉克特别委员会合作，结果遭到萨达姆政府的断然拒绝。美国以惩罚萨达姆政权不履行联合国决议为由，向伊拉克发动了大规模空袭。[②]此后，伊拉克答应接受核查，美伊冲突暂告一段落。由此可见，美伊之间的较量主要是通过安理会授权核查与伊拉克反对核查展开的。尽管美国打着“维护国际核不扩散机制的权威”这一旗号，但美国实际上是“公报私仇”，借机打压反美势力。

冷战结束后，美国政府认为，恐怖主义与大规模杀伤性武器的结合对其核心国家安全构成了巨大威胁。正如美国新保守主义代表人物之一的查尔斯·克劳塞默（Charles Krauthammer）所言：“即将到来的时代本质特征是，相对弱小、边缘化乃至落后的国家能够迅速成为一种威胁；不仅是地区威胁，而且对世界也构成了威胁。”[③] 国际原子能机构在伊朗和利比亚的核查中发现，巴基斯坦核专家卡迪尔·汗曾经通过黑市将核材料、核设备与核技术秘密转移到其他国家，包括伊朗、伊拉克、朝鲜、利比亚、叙利亚、埃及、巴基斯坦、苏丹以及某些欧洲国家，其中伊朗是

---

① Jean E. Krasno and James S. Sutterlin, *The United Nations and Iraq: Defanging the Viper*, Westport: Praeger, 2003, p. 41; p. 159.

② David Mutimer, *The Weapons State: proliferation and the Framing of Security*, Boulder and London: Lynne Rienner Publishers, 2000, p. viii.

③ Charles Krauthammer, “The Unipolar Moment,” *Foreign Affairs*, Vo. 70, No. 1, 1991, p. 30.

此黑市上的第一个买主，核黑市的历史可上溯到 1987 年。[①] 目前，美、俄、英、法、中、印、巴、以有 3 万多件核武器，包括 1 万多枚储存和退役但尚未拆除的核弹。[②] 这些核武器很容易落入恐怖分子手中，给世界和平与安全带来威胁。国际社会普遍认为应当通过相关决议，堵截核扩散源头。2003 年，正当美国、英国和利比亚三国就利比亚放弃大规模杀伤性武器举行谈判时，利比亚政府又与埃及签订了核技术交流协定，引起国际社会的进一步关注。[③] 2004 年 4 月 28 日，为进一步推动国际反恐合作、阻止核武器扩散，安理会在第 4956 次会议上通过了第 1540 号决议，决议认为："核生化武器的扩散及其运载工具的扩散对国际和平与安全构成了威胁"，"各国须在军控与裁军方面承担责任，阻止大规模杀伤性武器的扩散"，防止其流入恐怖分子和非国家行为体手中。[④] 决议还规定，发生在一国管辖范围内的非法核交易必须由该国政府负责。[⑤] 后者主要是针对从事核技术研究的科学家的，以巴基斯坦核武器之父——卡迪尔·汗为代表的地下核交易市场

---

① James A. Russell, *Proliferation of Weapons of Mass Destruction in the Middle East: Directions and Policy Options in the New Century*, New York: Palgrave Macmillan, 2006, p. 98.

② Charles D. Ferguson and William C. Potter, *The Four Faces of Nuclear Terrorism*, New York: Routledge, 2005, p. 47.

③ Dany Shoham, *Contrasting Trends in WMD Proliferation in the Middle East: Iran and Libya*, Ramat Gan, Israel: The Begin-Sadat Center fro Strategic Studies, 2005, p. 61.

④ Keith A. Hansen, *The Comprehensive Nuclear Test Ban Treaty: An Insider's Perspective*, Stanford: Stanford University Press, 2006, pp. 221—223.

⑤ Joseph Cirincione, Jon B. Wolfsthal and Miriam Rajkumar, *Dearly Arsenals: Nuclear, Biological, and Chemical Threats*, 2nd edition, Washington D. C.: Carnegie Endowment for International Peace, 2005, p. 249.

对防扩散工作提出了挑战，安理会希望将阻止个人核扩散的任务交给各国负责。

除此之外，朝鲜核问题也是安理会关注的焦点之一。2006 年 10 月 9 日，朝鲜违背了其在六方会谈中达成的有关实现朝鲜半岛无核化的承诺，宣布进行了首次核试验。国际社会对朝鲜政府的行为纷纷提出批评。2006 年 10 月 14 日联合国安理会通过了 1718 号决议对朝鲜表示谴责，要求朝鲜放弃核武器和核计划，重新回到六方会谈框架内解决问题。

不过，联合国尤其是安理会的决议和要求主要体现了大国的意志，在一定程度上主要体现了美国等西方大国的意志，这往往使联合国在防止核扩散方面不能不受美国同对象国关系的影响，使联合国也体现出双重标准。例如，1954—1979 年，苏联集团以外的 13456 名科学家接受了美国的核训练，其中有 3532 名核科学家来自于不愿意签订《不扩散核武器条约》的国家，包括印度、巴基斯坦和以色列等，[①] 联合国对他们也无可奈何；冷战后，联合国安理会对伊拉克、伊朗、朝鲜等国的核计划十分不满，并相继通过了多项决议，谴责并制裁上述国家，这主要是因为它们同美国的敌对关系。所以，美国在核不扩散问题上的双重标准也影响着联合国特别是安理会的权威性与公正性。例如，2006 年以来安理会制裁伊朗决议包括 2006 年 12 月 23 日通过的第 1737 号决议、2007 年 3 月 24 日通过的第 1747 号决议、2008 年 3 月 3 日通过的第 1803 号决议和 2010 年 6 月 9 日通过的第 1929 号决议，实际上折射了美国等西方大国的意志。

---

① Benjamin Frankel, ed., *Opaque Nuclear Proliferation: Methodological and Policy Implications*, Portland: Fank Cass, 1991, p. 3.

第二节 “主持公道”——核不扩散机制中的国际原子能机构

1945 年，美国原子弹在日本广岛和长崎爆炸后，控制核扩散问题就变得日益紧迫。尽管联合国大会与安理会在防止核扩散方面扮演着重要作用，但显然已不能满足日益严峻的核扩散挑战。国际原子能机构就是在这样的背景下产生的。

一、国际原子能机构的产生

1946 年 6 月 14 日，美国代表巴拉奇在联合国原子能委员会上发言指出：“我们在此将做出选择，要么迅速采取行动，要么等待死亡；要么给世界带来和平，要么毁灭整个世界。”① 这就是所谓的巴拉奇计划（Baruch Plan）的主要精神，旨在通过限制苏联和英国核武器的发展来维护自己的核垄断地位。1947 年，美、苏、英三国曾考虑通过巴拉奇计划来控制世界的核能。该计划认为，核能产生的危险是：核反应堆既能用来发电，也能用来制造核武器。联合国必须设立专门的强制性机构，以便国际社会能够共同管理核能、控制核能利用的各个方面，防止其他国家制造出核武器。联合国必须区分“安全”与“危险”的反应堆，区别是前者不生产钚 239、钚 241 以及高浓度铀 235 等。联合国只允许

① Ian Bellany, *Curbing the Spread of Nuclear Weapons*, Manchester and New York: Manchester University Press, 2005, p. 173.

安全的核反应堆的建立，反对无核国家借机发展核武器。为确保安全，联合国同意成立检查机构以促进和平利用核能。[①]

由于原子能廉价、相对清洁和高效，且能为工业生产提供电能，所以如何防止核扩散同时又保证核能的利用便成为摆在各国面前的一项重要任务。1948 年，在联大会议上，印度等国提出成立原子能委员会，其目的是控制原子能，促进和平利用核能，同时阻止各国用核武器装备自己。但是，由于美国政府内部对巴拉奇计划的具体内容反应不一，随着美苏冷战序幕的拉开，巴拉奇计划最终流产。

1953 年 10 月，美国总统艾森豪威尔提出了和平利用原子能的建议。他主张参与核能研究与开发的国家成立一个专门机构，该机构附属于联合国，以保证核材料安全，同时人类可以和平使用核能。这样，“各国能够将核能转化为人类的需要，而不会产生人类的恐惧”。[②] 艾森豪威尔的上述建议为国际原子能机构的成立奠定了思想基础。[③] 长期以来，由于安理会成员国尤其是美苏超级大国意见不一致，联合国缺乏专门的核查机构，它一般委托其他独立的国际机构对其通过的决议或协定进行核查，国际原子能机构便是其中的代表。1956 年 10 月，来自世界 82 个国家的代表举行会议，通过了旨在保障监督和和平利用核能的国际原子能

---

① Henry D. Sokolski, *Best of Intentions: America's Campaign Against Strategic Weapons Proliferation*, Westport: Praeger, 2001, p. 17.

② William C. Potter, *Nuclear Power and Non-proliferation: An Interdisciplinary Perspective*, Cambridge, Massachusetts: Oelgeschlager, Gunn & Hain Publishers, 1982, p. 38.

③ David Mutimer, *The Weapons State: proliferation and the Framing of Security*, Boulder and London: Lynne Rienner Publishers, 2000, p. 41.

机构规约。1957 年 7 月，规约正式生效。同年 10 月，国际原子能机构召开首次全体会议，宣布机构正式成立，总部设在奥地利首都维也纳。1961 年，埃及从苏联获得小型核反应堆和培养核物理方面的人才，就是在国际原子能机构的倡导下进行的。[①] 国际原子能机构虽是联合国的附属机构，但独立于联合国单独运行。所以，从一定程度上说，将国际原子能机构视为联合国的附属机构有些勉强。截至 2005 年，国际原子能机构共有 137 个会员国，中国于 1984 年加入。它受联合国的委托，承担有关核查工作，并定期向联合国汇报工作。该机构的宗旨是"加快并扩大原子能在世界范围内对健康、和平与繁荣的贡献"，[②] 其目的是加速和扩大原子能的和平利用，保证在该机构保障下的核设施与核材料不被用于军事目的，同时对可疑地点展开核查。1997 年 12 月 1 日，巴拉迪接替前任瑞典人布利克斯，成为国际原子能机构总干事。2001 年 9 月，巴拉迪获得连任。2005 年 6 月，国际原子能机构理事会一致同意巴拉迪继续担任该机构总干事。当年 9 月，国际原子能机构第 49 届大会批准了对巴拉迪的任命。这是巴拉迪连续第三次担任此职务，新任期从同年 12 月 1 日开始，共 4 年。2009 年以来，国际原子能机构的总干事是天野之弥。

---

① John Baylis and Robert O' Neill, *Alternative Nuclear Futures: the Role of Nuclear Weapons in the Post-Cold War World*, Oxford: Oxfod University Press, 2000, p. 87.

② "Statue of the International Atomic Agency," *UN Treaty Series*, No. 3988, Article II.

二、国际原子能机构的功能完善

国际原子能机构执行的任务比较繁多，除规定的任务外还同时承担了《拉丁美洲禁止核武器条约》的特别视察职能。1975年11月，核供应国集团成立。根据国际原子能机构与核供应国集团达成的一致意见，在核出口国的请求下，《不扩散核武器条约》的非缔约国在进口核材料与核设施时，国际原子能机构也承担对非缔约国的核查义务。截至20世纪90年代中期，国际原子能机构对50多个国家的900多座核设施进行了核查，检查的内容涉及3.5万吨浓缩铀，大约37万吨钚，[①] 为国际核不扩散做出了贡献。

国际原子能机构的核查任务不断增加，且呈现出越来越严格的趋势，这主要是由以下事件引起的：第一，1974年印度的“和平”核爆炸为核查工作敲响了警钟；第二，1981年以色列袭击伊拉克核反应堆，使国际社会意识到对《不扩散核武器条约》缔约国加大核查力度仍有必要；第三，1991年国际原子能机构发现伊拉克曾秘密进行过核武器研制，表明中东国家的核扩散前景令人担忧；第四，20世纪90年代初南非公布其核武器研制计划，足以说明国际原子能机构的核查还存在巨大漏洞；第五，20世纪90年代以来朝鲜的核计划、2006年的核爆炸说明国际原子能机构的任务仍然十分艰巨。[②]

---

① Mitchell Reiss, *Nuclear Proliferation after the Cold War*, Washington D.C.: Woodrow Wilson Center Press, 1994, p. 314.

② Ian Bellany, *Curbing the Spread of Nuclear Weapons*, Manchester and New York: Manchester University Press, 2005, p. 90.

国际原子能机构目前与151个成员国合作，其秘书处位于奥地利的维也纳国际中心，业务联络及区域办事处分别设在瑞士日内瓦、美国纽约、加拿大多伦多和日本东京。国际原子能机构管理或资助设于奥地利维也纳和塞伯尔斯多夫、摩纳哥和意大利的里雅斯特等处的研究中心和科学实验室。国际原子能机构秘书处由来自90多个国家的多学科专业及辅助工作人员组成。截至2009年底，已签署全面保障监督协定的国家中有3/4签署了附加议定书，已经签署全面保障监督协定的国家中有一半以上已经使附加议定书生效。此外，核材料置于保障监督措施下的国家中近3/4已经使附加议定书生效。[①] 概括起来，国际原子能机构有两个主要功能：1. 促进各国出于和平目的使用核能；2. 确保国际原子能机构提供的援助不会用作非和平目的。在理论上，上述两点并行不悖；但在实际操作层面，二者经常相互矛盾，因为一国完全有可能打着和平利用核能的旗号发展核武器，[②] 印度和巴基斯坦就是通过这种方式走上了核武器研发的道路。国际原子能机构是《不扩散核武器条约》的保障监督与核查机构，它规定除美、俄、英、法、中五个核大国外，其他缔约国的核设施必须向国际原子能机构申报并接受核查，以防止核材料的扩散与核武器的研制。[③]

国际原子能机构的上述规定显然带有偏见，使有核国家无形中获得了某种特权。随着时间的推移，一些无核国家对于核大国

---

① http://www.iaea.org/OurWork/SV/Safeguards/safeg_system.pdf.

② Timothy L. H. McCormack, *Self-Defense in International Law: the Israeli Raid on the Iraqi Nuclear Reactor*, New York: St. Martin's Press, 1996, p. 62.

③ David Mutimer, *The Weapons State: proliferation and the Framing of Security*, Boulder and London: Lynne Rienner Publishers, 2000, p. 64.

免受国际原子能机构的核查这一规定表示不满。同时，欧洲原子能共同体成为欧洲核查的主导者，使国际原子能机构事实上无法对欧共体的核设施进行核查。日本也以国内有核查机构为由，拒绝国际原子能机构的核查。为解决上述问题，国际原子能机构采取了两个补救措施。首先，国际原子能机构同核大国签署协议，规定在自愿检查的基础上，有核国家中与核武器项目不直接相关的核设施接受国际原子能机构的核查。英国于 1976 年、美国于 1980 年、法国于 1981 年、苏联于 1985 年和中国于 1988 年分别与国际原子能机构达成了上述协议。2002 年和 2004 年，国际原子能机构分别对英国和法国进行了核查。其次，国际原子能机构同欧洲原子能共同体达成妥协，双方同意后者将代替前者实施对欧共体（欧盟）成员国的核查，同时对前者负责。同样，国际原子能机构同日本也达成了一致意见，前者宣布保留对日核查的权力，并同意日本国内核查机构担任核查工作，但其必须独立于日本政府，不受日本政府的操纵与支配，以示公正。[①] 2005 年 6 月，国际原子能机构对日本的核原料与核设施展开了核查。到目前为止，国际上 90%以上的用于和平目的的核材料接受国际原子能机构的监督。该机构拥有工作人员 500 多人，其中 200 多人从事国际核查工作。除维也纳外，国际原子能机构在东京、多伦多、日内瓦和纽约还设有办事处。截至 1993 年底，世界上有 202 座核反应堆、167 座研究反应堆、184 处核设施和 324 处存放少量核材料

---

① Ian Bellany, *Curbing the Spread of Nuclear Weapons*, Manchester and New York: Manchester University Press, 2005, pp. 138—140.

的核场所接受国际原子能机构的监督。[①]

1990年9月17日，国际原子能大会在维也纳召开。以墨西哥为代表的20多个国家提出一项协议，要求大会通过一项决议，授权国际原子能机构对无核国家任何可疑地点进行核查。在此次会议上，国际原子能机构总干事宣布：由于联合国安理会通过了对伊拉克制裁，国际原子能机构将终止对伊拉克的所有技术援助。[②] 此次会议后，国际原子能机构的权威得到了提高。

由于国际原子能机构只能检查主权国家规定的核查地点，所以广大无核国家很容易以种种理由为借口，躲避国际原子能机构的核查，秘密发展核武器。为改变这种状况，国际原子能机构分别于1996年和1997年5月15日通过了《附加议定书》，该议定书使国际原子能机构有了更多的主动性：第一，受检查国必须向国际原子能机构提供尽可能多的信息；第二，国际原子能机构将大幅度增加核查与监控的核设施的数量；第三，国际原子能机构将大幅度增加突发检查的数量；第四，国际原子能机构在声明或未声明核查地点进行检查时，有权采验环境样品。上述四点扩大了国际原子能机构的核查权限与范围。截至2005年春，已有90个国家签订了《附加议定书》。[③] 1998年中国政府签署了关于加强国际原子能机构保障监督的《附加议定书》，并于2002年3月生

---

① Theodore A. Couloumbis and Thanos p. Dokos, *Arms Control & Security in the Middle East & the CIS Republics*, Athens, Greece: Eliamep, 1995, p. 74.

② Harald Muller, David Fischer and Wolfgang Kotter, *Nuclear Non-Proliferation and Global Order*, Oxford: Oxford University Press, 1994, p. 106.

③ Joseph Cirincione, Jon B. Wolfsthal and Miriam Rajkumar, *Dearly Arsenals: Nuclear, Biological, and Chemical Threats*, 2nd edition, Washington D.C.: Carnegie Endowment for International Peace, 2005, pp. 31—32.

效。中国“负责任大国”的形象日益突出。

三、国际原子能机构的主要核查对象

国际原子能机构的重要任务是对某些国家可疑地点与可疑设施进行核查。如果发现对象国有发展核武器的意图与行为，该机构一般会采取以下措施：1. 要求该国立即停止违反国际核不扩散机制的行动；2. 通报国际原子能机构的所有成员；3. 通报联大与安理会；4. 终止对该国的核技术援助与支持。[①] 冷战结束后，受安理会之托，国际原子能机构相继对伊拉克、朝鲜、利比亚和伊朗进行了核查。

（一）国际原子能机构对以色列的核查

冷战时期，国际原子能机构对以色列进行了核查。由于阿拉伯国家怀疑以色列一直试图制造核武器，国际原子能机构曾经对以色列进行了核查。1957 年，以色列国防部长西蒙·佩雷斯与法国进行谈判，并达成了从法国进口能够生产钚的 26MW 反应堆。[②] 1960 年 6 月，以色列以和平利用原子能为由从美国引进了反应堆，地点在纳哈尔索莱克（Nahal Soreq），这是以色列接受国际原子能监督的唯一一座反应堆。1965 年，根据美国、以色列和国际原子能机构达成的三方协议，该反应堆接受了国际原子能机构

---

① Timothy L. H. McCormack, *Self-Defense in International Law: the Israeli Raid on the Iraqi Nuclear Reactor*, New York: St. Martin's Press, 1996, p. 90.

② Martin van Creveld, *Nuclear Proliferation and the Future of Conflict*, New York: the Free Press, 1993, p. 98.

的核查。但是，国际原子能机构所怀疑的是位于迪莫纳的另一处核反应堆。由于以色列不是《不扩散核武器条约》的成员国，无需向国际原子能机构通报核反应堆情况，因此该反应堆被怀疑有可能用于核武器的研制。1981年，以色列袭击了伊拉克的奥西拉克核反应堆，国际原子能机构于当年6月12日通过了S/14532决议，谴责以色列发动的先发制人战争。[①] 从此以后，以色列与国际原子能机构关系一直比较冷淡。1981年12月11日，以色列向国际原子能机构前总干事汉斯·布利克斯（Hans Blix）说明了该机构的缺陷："国际原子能机构的保障当然不能显示未来各国的意图。尽管这些国家坚持《不扩散核武器条约》，但它们可能会改变在核武器问题上的立场，转而生产核武器。坚持《不扩散核武器条约》与国际原子能机构的保障都不能确保有些国家在未来不发展核武器。"[②] 显然，以色列依仗美国，对国际核不扩散机制常常视而不见。

（二）国际原子能机构对伊拉克的核查

冷战结束后，国际原子能机构重点对伊拉克进行了核查。由于伊拉克于1969年10月29日加入《不扩散核武器条约》，同时也是《全面禁止核试验条约》的缔约国，且于1972年2月同国际原子能机构签订了保障监督协定，从道理上讲它必须接受国际原子能机构的核查。伊拉克的核科学家是萨达姆·侯赛因最重要的

---

① Mahmoud Karem, *A Nuclear-Weapon-Free Zone in the Middle East: Problems and Prospects*, Westport: Greenwood Press, 1988, p. 75.

② Frank Barnaby, *The Invisible Bomb: the Nuclear Arms Race in the Middle East*, London: I. B. Tauris & Co Ltd., 1989, p. 150.

资产，但是由于担心受到迫害，许多科学家离开了伊拉克前往其他国家，[①] 这使伊拉克的核计划一度遭受挫折；1981 年以色列袭击了伊拉克奥西拉克核反应堆，更使伊拉克的核计划雪上加霜。1991 年 4 月 3 日，联合国安理会通过了第 687 号决议（5 月 14 日开始生效），授权国际原子能机构对伊拉克展开核查，以消除其境内包括核武器在内的大规模杀伤性武器。4 月 6 日，伊拉克大国民大会决定“遵守联合国安理会第 687 号决议”。当时的国际原子能机构主席是瑞典人汉斯·布利克斯。据布利克斯回忆，当时所有国家都不得从伊拉克进口石油，除非国际原子能机构的核查人员向安理会提供报告，证明伊拉克已经销毁了所有的违禁武器并终止了所有此类项目。1991 年，核查人员开始不设限制地进入伊拉克进行核查。但是，当年 7 月 18 日，国际原子能机构董事会在研究了总干事的报告后认为，伊拉克未能执行国际原子能机构的监督保障协定。为防止联合国预算委员会干预伊拉克核查，伊核查费用独立核算，核查委员会直接对安理会负责。[②]

在一定程度上，国际原子能机构与伊拉克特别委员会工作存在一定的交叉关系，但前者更注重程序性，效率较低；后者更注重实用性，效率较高。双方在伊拉克核查问题上都须向安理会汇报工作，并开展了一定的合作，如前者在核浓缩材料方面提供了专业知识人才，而后者在导弹制造和运载系统方面提供了专业知识，双方在销毁伊拉克核材料方面进行了较为密切的合作。但在

① Saira Khan, *Nuclear Proliferation Dynamics in Protracted Conflict Regions: A Comparative Study of South Asia and the Middle East*, Burlington: Ashgate Publishing Company, 2002, p. 219; p. 221.

② Hans Blix, *Disarming Iraq: the Search for Weapons of Mass Destruction*, London: Bloomsburg, 2004, pp. 20—21.

核查方面，国际原子能机构的作用是无法替代的。

1991 年 9 月 23 日，国际原子能机构的核查人员发现了一份文件，该文件记录了伊拉克研制核武器计划的情况。这份文件足以证明伊拉克曾秘密研制过核武器。[①] 当年 10 月 11 日，联合国安理会通过了第 715 号决议，该决议规定了对伊核查的一系列要求，并禁止伊拉克从事任何核活动，除非是出于医疗目的而使用核材料。[②] 1992 年 3 月 11 日，国际原子能机构主席布利克斯向联合国安理会汇报工作时强调：长达 11 个月的核查结果显示，伊拉克核设施在海湾战争中已经遭到破坏或严重毁坏，这些建筑物遭到摧毁，核研究与开发项目遭到破坏。但即便如此，伊拉克核试验场、核设施、核设备与核材料仍基本保留了下来。国际原子能机构行动小组的核查人员在阿希尔（al Atheer）发现了伊拉克核武器研究中心，那里仍然存放着用于制造核武器的设备、机床、离心机、高浓缩铀等。随后，国际原子能机构销毁了伊拉克在该中心的所有材料与设备。1992 年 3—5 月，国际原子能机构发现了许多伊拉克政府声称已单方面销毁的核设施与核材料。[③] 尽管上述核材料与核设施被销毁，但国际原子能机构认为伊拉克仍然有继续研发核武器的潜力，这主要是因为伊拉克拥有许多接受过良好训练的核专家，尽管他们在核查期间从事了某些民用设施建设，但潜力仍然不容低估。还有一些设备可作军民两用，并被妥

---

① Hans Blix, *Disarming Iraq: the Search for Weapons of Mass Destruction*, London: Bloomsburg, 2004, p. 25.

② Efram Karsh, Martin S. Navias and Philip Sabin, *Non-Conventional Weapons Proliferation in the Middle East*, Oxford: Clarendon Press, 1993, p. 141.

③ Jean E. Krasno and James S. Sutterlin, *The United Nations and Iraq: Defanging the Viper*, Westport: Praeger, 2003, pp. 171—172.

善运往约旦躲避检查，这些设备对研制核武器也具有积极作用。

1997年10月，国际原子能机构的报告指出，没有证据显示伊拉克仍然拥有用于制造核武器的核材料。1998年12月后，由于伊拉克政府认为国际原子能机构与伊拉克特别委员会是西方大国侵犯伊主权的工具，遂多次驱逐核查人员，致使国际原子能机构的核查工作一度停止。1999年，联合国安理会通过第1284号决议，形成了伊拉克特别小组和国际原子能机构的联合核查机制。伊拉克表示不能接受安理会1284号决议，除非联合国解除对伊拉克的经济制裁。2002年11月8日，安理会通过了1441号决议，认定伊拉克未能认真履行包括第687号决议在内的安理会决议，所以有必要对伊拉克加强核查，以实现解除伊拉克武装的目标。萨达姆政权此后意识到了问题的严重性，同国际原子能机构等通力合作，核查工作也取得了巨大进展。正当国际原子能机构准备继续推进核查工作时，2003年3月美国率领志愿者同盟国绕开联合国，对伊拉克发动了“先发制人”战争。① 国际原子能机构对其核查工作遂告结束。伊拉克战争结束后，美国一直未能找到萨达姆重新启动核武器项目的证据。2005年12月18日，布什在演说时坦言：“我们发现伊拉克有能力生产大规模杀伤性武器，但是我们没有找到这些武器。我们获得的许多情报都是错误的，但作为总统，我为进攻伊拉克负责。”②

① Joseph Cirincione, Jon B. Wolfsthal and Miriam Rajkumar, *Dearly Arsenals: Nuclear, Biological, and Chemical Threats*, 2nd edition, Washington D.C.: Carnegie Endowment for International Peace, 2005, pp. 332—333.

② James E. Goodby, *At the Borderline of Armageddon: How American Presidents Managed the Atom Bomb*, Lanham: Rowman & Littlefield Publishers, Inc., 2006, p. 202.

（三）国际原子能机构对利比亚的核查

1982年，利比亚以“和平利用核能”为借口，在苏联的帮助下建立了核能研究中心（TNRC）。利比亚加入《不扩散核武器条约》后，宣布接受国际原子能机构的保障监督。1992年2月初，国际原子能机构总干事访问利比亚，利比亚领导人卡扎菲承诺：利政府愿意同国际原子能机构通力合作，以实现国际原子能机构的保障监督。[①] 1997年巴基斯坦核问题专家与利比亚官员举行了秘密会晤，随后部分经加工的铀经卡迪尔·汗黑市网络运送到了利比亚。[②] 伊拉克战争后，美国强大的军事能力及其推翻萨达姆的军事行动对中东部分谋求发展核武器的国家无疑形成了强大的震慑力，中东核扩散势头开始放缓，国际原子能机构的核查工作也较为顺利。例如，2003年，长期谋求发展核武器的利比亚领导人卡扎菲宣布终止核技术开发，并接受国际社会对其可疑核设施进行核查，允许国际原子能机构转移并销毁其制造核武器的元件与零部件。在接受国际原子能机构的核查时，利比亚官员承认曾进口天然铀、离心机和转换设备。这些设备随后都被拆卸，没有建立工业级设备，也没有生产浓缩铀。随后，利比亚向国际原子能机构提供了与核爆炸设施相关的文件与设计图，它们大多来自

---

① John Simpson and Darryl Howlett, *The Future of the Non-Proliferation Treaty*, London: St. Martin's Press, 1995, p. 163.

② Dany Shoham, *Contrasting Trends in WMD Proliferation in the Middle East: Iran and Libya*, Ramat Gan, Israel: The Begin-Sadat Center fro Strategic Studies, 2005, p. 61.

于巴基斯坦核专家卡迪尔·汗建立的核黑市。[①]

（四）国际原子能机构对朝鲜的核查

1985 年 12 月 12 日，在苏联的施压下，朝鲜宣布加入《不扩散核武器条约》，并做出两点承诺：1. 不发展核武器；2. 所有的核材料受国际原子能机构监督。1992 年 4 月 10 日，朝鲜同国际原子能机构达成监督保障协议，允许后者对朝境内的核设施展开核查。当年 5 月，朝鲜宣布已将所有的核材料与核发电工厂的情况都通报给了国际原子能机构。[②] 在核查中，核查人员从提取的样品中发现：朝鲜加工的钚数量比它向国际原子能机构申报的数量要多。1993 年 2 月 11 日，国际原子能机构总干事布利克斯正式要求对朝鲜境内两处核设施进行核查，结果遭到朝鲜方面的断然拒绝。朝鲜政府于当年 3 月 12 日宣布退出《不扩散核武器条约》，成为世界上第一个退出该条约组织的国家，美朝关系骤然紧张。[③] 1993 年 4 月 1 日，国际原子能机构认为朝鲜违反了监督保障协定，并向安理会作了汇报。美国政府积极寻求在安理会通过对朝鲜的制裁决议，并同日本和欧洲盟国一道向朝鲜施加压力。为化解危机，中国发起成立了朝核问题六方会谈机制，为实现半岛无核化做出了不懈努力。1998 年 8 月 18 日，《纽约时报》

---

① Joseph Cirincione, Jon B. Wolfsthal and Miriam Rajkumar, *Dearly Arsenals: Nuclear, Biological, and Chemical Threats*, 2nd edition, Washington D.C.: Carnegie Endowment for International Peace, 2005, p. 317; p. 323.

② Theodore A. Couloumbis and Thanos p. Dokos, *Arms Control & Security in the Middle East & the CIS Republics*, Athens, Greece: Eliamep, 1995, p. 22.

③ Joseph Cirincione, Jon B. Wolfsthal and Miriam Rajkumar, *Dearly Arsenals: Nuclear, Biological, and Chemical Threats*, 2nd edition, Washington D.C.: Carnegie Endowment for International Peace, 2005, p. 286.

和《华盛顿邮报》获得美国情报部门的消息，称朝鲜早在1996年就在延边以北40公里处的金昌里（Kumchangri）修建了地下设施。2002年8月，美国的朝鲜特使杰克·普里查德（Jack Pritchard）警告说：如果朝鲜不在核查问题上与国际原子能机构合作，美国将终止同朝方的框架协议。同时，美国试图在安理会通过一项谴责朝鲜的决议，结果遭到中国的反对。两个月后，朝鲜政府宣布：朝鲜在过去几年里一直在从事铀浓缩活动。在2002—2003年，朝鲜还以各种借口阻挠和驱赶国际原子能机构在朝鲜的核查人员。[①] 2003年8月，中、美、俄、日、朝、韩六国在北京举行了六方会谈。各方提出的建议是：朝鲜冻结核计划，在国际原子能机构等国际组织的监视下拆除相关设施。作为交换，中、俄、韩将立即向其提供燃料油；美、中、俄、日、韩四方将建立多边安全安排，保证朝鲜的安全。[②] 2006年10月9日，朝鲜违背其在六方会谈中达成的有关实现朝鲜半岛无核化的承诺，宣布进行了首次核试验。国际社会对朝鲜政府的行为纷纷提出批评，要求朝鲜继续接受国际原子能机构的核查。2010年12月，经美国新墨西哥州州长比尔·理查森的斡旋，朝鲜同意国际原子能机构核查人员重返朝鲜。朝鲜还同意就出售1.2万根核燃料棒并将其运往国外展开谈判，"这些核燃料棒足以制造大约6至8件核武器"。此外，朝鲜还同意考虑理查森的建议，即成立一个由美国、朝鲜和韩国三方组成的军事委员会，并在朝韩军方之间设立热线

① Stephen J. Cimbala, *Nuclear Weapons and Strategy: U. S. Nuclear Policy for the twenty-first Century*, London: Routledge, 2005, p. 63.

② Ian Bellany, *Curbing the Spread of Nuclear Weapons*, Manchester and New York: Manchester University Press, 2005, p. 36.

电话。[①]

（五）国际原子能机构对伊朗的核查

国际原子能机构的核查一直充满了矛盾。在伊朗政府看来，伊朗是《不扩散核武器条约》的缔约国，向来反对核武器的纵向与横向扩散，却受到美国等西方国家的严厉制裁；以色列一直拒绝加入《不扩散核武器条约》，但却受到美国等西方国家的默认，由此可见，美国等西方国家执行的完全是选择性扩散政策，亦即向自己的盟友实施核扩散，并以防扩散为借口，对自己的敌人实施遏制和打压政策。[②]

2000 年，国际原子能机构总干事应邀对伊朗进行了访问。2002 年，伊朗海外的反对党派别揭露伊朗政府的核计划比国际社会了解的要周密得多。冷战结束后，伊朗同俄罗斯在核能方面进行了密切的合作，俄在伊朗布什尔轻水反应堆的合同签约款就达 8 亿美元。[③] 为减少国际社会的猜疑，国际原子能机构总干事巴拉迪于当年 2 月 21 日再次访问伊朗，敦促伊朗签订"附加议定书"。[④] 但此后，伊朗无视西方的反应，继续加强同俄罗斯的核能合作。2003 年 7 月，伊朗原子能组织主席、副总统阿加札德

---

① "朝鲜表示同意国际原子能机构核查人员重返朝鲜"，http://news.sohu.com/20101221/n278434487.shtml.

② Gawdat Bahgat, "Iranian Nuclear Proliferation: The Trans-Atlantic Division," *Seton Hall Journal of Diplomacy and International Relations*, Summer/Fall 2004, p. 141.

③ Richard L. Russell, *Weapons Proliferation and War in the Greater Middle East: Strategic Contest*, Abingdon: Routledge, 2005, p. 77.

④ A. A. Soltanieh, "Iranian Nuclear Activities and Interaction with the IAEA," *Atoms for Peace: An International Journal*, Vol. 1, No. 1, 2005, p. 98.

(Gholamreza Aghazadeh) 访问俄罗斯，希望俄方能够帮助伊朗再造几座核电站。为处理该问题，国际原子能机构于 2003 年 2 月首次对伊朗可疑的纳塔兹核试验中心展开了严格的核查，并提取了样品。国际原子能机构一直对伊朗的所谓“和平利用核能计划”持怀疑态度。2003 年，伊朗签署了国际原子能机构的《附加议定书》，从而为国际原子能机构扩大在伊朗核查的权限与范围打下了基础。当年 8 月，美国的情报人员发现，伊朗在德黑兰南部约 200 英里处修建了许多用于铀浓缩的设施，① 随后美国政府向伊朗施加压力，要求其放弃核计划。10 月，伊朗同欧盟达成妥协，伊朗承诺将通过一系列步骤终止核计划。2004 年 6 月，国际原子能机构报告说，伊朗未能履行《不扩散核武器条约》规定的义务，一直积极努力寻求获得核能力。② 当年 11 月，国际原子能机构的报告指出：“现在还不能下这样的结论，即伊朗没有未声明的核材料。”③ 一方面，经过一系列核查，国际原子能机构发现伊朗核计划的先进程度超出人们的想象，并找到了伊朗发展核计划的意图与能力的足够证据。但另一方面，伊朗是国际原子能机构的成员，从法理上看有权利进行铀浓缩、建立反应堆，④ 这又使伊朗

① James A. Russell, *Proliferation of Weapons of Mass Destruction in the Middle East: Directions and Policy Options in the New Century*, New York: Palgrave Macmillan, 2006, p. 51.

② James J. Wirtz and Jeffrey A. Larsen, *Nuclear Transformation: the New U. S. Nuclear Doctrine*, New York: Palgrave Macmillan, 2005, p. 170.

③ Joseph Cirincione, Jon B. Wolfsthal and Miriam Rajkumar, *Dearly Arsenals: Nuclear, Biological, and Chemical Threats*, 2nd edition, Washington D. C.: Carnegie Endowment for International Peace, 2005, p. 299.

④ James A. Russell, *Proliferation of Weapons of Mass Destruction in the Middle East: Directions and Policy Options in the New Century*, New York: Palgrave Macmillan, 2006, p. 52.

的核计划具有一定的合法性。但当年 12 月，伊朗海外反对派声称，伊朗正在积极发展远程导弹，其射程在 1600—1900 英里，可达到欧洲的柏林。[①] 这种远程导弹一旦配有核弹头将会威胁到许多国家的安全。但伊朗政府一直声明，伊朗谋求核技术主要出于和平的目的。同时，伊朗同国际原子能机构的矛盾也随之而来。欧盟与伊朗谈判取得成功后，2005 年 8 月初国际原子能机构开始对伊朗进行核查。[②] 2006 年 2 月 4 日，国际原子能机构收到英国提交的欧盟关于伊朗核问题的草案，国际原子能机构 35 个理事会成员国以 27 票支持、3 票反对、5 票弃权的结果通过了欧盟方面提出的将伊朗核问题提交联合国安理会的草案文本。[③] 2006 年 11 月 14 日，国际原子能机构关于伊朗核问题的报告指出，伊朗一直在纳塔兹从事核活动，且不愿意同国际原子能机构密切配合，并有可能已生产出高浓缩铀与钚。[④] 2010 年 9 月，国际原子能机构在一份报告称，伊朗核科学家已制造 22 公斤纯度至少为 20%以上的浓缩铀。制造纯度 20%以上的浓缩铀被认为是通向核武等级铀道路最难克服的技术障碍。专家估计制造一枚核弹头将至少需要 20 公斤浓缩铀，浓缩铀的纯度还要提高至 90%，不过这是一个相对容易的过程。在新任总干事天野之弥领导下的国际原子能

---

① Stephen J. Cimbala, *Nuclear Weapons and Strategy: U.S. Nuclear Policy for the twenty-first Century*, London: Routledge, 2005, p. 68.

② "IAEA inspectors at Iranian nuclear plant," *AFP*, August 8, 2005.

③ 据透露，投反对票的三国是古巴、叙利亚和委内瑞拉。五个弃权的国家是阿尔及利亚、白俄罗斯、印尼、利比亚和南非。参见"IAEA Adopts Resolution to Report Iran NukeIssue to UNSC," *Japan Economic Newswire*, February 4, 2006.

④ David Albright and Jacqueline Shire, *Latest IAEA Report on Iran: Continued Progress on Cascade Operations, No New Cooperation with IAEA*, The Institute for Science and International Security, November 14, 2006, p. 1.

机构已对伊朗阻挠国际核查持更为强硬的态度。但是国际原子能机构的报告表明，尽管伊朗的经济受到了制裁措施的负面影响，伊朗的核计划并未受到影响。伊朗低浓缩铀的存量自 5 月以来已增加了 15%至 2.8 吨。不过，用来提高铀纯度的离心机数量已由 3936 台下降到 3772 台。[①]

四、国际原子能机构面临的挑战

国际原子能机构在核查方面发挥了积极作用，但是它的缺陷也是不言而喻的。首先，它未能对无核国家的所有核设备、核反应基地与核技术转让予以密切监督。例如，海湾战争前，国际原子能机构就曾对伊拉克境内的核设施进行检查，但在伊拉克公布的核设施中未发现违禁核计划，也没有注意伊拉克政府公布的核设施之外的核计划。[②] 有学者认为，倘若不是爆发海湾战争，伊拉克应该在 1992 年便能够制造出核武器。再如，早在 1976 年巴基斯坦就成立了旨在研制核武器的“工程研究实验室”（Engineering Research Laboratories），随后巴积极利用英国、德国和荷兰的核技术，并于 1992 年宣布已具备组装核武器的必要元件。[③] 截至 1998 年 5 月，巴基斯坦总共生产了 335—400 公斤武器级铀，可供生产 16—20 枚核武器。巴基斯坦的后处理厂、浓缩铀厂和重

---

① “国际核查人员称伊朗已越过关键核武门槛”，http://news.sina.com.cn/w/2010—09—07/110721054564.shtml.

② Henry Sokolski and James M. Ludes, *Twenty-First Century Weapons Proliferation: Are We Ready?* London: Frank Cass, 2001, p. 8.

③ Mark A. Prelas and Michael S. Peck, *Nonproliferation Issues for Weapons of Mass Destruction*, Boca Raton: Taylor & Francis, 2005, p. 38.

水厂均未接受国际原子能机构的监督，而其接受国际原子能机构监督的只有动力堆和两座研究堆。[①] 巴基斯坦最终成为事实上的有核国家与国际原子能机构的核查制度不无关系。同样，印度、以色列、南非的核研制历程与巴基斯坦也比较相似。印度、以色列和巴基斯坦不是《不扩散核武器条约》的缔约国，因而并未接受国际原子能机构的核查。1991 年海湾战争爆发后，国际原子能机构发现，伊拉克已经进行了较为成熟的核武器研究计划，而这一切事先都不为国际社会所知。其次，它在对可疑国的某地点进行核查时，如果该国宣布退出《不扩散核武器条约》组织，国际原子能机构便难以继续进行核查。毕竟，它不是《不扩散核武器条约》的强制执行机构。

“9·11”事件后，反恐与防止大规模杀伤性武器扩散成为影响国际安全的重要任务，而恐怖主义与大规模杀伤性武器相结合更成为世界特别是美国面临的主要威胁。特别是随着时间的推移，制造核爆炸装置的经济成本越来越低。例如，1968 年人们估计试验一个以钚为材料的核爆炸装置需要 1 亿美元；1976 年，美国军控与裁军委员会估计其只需 5100 万美元；后来联合国一份报告认为，如果已经获得裂变材料，只需要 3000 万美元即可进行核爆炸。[②] 核爆炸的成本降低，意味着核门槛大大降低。为应对此挑战，国际原子能机构理事会于 2002 年 3 月做出决定，就阻止恐怖分子获得核武器与放射性材料采取世界范围内的保护措施，简

① 刘华秋主编：《军备控制与裁军手册》，北京：国防工业出版社，2000 年版，第 379 页。

② Benjamin Frankel, ed. , *Opaque Nuclear Proliferation: Methodological and Policy Implications*, Portland: Fank Cass, 1991, p. 3.

称“行动计划”。该“行动计划”主要包括以下七项内容：1. 保护核材料与核设施；2. 监视有关核材料与其他放射性材料交易的恶意行为；3. 增强国家对核材料的管理与控制体系；4. 确保放射源的安全；5. 审议核设施的安全；6. 对出现紧急事件或恶意行为做出反应；7. 在核安全问题上增强协调与信息管理。① “9·11”事件以来，国际原子能机构在对伊拉克、利比亚、朝鲜和伊朗核查工作方面做出了杰出贡献。但是由于印度、巴基斯坦和以色列不是《不扩散核武器条约》的缔约国，巴基斯坦、以色列和伊朗也没有同国际原子能机构签订监督保障协定，所以国际原子能机构无法对其进行核查，这无形中削弱了该机构的效能。目前伊核问题与朝核问题仍未解决，国际原子能机构今后面临的任务仍然相当艰巨。②

最后，世界上有许多国家因能源短缺，不得不寻求核能，特别是亚洲国家更是如此。③ 大量民用核能的开发无疑给核扩散带来了潜在可能，也给国际原子能机构的核查工作增加了压力。因此，有人提出，为了确保和平利用核能，必须将敏感的核能循环置于国际监管之下，包括建立国际燃料银行，制订国际钚储存计划，并建立国际废弃燃料管理制度。对于这种国际安排模式，地区组织应当做出积极贡献，积极配合国际原子能机构的

---

① Joseph Cirincione, Jon B. Wolfsthal and Miriam Rajkumar, *Dearly Arsenals: Nuclear, Biological, and Chemical Threats*, 2nd edition, Washington D. C.: Carnegie Endowment for International Peace, 2005, p. 32.

② 孙德刚：“国际原子能机构及其核查效能研究”，《阿拉伯世界研究》，2007年第6期。

③ Stephen Ansolabehere, *The Future of Nuclear Power: An Interdisciplinary MIT Study*, Massachusetts: Massachusetts Institute of Technology, 2003, pp. 65—70.

工作。①

总之，自从第一颗原子弹在日本广岛爆炸后，核扩散成为国际社会关注的焦点。从纵向扩散来看，核技术的不断更新与核武器件数的不断增加引起各国政府、联合国乃至非政府组织的广泛关注；从横向扩散来看，有核国家的数量经历了由 1 个（美国）到 2 个（美、苏），到 5 个（美、苏、中、英、法），再到 9 个（美、苏、中、英、法、印度、巴基斯坦、以色列、朝鲜）的发展过程。人类进入 21 世纪以来，朝鲜和伊朗成为核俱乐部的"候选国"，某些国家出于安全考虑因素也寻求掌握核技术乃至拥有核武器，这无疑会在世界上产生"多米诺效应"，引发新一轮核竞赛与核扩散。正如 2006 年 4 月美国乔治城大学外交事务研究院院长约瑟夫·齐林乔内（Joseph Cirincione）在参议院对外事务委员会上的发言时所指出的：

"为什么我们生活的这个世界上只有八九个核国家而不是八九十个核国家？主要原因在于我们认真履行了《不扩散核武器条约》的规范。此规范十分简单，即不让更多的国家拥有核武器符合国际安全利益。当然，世界上出现了八九个核国家而不是原先的五个核国家表明，《不扩散核武器条约》的规范履行得不够好。"②

国际机制和国际组织在防止核武器的纵向与横向扩散方面功不可没，但现行国际机制与国际组织并不完善，加上西方大国实

① Burns H. Weston, ed., *Toward Nuclear Disarmament and Global Security: A Search for Alternatives*, Boulder, Colorado: Westview Press, 1984, p. 486.

② Joseph Cirincione, *Bomb Scare: The History and Future of Nuclear Weapons*, New York: Columbia University Press, 2007, p. 121.

施强权政策，国际核不扩散机制的精神难以得到很好的贯彻；国际组织也难以发挥积极作用，这在一定程度上导致了核国家的数量缓慢增加，尤其是近年来核候选国的数量显著增加，对国际安全构成了潜在威胁，也是国际原子能机构面临的严峻挑战。

第 三 章

核不扩散机制中的大国核不扩散政策

以上两章分别探讨了国际核不扩散机制中的国际条约和国际组织，本章在前两章的基础上，试图探讨大国的核政策对核不扩散机制的影响，选取的案例分别为美国、苏联/俄罗斯和欧盟的核政策。

第一节 双重和多重标准——美国的核不扩散政策

作为美国核战略的一个有机组成部分，美国核不扩散政策经历了一个不断演变的过程。在这一过程中，鉴于其国家实力、它在国际核领域的地位和国际核环境的变化，美国也在不断调整其核不扩散政策。因此，在不同的历史时期，美国核不扩散政策的具体内容、侧重点及其影响也不尽相同。同时，在其核不扩散政策演变过程中，美国提出了一系列有关核不扩散的原则、规则和规范等。随着人们对核扩散威胁认知的深化，这些原则、规则和规范等以不同的方式为国际社会所认同、接受，从而使国际核不扩散机制很大程度上留下了美国的烙印。作为国际核不扩散机制的主要倡导者和力行者，美国对全球核不扩散做出了重要的贡献。但美国核不扩散政策的出发点是美国的国家利益，它从属并服务于美国的外交政策，从而表现为双重或多重标准，前后不一致或自相矛盾等等。

一、从麦克马洪法到和平原子能计划

美国核不扩散政策起源于第二次世界大战末期。当时美国推行的是与英国合作而对其他国家保密的核不扩散政策。1943 年 8 月，美国总统罗斯福和英国首相丘吉尔在魁北克会议上决定："除非经过双方同意，否则两国之中的任何一方都不得与第三方分享与原子弹有关的情报。"①

二战结束后，美国撇开英国，推行了单方面核保密政策。1945 年 10 月 3 日，在提交给国会的咨文中，杜鲁门总统呼吁美国立即在国内和国外两个方面对原子能进行控制。② 1946 年 8 月

① U. S. Department of State, Bureau of Public Affairs, Office of the Historian, *Foreign Relations of the United States*, vol. 1, Genernal, ed. E. R. Perkins, Washington: Government Printing Office, 1970, pp. 1117—1119.

② U. S. Department of State, *The International Control of Atomic Energy: Growth of a Policy*, Publication 2702, 1946, pp. 108—112.

1日，美国国会通过了名为“麦克马洪法”的原子能法。美国制订“麦克马洪法”是为了确保有关原子弹设计和制造的技术资料的秘密不被泄露出去。它规定，直到“预防原子能用于摧毁性目的”的国际预防性措施制定出来前，美国“不得与其他国家进行有关原子能技术的交流”。[①] 它还对泄露美国原子能情报的行为规定了严厉惩罚措施。[②] 这一法律为美国在国内进行原子能控制奠定了基础。根据这个法律，在国内，为了对其核技术进行保密，美国政府通过制定法律把其核活动的各个方面，从铀矿开采、核材料生产到无害的医用同位素生产都实行了国有化；在国外，则宣布美国原子能应用技术、材料和实际知识的出口为非法。美国甚至不再与其在核研究上的最亲密伙伴英国继续合作。[③] 在对其原子能技术和知识实行严格保密政策的同时，美国也在寻求原子能的国际控制。1946 年 6 月 14 日，美国代表巴纳德·巴鲁克在国际原子能委员会第一次会议上，正式提出了美国关于原子能国际控制的“巴鲁克计划”。该计划设想成立一个“国际原子能发展权威机构”，它除了控制核材料外，还控制所有核活动，而且有权核查和批准建立其他所有核设施。[④] 美国核不扩散政策的这两个方面看上去有所矛盾，实际上其本质都在于最大限度维护美国核垄断地位。核保密政策是为了防止美国核技术情报外泄，实

---

① U.S. Department of State, *The International Control of Atomic Energy: Growth of a Policy*, Publication 2702, 1946, p.19.

② Roert L. Beckman, *Nuclear Non-proliferation: Congress and the Control of Peaceful Nuclear Activities*, Boulder, Colorado: Westview Press, 1985, p.38.

③ J.I. Liebermann, *The Scorpion and the Tarantula: The Struggle to Control Atomic Weapons* 1945—1949, Houghton Mifflin: Boston, 1970.

④ Bernard G. Bechoefer, *Postwar Negotiations for Arms Control*, Washington: Brookings, 1961, pp.44—45, pp.55—82.

行原子能国际控制则是为了应付其他国家开始开发原子能的新形势，是美国限制别国核技术发展的一种对策，目的在于通过美国和其盟国在联合国原子能委员会的多数席位，限制苏联的核开发，从而达到维护美国核垄断的目的。

1946 年 6 月 19 日，在国际原子能委员会第二次会议上，苏联代表安德烈·基罗米柯提交了苏联的原子能控制计划，呼吁达成一个“禁止在使用原子能的基础上生产和使用武器”的国际协定。[①] 美国和苏联原子能控制计划的核心分歧就是美国要先建立国际原子能控制机构，再谈核武器销毁；苏联则坚持先销毁核武器，再谈建立机构的问题。美国与苏联围绕“巴鲁克计划”的斗争反映了它们在原子能和核武器发展问题上的控制与反控制、垄断与反垄断之争。在原子能国际控制努力失败后，美国采取了单方面的核保密政策。为了打破美国的核垄断地位，苏联加快了原子弹研制步伐。1949 年苏联核试验宣告了美国核垄断的结束。[②]

到了 1953 年，美国核保密政策已趋于失败。苏联和英国已进行了核试验，法国和荷兰的民用核计划也有了很大进展。1946 年的“麦克马洪法”却阻碍了美国进入国际核市场。同时美国又认为，“苏联正快速发展原子能工业，寻求削弱美国目前在原子领域的优势。苏联不仅把原子能最大限度用于军事和工业目的，而且把它作为扩大自己在第三世界国家影响的一种政治和心理措施。如果美国不能从政治和心理上利用它在原子能方面的潜在优

① U. S. Department of State, The International Control of Atomic Energy: Growth of a Policy, Publication 2702, 1946, p. 213.

② Bernard Brodie and Eilene Galloway, *The Atomic Bomb and the Armed Services*, Public Affairs Bulletin No. 55, Washington D. C., Library of Congress Legislative Reference Service, May 1947, p. 68.

势的话，苏联就会在与美国冷战中的一个重要方面赢得优势。”[①]由于担心苏联成为世界范围内核援助的主要提供者，美国重新评估了核政策[②]，用“和平原子能计划”取代了“麦克马洪法”。1953年12月8日，美国总统艾森豪威尔在联合国大会上发表了“和平原子能”演讲，他说：“与原子能利用有关的国家……现在就应开始并继续把它们储备的铀和核裂变材料交由国际原子能机构控制。”[③] 这清楚地表明了美国核不扩散政策的转变。

艾森豪威尔政府之所以改变美国核保密政策，除了抵制苏联在原子能领域影响扩大这一根本原因之外，其他原因有：1 美国认为，“决心推动原子能和平利用，有计划地把侧重点放在国内外的和平核计划上，将会赢得自由世界对美国外交建设性目标的尊敬和支持。”[④] 2. 1946年的“麦克马洪法”导致美国与其盟国关系紧张；3. 世界核市场具备政治和商业上的吸引力；4. 希望和平核合作能让美国在与苏联的核军备竞赛中取得优势。[⑤] 因此，美国国家安全委员会 NSC 5507/2 号文件的附件里关于原子能和平利用的声明指出，美国和平原子能项目的目的在于：1. 维持美国在原子能发展和利用上的领导地位；2. 利用美国在原子能领域的领导地位促进自由世界的内部团结，阻止苏联利用原子能和平

① *Foreign Relations of the United States*, 1955～1957, Vol XX, Regulation of Armaments; Atomic Energy, Statement of Policy on Peaceful uses of Atomic Energy, p. 51.

② Gary T. Gardner, *Nuclear Nonproliferation*, Boulder&London: Lynne Rienner Publishers, 1994, p. 39.

③ Ibid., pp. 10—12.

④ Ibid., p. 47.

⑤ Henry Sokolski, “*Atoms for Peace: A Non-Proliferation Primer?*” *Arms Control*, September 1980.

利用赢得自由世界人民的支持；3. 促进国外的自由世界国家在发展与和平利用原子能方面取得重要进展；4. 确保国外对美国铀和钍资源的连续供应；5. 阻止美国提供给别国的裂变材料被用于非和平目的。[①] 可见，美国“和平原子能”计划的目的主要是为了维持美国在核领域的领导地位，并作为对付苏联在此领域影响扩大的一种手段，其次才是把它用作防核扩散的手段，即通过与无核国家在和平利用核能方面的合作，换取它们同意不把核裂变材料用作军事目的。

美国“和平原子能”计划的核不扩散逻辑集中在利用“核交易”来控制发展核武器的诱因。为了换取核援助国提供的核技术和核材料，核受援国将确保将它们用于和平用途，接受核援助国用来监督它们遵守其承诺的核安全保证条款。这一核安全保证条款先是在美国与其他国家的双边核合作中得到实施，在20世纪60年代，它又由国际原子能机构予以实施。美国和平原子能政策的设想在于：虽然美国不可能阻止其他国家核计划的发展，但可以通过与其核合作对它们的核计划施加影响。

“和平原子能”计划给美国带来了巨大经济收益，它为美国核能公司从欧洲不断增长的能源需求中获取巨大利益铺平了道路。[②] 然而，美国的和平原子能政策并不直接限制各国的核计划。参与国家可以自由地发展与外部援助的和平核计划相关的用于军事目的的核计划，就像法国。美国核出口没有要求核受援国接受

① Henry Sokolski, “*Atoms for Peace: A Non-Proliferation Primer?*” *Arms Control*, September 1980., p. 53.

② U. S. General Accounting Office, *U. S. Financial Assistance in the Development of Foreign Nuclear Energy Program*, Washington, D. C.: Government Printing Office, May 28, 1975, p. 3.

"全面的"核保证条款。美国与其他国家的核合作与核不扩散的联系是以其对核援助国的影响和对核受援国动机的设想为前提的。实际上，这样的核交易为合作双方都规定了限度。如果不要求核受援国做出核不扩散保证的话，核援助国的核合作行为也会受到限制。非常重要的是，在核合作涉及核浓缩技术时，美国将继续执行核保密政策。这一政策有助于使核燃料循环的国际分野固定化，这就从两个方面给和平原子能体系提供了安全保证：一方面是延迟了核浓缩技术的传播，另一方面加强了美国相对于使用轻水反应堆国家的优势地位，因为美国是低浓缩铀的唯一供应者。

为了执行"和平原子能"计划，美国在国内外都采取了一些措施。在国内，美国国会通过了"1954 年原子能法"，允许美国与其他国家在核研究和能源项目上进行合作，取消了美国政府对核技术的垄断，从而为美国私人公司在国内应用核能和走向海外核市场开辟了道路。在国外，利用它对核燃料供应的控制和技术上的领先地位，美国培育并迅速支配了世界核市场。从 1956 年到 1959 年间的仅仅三年时间里，美国就与 40 个国家签订了核合作协议，所有这些国家都同意由美国核查人员对它们所使用的美国提供的核技术进行监督。这些双边协议为美国早期支配国际间核交易铺平了道路。在 1956 年到 1962 年间，美国还通过"和平原子能"计划为 26 个国家（其中包括 13 个发展中国家）提供了研究性反应堆、培训和裂变材料。①

① Gary T Gardner, *Nuclear Nonproliferation: A Primer*, Boulder&London: Lynne Rienner Publishers, 1994, p. 38.

二、美国与《不扩散核武器条约》

在美国推出“和平原子能”计划后，面对其他国家也不断进行核开发的新形势，美国为了维护其核垄断利益，在与苏联进行了激烈的讨价还价后，它们于 1968 年推动国际社会达成了《不扩散核武器条约》。

在与苏联进行激烈核军备竞赛以及更深地卷入越南战争泥潭的同时，美国却同苏联一起推动达成核不扩散条约，其动机在于：

1. 美国认识到核扩散会威胁到其核垄断地位，使它和苏联之间的核威慑关系复杂化，并可能升级地区性敌对关系，使爆发核战争危险性大为提升。1957 年 10 月 4 日，苏联成功地发射了第一颗人造地球卫星，远程火箭的发展预示着美国和苏联在面对核攻击时的脆弱性。更重要的是，1962 年古巴导弹危机使美国和苏联之间爆发全面核冲突的真正可能性得到了国际社会的普遍承认。与此同时，国际核俱乐部也在稳定扩大。法国在 1960 年进行了核试验，中国于 1964 年进行了核试验。另外，德国和日本也具备了制造原子弹所需要的技术能力。[①]

在上述背景下，美国意识到核扩散的危险性。肯尼迪总统发表有关核扩散危险的著名声明指出：“散布在世界的这么多国家，无论是大国还是小国，无论是政局稳定的国家还是政局不稳定的国家，负责任还是不负责任的国家，如果它们手里有了核武器，

---

① Gary Gardner, *Nuclear Non-Proliferation*, Boulder&London: Lynne Rienner Publishers, 1994, p. 41.

对任何人来说，将不会再有安宁，不会再有稳定，也不会再有真正的安全和有效裁军的机会。这只会增加偶然性战争爆发的机会，提高大国介入地区性冲突的必要性。”① 1964 年 2 月 6 日，美国军备控制和裁军署署长威廉·C. 福斯特在十八国裁军委员会会议上指出：“核国家数量的每一次增加，都会使爆发核冲突和因偶然事故或蓄意使用核武器而导致的战争风险成倍增长。军备竞赛并不局限于大国。我们注意到目前在世界的许多热点地区，也在进行着地方性的军备竞赛，核武器将给这些潜在爆炸性形势增添新的危险因素。”②

1964 年 8 月 14 日，福斯特在提交给国务卿腊斯克的一份有关核不扩散的备忘录中也指出：“除了已有核国家外，还有至少 3 至 4 个国家可能会做出制造核武器的决定，而且它们相信自己有这一能力。这一数量将随着核扩散而不断增加。中国试爆一枚原子弹，将对那些要么是为了安全，要么是为了名望原因而决定发展核武器的国家施加很大的压力。由于地区竞争的原因，这些国家中的任何一个做出研发核武器的决定，都可能迫使那些在技术上不怎么合格的国家，或者自己研发核武器，或者通过其他途径研发。美国面临问题就是如何阻止上述情况的发生，如何强化为了应付中国核试爆的冲击而对各国进一步发展核能力所做出的政治上的限制。如果我们解决不了这个问题——或者由于失误和拖延——我们很快就会面对一个有 10 或者可能是 20 个有核能力国

① Shelton L. Williams, *The U. S., India and the Bomb*, Baltimore: The John Hopkins Press, 1969, p. 2.

② *Documents on Disarmament*, 1964, United States Arms Control and Disarmament Agency Publication 27, Released in October 1965, p. 32.

家的世界。”①

从上面可看出，美国对核扩散的认知是很明确的：更多国家拥有核武器，将蕴涵着核领域的无序状态。这将会导致爆发预防性战争、偶发性核爆炸的可能性，从而打破军备竞赛的平衡和使国际局势紧张。这将会使军控协议更难达成，并抵消经济发展的成果，而且还可能会导致超级大国牵扯进地方性核战争中，从而可能引发一场全面战争。这种构想暗含的意思就是认为，美国和苏联的两极军备竞赛部分地稳定了国际局势，它要比一个充满了核国家的世界好得多。

2. 防核扩散是国际社会的共同意愿，美国推动达成《不扩散核武器条约》，也是为了夺取国际核军控领域话语权，占据国际舆论道德高地。20 世纪 60 年代，核俱乐部扩大引起国际社会广泛关注和担忧。1959 年，爱尔兰首先在联合国大会提出一个决议草案，呼吁所有国家特别是核国家，尽最大努力达成一个国际协议，以规定核国家不得向无核国家转让核武控制权，无核国家不得制造或获取核武控制权。1961 年，爱尔兰的核不扩散决议草案在第 16 届联合国大会上获得了一致通过。②

1964 年 10 月 10 日，不结盟国家第二次首脑会议发表声明指出：“首脑会议要求大国不要采取有利于使核武器及其副产品扩散到无核国家手里的政策；催促所有国家特别是核国家，达成核不扩散协议，并就逐步消除现有核武器储存措施达成一致意

---

① *Foreign Relations of the United States*, 1964—1968, Vol. XI, Arms Control and Disarmament, Summary of Actions, pp. 97—98.

② *Documents on Disarmament*, 1961, p. 694.

见。”[1] 1965年11月19日，第20届联合国大会通过了关于核不扩散问题的2028号决议：“认为非常有必要做出进一步的努力，以达成一个防止核扩散的条约；敦促所有国家采取所有必要的步骤，以便早日达成一个防止核扩散的条约。”[2] 联合国的这个决议，表明了国际社会反对核武器扩散的共同心声。

在上述情况下，推动国际社会达成作为核不扩散机制基石的《不扩散核武器条约》，无疑将会扩大和巩固美国在国际核军控领域的地位和影响，进而提高其国际地位。因此，推动国际社会达成《不扩散核武器条约》，美国就可以在国际核军控领域的制度建设方面发挥主导作用，这也是它争夺世界霸权的一个重要方面。

3. 由于卷入越南战争而声名狼藉，美国也需要在核军控方面采取某些实际行动，以平息其国内外舆论对其发动越战的不满。到了1967年晚些时候，美国政府开始倾向于在保全面子情况下结束在越南的战争。为了转移世界人民的视线，捞取舆论宣传上的好处，美国也需要在防止核扩散方面做出一些姿态。美国学者乔治·奎斯特就认为，从表面上看，美国推动达成核不扩散条约是为了控制军备，降低战争费用和可能性。对约翰逊总统来说，1968年达成《不扩散核武器条约》，可以表明美国政府愿意与共产主义世界进行某种形式合作，这可能有助于平衡一下越战的影响。[3] 进行有关“核不扩散条约”谈判并努力达成协议，表明美

---

① *Documents on Disarmament*, 1964 , pp. 443—445.

② *Documents on Disarmament* 1965, pp. 532—534.

③ George Quester , *The Politics of Nuclear Proliferation*, pp. 23—24, The Johns Hopkins University Press, Baltimore and London, 1973.

国总统约翰逊试图挽回越南战争对美国国际形象造成的负面影响。

因此，约翰逊总统对防止核扩散努力持支持态度。约翰逊总统曾告诉世界民众说，他将优先考虑抑制核武器威胁的活动。在1964年9月16日写给日内瓦裁军委员会会议的信中，他指出了这种活动的迫切性。① 1964年10月3日，约翰逊总统在记者招待会上说，“核扩散是和平所面临的巨大危险之一”。“只要我当总统”，他说，“我将继续尽力寻求达成防核扩散的协议”。② 1964年10月16日，中国成功进行了核试验，这也使约翰逊政府更加关注核扩散问题。约翰逊总统本人对核扩散问题的关注反映在国务卿麦克乔治·邦迪和副国务卿乔治·鲍尔在1964年10月29日的一次电话交谈中，“邦迪说，总统认为我们非常有必要更严肃地看待核扩散问题——我们应该通过利用我们的内部机制制订一个比我们能够得到的更好的政策。”③

关于核不扩散条约的谈判，从1961年爱尔兰在联合国提议国际社会达成核不扩散协议，一直到1968年7月核不扩散条约达成，历时八年之久。美国和苏联就这个问题讨价还价的场所，也数次变更，先在十八国裁军委员会，后又移到了联合国大会。

鉴于美国和苏联双方国家利益诉求不同，加之双方长期“冷战”所导致的互不信任感很重，在争取核不扩散的斗争中，它们不可能不存在着深刻的矛盾，并为在这一过程中使自己国家利益最大化而斗争。另外，在核不扩散条约谈判过程中，由于美国和

① *Documents on Disarmament*, 1964, pp. 433—435.

② *New York Times*, Oct. 4, 1964.

③ Johnson Library, *Ball Papers*, Disarmament, FRUS, Box 3.

它的盟国、与无核国家以及美国政府内部，也存在着一定的矛盾。因此，达成核不扩散条约的过程，也是各方就自身利益讨价还价的过程。条约最终达成也体现了各方为了防止核扩散这个共同目标达成了妥协。

美国推动国际社会达成《不扩散核武器条约》的努力，表现在它在国内成立了相关机构，提出了包括核不扩散条约草案在内的一系列核不扩散倡议，并推动国际社会最终就条约草案达成协议。

推动关于核不扩散条约的谈判，也是美国约翰逊政府整个核军控政策大框架内一项最重要的防核扩散对策。为了更有力地推动核不扩散，协调在核军控谈判中的立场，约翰逊政府在美国部门首脑委员会框架内成立了一个考虑防止核扩散的进一步措施的委员会（即核武器能力委员会）。他指定莱韦林·汤普森为这个新委员会的主席，其成员还有部门首脑委员会代表，国务院负责欧洲、近东与南亚事务的助理国务卿以及政策规划司主任。在1964年8月24日给部门首脑委员会的备忘录里，福斯特解释了这个委员会的性质与任务。他说："委员会的任务是优先考虑就美国为了防止核扩散所应进一步采取的行动提出具体建议。"①

1964年11月1日，美国白宫又宣布任命一个特别公民小组，以在核扩散问题上向总统提出建议，宣告要求这个小组"与其他政府部门一起，或单独探讨美国所可能采取的最广泛的防核扩散

① Department of State, S/S-RD Files: Lot 68 D452, Committee of Principals, August-December1964.

措施”。[①] 这个正式名称为核扩散任务小组的团体，经常根据它的主席、前国防部副部长罗斯威尔·吉尔帕特里克的名字而被简单地称为吉尔帕特里克委员会。这个委员会在促进约翰逊政府加大核不扩散努力方面做了一些工作。例如，1965 年 1 月 21 日，委员会就核不扩散问题向约翰逊总统提交了一份报告。关于核扩散问题，报告认为：“1. 核扩散对美国安全构成了越来越严重的威胁；2. 世界正走向一个不能控制核扩散的前景；3. 要想成功防止核扩散，各国需协调一致做出更大努力；4. 美国防止或延迟核扩散的努力有成功的希望。”报告提出美国应进行的三方面努力，即“1. 争取通过谈判，达成一个抑制核扩散的多边协议；2. 美国自己或与其他国家一起，对考虑获取核武器的个别国家施加压力和影响；3. 通过美国核不扩散政策和行动为其他国家树立榜样”。[②]

在有关核不扩散倡议方面，1965 年 7 月 27 日，约翰逊总统在给十八国裁军委员会的信中，指出了美国代表团所要实现的三个目标，1. 寻求达成限制核扩散协议，使得限制各国核军备竞赛成为可能；2. 朝有效限制核武器和核运载系统的方向努力；3. 努力达成一个真正的全面禁止核试验条约。[③] 同一天，福斯特在十八国裁军委员会的发言中，对此进行了详细阐述。他说：“美国建议委员会努力达成一个各方都能接受的核不扩散条约。无核国家的安全保证是个很重要的问题，它应作为国际核不扩散努力

---

① Glenn T. Seaborg and Benjamin S. Loeb, *Stemming the Tide: Arms Control in the Johnson Years*, Lexington, Mass: Lexington Books, 1987, pp. 136—137.

② *Foreign Relations of the United States*, 1964—1968, Vol. XI, Arms Control and Disarmament, pp. 173—182.

③ *Documents on Disarmament* 1965, p. 281.

的一个组成部分。我们敦促各国在其所有的核活动中，都要接受国际原子能机构或类似机制的保障监督。约翰逊总统的第二个要点是我们应该朝限制核武器和核运载系统的方向努力。为了这个目的，我们应该寻求停止和缩减正不断增长的核储存。约翰逊总统第二个要点内的另外一个倡议是冻结战略轰炸机和导弹。我们敦促苏联能够和我们一起探讨达成协议的各种可能性。约翰逊总统今天传达信息里面的第三个要点是，我们应该向一个真正的全面禁止核试验条约的方向努力。目前所有的证据都表明对全面禁止核试验活动进行核查还是很有必要的。”①

福斯特的发言有四个着眼点：1. 无核国家安全问题应作为国际社会核不扩散努力的一个组成部分。提出这一点是为了和苏联争夺世界舆论的宣传需要，以获取无核国家对美国核军控立场的支持。2. 强化国际原子能机构的保障监督作用，以限制无核国家的核开发，特别是防止它们当中某些国家发展核武器。规定要求核国家接受核查，是企图限制苏联等核国家核军备的发展，以维持美国现有核优势地位。3. 冻结战略轰炸机和导弹而不是销毁它们，以及建议进行核原料缩减，也是为了冻结美国现有核优势地位，并通过核原料缩减来限制苏联在古巴导弹危机后在核军备方面快速发展的势头。4. 强化全面禁止核试验活动的核查工作，也是要限制苏联和中国等国家核军备的发展。

核不扩散谈判所面临最大的障碍是：美国和苏联之间围绕着北约多边核力量问题所进行的政治角力。核不扩散条约谈判拖延的一个原因是，美国在获取它的一些不情愿放弃核武研发的盟友

---

① *Documents on Disarmament*, 1965, pp. 281—285.

支持上遇到了困难。这些国家内有一些强大的集团并不希望放弃核选择。它们当中最著名的就是联邦德国。然而，联邦德国无条件放弃核武追求，却是苏联在达成核不扩散条约问题上与美国合作的前提条件。1964 年 2 月 27 日，美国国务卿腊斯克与苏联驻美大使多勃雷宁进行的一次讨论中，双方就“欧洲多边核力量”问题进行了讨论。多勃雷宁就指出，苏联方面认为“欧洲多边核力量”计划就意味着核扩散，苏联既关注德国也关注别的国家通过这一计划获得核武器的问题。[①]

要联邦德国放弃核武诉求，意味着要抛弃一个北约多边核力量计划。美国又把与苏联等达成一个核不扩散条约视为保持自己核垄断地位的一个重要手段，故而它急于和苏联达成核不扩散协议。因此，美国被迫放弃了它自己在几年前为了遏制西德核野心而提出的多边核力量计划。[②] 1965 年 8 月 17 日，美国代表团向十八国裁军委员会提交了防止核扩散的条约草案。[③] 之所以提交这个条约草案，主要是因为美国在多边核力量问题上改变了态度。由于苏联和美国的盟国英国、法国等反对美国的“多边核力量”计划，达成一个核不扩散条约又是国际社会的普遍愿望，同时，越南战争又使美国遭到国内外舆论的抨击，所以为了改善美国的世界形象，加之达成一个核不扩散条约也可以避免核战争的巨大风险，从而在根本上也是符合美国国家安全利益的，所以美国改变了对它与北约核合作的态度。

---

① *Foreign Relations of the United States*, 1964—1968, Vol. XI, Arms Control and Disarmament Memorandum of a Conversation, pp. 25—27.

② Harald Muller, David Fischer and Wolfgang Kotter, *Nuclear Non-Proliferation and Global Order*, Oxford: Oxford University Press, 1994, p. 19.

③ *Documents on Disarmament* 1965, pp. 347—349.

在搁置了多边核力量计划后，美国和苏联关于核不扩散条约的谈判加快了进度，开始进入关于条约具体措辞的讨论。1966 年 9 月 24 日，在苏联外交部长葛罗米柯为美国国务卿腊斯克准备的宴会上，双方就核不扩散条约措辞问题进行了讨论。[①] 这时美国和苏联之间的争议在于：苏联要确保条约的措辞排除西德获取核武器的可能。在出席 21 届联合国大会期间，美国和苏联代表团就核不扩散的实质问题即不向无核国家转移核武器问题进行了讨论。双方都认可了达成核不扩散的紧迫性。苏联方面再次表达了对通过联盟等形式转移核武器控制问题的关注。美国表明了反对核扩散的立场。[②]

美国还为解决它与苏联以及与它的盟国在核不扩散条约方面所存在的另外一个重要分歧，即解决民用核计划必须得接受核查进行了积极努力。当十八国裁军委员会在 1967 年 2 月 21 日复会后，人们本来希望美国和苏联及其盟国进行的磋商会导致它们向会议提交一份它们达成一致意见的协议草案。然而，随着北约内部核安排问题表面上的解决，又出现了新的问题，即为了确保民用核计划不被用于军事目的，它们必须接受核查。美国原来希望结束和苏联就核不扩散协议的某些要点进行的谈判，把协议草案提交给在 1967 年 2 月 21 日复会的十八国裁军委员会进行讨论。苏联则对此表示反对。苏联表示，只有等到一个完整的条约草案制订出来，它才会同意把草案提交十八国裁军委员会。条约草案

---

① *Foreign Relations of the United States*，1964—1968，Vol. XI，Arms Control and Disarmament，Memorandum of a Conversation，pp. 375—377.

② *Foreign Relations of the United States*，1964—1968，Vol. XI，Arms Control and Disarmament，Memorandum of a Conversation，pp. 368—374.

现在还缺乏一个最重要的条款，即第三条的限制性核查条款。[①]核查问题的出现是由于存在着两套核查系统：一个是由国际原子能机构在维也纳建立的；另一个则是在早些时候由欧洲原子能共同体建立的。西欧国家不愿意让国际原子能机构核查系统适用于它们的领土，它们害怕这将会导致抛弃欧洲原子能共同体的核查系统。它们认为，这样一个结果不利于欧洲统一体的发展。苏联赞成条约的无核国家要接受义务性的核保障监督条款，但认为这些核保障监督应由国际原子能机构执行。从一开始，苏联就反对把欧洲原子能共同体的核查系统等同于国际原子能机构的核查系统，根据就是这样的核查等于是自我核查。[②]

美国试图寻找出一个既能让其欧洲原子能共同体内的北约盟友满意又能让苏联接受的解决办法。十八国裁军委员会的正式谈判仍在继续进行，但由于没有提出新的草案文本，会议只是笼统地讨论了一下这个问题。[③] 十八国裁军委员会在 1967 年一共举行了两次会议，一次是从 2 月 21 日～3 月 23 日，第二次是在 5 月 18 日～12 月 14 日。在开了一个月的会议后，委员会应美国要求进入了休会期。美国代表福斯特到欧洲各国首都进行了一次巡游，这些国家对根据条约草案第三条进展情况而进行进一步的磋商表现出了特别的兴趣。当意识到达成完整的条约草案还需要进一步磋商时，美国就要求十八国裁军委员会会议休会。当美国和它的盟国在华盛顿和其他国家的首都经过进一步磋商后，美国从

---

① Mohamed I. Shaker, *The Nuclear Nonproliferation Treaty: origin and implementation*, 1959—1979, New York , Oceana, 1980, p. 107.

② Mohamed I. Shaker, *The Nuclear Nonproliferation Treaty: origin and implementation*, 1959—1979, New York , Oceana, 1980, p. 107.

③ Hearings on Arms Control, 1968, pp. 29—30.

北大西洋理事会获得了当十八国裁军委员会在5月18日复会时继续与苏联就提交《不扩散核武器条约》联合草案重新开始谈判的"绿灯"。在十八国裁军委员会会议休会期间，美国和它的盟国在达成一个一致认同的条约草案方面取得了重大进展。美国和它的盟国一致同意把草案的主体部分提交十八国裁军委员会会议讨论，而把没有达成一致意见的部分，最重要的仍然是核查条款，则留待美国和苏联进一步进行商讨。①

由于美国推动核不扩散条约谈判也有限制其他核国家扩充核军备的企图，也就不可避免会和它的盟国发生一定的矛盾。1964年3月21日，美国向十八国裁军委员会提交了美国关于核不扩散条约草案的建议。② 对于美国的这个核不扩散条约草案，英国表达了一些不同意见。英国认为："最新版本的美国核不扩散条约草案仍允许把核武器转到一个国家联盟的控制之下。帝国政府一直认为核不扩散条约应该排除核武器扩散到一个国家联盟内的可能，而不管这个联盟成员如何和现存核国家是否中止了它对核武器的控制。"③

由于英国核力量发展较晚和力量相对弱小，它在核技术的某些方面还需要依赖美国的支持，建立欧洲多边核力量将会使英国更加失去其在核武器发展上的独立自主权力。由于实力问题，英国在二战后失去了在全球与美国和苏联争夺世界霸权的资格。但

---

① Hearings on Arms Control, 1968, pp. 29—30., p. 30.

② *Documents on Disarmament* 1966, United States Arms Control and Disarmament Agency, pp. 159—160.

③ *Foreign Relations of the United States*, 1964—1968, Vol. XI, Arms Control and Disarmament, Aide-Memoire from the British Embassy to the Department of State, pp. 325—326.

英国并不甘心沦为世界二流国家，它把独立自主发展核武器视为维护其大国地位的一种象征，而且拥有核武器也使它相对于它的二战对手德国拥有一种优势地位。而欧洲多边核力量计划将使英国失去在欧洲对联邦德国等所拥有的优势地位，也会使美国对北约的控制进一步加强。这都是英国不愿意看到的，所以英国对欧洲多边核力量计划一直持一种消极态度。

尽管美国和英国对美国核不扩散条约草案存在意见分歧，但为了对付共同对手苏联，它们之间又有必要寻求妥协，以免在北约内部出现分裂而被苏联利用。为了进一步做英国的工作，腊斯克在发给英国外交大臣斯图亚特的电报中，对英国进行了威胁利诱，并对苏联的核不扩散意图进行了分析。他在电报里说："按照我所预见的情况，几乎肯定会出现的结果是，你们的草案明显既不符合你们的利益，也不符合我们的利益。我认为，我们对你们在北约和十八国裁军委员会所提条约草案的意见是建设性的，也努力地要满足你们的要求。由于关系到我们双方的利益，我希望你能在 7 月 26 日前给我一个你们政府准备采取我们能够接受的立场的答复。"① 对于腊斯克的电报，英国外交大臣斯图亚特回复说："尽管我们必须承认，我们两国政府之间在所谓的'欧洲选项'上存在着真正的意见分歧，但我还是和你一样迫切希望不要在我们同盟内部制造紧张关系，或者让苏联利用西方内部的不和。如果不幸在北约内部不能形成对于我们的条约草案的一致意见的话，我们肯定会重新评估我们的立场，而不是马上就把我们

---

① *Foreign Relations of the United States*, 1964—1968, Vol. XI, Arms Control and Disarmament, pp. 229—231.

的条约草案提交给日内瓦裁军委员会。”① 斯图亚特的回复反映了英国在坚持自己立场的同时又不愿意得罪美国的心态，表明了英国与美国之间在核问题上既合作又斗争的关系。

在参加日内瓦裁军委员会会议期间，美国代表福斯特和英国负责外交事务的国务大臣查尔福特又就英国的条约草案进行了讨论。② 福斯特和查尔福特之间的讨论反映了英国方面在坚持自己在核不扩散问题上立场的同时，并不想在大西洋同盟内部，特别是和美国造成大的不和。因此，查尔福特对英国的立场进行了细致的解释。福斯特则企图利用英国的立场可能会给英美关系和英国与其他盟国的关系带来较大的损害的看法来对查尔福特进行威逼利诱，这反映了美国利用它在英美关系中的主导地位企图逼迫英国就范的心态。但由于苏联是它们要共同对付的对手，英国和美国在核问题的争执上最终还是进行了妥协。

在否决了英国的核不扩散条约草案后，美国开始和它的北约盟国就提出一个主要是符合美国在核问题上既得利益的核不扩散条约草案进行磋商。在美国和它的北约盟国就一个防止核扩散的条约草案修改稿进行磋商时，根据它们达成的协议，这个条约文本由美国提出来在十八国裁军委员会会议上进行讨论。除了英国打算就这个草案的第一条做出一个解释性的评论，即表明它不放弃在最后的北约多边核力量或大西洋核力量问题上的否决权之外，参加十八国裁军委员会会议的美国等四个西方国家就这个条

---

① *Foreign Relations of the United States*, 1964—1968, Vol. XI, Arms Control and Disarmament, pp. 231—232.

② *Foreign Relations of the United States*, 1964—1968, Vol. XI, Arms Control and Disarmament, pp. 233—235.

约草案的修改稿达成了完全一致的意见。

1965年8月17日，美国代表团向十八国裁军委员会提交了核不扩散条约草案。在提交这个条约草案的声明里，美国军控和裁军署署长福斯特说："这个条约草案是出席裁军委员会会议的北约成员国磋商的结果，它体现了'加拿大、意大利和英国的重要贡献。'"[①] 福斯特就美国草案有关条款在裁军会议上做了解释。对于草案的第三条规定对原子能和平利用适用国际原子能机构保障的问题，他说："这个条款清晰地指出了各方所应执行的一个政策路线，即它们要帮助对它们自己和其他国家的和平核活动实行这样的保障。"[②] 他还说："我们起草这个条款时就考虑到了所有国家的意见；其中也包括现在还不准备接受国际原子能机构保障条款的国家。"[③]

美国内部在核不扩散问题上也存在着不同意见。其分歧的实质在于在核军控谈判中用什么样的手段才能更好地维护美国的利益，而在维持美国核优势地位这一根本目标上则是一致的。但美国政府内部对条约第三条，即核保障条款存在着不同意见。支持美国条约草案的强制性核保障条款的美国原子能委员会主席西伯格，在他1965年8月13日写给福斯特的信中，就表达了对西方四国所达成的条约草案修改稿里所规定的核保障条款的沮丧心情。[④] 1965年8月13日，西伯格又给在日内瓦的福斯特打电话，

① *Foreign Relations of the United States*，1964—1968，Vol. XI，Arms Control and Disarmament，p. 351.

② Ibid.

③ Ibid.，p. 352.

④ Johnson Library，National Security File Subject File，Disarmament，Eighteen-Nation Disarmament Committee，Vol I，Box 13.

表达了他对从核不扩散条约草案里删除国际原子能机构强制性保障条款的担忧。福斯特解释了美国放弃这个条款的原因。根据西伯格对这次通话的记录，“福斯特说，在考虑到我们盟国立场的情况下，要么就达成一个放弃了这个强制性条款的西方条约草案，要么就是什么草案也达不成”。强制性条款是为了更有力地限制其他国家核能开发，而它的被删除则反映了美国的西方盟国不愿意使自己在和平原子能应用上更多受到美国限制而对其施加压力的结果，这反映了美国和它们之间是存在限制和反限制之争的。

在 1964 年 6 月 16 日和 7 月 23 日美国部门首脑委员会会议讨论的基础上，并作为对非洲国家首脑会议“非洲无核化”声明的回应，福斯特于 1964 年 8 月 14 日给国务卿腊斯克提交了一份备忘录。[①] 对于这份备忘录，美国国务院代理副国务卿汤普森和国务院其他官员对军备控制与裁军署的讨论结论有严重的保留，并反对这个文件所提出的几个建议，即“1. 我们是否现在就决定在没有中国参与的情况下接受核不扩散协议？2. 关于核不扩散协议，我们是否应向苏联承诺我们不会允许多边核力量控制程式以导致核决策中心数量增长的方式发展？3. 我们是否应首先推动对非洲统一组织核不扩散决议的支持？以及 4. 对核不扩散协议的遵从。”[②]

在日内瓦恢复召开十八国裁军委员会会议之前就美国核军控

① *Foreign Relations of the United States*, 1964—1968, Vol. XI, Arms Control and Disarmament, Summary of Actions, pp. 98—99.

② *Foreign Relations of the United States*, 1964—1968, Vol. XI, Arms Control and Disarmament, Summary of Actions, pp. 112—117.

立场进行讨论时，美国部门首脑委员会内部发生了一些争论。[①] 在这里，他们主要讨论了要从以下三个方面维护美国的利益：1. 既要和苏联进行核军控谈判以遏制双方核军备竞赛，又尽量防止苏联在越南问题上对美国发难，捍卫美国在越南问题上的立场；2. 极力避免把美国在探测地下核试验方面所取得的进展透露出去，以维护美国核技术优势；3. 在核军控谈判中坚持美国在核查问题上的立场，以限制苏联核军备发展速度。从这里可以看出，部门首脑委员会争论的实质在于如何更好地在核军控谈判中维护美国利益。

在 1964 年 11 月 23 日给部门首脑委员会的一份备忘录中，福斯特就防核扩散提出了如下六条建议：1. 加大核不扩散谈判力度；2. 就防止战略核运载工具扩散达成谅解；3. 重新开始全面禁止核试验的技术会谈；4. 应就停止建设新的陆基洲际弹道导弹发射场（可能还有反导系统发射场）达成谅解；5. 要求苏联确保执行它已经宣布要缩减的核原料生产；6. 如果核原料缩减能得到保证的话，就可以同时宣布将进行计划好的军事预算缩减。[②] 对于福斯特的六条建议，无任所大使汤普森在给美国军备控制与裁军署副署长的备忘录里提出了自己的一些不同看法。他说："我建议我们应该警惕，不要沦为标准的苏联策略的牺牲品；也就是说，我们提出一些符合逻辑的提议，被苏联人拒绝了；过了一段时间，我们抛弃这些提议，又四处寻找别的我们能够达成一致意

---

① Adlai E. Stevenson，U. S. Representative to the United Nations，spoke to the U. N. Disarmament Commission on April 26；for text，see Documents on Disarmament，1965，pp. 59—77.

② *Foreign Relations of the United States*，1964—1968，Vol. XI，Arms Control and Disarmament，Summary of Actions，p. 127，footnote 2.

见的什么东西。这样做的结果就是经常会严重削弱我们的立场。我的观点就是我们应继续坚持我们的甚至被苏联直截了当地拒绝了的那些符合逻辑的提议。"[①] 汤普森的评论实际上反映了美国在与苏联的核不扩散谈判中维护自身核优势和国家利益的要求。这也表明，在防核扩散问题上，美国首要的是要维护其国家利益，而遏制核扩散只是第二位的。

在达成一个核不扩散条约以防止核扩散问题上，由于清醒意识到了核扩散给人类所带来的巨大危险，大部分无核国家立场是很明确的，即希望国际社会能够尽快达成一个防止核扩散的条约。1964 年 10 月 10 日，不结盟国家第二次首脑会议所发表的声明，就防止核扩散等阐述了不结盟国家的意见。[②]

美国在核不扩散谈判过程中，主要精力都放在维持美国核优势、防止无核国家研发核武器、限制其他国家利用核能和对无核国家核活动进行核查等方面，却闭口不提如何采取措施裁减它现有的庞大核武器库存。如福斯特 1964 年 10 月 19 日在美国底特律经济俱乐部的演讲中，总结了美国迄今所提出的防核扩散的四条建议，"建议核国家达成不向无核国家转让核武器和不向它们发展核能力提供帮助的协议；建议达成一个可验证用于核武器的核原料的裁减协议；建议达成全面禁止核试验协议；建议就所有国家接受国际原子能机构的核保障措施或对它们的和平核活动进行类似保障达成协议。"[③] 从这里可以看出，美国核不扩散建议大多

① *Foreign Relations of the United States*, 1964—1968, Vol. XI, Arms Control and Disarmament, pp. 127—128.

② *Documents on Disarmament*, 1964, pp. 443—445.

③ *Documents on Disarmament*, 1964, pp. 476—477.

是要限制无核国家开发核武器或其他核国家研发核武，因为美国的建议重点放在核查方面，而由于美国核查技术最为先进，所以其结果只能是其他国家核发展对美国单方面透明，这必然会引起无核国家反对。美国的建议没有裁减现有核武器的内容，而在 20 世纪 60 年代中期，美国核武力量要比其他任何国家强大得多，所以其建议只能使美国保持它在世界上的核优势地位。而且，不规定裁减核大国所拥有的核武器，也就是只限制核武器的横向扩散而不限制核武器的纵向扩散，必然会导致其他国家反对，从而使得达成核不扩散协议更加困难。

而且，无核国家还面临着自己丧失发展核武器权利，美国和苏联却由于核军备竞赛从而使其核武器不断升级换代的情况。在此情况下，无核国家不免会对自己的国家安全问题产生忧虑，从而不可避免导致它们和美国在上述问题上的争论。1965 年 9 月 15 日，在八个不结盟国家提交给十八国裁军委员会的关于核不扩散的联合备忘录中，它们指出："防核扩散措施应同时或随后伴随着停止核军备竞赛、裁减和消除现存核武器及其运载手段的实质性步骤。"[①] 1965 年 6 月 16 日结束的联合国裁军委员会会议最突出的特征之一就是："无核国家，特别是那些潜在核国家，对一个禁止无核国家获取核武器却没有对核大国核能力进行限制或裁减规定的核不扩散安排的抵制开始浮出水面。"[②]

在关于核不扩散条约的谈判中，无核国家提出了它们自己的几项要求：有的国家寻求核国家做出向明确的裁军目标努力的保

---

① *Documents on Disarmament* 1965, pp. 424—425.

② *Foreign Relations of the United States*, 1964—1968, Vol. XI, Arms Control and Disarmament, p. 215.

证；其他国家要求“逆向安全保证”，即核国家承诺永远不把无核国家作为其实施核攻击的靶子；还有的国家要求获得核国家在和平原子能发展方面的援助；无核工业国则要求拟议中的核不扩散条约不会导致有核国在核交易竞争上享有优势地位。[①]

为了调和不同国家相对立的核军控立场，结束核不扩散条约谈判，美国和苏联一起与无核国家达成了两项交易协议：首先，条约确认任何国家都有和平利用原子能的权利，并建议为此目的而对有的国家进行技术援助。作为交换，无核国家同意不研发核武器，并接受对它们和平核活动和核出口活动实施预防措施。其次，尽管条约并没有对核国家达成具体的裁军目标设立最后期限，但要求它们要进行裁军努力。（为了迫使核国家在这个领域遵从此条约所规定的它们所担负的义务，条约并没有写入它是无限期的这一条款；它规定在1995年召开一次会议就条约的延长问题再进行讨论。）这个交易并没有做出要美国和苏联进行核裁军的硬性规定，这也是无核国家为了《不扩散核武器条约》的早日达成对美国等做出的一个巨大让步。因此，可以说，《不扩散核武器条约》基本上起不到抑制美国和苏联核军备竞赛的作用。在条约达成后，美国和苏联之间的核军备竞赛反而呈越来越加剧的态势，这也为未来一些无核国家面对美国等核大国的压力而走上核武发展之路埋下了伏笔。

从上述艰难达成核不扩散条约的过程可以看出，关于核不扩散条约的谈判存在以下几个特点：1. 这一谈判是与核军控的其他方面如核裁军、核原料裁减、全面禁止核试验等交织在一起的；

---

① Gary Gardner, *Nuclear Non-Proliferation*, Lynne Rienner Publishers, Boulder&London, 1994. p. 41.

2. 美国和苏联虽然在“多边核力量”等问题上存在着分歧，但在防止中小国家获得核武器方面又存在着共同利益，它们是可以在这个问题上达成妥协的；3. 美国推动关于核不扩散条约谈判是要限制其他国家核军备的发展，而不是要限制自己发展核技术以更新美国核武库和裁减自己的核力量，所以它在谈判中强调核不扩散条约的核查条款；4. 美国、苏联与中小国家关于核不扩散条约的谈判也是它们之间在核能发展方面控制与反控制的斗争；5. 最后达成的核不扩散条约存在着严重的缺陷，即它只禁止核武器在无核国家的扩散（即横向扩散），却没有限制美国等核大国扩大和更新自己核武库（即纵向扩散）的条款。这一双重标准必然会为国际核不扩散体制在将来所面临的种种挑战埋下隐患。

三、从国际原子能机构法到核不扩散法

冷战时期，除了推动国际社会达成《不扩散核武器条约》外，美国还进行了一些其他的核不扩散努力：

首先，倡议设立国际核监督机构。进入核时代伊始，为了把国际原子能发展主导权控制在自己手里，限制别国核开发，维护自己核垄断地位，美国积极推动成立国际核监督机构，其中它首倡的有国际原子能委员会和国际原子能机构。早在二战结束前，美国国务卿贝尔纳斯就与英国驻美大使哈利法克斯讨论了设立国际原子能委员会的问题。[①] 美国在提交给苏联的设立国际原子能

① *Foreign Relations of the United States*，1945，Vol. 2，General Political and Economic Matters，The Secretary of State to the British Ambassador（Halifax），December 5，1945，pp. 89—90.

委员会的建议草案中，规定了其权限、组成和职责等。[①] 美国首倡的最重要核监督机构是国际原子能机构，它源于美国关于原子能国际控制设想和美国总统艾森豪威尔的“和平原子能”演讲。以这一演说为蓝本，《国际原子能机构法》于 1957 年 7 月生效，国际原子能机构随即成立。由于美国和其盟国在其中占主导地位，上述两个机构一度成为美国限制别国核开发和维持其核领域主导地位的工具。

20 世纪 70 年代，美国与其他核国家合作，共同推动国际社会加强了核出口控制，相继达成和建立了一些防核扩散条约、法规和机构，从可直接用于核武制造的关键技术和核材料出口控制、核设施监督检查、核燃料生产和管理、核武器运载工具及技术等方面完善了核不扩散机制的基本结构和框架。这一时期，受到以下几个事件影响，国际核不扩散机制建设进入了新一轮高潮：1. 1974 年，印度进行了一次它所谓的“和平核爆炸”，使核不扩散机制遭到了一次沉重打击。这次核爆炸表明《不扩散核武器条约》没能实现普适性，同时推动美国加强了其核出口控制。2. 随着美国“和平原子能”计划的实施，其他核国家竞相效尤，结果是越来越多的国家具有了核能力。3. 第四次中东战争所引发的石油危机也使各国更重视核能开发。在这种情况下，美国开始意识到它在敏感的核技术方面接近垄断的地位已经不复存在了。它不得不寻求那些能够提供最敏感的核能工厂的国家的支持。[②]

---

① *Foreign Relations of the United States*, 1945, Vol. 2, General Political and Economic Matters, Memorandum by an Informal Interdepartmental Committee, December10, 1945, p. 92.

② Harald Muller, David Fischer and Wolfgang Kotter, *Nuclear Non-Proliferation and Global Order*, Oxford University Press, p. 23.

应该指出，20世纪70年代，美国在推动设立两个新的国际核监督机构，即桑戈委员会和核供应国集团上发挥了重要作用。虽然国际社会于1968年达成了《不扩散核武器条约》，但条约要求对核出口予以保障监督的第3款第2段的运行却可能出现不同的解释。国际社会面临的一个特别迫切的任务就是，不仅对“材料来源或特殊裂变材料”，而且对“设备或特别设计或准备以处理、使用和生产特殊裂变材料的材料”予以界定。[①] 核出口国在桑戈委员会里承担了这一任务。核供应国集团是一个为了达到和桑戈委员会同样目的而成立的另一个核出口多边控制机构。1974年印度核试验引起了美国等核出口国对核扩散的担心。美国随后提议成立核供应国集团，其初衷是确保核供应国共同采用一套标准，防止核能合作导致核扩散。1975年，美国联合加拿大等7个核出口国在伦敦多次召开会议，通过了《核转让准则》和《触发清单》。外界称其为“伦敦俱乐部”，又称“核供应国集团”。[②]

上述核监督机构设立了限制核武器地区间传播的标准和规范，成为反对有的国家不顾规范开发核武器的政策基础。这些机构在减缓核武器扩散速度和缓解国际紧张局势方面取得一些成效，但它们太弱从而不能在阻止核扩散上取得实质性结果。

其次，推动达成核军控条约。虽然其他国家首先提出某些核军控条约，却是美国推动了它们的达成，这主要指《部分禁止核试验条约》。该条约源于1954年印度领导人贾瓦哈拉尔·尼赫鲁

---

① Harald Muller, David Fischer and Wolfgang Kotter, *Nuclear Non-Proliferation and Global Order*, Oxford University Press, p. 23.

② Joseph S. Nye, "Nonproliferation: A Long-Term Strategy," *Foreign Affairs*, April 1978, pp. 601—623.

在联合国大会上提出缔结一项核禁试国际协议的要求。美国方面，早在艾森豪威尔政府时期，就和苏联进行了核禁试谈判。肯尼迪政府上台后，由于美苏不能在有关地下核试验的禁令问题上达成一致意见，谈判陷于停顿。随后美国国务卿腊斯克提出了禁止在大气层进行核试验的替代性方案。[①] 1963 年 6 月，肯尼迪在美洲大学发表了他的最重要的演说之一，其内容几乎全部都是关于美苏有必要更建设性地处理军备竞赛问题的。[②] 部分是为了呼应肯尼迪的呼吁，苏联政策也发生了变化。1963 年 12月，美国、苏联和英国达成了《部分禁止核试验条约》。为了不影响美国相对于苏联的核优势、开发新技术和自身核武库升级换代，对于接受《部分禁止核试验条约》，美国参谋长联席会议主席马克韦尔·泰勒提出了四条确保美国国家利益的保证措施：继续进行全面的地下核试验计划，以改善未来军事态势；维持现代核试验室设备与计划，以保证核技术的继续发展；保持能迅速恢复大气层核试验的设施以防出现美国家利益受损害事件或苏毁约；加强对苏履约和中、苏核活动的监督。[③] 1963 年 9 月 10 日，肯尼迪总统分别给国会多数和少数派领袖参议员曼斯菲尔德和迪克森写了一封信，“给参议院的成员、整个国会和整个国家做出了绝对和毫不

---

① Dean Rusk , *As I Saw It* , Edited by Daniel S. Papp, New York/London: W. W. Norton&Company, 1990, p. 255.

② Richard Smoke, *National Security and the Nuclear Dilemma-An Introduction to the American Experience in the Cold War*, New York: McGraw—Hill, Inc. , 1993, pp. 135—138.

③ Glenn T. Seaborg, *Kennedy Khrushchev and the Test Ban*, Berkley: University of California Press, 1981, p. 269.

含糊的保证”。[①] 马克韦尔·泰勒提出的四条保证措施和肯尼迪的保证反映了美国在此问题上的真正意图。

再次，推动世界无核区建设。建立世界无核区也是国际核不扩散努力的一个重要组成部分。美国对建立世界无核区提出了规范、规则。1965 年 12 月 1 日，福斯特在联合国大会第一委员会就非洲无核化问题发言时，提出了建立无核区应遵循的标准：（1）无核区应包括本地区所有国家，特别是那些它们不参与进来就会使协议无效的国家；（2）不应有某个国家或国家集团通过建立这样的地区获取军事优势；（3）应规定有进行适当核查的条款，它将包括对被指称的违反协议的情况进行深究的程序，以保证本地区的国家和区外那些承诺尊重无核区的国家遵从无核区协议。[②]

在世界各地建立无核区的过程中，美国极力推动上述规范的贯彻实施。其中一个突出例子就是拉美无核区。1967 年 2 月 14 日，当 14 个拉美国家在墨西哥城签署《拉美无核区条约》时，美国没有签字，只是于 1968 年 4 月 1 日由副总统汉弗莱为代表签署了条约的第二个议定书。这样做也是因为它符合美国的利益。腊斯克在给约翰逊总统的备忘录里指出，“我认为，遵守《拉美无核区条约》的第二个议定书不仅使我们与对我们和西半球的国家关系来说特别重要的一项主要军控措施发生了关系，而且这样做将会使我们处在以符合我们国家利益的方式影响这个条约执行的

---

① Glenn T. Seaborg, *Kennedy Khrushchev and the Test Ban*, Berkley: University of California Press, 1981, p. 279.

② *Documents on Disarmament*, 1965, United States Arms Control and Disarmament Agency, pp. 597—599.

更好位置上。"[1] 为了更好地维护美国利益，腊斯克提出了美国在签署这个议定书时所应发表的解释性声明，他在备忘录里说："我建议在签署无核区条约议定书时同时要做出解释性声明以解决美国在 5 个方面的关切：1. 明确批准第二个议定书并不意味着美国接受拉美方面所提出的无核区所覆盖领土范围；2. 强调条约和它的议定书对我们在拉美的过境权没有影响；3. 对我们在第二个议定书里'不对签署这个条约的国家使用或威胁使用核武器'做出解释，以允许我们在有一个签署这个条约的国家在别的核国家的援助下对我们所发动的武装攻击进行核反击；4. 重申该条约应禁止签署国获取即使是用于和平目的的核爆炸装置的立场，但允许美国为签署这个条约的国家进行用于和平目的的核试爆；5. 声明美国将把拉美无核区条约第一个议定书签署者的拉美领土和这个条约签署国的领土以同样的方式对待，借以鼓励荷兰、法国和英国也批准条约的第二个议定书，及为我们提供对这个条约的额外支持。"[2]

通过对这个解释性声明的分析，我们可以更清楚地看到美国既碍于国内外舆论的压力，又看到这样一个条约有助于排除苏联等国家对西半球这个美国传统势力范围的渗透，所以对这个条约予以有条件支持。但这些声明则更真实地表达了美国意图。具体来说，声明第一条是要把美国所谓的对它的国家安全有重要关系的领土排除在拉美无核区之外；第二条则是为了使美国在西半球和其他地方进行侵略和干涉等行动的自由不受这个无核区条约的

---

① *Foreign Relations of the United States*，1964—1968，Vol. XI，Arms Control and Disarmament，p. 551.

② *Foreign Relations*，1964—1968，Vol. XI，p. 551.

限制；第三条则是为了保留美国在西半球自由使用核武器的权利提出借口；第四条则是为了既限制拉美国家核技术的发展，防止拉美国家中出现影响美国在西半球主宰地位的国家，同时又企图借此捞取经济方面的好处；第五条则是为了把其他国家在西半球的影响排挤出去。

第四，有关核不扩散的国内立法。为了对其核技术进行保密，1946 年 8 月 1 日，美国国会通过了《麦克马洪法》。[①] 在艾森豪威尔总统 1953 年 12 月在联合国大会发表“和平原子能”演说后，美国国会于 1954 年通过了《原子能法》，允许美国与其他国家进行核合作，改变了《麦克马洪法》规定的美国核保密政策，以与苏联等争夺国际核市场，并把与其他国家的核交易作为扩大美国国际影响力的一种手段。

20 世纪 70 年代，美国又制订一些加强核出口控制的核不扩散立法。当时美国国内对核扩散的担忧集中在所谓的“钚经济”的预期兴起上。同时，美国对核供应国集团在伦敦所达成的协议并不是完全满意，故而它采取了一些加强核不扩散机制的单边主义步骤。在国内，美国加强了核技术和材料的出口控制。1976 年，福特总统宣布，作为对无核国家出口的一个条件，美国此后将要求接受美国核出口的国家接受全面的保障监督。[②] 为此，1976 年，美国国会通过了《西明顿修订法》。在美国国会相当大的压力下，卡特政府推行了一种双轨政策。美国政府一方面加强

---

① Roert L. Beckman, *Nuclear Non-proliferation* : *Congress and the Control of Peaceful Nuclear Activities*, Boulder, Colorado: Westview Press, 1985, p. 38.

② Harald Muller, David Fischer and Wolfgang Kotter, *Nuclear Non-Proliferation and Global Order*, Oxford: Oxford University Press, pp. 24—25.

在核出口方面的立法，通过放弃那些看上去会导致“钚经济”的美国核计划来树立一种榜样。[①] 美国国会制订的《核不扩散法》由卡特总统于1978年3月10日签署生效。这个法律对美国核出口单方面施加了严格条件，它规定将对美国所有核合作协议进行重新谈判，以加强或是有必要保证美国有权收回它以前对其他国家对来源于美国的核燃料进行再处理和再出口的认可。而且几乎所有的美国“合作协议”都允许美国否决其他国家再处理来自于美国的核燃料。[②] 另一方面，美国又通过就核扩散技术方面与它的盟国包括发展中国家进行对话来抚慰它们。[③] 美国对核出口游戏规则的单方面改变招来了包括其盟国在内的许多国家的反对。

总之，美国国内核不扩散立法以及其他有关的出口管理法和1961年《对外援助法》等都规定了核保障监督制度、出口管理制度和违约制裁措施，这些都在核不扩散条约条约、国际原子能机构保障监督制度、核供应国出口控制制度和无核区条约中留下了深深的烙印。

第五，倡议建立导弹技术控制机制（MTCR）。20世纪70年代以后，越来越多的国家掌握了导弹技术，这对美国全球战略和安全利益构成了威胁，更使其感受到防止导弹技术扩散的迫切性与必要性，为此它倡导建立导弹技术控制机制。1981年，美国首先建立了国际专门委员会研究相关技术的扩散，以倡导减少核导

---

① M. J. Brenner, *Nuclear Power and Nonproliferation: The Remaking of US Policy*, Cambridge University Press: Cambridge, UK, 1981.

② Roert L. Beckman, *Nuclear Non-proliferation : Congress and the Control of Peaceful Nuclear Activities*, Boulder, Colorado: Westview Press, 1985, p. 26.

③ M. J. Brenner, *Nuclear Power and Nonproliferation: The Remaking of US Policy*, Cambridge University Press: Cambridge, UK, 1981.

弹扩散。1982年，里根总统签署国家安全委员会第70号决议指出：美国政府在导弹扩散方面形成新的政策，要求以调查的方式控制扩散行为。[①] 1987年4月，美国等四国公开宣告成立导弹技术控制机制，目的是通过控制导弹技术转移来限制大规模杀伤性武器扩散。这一机制的管制清单以《设备与科技附件》和《敏感导弹相关技术转移规则》的形式出现。为了从法律方面为机制运行提供支撑，1990年10月，美国参众两院通过了要求总统对违反MTCR的个人、公司或政府进行处罚的导弹技术控制法（Missile Technology Control Act 简称 MTCA），从法律上确立了对违反者的处罚制度，从而为美国用国内法制裁违反MTCA的个人、公司或政府提供了法律方面的依据。建立导弹技术控制机制是符合美国根本国家利益的，它既能巩固美国的超级大国地位，又能减少对其国家安全的威胁。

第六，无核国家安全保证方面的努力。无核国家安全保证是核不扩散机制的一个有机组成部分。它又分为：（1）消极安全保证，规定核国家有义务不对无核国家使用或威胁使用核武器；（2）积极安全保证，规定在无核国家遭到核武器威胁或攻击时，核国家有义务援助这些无核国家。上述安全保证基本上是通过美苏各自双边或多边联盟义务来实现，并通过以下方式得到加强：（1）在无核国家部署核武器；（2）在敌对状态发生时向无核国家转让核武器；（3）战时在战区部署核海军力量；（4）宣布不首先使用核武器；（5）提出建立无核区的主张。早在《不扩散核武器条约》谈判过程中，广大无核国家就要求核国家提供相应安全保

① Deborah A Ozga, "A Chronology of the Missile Technology Control Regime", *The Nonproliferation Review*, Winter 1994, pp. 1—2.

证。为了安抚无核国家，1968 年 6 月 19 日联合国安理会通过了由美国、苏联和英国作为共同提案国的第 255 号决议，确认安理会尤其是安理会常任理事国在无核国家遭受使用核武器的侵略或侵略威胁时，有义务采取行动。[①] 1978 年联合国召开第一届裁军特别联大，多数无核国家要求核国家就提供安全保证问题达成具有法律约束力的国际安排。会议期间，美国卡特政府声明，不对签署《不扩散核武器条约》的任何无核国家使用核武器，除非该国与一个核国家结盟攻击美国、其武装力量或其盟国。[②]

四、从全面禁止核试验条约到反扩散倡议

冷战结束后，核不扩散机制面临新的形势：1. 苏联解体使国际社会面临如何处理其核遗产的艰巨任务。2. 核领域出现了众多拥有不同文化背景的新角色。其特点是：它们拥有秘密核计划；其核计划植根于其民族主义对自身安全和地区安全的担忧；它们愿意与其他核扩散者合作并容易受政治变革影响。[③] 3. 非国家行为体如恐怖主义势力获得核武器可能性大增。冷战后，一系列因素使恐怖主义势力获得核武器可能性大增：前苏联崩溃和其他失败或衰弱政权的存在增加了恐怖主义分子或其支持者通过偷窃或走私获得核武器的可能；因特网和其他技术进步使恐怖主义组织

---

① 刘华秋主编：《军备控制与裁军手册》，北京：国防工业出版社，2000 年版，第 396 页。

② U. S. Nuclear Policy: " Negative Security Assurances," http://www.armscontrol.org/factsheets/negsec.asp.

③ Josiane Gabel, "The role of U. S. nuclear weapons after september11," *The Washington Quarterly*, winter , 2004—2005, p. 184.

可快速获得有关知识和通过跨国网络协调核武器等的输送。[1] 这就使核恐怖主义成为国际防扩散努力新的着眼点。4. 核国家在核军控领域单边主义行为对核不扩散机制造成破坏。

在上述背景下，美国克林顿政府在核不扩散方面做出了较大的努力：

1. 处理前苏联核遗产。苏联解体后，原部署在其领土上的核武器成为全球核不扩散的一个焦点。[2] 苏联崩溃使世界突然面临四种核扩散威胁："核遗产继承"问题；核武器可能被故意转让或失窃问题；核材料和设备的出口或走私问题；苏联核武器专家和技术人员的"智力流失"问题。为了解决前苏联核武器遗留问题，1992 年 5 月美国与俄罗斯、乌克兰、哈萨克斯坦和白俄罗斯签订了《里斯本议定书》，承认俄罗斯为原苏联核武器的继承国，其余三国境内的核武器均应撤除并由俄罗斯负责销毁。[3] 为了推动前苏联共和国的核出口控制，以美国为首的西方国家利用了不同的论坛。例如，北大西洋合作理事会、东西方贸易统筹委员会、欧洲安全与合作会议安全论坛和七国集团 1992 年夏天所组织的实况调查团。个别国家为来自于独联体国家人员举办了出口控制和物理安全研讨会。但西方国家提供的金融和设备援助远不能满足在前苏联地区建立物理安全和出口控制制度的任务需求。

苏联解体后，前苏联核武器拆卸据估计会产生 70～100 吨的钚，高达 500 吨的高浓缩铀。美国和俄罗斯之间达成了俄向美国

---

① WMD Terrorism Risk , http：//www. state. gov/t/isn/c16585. htm.

② Christoph Blith，"American-Russianstrategic Relations：from Confrontation to Cooperation?" *The World Today*，March 1993 P. 49.

③ 《人民日报》1994 年 7 月 28 日。

出售高达500吨高浓缩铀的协议。根据这个协议，从前苏联核武器上取下来的高浓缩铀将被提炼成低浓缩铀，然后它们将被用来为美国核工厂提供燃料。这些核材料的装船运输改造开始于1995年，将一直持续到2013年。美国还承诺只把这些材料用于和平目的，并把它们提交国际原子能机构监督。为了推动前苏联核遗产的处理，1991年12月，美国国会还启动了一个帮助俄罗斯应对苏联崩溃所出现的核安全威胁的题为“纳恩—鲁格减少威胁合作项目”(Nunn-Lugar Cooperative Threat Reduction program)。根据该计划，美国国会将在两个多财政年度拨出8亿美元帮助“苏联去核化”。[①]

前苏联核专家的命运也吸引了很大的关注。前苏联共和国有2000～3000人有核武器设计知识，另外5000人有敏感核技术的专门技能。[②] 为了阻止前苏联核专家流失，美国、俄罗斯、欧共体和日本同意建立一个总部设在莫斯科的国际科学与技术中心。后来，又在基辅设立一个设施，以开发雇佣这些专家和吸引各自基金的计划。参与各方已提供了接近9000万到1亿美元的资金。在经过一年多已经拖长的谈判后，该中心于1993年春在莫斯科开放。[③] 然而，即使有这样一个高度成功的制度运转，也不大可能彻底实现目标。

2. 推动达成《全面禁止核试验条约》。全面禁止核试验，就是禁止进行所有核试验，包括地下核试验，而不管核爆炸当量是

① B. Kaplan, *U. S. Assistance to the Former Soviet Union: A Status Report*, Monterey: Monterey Institute of International Studies: Monterey, 1993, pp. 11—12.

② *Arms Control Today*, Vol. 23 no. 2, Mar. 1993, p. 21.

③ B. Kaplan, *U. S. Assistance to the Former Soviet Union: A Status Report*, Monterey: Monterey Institute of International Studies: Monterey, 1993, pp. 11—12.

多少。进入核时代后，许多国家发出了禁止核试验的呼声。1954年，印度领导人贾瓦哈拉尔·尼赫鲁首先在联合国大会上提出缔结一项禁止核试验国际协议的要求。1963年，美国、英国和苏联在莫斯科签署《部分禁止核试验条约》。20世纪70年代，美国推动国际社会于1974年达成了禁止进行当量超过150吨地下核试验的《限制地下核武器试验条约》（TFBT，Threshold Test Ban Treaty），1976年达成了《和平利用地下核爆炸条约》（PNNF）。但随后美国参议院没有批准这两个条约，这与卡特政府缓和政策结束后恶化的国际形势有关。1977年，美国、英国和苏联全面核禁试谈判曾取得了一定进展，包括在现场核查方面达成了协议，苏联和美国同意在它们领土上放置无人操纵的、防干扰的震动监视器。[①] 但由于美国出于选举压力和它与苏联在第二阶段战略武器条约批准问题上的争议，这些谈判于1980年终止。

里根政府上台后，美国反对批准《限制地下核武器试验条约》与《和平利用地下核爆炸条约》。引用未批准的《部分禁止核试验条约》在验证程序上的缺陷，通过美国军控与裁军署发表“对于核弹头的开发、现代化和验证、核储存可靠性的维持和核武器效果的评估来说，核试验是必不可少的”声明后，1981年里根政府宣布它将单方面和无限期地结束就禁止核试验所进行的谈判。[②] 这是一届美国政府第一次坦率地宣布只要核武器和核威慑是国家安全的支柱，核试验就绝对是有必要的，禁止核试验不符

① Gordon C. Schloming, *American Foreign Policy and Nuclear Dilemma*, Englewood Cliffs, New Jersey: Prentice-Hall, Inc., 1987, pp. 131—132.

② Gordon C. Schloming, *American Foreign Policy and Nuclear Dilemma*, Englewood Cliffs, New Jersey: Prentice-Hall, Inc., 1987, pp. 131—132.

合美国国家利益。而经常被引以作为全面禁止核试验条约谈判主要障碍的验证问题却居于次要位置。这些声明使里根政府与美国对《部分禁止核试验条约》和《不扩散核武器条约》所承担的义务发生了矛盾。《不扩散核武器条约》前言里重申了核国家在部分禁止核试验条约里所承担的义务。在《部分禁止核试验条约》里，三个核国家宣称它们决心“寻求停止核试验并为此目的持续进行谈判”。里根政府在核禁试方面的强硬立场决定性地导致了1982年第二届裁军特别联合国大会没有就最后文件达成一致意见。

在社会主义国家支持下，不结盟国家要求进行真正的全面核禁试谈判。苏联于1982年向联合国大会提交了一份有关“全面彻底禁止核试验条约基本条款”的文件。1983年，瑞典向裁军委员会提交了一份“禁止在任何环境下进行任何核试验的条约草案”。然而，西方国家在美国和英国的领导下，偏向于推迟真正的核禁试谈判和继续探讨核禁试的实质性问题，包括：1. 范围、验证和遵从措施；2. 国际震动验证系统的制度和管理安排。[①] 在1990年《不扩散核武器条约》审议会议期间，美国和英国都不愿意承诺停止核试验或是就全面禁止核试验条约早日进行谈判。1990年12月12日，美国散发了一份非正式文件宣称，“会议认识到未来5年里就全面禁止核试验条约进行谈判的极端重要性和停止在所有环境下进行所有核试爆与条约可行性之间的关系。因次美国准备承认大多数代表团所认可的就全面禁止核试验条约进行谈判的重要性和这两个问题之间的长期关系，但美国又不赞同核不扩散条

① Harald Muller, David Fischer and Wolfgang Kotter, *Nuclear Non-Proliferation and Global Order*, Oxford: Oxford University Press, pp. 28—29.

约的命运必须或应该依赖于在1995年前达成全面禁止核试验条约进行谈判的观点。”[①] 由于美国和苏联在核禁试立场上的巨大差异，国际社会直至冷战结束也没有达成《全面禁止核试验条约》。

苏联解体后，美国失去了核竞赛对手。同时，世界出现了一些“核门槛”国家。美国等发达国家也掌握了以实验室模拟核试验替代真实核爆炸的新手段。在这一背景下，克林顿政府对美国核禁试政策作了调整，于1993年7月宣布赞成早日开始多边谈判和早日缔结《全面禁核试条约》。美国停止了核试验，并敦促各国在1996年内完成相关谈判。全面核禁试谈判也就得以在1994年1月开始。在美国主导下，1996年9月10日，联合国大会以158票赞成、3票反对、5票弃权的压倒多数通过一项禁止所有核试验爆炸的全球条约——《全面禁止核试验条约》，并于1996年9月24日，在第51届联大上开放供所有国家签署。达成《全面禁止核试验条约》不但会给核裁军带来新的动力，对防止核扩散做出了重要贡献，同时也有助于防止核大国发展新的核武器。克林顿政府还为促使美国参议院批准全面禁止核试验条约进行了大量努力，并称其为美国1997年国家安全战略的一个“优先目标”。[②] 在1999年10月美国参议院拒绝批准全面禁止核试验条约后，克林顿政府为争取国会最终批准该条约做了大量调研和游说工作。

3. 克林顿政府“防”、“反”结合以“防”为主的核不扩散政策。除了上述防扩散努力外，反扩散在冷战后美国核不扩散政策

---

① Harald Muller, David Fischer and Wolfgang Kotter, p. 94.

② *A National Security Strategy For a New Century*, Washington, D.C.: Government Printing Office, May 1997, p. 7.

中开始占据越来越重要的地位。冷战后，美国核不扩散政策的推行手段发生了巨大变化，已由冷战时期的侧重构建防扩散机制的被动防核扩散演变为冷战结束后的“防”、“反”核扩散相互结合。至于美国什么时候侧重于哪一种手段，则要根据国际形势发展变化和其战略需要。

克林顿政府时期，美国核不扩散政策是“防”、“反”相互结合。在其首份《国家安全战略报告》中，克林顿政府把防扩散和反扩散作为其防止核扩散的两种手段。不过，这时美国核不扩散政策还是以“防”为主。1993年克林顿政府在联合国倡议国际社会制订《裂变材料减少生产条约》，禁止生产新的分离钚或高浓缩铀[①]，正式建议在全球范围内禁止生产可制造核武器的裂变物质。在《不扩散核武器条约》方面，克林顿政府把“确保条约1995年无限期和无条件延长”作为美国不扩散战略的一个主要目标，推动了条约的无限期延长。[②] 美国这一举措的深层次战略考虑为：如果条约不能无限期无条件延长，“不仅将动摇美国50年来成功推行的政策，而且将严格损害美国国家安全利益和对外政策目标”。[③]

在1997年5月提交给国会的一份报告里，克林顿总统提出了应对核扩散的综合预备计划。报告声称，“通过最近的瓦森纳安

---

① Agency Group 05, “Abraham calls on global community to agressively address nuclear nonproliferation”, FDCH Regulatory Intelligence Database, 01/13/2005; (AN 32W3999635493).

② “U. S. nuclear weapon policy at the end of the century: lost opportunities and new dangers,” *Foreign policy in focus*, Vol. 4, No. 25, September 1999.

③ 美国军控和裁军署代理署长托马斯·格雷厄姆1993年10月11日在联大第一委员会的发言。

排，美国将推动有关常规军备、双重用途的商品和技术出口控制的国际合作”[①]，强调通过军备控制和外交努力来抑制核扩散。出口控制也是克林顿政府防核扩散的一个主要方法。1998 年 11 月，克林顿总统说，“‘增强扩散控制倡议’所提出的出口控制已完全在执行中，并将继续由美国商务部予以实施，以控制与大规模杀伤性武器有关物品的出口。”[②] 在前几届美国政府任内，敏感的、具有双重用途的物品出口都要经由美国国务院所制定的军火出口控制清单严格控制。克林顿总统于 1996 年把这一工作交由美国商务部来执行，实际上是准许更快批准这样的技术转让。[③] 这一批准权限转移在于克林顿的另一个政策目标：提高贸易是核心目标。克林顿政府防扩散努力也关注大规模杀伤性武器运载工具特别是远程导弹的出口控制。美国国家安全战略从 1994 年到 1998 年一直认为导弹扩散是个重要问题。美国在提出减缓这类技术扩散的非正式方法方面起了很大推动作用。

“反扩散”，是指为了减少和预防大规模杀伤性武器扩散所进行的所有军备准备和活动。老布什政府时期，美国已意识到大规模杀伤性武器扩散对美国安全和战略利益可能带来的潜在威胁，开始探索反扩散措施，试图以新的手段来应对大规模杀伤性武器

① President, “Report on the U. S. Comprehensive Readiness Program for Countering the Proliferation of Weapons of Mass Destruction,” 105th Cong. , 1st Session 1997, *House Document*, pp. 105—179, pp. 3—4.

② President, “Letters to Congressional Leaders on Continuation of the Emergency Regarding Weapons of Mass Destruction,” *Weekly Compilation of Presidential Documents*, 34, No. 46, 16, November 1998, 2303.

③ Miles A. Pomper and Chuck McCutcheon, “House Panel Issues Proposals For Preventing Chinese Theft of U. S. Military Technology,” *CQ Weekly*, 2 January, 1999, p. 29.

扩散。海湾战争中以美国为首的多国部队对伊拉克涉嫌核设施的军事打击就是一个例证。克林顿政府则正式提出了反扩散战略，并把它置于美国军事安全战略最优先的地位。1993年9月27日，美国白宫新闻办公室在其发布的关于不扩散和出口控制政策的讲话中声称："我们将在情报搜集和分析以及防务计划中给予核扩散问题更多的重视，以保证我国武装力量结构和军事计划能应付世界各地大规模毁灭性武器扩散的潜在威胁"①，首次提出为了应付大规模杀伤性武器扩散，美国政府必须在军事上有所准备。1993年12月7日，美国国防部长莱斯·阿斯平在美国国家科学院所做的一次演说中，公布了美国国防部拟订的"反扩散倡议"②，标志着美国反扩散政策的正式出台。这份"倡议"承认了这样一个现实：不扩散政策本身不足以防止一个意志坚定的敌人使用大规模杀伤性武器，不扩散政策也不能给美国军队提供保护。

为了推进反扩散政策的执行，美国制订了一系列有关反扩散的文件：（1）参谋长联席会议主席反大规模杀伤性武器扩散概念规划0400—96。（2）核生化环境下联合行动条令3—11。（3）反扩散行动联合条令3—40。（4）反扩散宪章。反扩散宪章（CJCSI 5113.02A）将为美军战地指挥官确定其反扩散行动的地区和制订可操作的计划提供具体指导。（5）"反扩散战略"的备忘录。为了适应制订一个完整的反扩散战略的需要，美国参谋长联席会议

---

① Joseph F. Pilat and Walter L. Kirchner, "The Technological Promise of Counter Proliferation," *The Washington Quarterly*, Winter, 1995.

② Shai Feldman, *Nuclear Weapons and Arms Control in the Middle East*, Cambridge, MA: MIT Press, 1997, p. 182.

主席用一份题为“反扩散战略”的备忘录把军方和战地指挥官的反扩散责任和任务予以制度化。(6) 联合反扩散条令。(7) 联合行动条令 3—11，等等。根据上面这些文件，美国“反扩散”政策的主要内容包括：支持美国外交、军备控制和出口控制；维持一支强大的威慑力量；开发识别、描绘、破坏和拦截核生化武器的生产、储存以及武器化活动的能力；开发拦截核生化武器运载工具的主动防御系统；开发提供探测功能、医疗对策、个人和集体保护的被动防御系统；训练和装备我们的军队以使他们能够在核生化武器污染的环境下有效开展行动；发展进行重建行动和进行核生化武器使用后果处理的能力；鼓励我们的盟友和协作伙伴把反扩散作为它们军事计划的组成部分。①

为了协调政府各部门反扩散政策，美国专门成立了反核扩散机构。在 1994 年《国防授权法》中，美国国会指示成立反扩散计划评估委员会，以在美国国防部、参谋长联席会议、三军统帅、能源部和中央情报局内评估与反扩散有关的活动和计划。这一委员会由美国国防部长负责，其成员包括能源部长、中央情报局局长和参谋长联席会议主席。反扩散计划评估委员会的职责在于，就各部门提高它们应对大规模杀伤性武器及其运载手段扩散的能力提出建议，或者执行它们就此所提出的建议。在 1997 年的《国防授权法》中，美国国会又扩大了反扩散计划评估委员会的职责范围，规定它还要评估自己所代表的组织机构应对准军事性和核生化恐怖主义威胁有关的活动和计划。

在反扩散政策执行方面，美国通过联合作战条令传达给了战

---

① Shai Feldman, *Nuclear Weapons and Arms Control in the Middle East*, Cambridge, MA: MIT Press, 1997, p. 182.

地指挥官。根据前面通过的反扩散倡议，美国国防部把反扩散列为美国军队指挥官所要执行的一项重要任务。为了支持反扩散倡议，美国参谋长联席会议在其提出的美国国家军事战略中提出了美国军队指挥官所要执行的如下任务：防止大规模杀伤性武器扩散；对大规模杀伤性武器进行探测；在大规模杀伤性武器使用前予以摧毁；对大规模杀伤性武器进行威慑或反制；保护美国军队免遭大规模杀伤性武器的侵害；恢复大规模杀伤性武器使用地区的秩序。[①] 在反扩散倡议提出后，美国就积极努力把其付诸实际军事行动。1998 年，克林顿政府对本·拉登在阿富汗的恐怖主义分子训练营和苏丹喀土穆的一家化学工厂发射了 79 枚巡航导弹。这是美国以“先发制人”自卫的名义进行的单边主义袭击。

五、从先发制人反扩散战略到无核武器世界战略

与以前历届美国政府核不扩散政策比较，小布什政府核不扩散政策的一个最大变化和特点，在于它在反核扩散方面提出了“先发制人”战略。小布什政府的“先发制人”原则，继承了美国官方的一贯立场，即不承诺不首先使用核武器，而是强调通过核力量与常规力量的实战作用达到威慑目的，也就是说核力量不只是发挥“盾”的作用，而且也将发挥“剑”的作用。核力量不仅用于威慑制止对美国的核攻击和常规军事行动，而且只要美认为其安全受到威胁，不管对手是否拥有或运用核武器，美国都可以实施先发制人的核打击。“先发制人”反核扩散战略既是美国

① Joint Chiefs of Staff, *National Military Strategy of the United States of America*, Washington, D. C.: Government Printing Office, 1997, p. 26.

对新的核扩散威胁做出的一种直接反应，也是克林顿政府时期美国就提出的反扩散政策在新的国际形势下的进一步发展。

（一）“先发制人”反核扩散战略的提出

2002年1月，在其国情咨文中，布什总统在指责朝鲜、伊朗和伊拉克构成一个“邪恶轴心”的同时宣布：“对这样的威胁发动先发制人打击符合美国利益，免得美国再遭受‘9·11’那样的没有预警的袭击。”[①] 布什总统于2002年6月1日在西点军校的讲话和在同年9月向国会提交并于12月公布的《美国国家安全战略》中详细阐述了美国“先发制人”军事战略、先发制人打击合法性，以及如何用这一战略预先制止“流氓国家”及其代理人可能使用大规模杀伤性武器对美国实施的威胁或攻击。这种“先发制人”战略原则的推行意味着，美国将按照自己选择的时间和方式任意对别国发动“事先毫无警告的突然打击”，甚至包括使用核武器。

实际上，“先发制人”可有狭义和广义两种解释。狭义解释是，美国准备在感受到威胁的情况下，直接采取军事行动来消除威胁；广义解释是，“先发制人”可以包括多种政策手段，但保留在其他手段失效时直接军事打击的最大可能性。为了避免被抨击为是在推行“黩武主义”，布什政府在该政策的解释上广泛采取“广义”的理解。其实，在冷战时期，美国政府曾多次考虑采取“先发制人”的军事打击。例如，1962年的古巴导弹危机时，

---

① Jihwan Hwang, “Realism and U.S. foreign policy toward North Korea: the Clinton and Bush administrations in comparative perspective,” http://www.findarticles.com/p/articles/mi_m2393/is_1_167/ai_n6145285.

肯尼迪政府曾计划对古巴的苏联导弹营地采取军事攻击；20 世纪 60 年代中期，美国约翰逊政府曾策划对中国新生核力量采取“先发制人”行动。但无论冷战时期还是在后冷战时代，“先发制人”从来没有真正上升为美国国家安全战略的基本原则，从来没有正式转化为美军军事行动的战略准则。特别是着眼于避免核大战的风险，“先发制人”常常是不顾代价和后果的代名词，是“威慑战略”需要防止和克服的军事冒险。同时，“先发制人”也代表了一种盲目考虑军事行动的观点，代表了一种滥用军事力量的倾向。

（二）“先发制人”反核扩散战略的动机

布什政府推行“先发制人”反扩散战略，是由维护美国唯一超级大国地位的全球战略目标决定的：（1）美国冷战后无论是在常规还是核力量方面都在世界处于优势地位，它要利用这一优势扩大美国在世界上的政治影响，以巩固美国全球领导地位。正如美学者米彻尔·赖斯所说，“在后冷战时代，是否和如何利用美国的军事技术优势阻止或是解除潜在和实际核扩散者的武装，是美国决策者所面临的主要议题之一。”[①] 布什政府推出“先发制人”反扩散战略的根本目的是要利用其军事力量优势，以期重振当今世界唯一超级大国的声望和威慑力。（2）为继续开发先进核技术，保持并扩大美国与其他核国家的核力量之间的差距寻找借口。超强的核能力仍是美国寻求维持它的全球领导地位的支柱，布什政府把它解释为避免出现能与美国匹敌的竞争对手和防止在

① Mitchell Reiss and Robert S. Litwak (ed.) *Nuclear Proliferation after the Cold War*, Washington D C: Woodrow Wilson Center Press, 1994.

关键性地区如波斯湾出现能够对美国发起挑战的国家。[①] 与中俄特别是与俄罗斯核力量相比，美国目前的核优势只是相对的，而追求美国核力量的绝对优势是美国自进入核时代以来就一直孜孜以求的目标。现在苏联已解体，美国认为正是其借“反扩散”之名改进美国的核武库以实现这一目标的绝佳机会。（3）打击挑战其世界领导地位的地区性国家，为美国全球战略服务。冷战后，在世界一些具有重要战略意义的地区，出现了对美国全球战略构成挑战的国家，如朝鲜等。美国为了维护自己的世界“一超独霸”地位，借口它们支持核扩散活动，以“反扩散”为名对它们发动“先发制人”打击，成了其实现全球战略目标的重要手段。（4）主动打击核恐怖主义，保证美国安全利益。美国认为，在全球化时代，国家边界对于阻止顽固的核武器走私努力来说是漏洞百出。需要一个进攻性战略来逆转各国面临获取核武器的越来越大压力的趋势和减少世界上的核武器数量。[②]

但是，美国的“先发制人”反扩散政策不可避免会产生一些问题：首先是它不可避免地刺激美国所谓“邪恶轴心”国家进行核开发。布什政府的这一政策必然会加剧“邪恶轴心”国家对自身安全的担忧，从而迫使它们寻求核武器这一终极武器以保证自身安全。其次，引起其他国家竞相效尤，加剧国际紧张局势。其他核国家或强国也有可能效仿美国对自己面临的潜在威胁采取“先发制人”行动。俄罗斯现总理普京就曾经多次强调，俄不放

---

① Lieber, Keir A. Press, Daryl G., “The Rise of U.S. Nuclear Primacy.,” *Foreign Affairs*, Mar./Apr. 2006, Vol. 85 Issue 2, pp. 42—54, p. 13.

② James E. Goodby, “Nuclear Nonproliferation's Missing Link,” *PacNet Newsletter*, December 1, 2006.

弃“先发制人”打击其潜在对手的政策，保留首先使用核武器的权利。[①] 就连在外交上一向和美国唱反调的法国也正朝着修改它的长期奉行的不付诸于先发制人行动应对潜在威胁的政策。[②]美国以“霸权”方式先发制人打击它所认为的任何威胁其安全利益的核扩散行为，从根本上违背了国际防扩散机制所依赖的国际准则。

（三）“无核世界”倡议的出台表明美国核不扩散政策出现了重要调整

巴拉克·奥巴马上台后，美国核不扩散政策又出现了变化，其基本特点已由布什政府时期以进攻性和单边主义手段为主转向强调对话、合作和多边主义。奥巴马一直就很关注核扩散问题。早在2005年11月1日，他就在美国外交关系委员会发表了题为《不扩散和俄罗斯：未来挑战》的演讲。[③] 正式参选后，奥巴马就美国核不扩散政策提出了一系列新设想。2008年7月15日，奥巴马在华盛顿罗纳德·里根大楼发表题为《新世纪的新战略》演讲，提出了他担任总统后美国将要实现的包括防止恐怖分子和

---

① 孙晔飞、倪文鑫：《联合国："先发制人"不能妄动》，载《中国国防报》，2004年12月9日。

② Taverna, Michael A, "Repositioning," *Aviation Week & Space Technology*, Jun. 6, 2005, Vol. 162 Issue 23, p. 27.

③ Barack Obama, "Non-Proliferation and Russia: The Challenges Ahead," Council on Foreign Relations Washington, DC, November 1, 2005, http: //obamaspeeches. com/036-Non-Proliferation-and-Russia-The-Challenges-Ahead-Obama-Speech. htm.

"无赖"国家获得核武器在内的五大目标。[①] 正式当选后，奥巴马开始把核不扩散作为美国外交政策的一个重要目标，努力把自己有关防核扩散设想付诸实践。2009 年 4 月 5 日，出席欧美峰会的奥巴马在捷克布拉格的哈德卡尼广场发表了"无核世界"演讲。[②] 除了奥巴马本人外，美国副总统拜登和国务卿希拉里等人也就美国核不扩散政策做了大量阐述。"无核世界"倡议出台表明美国核不扩散政策出现了新的重要调整：

1. 提升了核军控在美国核不扩散政策中的地位。布什政府时期，美国核不扩散政策重点在于应对所谓的"邪恶轴心"国家核开发，核军控居于次要地位。一方面，布什政府不重视甚至轻视核军控在防止核扩散方面的作用。参与新保守主义"新美国世纪计划"的美国企业研究所研究员盖瑞·舒密特解释说："保守主义者不喜欢军备控制的一个简单理由是它们很少增进美国安全……。"[③]布什政府采取了一系列与核不扩散努力背道而驰的举措：它没有像往常美国政府那样为 2005 年《不扩散核武器条约》审核会议做准备，也没有提出新的倡议，导致会议失败；它拒不批准《全面禁止核试验条约》；美国和印度签署了承认其核武计划合法的核合作协议。另一方面，布什政府进行了一系列"逆核裁军"行为：退出 1972 年美国和前苏联签署的《反导条约》；建立由"核与非核打击力量、积极与消极防御措施、研发能力和工

① Barack Obama Foreign Policy speech , including nuclear policy, 15 July 2008.

② "奥巴马说将致力于推动建立无核武器世界", http://news.xinhuanet.com/world/2009—04/05/content_11135901.htm.

③ Gary Schmitt, "Memorandum to Opinion Leaders," *Project for a New American Century*, December 13, 2001.

业基础组成”的“新三位一体”美国战略力量；扩大和改进美国核武库和改善其运载系统。

与布什政府相反，奥巴马政府上台后，把核军控作为美国核不扩散政策的一个主要目标。奥巴马指出：“我们将把销毁所有核武器作为我们核政策的一个核心要素。”[①]为了实现“无核世界”目标，奥巴马政府准备采取以下步骤：（1）在世界范围内推动核裁军。奥巴马指出：“我将寻求真正地、可验证地裁减美国和俄罗斯的所有核武器，并将和世界其他核国家一起寻求到本届总统任期届满在全球范围内大规模裁减核武库。”[②]（2）争取美国参议院批准《全面禁止核试验条约》。奥巴马说：“我将促使参议院尽早批准《全面禁止核试验条约》，进而与那些该条约生效需要其批准的国家进行谈判，以促使条约最终生效。”（3）美国将不再研发新一代核武器。2009 年 1 月 27 日，在宣誓就职后不久，奥巴马就把他大选时的承诺变成了正式总统义务。“新政府将停止研发新一代核武器”，白宫在其网站上宣布。[③]（4）奥巴马政府将发起一次核高层论坛。奥巴马指出：“我将就如何提高核国家核能力透明度、增加彼此间相互信任和就所有核武器进行有意义裁减以至其最终销毁发起一次所有公开核国家都参加的高层论坛。”（5）寻求强化《不扩散核武器条约》。奥巴马说：“美国将寻求升

① Barack Obama's speech at the Summit on Confronting New Threats. West Lafayette, Indiana, 16, July 2008. He has said similar things in various other speeches and written statements.

② 2008 Presidential Q&A: President-elect Barack Obama, *Arms Control Today*, http://www.armscontrol.org/2008election.

③ Mark Thompson / Washington, "Obama's Showdown Over Nukes," http://www.time.com/time/nation/article/0, 8599, 1873887, 00.html.

级核不扩散条约。”[①]

2. 把防止核材料扩散作为美国核不扩散政策的一个重要目标。布什政府时期，美国核不扩散政策直接与对美国利益有敌意的政权联系在一起。美国国防部副部长沃尔福威茨宣称：“我们的目标之一是‘基地’组织；其次是支持恐怖主义的国家；第三个目标则是支持恐怖主义的国家与那些开发大规模杀伤性武器之间的更广泛联系网络。”[②] 这一政策走向体现在2002年9月发布的“美国国家安全战略”和同年12月发布的“抗击大规模杀伤性武器国家战略”中。2002年早些时候公开的《核态势评估》反映了这些思想。“需要一系列更广泛能力，以阻止有的国家采取威胁美国和其盟国安全的政治、军事或技术行动路线”，美国国防部长拉姆斯菲尔德在总结这一新态势时说。[③] 从上述文件可以看出，布什政府认为美国面临的主要威胁来自于忽视国际规范和决意开发大规模杀伤性武器的少数非法国家。故而布什政府把其反核扩散战略重点放在寻求推翻政权而不是消除核武器上，它认为美国可以决定哪些国家要为开发核武器负责，哪些国家不要负责，美国实力而不是多边条约将执行这一判断。这样，核不扩散就变成了更大的美国全球性斗争的一个组成部分。

奥巴马政府上台后，它转而认为核恐怖主义和核材料扩散是

---

① Josh Rovenger, “Analysis: Obama vs. McCain on Nuclear Proliferation,” June 6, 2008, http: //www. globalsolutions. org/in _ the _ news/analysis _ obama _ vs _ mccain _ nuclear _ proliferation.

② Paul Wolfowitz, “Campaign against Terror,” *Frontline*, PBS, April 22, 2002.

③ Department of Defense, *Nuclear Posture Review*, December 1, 2001. Department of Defense, *Nuclear Posture Review*, December 1, 2001.

美国面临的比无赖国家核开发更严重的威胁。2008 年 9 月 10 日，奥巴马在接受《今日军备控制》杂志采访时说："今天我们面临着致力于摧毁美国的恐怖主义分子获取一枚核武器或制造核弹核材料的可能性。"2009 年 1 月 13 日，美国国务卿希拉里在国会作证时，也认为核恐怖主义而不是布什政府宣称的"邪恶轴心"国家是美国面临的主要威胁。[①] 为了对付核恐怖主义，奥巴马政府开始把防止核材料全球性扩散作为美国核不扩散政策的重中之重。奥巴马宣称："我将在一年内领导一次全球努力以谈判达成一个可验证的停止生产用于武器目的的核材料的条约。"[②]

3. 核不扩散政策的推行侧重对话和多边外交。布什政府推行的是单边主义和多边主义相结合，但侧重单边主义的核不扩散政策。奥巴马政府上台后，在应对核扩散上开始向以多边主义为主转变，并注意加强美国与其他大国合作以及与其盟国的同盟和伙伴关系。对于通过对话解决核扩散，奥巴马说："以语言和行动，我们正向世界表明，一个接触的新时代开始了。"[③] 对于多边核合作，奥巴马指出："作为总统，我将和其他国家合作以销毁和阻止核武器扩散。"[④] 奥巴马政府在其核不扩散政策的推行上侧重多

① Chris Schneidmiller, "Obama Moving on Nuclear Arms Control Pledges, Expert Says," Feb. 17, 2009, http://gsn.nti.org/siteservices/print_friendly.php?ID=ts_20090217_6185.

② Arms Control Today 2008 Presidential Q&A: President-elect Barack Obama, http://www.armscontrol.org/2008election.

③ Peter Scoblic, "Obama's Foreign Policy Isn't Bush Part 2," Mar., 25, 2009, http://www.npr.org/templates/story/story.php?storyId=102349690&ft=1&f=1057.

④ Barack Obama, "Renewing American Leadership," *Foreign Affairs*, Jul./Aug., 2007, Vol. 86, Issue 4, p. 2.

边主义，既是因为经济危机造成美国无力单方面应对核扩散，需要与其他国家进行防扩散合作；又是因为美国认识到其他国家特别是大国在防扩散领域中的重要地位和作用。对于与中国的核合作，奥巴马认为，“一个合作的中国有助于我们防止核材料扩散。”①

在美国所谓“无赖”国家的核开发问题上，奥巴马政府对伊朗和朝鲜开展直接、强势外交。2007 年奥巴马就在《外交》上撰文说：“伊朗和朝鲜可能在中东和东亚触发危险的地区核竞赛。但我们的首要措施必须是持续、直接进取性外交——这种手段布什政府不能也不愿意使用。”给奥巴马提供政策建议的一个名为美国进步中心的思想库发布的一份题为《美国的变革：第 44 任总统的进取蓝图》的文件，进一步表明了奥巴马政府这种政策转向。这份文件关于美国国务院的部分是由奥巴马法律顾问乔治·克莱格编辑的，标题为“重建和重新定位美国外交力量”，其中关于朝鲜部分的内容为：“重要的是向朝鲜表明，与朝鲜改善关系是美国新政府的一项重要议事日程，在朝核问题上取得进展是美国新政府的一个重要目标。朝鲜应明白，美国新政府可以接受与朝鲜进行高层双边会谈的形式。”②这份文件清楚表明奥巴马政府愿意与朝鲜举行直接的双边会谈。这与前任布什政府只愿意在六方会谈框架下与朝鲜进行双边会谈的政策明显不同。

从上述奥巴马政府对美国核不扩散政策的调整中，可以看出

---

① Richard N Haass，“China：Don′t Isolate，Integrate，” *Newsweek*，Vol. 152，Iss. 23，New York：Dec. 8，2008.

② Chung Jin-young，“Obama Presidency and Prospects for Change on the Korean Peninsula，” http：//www. koreafocus. or. kr/design2/essays/view. asp? volume _ id=80&content _ id=102337&category=G

其特点：1. 注意运用美国“巧实力”来解决核扩散问题。所谓“巧实力”，即综合运用美国经济、军事、政治、外交、文化等方面优势来推进美国利益，而不仅仅是运用某一方面的优势。这是约瑟夫·奈最早提出、希拉里在阐述美国外交政策理念时多次提及的措辞。奥巴马政府打出“巧实力”外交旗号，实际上是美国综合实力下降后的一个无奈选择。2. 美国核不扩散政策涉及面比较广。既有纵向核扩散方面的与俄罗斯谈判新的核裁军协议，争取美国国会批准《全面禁止核试验条约》，又有不开发新的核弹头的承诺。在反导方面，则由布什政府时期的积极推动变得更为谨慎。在横向核扩散方面，既有“无核武器世界”的呼吁，又要防止核材料扩散，还要对付“无赖国家”的核开发。3. 美国贯彻“无核武器世界”核不扩散目标要依赖于美国与俄罗斯达成的协议。奥巴马指出：“我们必须与俄罗斯在我们有共同利益的方面进行合作——首先，我们要确保核武器和核材料的安全。我们还必须与俄罗斯合作以升级和裁减我们危险的已经过时的核武库并降低核武器的作用。”[①] 这意味着美国和俄罗斯的核不扩散合作要想取得进展，这两个国家之间就得保持良好的关系。

奥巴马政府上台后，美国核不扩散政策调整的深刻原因在于：

1. 奥巴马政府核不扩散政策出台既是出于它对核扩散严重形势的深刻认识，也是对小布什政府核不扩散政策予以反思的结果。一方面，美国新政府领导人清醒地认识到了冷战后国际防扩散所面临的严峻形势及核扩散对国际和美国国家的安全挑战。奥

---

① Barack Obama, “Renewing American Leadership,” *Foreign Affairs*, Jul./Aug., 2007, Vol. 86, Issue 4, p. 2.

巴马认为："本世纪所面临威胁至少和我们在过去所对抗的威胁一样危险，甚至在某些方面更复杂。这些威胁来自于可造成大规模杀伤的武器以及全球恐怖主义分子。"[①]

另一方面，奥巴马政府对美国核不扩散政策调整也是其对小布什政府"先发制人"单边主义反核扩散政策进行反思的一种结果。小布什政府时期，美国对付核扩散更青睐直接军事行动而不是外交和遏制政策。这种举措既影响了国际防扩散努力，又对美国自身利益带来了负面影响：它削弱了核不扩散条约，导致了不扩散规范的削弱；它还导致核不扩散条约成员国内部的相互猜疑和不团结，使得它们在面临伊朗核问题和其他挑战时，不愿意对美国提供支持。奥巴马就指责布什"在过去八年里忽视了21世纪国际社会所面临的核生化威胁"。[②] 奥巴马进一步指出："布什政府是用传统思想应对"9·11"恐怖主义分子对美国所发动的非传统袭击，即很大程度上把恐怖主义袭击视为是以国家为基础并可按照军事方式予以解决。"奥巴马政府核不扩散政策调整正是对其前任布什政府核不扩散政策的矫枉过正。

2. 修复美国国际形象和维护其世界领导地位的战略需要。奥巴马上台时，面临着美国国际地位不断下降的不利形势。经济上，国际经济秩序的多极化已进一步深化。美国现已成为世界最大债务国，中国和日本则是世界上最大的两个债权国。欧盟经济规模已超过美国，印度、巴西和俄罗斯经济实力也在迅速增长。

---

① Barack Obama, "Renewing American Leadership," *Foreign Affairs*, Jul./Aug., 2007, Vol. 86, Issue 4, p. 2.

② Sahil Nagpal, "Obama: Nuclear terrorism is 'gravest danger' to US", 07/16/2008, http://www.topnews.in/obama-nuclear-terrorism-gravest-danger-us-253004.

政治方面，美国世界领导地位遇到了相当大的挑战。[①] 国际金融危机爆发使美国面临的不利经济形势进一步加剧。在“软实力”方面，“先发制人”反核扩散政策特别是伊拉克战争使美国“软实力”大大下降。奥巴马指出：“随着伊拉克战争和波特罗·阿布格里监狱‘虐俘’丑闻，世界对我们的目的和原则失去了信任。”在核军控领域，布什政府的“逆裁军”和在核军控上的消极作为既使核不扩散体制面临危机，又严重削弱了美国在这一领域的领导地位。

出于对美国面临不利国际形势的深刻认识，确立美国在实现一个“无核世界”目标努力中的领导地位，被奥巴马政府提到重新确立美国国际形象和恢复其世界领导地位的战略高度。在不同的演讲中，奥巴马多次提到了有必要恢复美国在世界上的道德权威，他认为诸如合法和榜样性行动这样的“软实力”要比诸如军事力量这样的硬实力在外交方面更重要。奥巴马认为：“作为拥有全球最大核武库以及唯一使用过原子弹的国家，美国有‘道德义务’在核安全上采取行动，并在削减核武库问题上扮演领导的角色。”[②] 奥巴马进一步指出：“为了恢复在世界上的领导地位，我们必须对抗对美国和世界安全构成最迫切威胁的核武器、材料和技术扩散以及核装置落入恐怖主义分子之手的风险。”[③] 实际

① Chung Jin-young，“Obama Presidency and Prospects for Change on the Korean Peninsula”，http：//www. koreafocus. or. kr/design2/essays/view. asp? volume _ id=80&content _ id=102337&category=G.

② Matt Spetalnick and Michael Winfrey，Obama sets out plan for nuclear-free world，Apr. 5 2009，http：//www. portfolio. com/business-news/reuters/2009/04/05/obama-sets-out-plan-for-nuclear-free-world.

③ Barack Obama，“Renewing American Leadership，” *Foreign Affairs*，Jul. / Aug.，2007，Vol. 86，Issue 4，p. 2.

上，奥巴马政府是力图通过争取国际舆论来改善美国国际形象，维护美国正下降的国际地位和影响，同时也是力争美国在核不扩散制度构建上的话语权，把它作为恢复美国世界领导地位的一个重要手段。

3. 作为对像朝鲜和伊朗这样从事核开发的国家更好地施加压力的一种手段。布什政府时期，美国对其所谓“邪恶轴心”国家推行“先发制人”反扩散政策，结果朝鲜进行了第一次核试验，伊朗核问题陷于僵局，核恐怖主义爆发危险大大增加。奥巴马政府上台后，它在核不扩散领域的举措则与布什政府截然相反。“奥巴马已表示愿意与已知的朝鲜等核国家和华盛顿怀疑有获取核武器意愿的伊朗进行直接接触”，美国卡内基和平基金会不扩散项目主任约瑟夫·柯林希恩说。[①] 奥巴马政府摒弃美国外交中“非敌即友”观念是美国外交政策的一个巨大转变。

在表示愿意与伊朗和朝鲜就核问题直接接触的同时，美国在这些问题上的根本目标没有改变，变化的只是应对核扩散的形式而已。2008 年 7 月 15 日，奥巴马发表讲话，呼吁美国以身作则大幅度削减自己核武器，以更有效地劝说朝鲜和伊朗放弃“核武野心”。[②] 阐述奥巴马政府外交政策的一份题为《奥巴马—拜登计划》的文件进一步表明了美国的这一意图。文件指出：“奥巴马和拜登愿意与包括朋友和敌人在内的所有国家领导人进行会面。如果美国愿意进行谈判的话，世界将更愿意集合在美国领导下以

① Chris Schneidmiller, “Obama Moving on Nuclear Arms Control Pledges, Expert Says,” Feb. 17, 2009, http://gsn.nti.org/siteservices/print_friendly.php?ID=ts_20090217_6185.

② Remarks of Senator Barack Obama: A New Strategy for a New World, Washington, D.C., July 15, 2008.

应对诸如恐怖主义、伊朗和朝鲜核问题这样的挑战。”[①] 可以看出，在这份文件中，奥巴马强调了防核扩散是美国外交政策的最重要目标。从这一立场上看，美国不可能容忍朝鲜和伊朗的核武计划。奥巴马政府实际上是把核不扩散方式的转变作为更有效地对朝鲜和伊朗施加压力的一种手段，因为这一转变将有助于美国占领道德和舆论高地，从而使美国可以调动起更多的力量和争取到更多的支持以更有效地对朝鲜和伊朗施压。这样经过持续寻求对话解决问题的努力后，奥巴马政府将得到足够的道义优势以做出任何大胆选择，因为朝鲜和伊朗容易指责布什，但它们将难以指责奥巴马政府。

鉴于美国是世界上的首要核大国，奥巴马政府核不扩散政策的调整不可避免会给国际核军控、中国国家安全和地区核问题的解决等带来巨大影响：

1. 将给国际防核扩散努力提供新的动力，有利于国际核军控工作走上正轨。布什政府进攻性反扩散政策致使核不扩散体制陷入危机。奥巴马政府上台后，吸取布什政府核政策教训，迅速改弦更张，提出了一系列旨在恢复美国国际形象和国际核军控领域领导地位的核军控政策和举措。“对战略武器进行新的限制将再次向国际社会表明，美国是认真对待它的裁军义务的”，美国军

① Chung Jin-young, “Obama Presidency and Prospects for Change on the Korean Peninsula,” http://www.koreafocus.or.kr/design2/essays/view.asp?volume_id=80&content_id=102337&category=G.

控协会分析家彼得·克雷尔说。[①]“奥巴马政府把军控看作是推进美国安全的一个重要工具。奥巴马是在清理过去七年里搁置起来没有做的事务，奥巴马倡议将最终埋葬冷战的核遗产”，美国布鲁金斯协会学者蒂芬·皮弗说。[②] 奥巴马政府对美国核不扩散政策的战略调整无疑有助于使防扩散问题得到国际社会更多的关注，使国际社会加深对国际核扩散严峻形势的认识，从而推动国际社会在防止核扩散方面付出更多的努力。

2. 奥巴马政府核不扩散政策将对中国产生多重影响。布什政府时期，尽管美国反核扩散外交在很大程度上遇到了挫折，影响了美国的国际形象，中美关系却成为布什政府对外政策中的一个亮点，中美核不扩散合作也成为稳定发展中的中美关系的一个重要方面。奥巴马政府核不扩散政策的调整不能不对中国产生多重影响：（1）有利于中美核不扩散合作，使布什政府时期中美核不扩散合作的良好势头能够保持下去；（2）奥巴马政府诸多核不扩散举措有利于加强核不扩散体制，可以较好地应对目前仍严峻的核扩散形势，总体有利于国际安全，自然也有利于中国国家安全；（3）奥巴马政府借其核不扩散政策的推行加强与美国盟国关系，可能会加大对中国崛起的牵制，特别是美国把对付核扩散作为加强其世界领导地位的手段，不利于世界多极化的发展趋势，

① Peter Baker and Helene Cooper，U. S. and Russia to Consider Reductions of Nuclear Arsenals in Talks for New Treaty，March 31，2009. http：//www. nytimes. com/2009/04/01/washington/01arms. html? _r = 1&ref = globalhome.

② Peter Baker and Helene Cooper，U. S. and Russia to Consider Reductions of Nuclear Arsenals in Talks for New Treaty ，March 31，2009. http：//www. nytimes. com/2009/04/01/washington/01arms. html? _r = 1&ref = globalhome.

客观上不利于我国提出的世界多极化主张的实现；（4）美国可能会要求中国进行核裁军，从而对中国的最低限度核威慑力量构成威胁。（5）美国通过对付核扩散加强与其盟国合作、通过与朝鲜等直接对话方式来解决核问题，可能会导致降低中国在解决地区核问题上的作用；（6）更重要的是，奥巴马政府核不扩散政策对解决地区核问题所产生效果的不确定性，也使中国和平发展所需要的稳定的周边地区局势存在某种不确定性。

3. 奥巴马政府核不扩散政策对地区核问题解决所产生的效果具有不确定性。奥巴马关于“无核世界”的呼吁很大程度上是出于舆论宣传目的，旨在改善美国在世界上特别是在国际核军控领域的形象，不大可能真正付诸实施。2009 年 4 月 5 日，奥巴马在布拉格市中心的广场上发表演讲时承认，无核世界目标可能在他一生都无法实现。[①] 在宣传“无核世界”重要性的同时，奥巴马还多次强调美国要保持自己的核威慑力量。奥巴马说：“只要核武器存在，我们就将保持一支强大的威慑力量。但我们将把销毁所有核武器作为我们核政策的一个核心要素。”[②] 这意味着美国不可能采取根本性的单方面核裁军，任何核裁军都应是多边的。

正如前述，奥巴马政府核不扩散政策只是形式发生了改变，其实质和目的并没发生大的变化。奥巴马就指出：“无论什么时候我们受到了袭击或是受到了即将到来的威胁，为了保护美国人民和我们的重要利益，我会毫不犹豫地使用军事力量，如果有必

① “奥巴马说将致力于推动建立无核武器世界”，http：//news. xinhuanet. com/world/2009—04/05/content _ 11135901. htm。

② Barack Obama's speech at the Summit on Confronting New Threats. West Lafayette, Indiana, July 16, 2008. He has said similar things in various other speeches and written statements.

要甚至会单方面使用。”[①] 2008 年 11 月 7 日，奥巴马在他当选后的第一个新闻发布会上宣布：“伊朗核开发是不可接受的，我们不得不发动国际努力以防止这一情况的发生。”[②] 在美国对其所谓的“无赖国家”做出真正的安全承诺和取得与它们之间的政治和军事上的互信之前，也就是说，在无赖国家的生存环境得不到彻底改善之前，很难阻止它们进行核开发。朝鲜近年来不顾美国等反对执意发射导弹、退出六方会谈和威胁再次进行核试验就是一个例子。伊朗虽表示它有意与美国直接谈判，但却坚持自己有和平开发原子能的权利。2008 年 12 月 8 日，伊朗外交部发言人哈桑·卡什卡维告诉记者说，“‘胡萝卜加大棒’政策被证明是没有什么用的。它在过去就是不为我们所接受的失败政策。”

综观美国核不扩散政策的发展历程，可以得出以下几点结论：

第一，美国是核不扩散机制构建的主要倡导者和力行者之一。尽管美国核不扩散政策存在着这样或那样的缺点，但美国无疑是国际核不扩散机制的主要推动者。这一体制很大程度上防止了国际核俱乐部的快速扩大，从而有力促进了国际和平与稳定。

第二，美国核不扩散政策的出发点是美国的国家利益，它从属并服务于美国的外交政策。美国核不扩散政策常与其全球和地区战略紧密联系在一起。冷战初期，由于美国享有核垄断和核优势地位，它把这一地位看作是其争夺世界霸主地位的后盾，故而

---

① Barack Obama, “Renewing American Leadership,” *Foreign Affairs*, Jul. / Aug., 2007, Vol. 86, Issue 4, p. 2.

② Jonathan Beck, “Iran slams Obama for nuke remarks,” Nov. 7, 2008, http://www.jpost.com/servlet/Satellite?cid=1225910064351&pagename=JPost%2FJPArticle%2FShowFull.

实行核保密政策以维护这一地位就成为美国核不扩散政策的必然选择。随着苏联原子弹研制成功和冷战展开，与苏联争夺世界核市场和扩大美国在第三世界的影响的需要推动了美国改变其核保密政策，转而推行“和平原子能”计划。由于美国和苏联争夺世界霸权的重点在欧洲地区，美国为了保持自己核垄断地位、限制盟国核武器开发和强化自己在北约内部的领导地位、平衡苏联占优势的常规力量、加强北约内部的凝聚力等，又提出了“多边核力量”计划。故而美国核不扩散政策在其对外交政策中是第二位的，是实现其全球和地区战略目标的工具。这也决定了美国核不扩散政策在核不扩散体制形成过程中所起的作用是双重的，即一方面遏制了核武器扩散，另一方面美国自己的核武库却不断得到扩大和更新。美国核不扩散政策为其全球和地区战略服务并存在内在矛盾的这一历史传统，也为冷战后美国核不扩散政策所继承，并且这一历史传统很有可能被将来美国新政府延续下去。

第三，美国核不扩散政策的出台和调整往往是综合因素作用和多方面博弈的结果。美国核不扩散政策的出台和调整往往是国际形势变化、国际核安全环境变化、美国国际地位的变化、美国与其他国家战略力量对比变化、美国面临的扩散威胁不同、美国的全球战略和地缘政治需要、美国和其他国家以及美国国内政治力量博弈等综合因素作用的结果。

第四，美国核不扩散政策在推行过程中总是存在着明显的“双重”甚至“多重标准”。冷战后美国核不扩散政策推行中存在的“双重标准”甚至“多重标准”是从冷战时期美国核政策推行过程中存在的“双重标准”传统中沿袭过来的。冷战时期，对于英国和法国的核武开发，美国就采取了“双重标准”。美国在与英国核合作的同时，为了限制法国独立核力量的发展，拒绝法国与美国核合作的要求。这也是后来戴高乐政府和美国关系紧张的一个重要源头。美国约翰逊政府在建立世界无核区问题上根据当时争夺世界霸权的美国全球和地区战略需要采取了“双重标准”。它在世界无核区建立问题上，完全是采取以美国利益为转移的现实主义政策：在符合它的国家利益而又不妨碍它和苏联争夺世界霸权的地区建立无核区，出于和苏联争夺国际社会舆论宣传方面的需要，它就表示支持，如关于建立非洲无核区倡议；不符合它的利益和有可能导致敌对军事集团获得某种军事优势的地区，它则表示坚决反对，如波兰提出的中欧无核区倡议。受冷战时期开始形成的美国核政策推行中所存在的“双重标准”历史传统的影响，与冷战时期美国核不扩散政策相比，冷战后美国核不扩散政策的推行只是其所面临的国际形势和要应付的核扩散威胁发生了变化，但它为其全球和地区战略目标服务的本质并没有改变。这就导致了冷战后美国核不扩散政策执行了赤裸裸的“双重标准”。只要美国核不扩散政策是服务于美国全球战略需要的政策工具，其推行过程中就不可避免地会存在“双重标准”。

第五，冷战后美国核不扩散政策在推行过程中所面临的矛盾将继续存在。冷战后美国核不扩散政策在推行过程中，存在着诸如美国反扩散政策与美国所谓“无赖”国家的国家安全需求、美国核不扩散政策与核恐怖主义的产生根源、国际核不扩散体制所需要的美国带头核裁军与美国利用反扩散核扩军以及美国在反扩散方面既要其他大国与自己合作又利用自己核不扩散政策加强对它们的遏制等方面的矛盾。正是这些矛盾导致了冷战后美国核不扩散政策在很大程度上陷入了困境。只要美国核不扩散政策继续充当美国夺取国际核军控领域的话语权和维护美国全球主导地位的工具，继续带有意识形态色彩和“双重标准”，也就是说，只要美国核不扩散政策为实现其地区、外交和全球战略目标服务的本质不发生根本性变化，其所面临的内外矛盾在将来也是不会消除的。

第二节　昔日巨人的杀手锏——苏联/俄罗斯的核不扩散政策

一、苏联的核不扩散政策

核武器被称为“绝对武器”，它是国家军事力量的重要标志之一。苏联作为冷战两极对峙的一方，对核武器给予高度重视，核政策是其国家安全政策的核心内容。随着国际形势和苏联核力量的发展变化，苏联的核不扩散政策也不断地变化，大致经历了四个发展阶段。

（一）在“全面消除核武器”的口号下，极力打破美国的核垄断（1945年～20世纪50年代中期）

苏联科学家对核能的研究起步于“十月革命”胜利之时，正式开始于1943年，由物理学家伊戈尔·库尔恰托夫领导①。苏联之所以发起这项计划是因为其情报部门获悉美国在加速实施其曼哈顿计划（Manhattan Project），以及英德研制核武器的传闻，同

① “The Soviet Nuclear Weapons Program,” http://nuclearweaponarchive.org/Russia/Sovwpnprog.html.

时也因为这一年苏联已度过了卫国战争最艰苦惨烈的时段。1945年美国在日本投放原子弹以后，苏联大大加速了核武器研制计划，斯大林下令成立直属国防委员会的原子弹研制委员会，由贝利亚全权指挥①。苏联认为，美国的核垄断打破了均势②，会部分抵消苏联因卫国战争的胜利而在国际政治中产生的积极因素。

从1945年到1949年苏联第一颗原子弹爆炸，苏联核政策的核心是极力打破美国的核垄断，在竭力研制核武器的同时，在外交上与美国的核垄断政策展开斗争。1945年12月27日美英苏在莫斯科召开了外长会议，会上美英提议建立联合国原子能委员会（United Nations Atomic Energy Commission-UNAEC），负责考虑因原子能被发现而引发的问题以及其他相关问题。苏联同意了该提议，但明确要求联合国原子能委员会的工作必须接受安理会的指导，美英接受了苏联提出的这一条件。1946年1月24日，联大第一次会议通过了第一项决议，主要内容涉及和平利用原子能以及全面消除大规模杀伤性武器，并正式成立联合国原子能委员会③。从1945年到1948年联合国原子能委员会认为其工作已没有任何意义时为止，美国和苏联及其盟友们宣布的目标不是防止核武器的传播，而是在和平利用核能的同时彻底消除核武器。但是，在如何消除核武器方面苏美存在着根本分歧：美国坚持“管

---

① See R. Rhodes, *Dark Sun: The Making of the Hydrogen Bomb*, New York: Simon and Schuster, 1995, pp. 176—178.

② 1945年8月，斯大林对负责研制原子弹的核物理学家库尔恰托夫谈话时指出“你们知道广岛事件震撼了整个世界，均势已被打破……”。参见 Vladislav Zubok and Constantine Pleshakov, *Inside the Kremlin's Cold War from Stalin to Khrushchev*, Harvard University Press, 1996, p. 40.

③ 升平：“联合国大事记”，《人民日报》2005年9月16日。

制先于裁军”（control before disarmament），即先建立有效的管制，然后处置现存核武器[①]。但这并不能确保销毁现存核武器，而势必有利于美国保持核垄断地位。苏联则坚持“裁军先于管制”，要求首先缔结一个国际公约，缔约国首先应承诺在任何情况下不得首先使用核武器的义务，然后在公约生效后 3 个月内，销毁现存的一切核武器[②]。

1949 年 9 月，苏联首次成功地进行了核试验，成为世界上第二个拥有可用于实战的原子弹的国家，美国的核垄断被初步打破。1952 年，联合国大会正式解散了联合国原子能委员会，以联合国裁军委员会（the United Nations Disarmament Commission-UNDC）代之。[③]

（二）与美国合作维护相对核垄断地位，限制他国发展核武器（20 世纪 50 年代中期～20 世纪 60 年代末）

为了通过减少苏联的核裂变材料而减缓其制造核武器的速度，扩大美国的核能市场份额，1953 年 12 月 8 日，艾森豪威尔在联合国大会上发表演说，郑重发出“和平利用原子能”（Atoms for Peace）的倡议，主张把核武器国家的裂变材料集中储存起来

① Kalpana Chittarajan, “Abolishing Nuclear Weapons and NATO's New Strategic Concept,” *Strategic Analysis: A Monthly Journal of the IDSA*, Vol. 23, No. 9, December 1999, http: //www. ciaonet. org/olj/sa/sa_99chk01. html.

② 参见刘金质著：《冷战史（1945—1991）》，世界出版社 2002 年版，第 45 页。

③ See *Japan's Disarmament and Non-Proliferation Policy* (3rd Edition), p. 177,

供世界上所有国家用于和平目的[①]。为此，艾森豪威尔呼吁建立一个国际性的原子能机构，致力于有效防止原子能滥用、核武器扩散，并进行原子能的民用研发工作，让原子能技术真正造福于人类。苏联一开始对美国的“和平利用原子能”倡议持怀疑态度，坚持认为应该优先考虑的是苏联提出的迅速而全面地放弃核武器的建议。

由于苏联最初对美国“和平利用原子能”的倡议态度消极，美国于1954年5月1日告知苏联，不管苏联是否参加，美国都将继续努力创建一个致力于和平利用原子能的国际机构。同年9月，美国向联合国大会通报了其创建原子能机构和召开一个讨论原子能和平用途的国际科学大会的计划[②]。该计划很快在联合国大会通过。1954年10月，英国向美国国务院递交了第一个关于新机构规约（statute）的草案文本，美国迅速以自己的修改草案作了回应。1955年初，美国、英国、法国、加拿大、澳大利亚、南非、比利时以及后来参加的葡萄牙等国代表聚集华盛顿，以美英的草案为基础展开讨论。八国的目的是就规约文本达成一致，继续力争建立国际原子能机构，然后邀请其他国家加入。八国的讨论结果构成了1957年国际原子能机构最终规约文本的基础。1955年8月8日至20日，联合国组织召开了主要由各国科学家参加的“第一次日内瓦会议”，讨论原子能的和平用途问题。

众所周知，各国核能力的发展使其能够将核技术和核材料转

---

① J. F. Pilat, R. E. Pendley, C. K. Ebinger, eds., Atoms for Peace: An Analysis after Thirty Years, Boulder: Westview Press, 1985, Appendix C, pp. 283—291.

② Leonard Weiss, "Atoms for Peace," *Bulletin of the Atomic Scientists*, November 2003, http://www.mindfully.org/Nucs/2003/Atoms-For-Peace1nov03.htm.

用于制造核武器。因此，防止此类转用的问题，即核管制或核安全保障问题成为“和平利用原子能”讨论的中心议题。到了 1953 年，除美国外，苏联和英国都已拥有了核武器，美苏之间的垄断与反垄断的矛盾基本消失。而这时，两国都既想在各自阵营内保持一定程度的核垄断地位，又想以核技术为诱饵拉拢各自的盟国。这就使得两国在建立一套既推广核技术又对其进行保障监督的国际机制方面达成一致成为可能。斯大林逝世后，苏联领导人认为，由于美国的核垄断被打破，资本主义国家已无法通过战争形式消灭社会主义，两种社会制度因而出现了和平共处的可能。因此，苏联开始改变斯大林时期对西方的强硬外交政策转而执行与西方缓和紧张关系的政策。这也为苏联转而支持艾森豪威尔提出的“和平利用原子能”计划提供了政策大背景。

1955 年 7 月 18 日，苏联一改初衷决定参加八国的讨论，并派出自己的科学家、学生、政府官员甚至克格勃人员等出席了日内瓦科学大会[①]。日内瓦会议后不久，来自美国、苏联、英国、加拿大、捷克斯洛伐克的专家聚首讨论在制定安全保障体系时可能出现的技术性问题。这是自核武器诞生以来首次严肃地讨论核管制问题。1955 年秋季举行的联合国大会同意苏联的提议，将八国集团扩大为十二国，新增苏联、捷克斯洛伐克、巴西、印度，同意把原子能机构规约草案的修改版散发给所有联合国成员国及其特别机构，决定于 1956 年底在联合国总部召开会议复审并最后

① John Krige, “Atoms for Peace, Scientific Internationalism and Scientific Intelligence,” p. 31, http://www9.georgetown.edu/faculty/khb3/Osiris/papers/Krige.pdf.

批准该规约①。1957 年 7 月 29 日，国际原子能机构规约正式生效。同年 10 月，国际原子能机构正式成立。

国际原子能机构规约规定，该机构承担着促进和管制核技术的双重责任。然而，该机构在成立后的早期并没有发挥出这些功能，这主要是因为美国把通过双边协议直接向伙伴国提供核援助作为首选，并对交易实施美国自己的安全保障，这样就绕开了国际原子能机构。美国这样做是为了防止核材料落入苏联及其盟国之手。而苏联最初也反对国际原子能机构实施过于严苛的安全保障，因为同美国一样苏联也试图以和平利用核能为借口发展自身的核武技术并以核技术为诱饵加强对友好国家的影响，同时也是为了取悦一些把保障监督看作是新殖民主义的表现的发展中国家。另外，几乎与国际原子能机构同时诞生的欧洲原子能共同体(European Atomic Energy Community—EURATOM)② 和欧洲原子能机构（European Nuclear Energy Agency—ENEA)，以及其他地区性组织如经互会（the Council for Mutual Economic Assistance—CMEA)，也一定程度上对国际原子能机构形成了架空态势。

20 世纪 60 年代初，由于核武器国家增多、北约组织的核武装化趋向，以及更多的国家看好核能甚至准备发展核武器，美苏

---

① David Fischer, *History of the International Atomic Energy Agency: The First Forty Years*, Vienna: The Agency, 1997, p. 34.

② 1958 年 11 月 8 日签署，1959 年 2 月 12 日生效的美国—欧洲原子能共同体“合作协议”(Agreement for Cooperation) 使绝大多数西欧国家把国际原子能机构的保障监督排除在外，这就不但进一步减弱了苏联发展国际原子能机构保障监督体系的动力，而且还促使其站到对安全保障持反对态度的发展中国家，尤其是印度一边。See David Fischer, *History of the International Atomic Energy Agency: The First Forty Years*, p. 245.

对现行核不扩散机制下的核扩散作了悲观的预期。为了加强核安全保障，阻止更多的国家拥有核武器，国际原子能机构必须充分发挥安全保障的职能。为此，1961 年国际原子能机构建立了第一个范本文件编号为 INFCIRC/26 的保障监督体系。由于“古巴导弹事件”后苏联与美国关系有所缓和，但担心中国和联邦德国发展核武器，1963 年苏联一反常态转而支持国际原子能机构的保障监督体系。非但如此，1964 年 1 月苏联与美国各自向总部在日内瓦的十八国裁军委员会（Eighteen-Nation Disarmament Committee—ENDC）提出了一个议程。苏联的议程与美国的有四个相同的主题，其中之一就是《不扩散核武器条约》。1965 年，苏联与美国在日内瓦都推出了关于该条约的草案，但是它们的草案内容大相径庭。苏联坚决反对美国在条约草案中试图让欧洲原子能共同体独立于国际原子能机构的保障监督之外。后来美苏都做了让步，双方同意所有无核武器国家都应该承担接受国际原子能机构保障监督的义务，但是欧洲原子能共同体有权与国际原子能机构缔结相关协议。

20 世纪 50 年代，世界人民要求销毁核武器、反对世界战争的呼声很高，掀起了世界和平运动的第一次高潮。为了获取国际社会的同情和支持，从 1954 年到 1956 年苏联四次提出禁止核试验的建议[①]。1958 年，苏联同美国和英国开始了关于全面禁止核试验条约的谈判，谈判期间，三国宣布在 1958 年到 1961 年这段时间内暂停核试验。但是苏联与英美关于全面禁止核试验条约的谈判没有达成一致，贯穿谈判的一个主要难题是如何进行核查与

① 王仲春著：《核武器·核国家·核战略》，时事出版社，2007 年版，第 91 页。

控制。[①] 1962年爆发的古巴导弹危机迅速推动了有关核禁试的进一步谈判[②]。结果，苏联与美国和英国于1963年7月25日和8月5日分别草签和正式签署了《禁止在大气层、外层空间与水下进行核武器试验条约》，又称《部分核禁试条约》（Partial Test Ban Treaty-PTBT）。签约国不进行条约禁止的核试验，并且不纵容其他国家进行核试验。该条约把停止核试验与全面禁止核武器完全分开，把当时只有美苏特别是美国有能力进行的地下核试验排除在外，因而就特别有利于美苏维护其相对核垄断地位。条约于同年10月10日生效。截至2008年2月，已有131个国家加入该条约[③]。

（三）继续限制他国发展核武器的同时，开始与美国相互限制（20世纪60年代末～80年代初）

勃列日涅夫上台后，以“缓和”为幌子加紧扩充军备，使苏联进入了大规模生产和部署核武器时期。苏联大力加强军事力量的努力收获显著，到20世纪60年代末终于基本实现了与美国在战略核力量上的均势，美苏核恐怖均衡形成，“相互确保摧毁”成为现实。

由于美苏核力量趋于均势，苏联为维护其相对核垄断地位而

---

① See Emily Bailey，Richard Guthrie，Darry Howlett and John Simpson，The Evolution of the Nuclear Non-Proliferation Regime，6th Edition，The Mountbatten Centre for International Studies (MCIS)，2000，p. 4.

② “Protecting Non-Nuclear States from the Nuclear Threat，” GA1：Disarmament and International Security，p. 3，

③ “Treaty Banning Nuclear Weapon Tests in the Atmosphere，in Outer Space and Under-Water (Partial Test Ban Treaty—PTBT)，” p. 1，http：//cns. miis. edu/pubs/inven/pdfs/atosuw. pdf.

逐渐加大了与美国合作限制他国发展核武器的努力。这突出表现在苏联与美国协作促使1967年的联合国大会通过了《不扩散核武器条约》(苏美于1968年7月1日《不扩散核武器条约》开放签字的当日签署了该条约)。《不扩散核武器条约》的三大支柱是不扩散、不传播、不生产，核裁军，和平利用核能[①]，它与国际原子能机构类似，其重要功能在于加强国际核安全保障，在和平利用核能的同时限制核武器国家的数量。因此，它的产生与国际原子能机构的发展存在着密切的联系，一定程度上它是在国际原子能机构在新形势下担负核安全保障的任务日显不力的情况下产生的。

在这一时期，苏联在核不扩散机制中的核出口管制领域也发挥了较大作用，对推动“桑戈委员会”(Zangger Committee-ZAC)和“伦敦俱乐部”(London Club)或“核供应国集团”(Nuclear Supplier Group-NSG)的产生与发展方面做出了自己积极的贡献。

在苏联取得对美核均势、美国深陷越战泥潭、中苏关系严重恶化、中美关系改善的背景下，为了履行《不扩散核武器条约》中规定的有核国家进行核裁军的义务，响应世界上要求核裁军的呼声，苏联开始与美国在缓和表象下进行在核武器上相互限制的谈判并取得一些成果。在限制战略核武器数量方面的成果有：1972年5月26日在莫斯科签署的《美苏关于限制反弹道导弹系统条约》(ABM)和第一阶段限制战略武器条约即《美苏关于限

① See *Nuclear Non-Proliferation Treaty* , http://en.wikipedia.org/wiki/Nuclear_Non-Proliferation_Treaty.

制进攻性战略武器的某些措施的临时协定》（SALT—1）[①]；在减少美苏发生核战争危险方面的成果有[②]：1971 年 9 月 30 日签署的《美苏关于减少爆发核战争危险的措施的协议》和 1973 年 6 月 22 日签署的《美苏关于防止核战争的协定》；在限制双方核试验方面的成果有：1974 年 6 月 27 日到 7 月 3 日美国总统访苏期间两国签署的《美苏限制地下核武器试验条约》又称《限当量条约》(Threshold Test Ban Treaty)[③]；在为某一领域的核军备竞赛制定规则方面的成果有：1971 年苏联与美英签署的《禁止在海床洋底及其底土安置核武器和其他大规模毁灭性武器条约》。

20 世纪 70 年代初，苏联与美国在军控方面一系列条约、协议的签署使美苏之间的核均势与“相互确保摧毁”的威慑状态用条约形式固定了下来，美苏之间形成了“战略稳定”态势。

（四）致力于与美国相互削减核武器（20 世纪 80 年代初～1991 年）

1981 年里根当选为美国总统，决心重振美国国威，于是加大了与苏联进行军备竞赛的力度，力争取得战略优势。由于当时美苏在核武器的杀伤力、命中精度、机动能力和隐蔽性等方面都获得了极大的提高，因此单纯改进战略核武器的质量或增加数量都

---

① 1979 年 6 月 18 日苏联同美国在维也纳签署了第二阶段限制战略武器条约(SALT—2)。

② “古巴导弹危机”使美苏认识到它们之间的军事对抗有可能导致核冲突，为了减少双方发生核战争的危险，1963 年 6 月 20 日美苏在日内瓦签署了《美苏热线协定》。

③ 1976 年美苏签署了《和平核爆炸条约》(US-USSR Peaceful Nuclear Explosions Treaty)(PNET)，这是美苏在核禁试方面的又一个成果。

难以获得比较稳定的战略优势。建立在这种高水平上的核僵持使美苏双方在冲突中只能在核报复或投降之间进行选择。在这种情势下，要取得战略优势只有加强战略防御力量。1983 年 3 月 23 日，里根提出被媒体称作“星球大战计划”的“战略防御计划”(SDI)。而苏联自 20 世纪 70 年代后半期以来，特别是入侵阿富汗后，对外扩张和军备竞赛的包袱越来越重。20 世纪 80 年代初，美苏力量对比出现不利于苏联的态势。早在勃列日涅夫统治的末期，苏联就表现出转攻为守的政策倾向，提出了军事缓和的倡议。1982 年 3 月，苏联宣布单方面停止在欧洲部署 SS－20 导弹。由于二战中惨遭德国的突然袭击，核武器及其运载工具质量上的缺陷以及美国从未正式承诺不首先使用核武器等原因，苏联一直没有对外正式宣布不首先使用核武器。但在 1982 年 6 月 15 日第二届联合国裁军特别会议上，苏联做出了不首先使用核武器的承诺。[①] 苏联同时建议同美国等西方国家签署“不首先使用核武器”的协定，但遭到拒绝，因为西方国家认为在苏联的常规武装力量占有较大优势的情况下，签署这样的协议是用另一种方式保证了苏联的优势。

1985 年，与里根第二任期的开始几乎同步，戈尔巴乔夫成为苏共中央总书记。面对日益恶化的国内政治经济形势，戈尔巴乔夫逐渐形成了以“新思维”为理论基础的对整个国家进行全面改革的思想。这一思想的内涵集中于两大方面：在对内政策上，批评传统的斯大林模式的社会主义，提出要将苏联建设成人道的、民主的社会主义；在对外政策上提出以“承认人类的生存高于一

① 刘金质著：《冷战史（1945—1991）》，世界知识出版社，2002 年版，第 1234 页。

切”为核心的外交政策新思维。以此为基础，在对待战争问题，特别是战争与政治的关系问题上，戈尔巴乔夫否定了勃列日涅夫时期苏联的主流观点，而认为战争不再是政治以另一种手段即暴力手段的继续，核大战中不可能有胜利者，防止战争是苏联军事战略的首要任务。[①] 戈尔巴乔夫要求保持一支执行防御任务的“合理足够”的军队，谋求与美国保持低水平均势。戈尔巴乔夫认为真正的安全是同等安全，它不是由高水平的战略平衡来保证，而是由排除核武器和其他种类大规模毁灭性武器的最低水平的战略平衡来保证的。

在戈尔巴乔夫“合理足够”思想的指导下，苏联在核军控与核裁军政策方面改变了以往的僵硬立场，为与美国达成妥协做出较大让步。苏联核裁军的积极态度直接导致1987年12月美苏两国签署《美苏消除两国中程和中短程导弹条约》，即《中导条约》(INF)。1990年在外交部长谢瓦尔德纳泽的努力下，苏联同美国签署了《美苏关于不扩散的联合声明》，表达了苏联对其曾批评过的《导弹技术控制机制》（MTCR）的支持，并号召他国把握该机制的核心精神，遵守该机制的指导原则。[②] 1991年7月31日，美苏正式签署了《第一阶段削减战略武器条约》(STARTI)。该条约对美苏战略核武器的发展给予了某些限制并首次对战略武器的数量削减作了规定。

1986年4月26日，苏联切尔诺贝利核电站发生重大事故。

---

① [俄] 戈尔巴乔夫著，苏群译：《改革与新思维》，新华出版社，1987年版，第177页。

② See Victor Mizin, “The Evolution of the Russian Approach to the MTCR: The End of a Charpter?”, *Journal of Military and Strategic Studies*, Fall 2005. Vol. 8, Issue 1, p. 11.

该事故不但在苏联产生了重大的政治影响，而且也对国际核不扩散机制产生了一定的影响，特别是对国际原子能机构的核安全工作提出新的任务和挑战。事故使一些国家的核电站建设放慢了速度或干脆终止，甚至促使一些国家拆除了已有的核电站。事故发生后，苏联积极与国际社会特别是国际原子能机构合作，处理事故后果，调查事故原因。1986 年 8 月，来自苏联和其他国家的核权威人士召开专家会议调查事故的原因、事故产生的过程并讨论为加强其他核电站的安全而应采取的措施。此次会议表明苏联权威人士态度的重大转变，他们自由坦诚地讨论反应堆设计和操作程序上的缺陷，以及苏联在核安全理念上存在的严重不足。这次会议对苏联政府所提倡的“公开性”是一个突破。[①]

二、俄罗斯的核不扩散政策

1991 年 12 月 8 日，在明斯克郊区别洛韦日密林里，来自俄罗斯、乌克兰和白俄罗斯的前苏联加盟共和国总统共同签署协议，废止了存在 74 年的苏联国际法主体地位。[②] 苏联解体后的俄罗斯只剩下三样东西是其国家实力和国际地位的支柱。核武器是其中之一，另外两个分别是其联合国安理会常任理事国席位和丰富的能源资源。俄罗斯的领导者及其大多数国民深信俄罗斯是一

① David Fischer：*History of the International Atomic Energy Agency：The First Forty Years*，Vienna：The Agency，1997. pp. 108、200.

② See Stephen Cohen，“The Breakup of the Soviet Union Ended Russia's March to Democracy，” *The Guardian*，December 13，2006.

个大国[①]，一直努力追求与美欧的平等关系，而在常规武装力量严重衰落的情况下，他们不得不依赖核武器去抵御西方的压力和干涉，维护国家主权与安全。在国内政治中，对核武器的控制也已成为总统权威的终极象征。俄罗斯的核政策因此成为其国家安全战略的核心内容。作为苏联的继承国，俄罗斯有责任维护其大国地位，有义务维护美苏间达成的安全条约与协议；作为一个唯一能够与美国进行毁灭性核对抗的国家，俄罗斯依然是美国防范、遏制、弱化的重要对象，如何对付美国则仍旧是俄罗斯国防政策的核心。因此，冷战后俄美核博弈一如美苏安全关系，也是美俄安全关系中的主旋律，但有所不同的是由于美俄力量失衡，俄罗斯的核政策具有更大的被动反应性。本章着重探讨俄罗斯的核不扩散政策。

（一）核军控与裁军政策

俄罗斯的核军控与裁军政策是俄美核博弈的结果，并深度延续了美苏核博弈的轨迹。在军备控制与裁军问题上，戈尔巴乔夫坚持两个原则：一是“合理足够”原则；二是“同等安全”原则。基于这种原则，冷战末期，苏联放弃了对等原则，甚至不惜做出重大让步，分别于 1987 年 12 月、1990 年 11 月、1991 年 7 月与美国达成了《中导条约》、《欧洲常规力量条约》（又称《欧洲常规裁军条约》）、《第一阶段削减战略武器条约》。这是美苏在军控与裁军领域的重大成果。苏联解体后，俄罗斯继承了苏联的大部分军事遗产，同时也继承了前苏联作为美国传统核裁军伙伴

① 俞正梁等著：《大国战略研究》，中央编译出版社，1998 年版，第 85—90 页。

的角色以及戈尔巴乔夫时期的核裁军与核军控政策——谋求低水平战略平衡的同时保持对西方的战略警觉和适度抗争。

1.《第一阶段削减战略武器条约》的生效与力促乌、白、哈三国无核化

《中导条约》规定，双方在3年内销毁全部射程在500～5500公里的陆基中程和中短程导弹及其发射器和辅助设备，并在今后不再生产和试验上述导弹及其发射器。1988年6月1日，美苏两国互换条约的批准书，该条约正式生效。1991年5月，美苏两国的核武库中不再拥有陆基中程弹道导弹这一类别。《中导条约》的签署是多方共同努力讨价还价的结果：苏联同意将中程导弹问题与战略武器、英法的核力量和太空武器问题脱钩；美国则保证10年内不退出《反导条约》，并接受戈尔巴乔夫的建议，同意将双方的战略武器削减50%；英法两国提出，只有在欧洲重新恢复力量平衡以后才会考虑签署苏联急切盼望的《欧洲常规力量条约》。显然，《中导条约》的签署为后两个条约的签署打下了很好的基础。

1991年7月31日，在苏联解体的前夜，美苏签署了《第一阶段削减战略武器条约》(STARTI)。条约规定，每一方部署的战略武器运载工具的限额为1600件，每一方部署的战略核弹头限额为6000枚。条约还规定整个削减任务必须在条约批准生效后7年内完成。条约有效期15年，如果没有新的协定取代，条约将可顺延5年。1991年12月25日，条约签署不足5个月之后，苏联宣告解体，其核武库中的战略核力量也一分为四（大部分的战略核武器及其生产联合体与基础设施都分布在俄罗斯境内，其余的部分分布在乌克兰、哈萨克斯坦和白俄罗斯境内），从而使条约

生效问题复杂化。在美俄的推动下，1992 年 5 月 23 日，境内部署有战略核武器的俄罗斯、乌克兰、白俄罗斯、哈萨克斯坦四国与美国共同签署了《里斯本议定书》[①]。该议定书使四国承接了苏联在《第一阶段削减战略武器条约》中的裁军义务，条约遂由双边变为多边。《里斯本议定书》还规定白俄罗斯、乌克兰、哈萨克斯坦应在尽可能短的时间内以无核国的身份加入《不扩散核武器条约》。这表明俄罗斯作为苏联唯一核继承国地位得到包括美国在内的四国的确认。1992 年 7 月 6 日，《关于俄罗斯是苏联核地位唯一的继承国的协议》在独联体首脑会议上通过，标志着俄罗斯为苏联唯一核继承国的地位最终也被独联体其他国家所接受。1992 年 7 月 6 日，哈萨克斯坦第一个批准了《第一阶段削减战略武器条约》。同年 11 月 4 日，俄罗斯完成批准条约的法律程序，但提出只有乌克兰加入《不扩散核武器条约》后，《第一阶段削减战略武器条约》才对俄罗斯产生效力。1993 年 2 月 4 日、10 月 1 日，白俄罗斯与美国也分别完成了条约的批准工作。1994 年 11 月 6 日，组建不久的乌克兰议会批准了《不扩散核武器条约》。1994 年 12 月 4 日，在匈牙利首都布达佩斯举行的欧安会首脑会议期间，条约的 5 个缔约方相互交换批准文件，《第一阶段削减战略武器条约》正式生效。截至 1996 年 11 月，乌克兰、白俄罗斯和哈萨克斯坦根据《里斯本议定书》将本国境内的战略核弹头全部运至俄罗斯销毁，并以无核国家身份加入了《不扩散核武器条约》、签署了《全面禁止核试验条约》，完成了无核化进程。2001 年 12 月 25 日，俄美两国分别宣布已经履行了《第一阶段削减战略武器条约》中承担的义务。

---

① 参见 http：//www.ciaonet.org/casestudy/case003/case003_004.pdf。

苏联解体后，俄罗斯经济困难，对自身的核武器的储存和销毁尚感力有不逮，因此在乌克兰等国的无核化过程中以及自身核武器的销毁与储存等方面，俄罗斯均对美国采取了合作的态度。早在苏联正式宣告解体前的1991年11月28日，美国众议院通过了“纳恩—卢格计划”，不久该计划在众议院也获得通过并由布什总统签署后生效。“纳恩—卢格计划”旨在帮助有效控制前苏联遗留下来的庞大核武库、核材料和核技术，为俄罗斯等国的裁军或无核化提供资金、技术、人员、设备和专业教育培训等方面的支持。克林顿政府时期，该计划改称为“合作减少威胁”计划，成为维护美国核心安全利益的重要工具。[①] 俄罗斯从该计划中获得的援助款项最多。美国“合作减少威胁”计划在哈萨克斯坦的实践，最初受到俄方的阻碍，一度坚持“只许美国的钱进来，不许美国的人进来”的政策。俄方认为允许美国专家进入拆解现场不仅损害了俄罗斯的利益，也损害了独联体其他国家的利益，甚至违反了俄罗斯与其签署的战略核力量协定及两国的军事合作条约。[②] 但在美国的压力下，俄最终还是默认了美国工程人员直接参与战略导弹的拆除工作。此后俄又默认了美工程人员进入乌克兰拆解现场，帮助其销毁相关的战略导弹。为了协调两国在乌克兰非核化方面的立场，加速乌克兰的非核化进程，俄罗斯与美国于1993年成立了“戈尔—切尔诺梅尔金委员会”。俄美的

① 关于“纳恩—卢格计划”和“合作减少威胁”计划可参阅 Amy F. Woolf, “Nonproliferation and Threat Reduction Assistence: U. S. Programs in the Former Soviet Union,” （CRS Report for Congress）, pp. 3—23. http://assets. opencrs. com/rpts/RL31957_20080103. pdf.

② 吴大辉著：《防范与合作：苏联解体后的俄美核安全关系（1991—2005）》，人民出版社，2005年版，第228页。

这种联合行动在推动乌克兰无核化方面收到了良好的效果。

2.《第二阶段削减战略武器条约》的签署、批准与废止

冷战结束之初，美国希冀利用俄罗斯的虚弱与涣散，进一步削弱俄罗斯的核力量。1992 年 1 月 28 日，美国总统布什在年度《国情咨文》中提出进一步削减战略武器的建议，叶利钦于次日即发表声明给予积极响应。同年 6 月 16 日，俄美两国总统在华盛顿会晤达成《削减战略武器谅解协议》。该协议是 1993 年 1 月 3 日，俄美两国总统在莫斯科签署的《第二阶段削减战略武器条约》的基础。《第二阶段削减战略武器条约》是《第一阶段削减战略武器条约》的延伸而不是对它的取代，旨在进一步降低核冲突的风险。其基本内容是：2003 年之前，美俄将各自的各类战略核弹头总数削减到 3000 至 3500 枚；潜射弹道导弹弹头削减到 1700 至 1750 枚；重型轰炸机上部署的机载核武器数目按实际载弹数计算，每方不超过 750 枚至 1250 枚；双方销毁包括重型洲际弹道导弹在内的全部陆基多弹头洲际导弹。从 2003 年 1 月 1 日起，双方不得生产、拥有、试验和部署多弹头洲际导弹。1997 年 9 月 26 日，美国国务卿奥尔布赖特和俄外长普里马科夫在纽约签署了关于《第二阶段削减战略武器条约》的附加议定书，决定将条约所规定的削减进攻性战略武器期限延长至 2007 年 12 月 31 日。

《第二阶段削减战略武器条约》规定全部销毁容易诱发第一次核打击的陆基洲际分导式多弹头导弹，增加了生存能力强的潜射导弹的比重，这种核力量结构有利于战略稳定。但是这种削减使俄罗斯失去了与美国的核对等地位，因为它削减了俄罗斯的优势项目却很大程度上保留了美国的优势项目。条约使俄从传统上

依赖分导式多弹头洲际导弹转向依赖于潜射弹道导弹和机动洲际弹道导弹。而美国在反潜艇领域优于俄罗斯，从而使得俄罗斯对潜射弹道导弹的依赖具有一定的脆弱性。这种状况又会迫使俄罗斯重新考虑战略导弹的发射程序和警戒状态，并在和平时期赋予低级别人员以更大的责任。因此，意外发射的风险增大了。

《第二阶段削减战略武器条约》是在俄美关系处于“蜜月期”时签署的。俄罗斯的政治精英们希望通过条约的签署进一步增进俄美之间的互信，使美国等西方国家的投资与援助源源不断地流入俄罗斯，实现俄罗斯国内政治、经济的稳定并早日融入欧洲。但是俄罗斯很快发现美国经济援助大多口惠而实不至，美国并没有打算真心帮助俄罗斯，而且美国提供援助的同时还附加了不少条件，干预俄罗斯内部事务并损害其安全利益。日甚一日的北约东扩、美雄心勃勃的导弹防御计划、北约对南联盟的空袭使得俄立法机关在民众的反对下一直拒绝批准《第二阶段削减战略武器条约》，直到2000年4月14日，俄国家杜马才批准了该条约。同时批准的还有《关于〈第二阶段削减战略武器条约〉的延长协议》和关于导弹防御问题的一揽子协议。但是，俄杜马还同时通过了两项声明作为对上述文件的法律性补充。第一项声明是《俄罗斯国家杜马关于削减战略武器问题以及协调国家权力机关在该领域的活动的措施的声明》。该声明指出，如果美国部署国家导弹防御系统，俄罗斯将采取包括退出《第二阶段削减战略武器条约》在内的对等回应措施。也就是说，俄罗斯将《第二阶段削减战略武器条约》的生效与维系《反导条约》联系起来，因为美国若要部署国家导弹防御系统就必须退出或至少修改《反导条约》。第二项声明是《俄罗斯国家杜马关于保障国家战略核力量的发展及其保持战斗准备的声明》，它表明了俄国家杜马在保持俄罗斯核力量战斗力问题上的立场。由于俄国家杜马把《第二阶段削减战略武器条约》与导弹防御系统和《反导条约》捆绑在了一起，因此俄国家杜马批准的实际上不是美国国会批准的那个条约的版本[①]。这就需要美国国会对《第二阶段削减战略武器条约》重新进行审议和批准。但是，美国国会是不会通过俄国家杜马通过的捆绑式条约的。[②]

美国会一直主张部署导弹防御系统，并于1999年3月通过了“国家导弹防御法案”，以国会立法的形式敦促克林顿政府尽快在本土部署国家导弹防御系统。小布什上台后，他采取了比克林顿更为激进的导弹防御政策，不顾国际社会的强烈反对，于2001年12月13日正式宣布美国将在6个月后退出《反导条约》。2002年6月13日，美国正式退出了《反导条约》。次日，俄罗斯即宣布将不再受《第二阶段削减战略武器条约》的限制，这标志着该条约最终被废止。

3. 无奈签署《莫斯科条约》

20世纪末因《第二阶段削减战略武器条约》签署却未生效而形成的美俄核裁军困局依然是新世纪的难题。1993年俄美两国领导人签署《第二阶段削减战略武器条约》时就表示，将把该条约作为两国继续进行第三阶段削减战略武器条约谈判的起点而不是终点。然而在条约签署以后的近10年时间里，俄美两国在核军控

① 美国国会于1996年1月批准了俄美两国于1993年签署的《第二阶段削减战略武器条约》。

② 田景梅、田东风：《〈莫斯科条约〉》与美俄核裁军》，载《现代国际关系》，2004年第5期，第8页。

与裁军领域并未取得任何实质性进展。2001 年 11 月的华盛顿首脑会谈中，俄美两国总统实际上是以《第二阶段削减战略武器条约》为终点，另起炉灶重新开始俄美削减战略武器条约的谈判。两国此次首脑会晤，虽就进一步削减武器问题达成初步一致，但在战略武器削减细节上仍未达成共识。俄罗斯强调两国必须签订一个具有法律约束力的核裁军协定，该协定应该包含行之有效的核查安排，规定将双方的核弹头削减至 1500 枚，而且从运载工具上拆下的核弹头必须销毁。俄罗斯的核裁军主张是在其核武器急剧衰减，却不能及时有效地更新的严酷现实下提出的。但美国并没有满足俄罗斯这一要求。经过半年左右的谈判，2002 年 5 月 24 日，俄美两国总统在莫斯科签署了《削减进攻性战略武器条约》，又称《莫斯科条约》。条约规定，到 2012 年 12 月 31 日，双方将各自的战略核弹头削减至 1700 至 2200 枚，并自主决定战略核力量的结构；成立双边执行委员会讨论条约的执行情况；条约有效期至 2012 年 12 月 31 日；双方有权退出条约，但需提前三个月通知对方。①

《莫斯科条约》名为双边条约，但实际上却是以美国单边核裁军诉求为基础的，反映更多的是美国的意志。俄罗斯是出于无奈，因其部署的核弹头半数以上已经超过服役期限，即使不与美国签订《莫斯科条约》，也要自行削减其战略核武器。与其单方面削减不如双方共同削减，还可维护作为美国对等核大国的面子。不过，与《第二阶段削减战略武器条约》不同，《莫斯科条

① US Department of State, "Text of Treaty between the United States of America and the Russian Federation on Strategic Offensive Reductions," http: //www. state. gov/t/ac/trt/18016. htm.

约》允许俄罗斯继续保留分导式多弹头弹道导弹且既无需销毁SS—18重型多弹头弹道导弹，还可以发展新型多弹头弹道导弹，这将增强俄罗斯对抗美国导弹防御系统的能力。

由于在战术核武器领域，俄罗斯拥有数量上的优势，[①] 又由于担心俄罗斯对其庞大的战术核武器库监管不力而让恐怖分子钻空子，从而威胁美国的安全，美国曾提出削减战术核武器的倡议，但遭到俄罗斯的拒绝。俄罗斯甚至不愿意透露其战术核武器的数目，更不用说谈判讨论削减战术核武器问题了。俄罗斯对削减战略核武器感兴趣，而对削减战术核武态度消极是因为削减战略核武器可以节省很大的开支，而削减战术核武器经济效益不明显。俄罗斯战术核武器的军事作用也已不同于苏联时期。“俄罗斯军方把战术核武器作为应对来自欧洲以外的常规武器进攻的有效威慑手段。而且，战术核武器也不再主要与俄同西方的战略关系联系在一起。一些专家在讨论三极（北约—俄罗斯—中国）核关系已取代先前的两极核关系问题。”[②]

（二）俄罗斯核不扩散国内法规建设与对外基本立场

核不扩散问题对俄罗斯并不像对美国那样重要、迫切。“9·11”事件以后，美国将恐怖主义视为对美国国家安全最大的威胁，反恐特别是防止恐怖分子获得大规模杀伤性武器成为美国头等重要的安全问题。对美国而言，反扩散是反恐的应有之义。俄

① 关于俄罗斯战术核武器数量等问题，详见《国外核武器动态》，2002年第3期，第2页。

② Dmitri Trenin, “Russia’s Nuclear Policy in the 21st Century Environment,” p. 20.

罗斯则把高加索地区特别是车臣的稳定，以及由北约东扩、美国退出《反导条约》并拟在波兰和捷克部署导弹防御设施而引发的安全威胁，视为自己优先考虑的安全问题。因此，俄罗斯的核不扩散政策比较复杂，与美国的核不扩散政策“交集”较少，两国在核不扩散问题上时有矛盾。

1. 加强国内制度建设，完善核管制法规

对与核材料、特殊非核材料、敏感技术、双用途物品等有关的对外经济活动进行管制是俄罗斯不扩散政策的重要组成部分。

俄罗斯独立之初，其国内政治、经济处于震荡转型的困难时期，面临着十分严峻的核扩散难题。苏联遗留下来的大型军事综合体生产了大量敏感物品、拥有许多敏感技术，具有很大的核武器生产潜力，但仅进行了极小规模的民用物品生产转型。① 俄有组织犯罪行为和官员腐败现象的普遍存在，使得核材料安全难以得到有效保障，非法出口和盗窃核材料现象时有发生。

所幸的是，由于历史原因，俄罗斯拥有较好的核管制制度基础。苏联为了确保其相对核垄断地位并与其热爱和平、反对核武器的宣传活动保持一致，依据国际原子能机构的核保障监督条例以及桑戈委员会、核供应国集团制定的核出口管制指导方针，制定并发布了本国的核计划出口条令，对核出口实施较为严格的管制。虽然苏联解体后核管制问题相对于其他国内棘手问题算不上优先考虑的范畴，但俄罗斯从 1992 年起便开始制定并实施了核管制措施，比其他独联体国家要早几年。这是因为俄罗斯继承并发展了苏联时期成熟的国内核管制机制，包括相关制度、政策，以

① Nuclear Status Report, http://cns.miis.edu/pubs/print/pdfs/nsr/status.pdf.

及作为制度载体的相关机构与人员。[①] 1999 年俄罗斯实施了出口管制法，不但对核材料和核技术出口进行管制，而且还对发生在俄境内的核材料和核技术向外国人转移加以管制。

俄罗斯虽然制定了规范的核出口管制政策，但其各个主要部委之间对核出口管制的态度却不相同，它们之间经常缺乏协调行动。俄外交部由于希望获得西方的经济支持并使俄早日融入西方，力主俄加强核出口管制，与国际多边核管制机制保持协调一致。而在俄出口管制系统中扮演重要角色的经济部门，却支持一个较为宽松的出口管制系统，它们经常在企业界人士的压力下发放存在问题的出口许可证。

2. 维护现有国际核不扩散机制的权威，反对武力解决核问题

冷战结束后，俄罗斯各种已公开的战略文件均认为，维系现有不扩散机制的有效性是国际社会防止大规模杀伤性武器扩散的主要途径。俄罗斯认为《不扩散核武器条约》作为国际核不扩散机制的基石，尽管存在着弱点，但在防止核扩散方面发挥了重要的积极作用。俄积极推动无限期延长《不扩散核武器条约》并与国际社会一道改进监督该条约执行的机制。在 1995 年《不扩散核武器条约》延期审议大会期间，俄罗斯代表同与会的其他国家代表一起，以协商一致的方式，通过了条约无限期延长的决定。为了防止出现敌对的拥有核武器的邻国，避免被视为不负责任的核扩散国，俄罗斯继承了苏联作为核供应国集团创始会员国的身份并积极参与其活动。非但如此，俄罗斯还以核供应国集团制定的核出口指导方针作为其国内核出口管制立法的基础。俄虽然不顾

① See Michael Beck, Gary Bertsch, Igor Khripunov, " The Development of Nonproliferation Export Control in Russia" *World Affairs*, 1994, Vol. 157, Iss. 1.

美国的反对帮助伊朗建造布什尔核电站，但俄是在《不扩散核武器条约》框架下进行的。俄帮助伊朗建造布什尔核电站的条件是，该核电站所需的核燃料须由俄方提供，电站运行产生的核废料由俄回收，这就避免了伊朗利用核废料加工核材料钚的可能。[①]俄罗斯也积极参与了推动全面禁止核试验的进程。1992 年 9 月，美国宣布暂停核试验九个月后，俄罗斯宣布俄暂停核试验的截止日期与美国的相同。以后，美国继续采取了一些表明其改变以往所坚持的核试验立场的做法，俄罗斯则宣布，如果其他国家不恢复核试验，俄也将继续暂停核试验。[②] 俄罗斯于 1996 年签署了《全面禁止核试验条约》，2000 年俄立法机关批准了该条约。[③] 但是 2003 年普京强调，俄停止核试验是有条件的，其中最重要的条件是其他有核国家履行其所承担的相关义务。这意味着，只有其他有核国家不进行核试验，俄才不进行核试验。[④]

俄罗斯反对美国在核不扩散问题上执行双重标准，以反扩散为幌子谋取其他的政治、经济和商业利益，更反对其拒不批准《全面禁止核试验条约》、退出《反导条约》、建立导弹防御系统，认为美国的做法是对国际核不扩散机制的践踏，是核扩散和核军备竞赛的诱发因素，因为它没有认真履行《不扩散核武器条约》中规定的有核国家的核裁军义务及其对无核国家的安全保障承

---

① Pavel Podvig. How Russia's Nuclear Fuel Delivery to Iran Benefits Nonproliferation,

② 王仲春著：《核武器·核国家·核战略》，北京：时事出版社，2007 年版，第 286 页。

③ Status of CTBT Ratification，http：//www. basicint. org/nuclear/CTBT/status. htm .

④ Nikolai Sokov，"The Russian Ministry of Defense's 2003 Policy Paper：The Nuclear Angle，" http：//cns. miis. edu/pubs/reports/sok1003. htm.

诺。在解决核扩散问题上，俄主张发挥国际原子能机构和联合国的作用，以政治和外交手段和平解决，反对使用武力和以武力相威胁，认为武力手段不但不利于核问题的解决反而会使问题复杂化，进一步恶化地区安全形势。伊拉克战争前俄罗斯反对美国主张对伊拉克无休止的核查，更反对其在未得到联合国安理会授权的情况下，对伊拉克实施“先发制人”的军事打击。在《不扩散核武器条约》审议大会第三次筹备会议上，俄罗斯代表团团长安东诺夫在谈到如何有效解决核扩散问题时指出：“我们应当找到一种针对整个核不扩散问题的系统化的、全面的解决方案，必须进行大量细致耐心的政治外交工作，而企图用武力解决问题的做法是危险的。”[①] 作为一个核大国，加强国际核不扩散机制符合俄罗斯的利益，但在俄的安全战略中并不占十分重要的地位。

3. 俄罗斯在国际核热点问题上的基本立场

俄罗斯并不把两个因核计划而引发国际社会高度关注的国家伊朗和朝鲜看做是潜在的敌人，就像美国不把拥有核能力的以色列看做威胁一样。俄罗斯认为，这两个国家是2002年被布什宣布为“邪恶轴心”的国家，考虑到1999年的科索沃危机和2003年美国入侵伊拉克实施政权更迭政策，它们公开反对美国，努力保护自己是可以理解的。但俄罗斯担心，伊朗和朝鲜拥有核武器后会产生多米诺骨牌效应，并为美国部署导弹防御系统提供借口；同时俄罗斯也担心美国使用武力对付两国会产生难以预期的不良后果，危及俄罗斯的安全与稳定。

俄罗斯并不希望看到一个以核武器和导弹武装起来的伊朗，

---

① 俄罗斯代表团团长安东诺夫在《不扩散核武器条约》审议大会第三次筹备会议上的讲话，http：//www. russia. org. cn/chn/？ SID=60&PG=21&ID=370。

它相信通过渐进的和平方式最终会使伊朗的核计划限于民用范围。俄罗斯曾劝说伊朗签署《不扩散核武器条约》附加议定书。俄罗斯顶住美国等西方国家的压力帮助伊朗建造布什尔核电站，是有着复杂的政治、经济原因的。就经济方面而言，伊朗是俄罗斯的第三大武器进口国，它对俄罗斯军事工业部门在俄武装力量国防订单锐减的情况下渡过难关发挥了作用。俄罗斯出口的货物主要是石油和天然气以及其他的原材料，核技术出口是俄屈指可数的在市场上有竞争力的高技术产品之一。核能技术和核燃料的出口对俄罗斯比对美国更重要。俄伊核合作还受部门利益特别是俄能源部、后来改名为俄联邦原子能机构的利益的驱动。[①] 从政治方面来看，俄罗斯认为伊朗是其重要的地缘政治伙伴，从某种程度上说，作为一个力量不断上升的地区大国，伊朗能够抵消土耳其的影响，牵制美国在黑海和里海地区日益扩大的政治、军事存在。伊朗还是俄反对北约东扩的一张牌。另外，俄伊核合作对俄罗斯维护其大国地位产生了积极作用，它表明俄的对外政策并不决定于华盛顿。

20 世纪 90 年代末以来，俄罗斯对朝鲜和韩国实行等距离外交，与韩国加强经济合作，与朝鲜加强政治和安全合作，从而最大限度地提升俄罗斯在该地区的影响力。俄认为朝鲜半岛最终会实现统一，但主张以和平方式实现统一。由于担心朝鲜拥有核武器会引发本地区核军备竞赛、改变地区安全格局并使国家间关系不稳定，俄罗斯积极参与六方会谈，一直努力劝说平壤放弃核武

---

① Alexei Arbatov and Vladimir Dvorkin, eds. Nuclear Deterrence and Non-Proliferation, p. 29. http: //www. carnegie. ru/en/pubs/books/9735arbatov _ eng _ blok. pdf.

研发，重新加入《不扩散核武器条约》。俄与中国共同呼吁美国对待朝鲜少一些威胁、多一些灵活性，因为俄与朝鲜接壤，如果朝鲜半岛爆发军事冲突必将有大量难民涌入俄罗斯，并对俄罗斯在西西伯利亚的能源建设项目和在远东的铁路连接项目造成破坏，同时俄以朝鲜半岛作为桥头堡深度融入亚太经济的计划也会遭遇重大挫折。值得指出的是，朝鲜最初的核反应堆是在苏联的帮助下建造的。但1994年美国把俄排除在朝鲜的民用核能项目之外。这一经历影响了俄对朝核问题以及伊核问题的态度。俄认为，美国阻止俄同朝鲜和伊朗的核合作，旨在削弱俄在国际民用核技术市场中的地位。①

与苏联不同，俄罗斯并不特别担心以色列的核能力，但它担心中东其他国家如沙特阿拉伯、埃及，会效法以色列发展它们自己的核武器计划或者从黑市上购买技术和核武器部件。印度和巴基斯坦进行一系列核试验以后，俄罗斯反应平静，没有谴责也没有发出制裁威胁。俄罗斯认为，作为一个力量不断上升的大国，印度是俄可以信赖的朋友、一个没有问题的战略伙伴和一个有价值的武器客户。俄认为印度成为有核国家是自然的事，非但没有破坏亚洲和世界的平衡，反而加强了力量平衡。俄罗斯甚至曾经不顾核供应国集团的强大压力，违规向没有加入《不扩散核武器条约》的印度出售核燃料。相反，对于巴基斯坦的核武化，俄却持另一种态度。冷战期间巴基斯坦与苏联长期关系紧张，特别是在苏联入侵阿富汗期间，巴基斯坦是反苏力量的后方基地。俄罗斯目前担心的是巴基斯坦与塔利班的联系、巴基斯坦的不稳定、该国激进的伊斯兰主义者的影响和源自该国的潜在横向核扩散。

① Dmitri Trenin. Russia's Nuclear Policy in the 21st Century Environment,

自从塔利班倒台后，俄同巴基斯坦的关系有所发展，但依然对巴基斯坦的核活动感到忧虑。

俄罗斯核不扩散政策在很大程度上是以俄美关系为导向的，是置于俄美关系的大框架下考虑的。而俄美之间存在着战略矛盾：美国极力维护其唯一超级大国地位，一直采取“遏俄弱俄”政策；俄罗斯则努力维护其政治大国地位，不愿做美国的小伙伴，并试图重新崛起，恢复往日的荣耀。俄美间的这种战略矛盾使两国关系表现出既合作又斗争，且斗争大于合作的特征。因此，俄罗斯的核不扩散政策往往与美国的核不扩散政策产生实际上的悖逆。

美国出于全球霸权战略考虑，在核不扩散问题上执行双重乃至多重标准，并带头破坏国际核不扩散机制。反扩散成为美国维护并扩展国家利益，提高其威慑效力，减小霸权成本的手段。为了追求绝对安全，巩固其唯一超级大国地位，美国拒不批准《全面禁止核试验条约》，退出《反导条约》，执意建立导弹防御系统，并提出“先发制人”的打击手段。美国的政策在很大程度上是造成地区不稳定的根源。美国的霸权政策威胁了俄罗斯的安全，致使美国与俄罗斯等国矛盾加大。美国与俄罗斯矛盾的加大，不但使俄美核军控与裁军谈判步履维艰，而且也使两国在反扩散问题上的共同利益不断减少，利益冲突增加，迫使俄罗斯反对美国的核不扩散政策，从而大大削弱了国际核不扩散机制。“尽管俄罗斯声称在核不扩散问题上同美国持有基本相同的立场，但实际上俄美在目前关于核不扩散的所有焦点问题上都基本上持相反的观点。"① 俄罗斯认为《不扩散核武器条约》效力的弱化和横向核扩散的加剧主要是由美国的霸权政策造成的。反扩散并不是俄安全战略的首要目标，俄不愿意为了抽象的核不扩散理念牺牲自己在与他国进行的和平核合作中获取的具体的经济和政治利益。

第三节　在独立与联合之间
——欧洲大国的核不扩散政策

长期以来，欧洲在核政策方面一直未能协调一致，即便是欧盟成立以来，它也一直未能形成统一的核政策。战后，欧洲大国的核政策有不同的特点，具体表现为英国的核政策、法国的核政策与欧洲原子能委员会的核政策三个分支。其中英国在制定核政策方面基本与美国保持一致，体现出英国一以贯之的对美追随外交；法国的核政策主要突出其大国地位，强调法国第一、防卫自主；德国、意大利、荷兰、比利时和卢森堡等国组成的欧洲原子能委员会的核政策主要体现出欧洲的联合思想，希望在核政策方面协调一致。

一、英国的核不扩散政策

由于在战后综合实力明显下降，为保持昔日"日不落帝国"

① Robert J. Einhorn and Gary Samore, Ending Russian Assistance to Iran's Nuclear Bomb, *Survival*, 2002, Vol. 44, No. 2, p. 60.

的余晖、增加威慑能力，英国积极研制核武器。一方面，英国积极利用英美特殊关系，维持了同美国的核合作；另一方面，英国又立足本国，以建立独立的核武库为目标，反对全面销毁核武器，主张奉行“最低限度的核威慑战略”。1940年10月，英国皇家科学院委托物理学家汤姆森组建了原子能委员会，从而拉开了英国核武器研究的序幕。1941年7月，该委员会取得重大成果，并成功获取了用于制造原子弹的重水。1942年6月20日，英国首相丘吉尔在美国纽约的海德公园同美国总统罗斯福举行会谈，英国希望同美国全面合作，共同研制原子弹，分享研究成果。1943年8月，双方签订了关于联合核技术开发的“魁北克协议”。此后，英国著名力学家泰勒、物理学家弗里施、福克斯等专家积极参与美国政府的“曼哈顿工程”。但好景不长，正当两国在原子弹研制方面取得重大突破时，美国政府以英国物理学家福克斯卷入“苏联间谍案”为由，于1946年8月通过“麦克马洪法案”，单方面废止了“魁北克协议”，这使英国研制原子弹的事业经受巨大打击[①]，也使英国政府坚定了独立发展核武器的决心。

1946年，英国政府通过了原子能法案。1947年1月8日，英国首相克莱门特·艾德礼（Clement Richard Attlee）领头成立了六人委员会，主张英国应从事核武器项目研究。为防止苏联及其盟友可能对英国发动的打击，1952年10月3日，英国在澳大利亚的蒙蒂贝洛岛进行了首次原子弹——“飓风”试验，并同美国

① 王仲春、闻中华：《不扩散的核阴云》，北京：国防大学出版社，2000年版，第48—50页。

在核技术方面通力合作。[①] 自1962年起，英国一直在美国的内华达试验场进行地下核试验。截至1991年，英国共进行了21次大气层核试验，24次地下核试验。从1952年10月3日至1992年11月26日，英国共生产了8种型号总共约790枚核弹头，加上44枚用于试验的核武器，总数达834枚。[②]

冷战期间，英国的核武库基本保持在250～350枚核弹头的水平上，20世纪70年代中后期曾接近400枚。[③] 核武器的研制成功与核武库的建立确立了战后英国的重要国际地位，前英国首相撒切尔夫人认为：核武器的出现使核大国之间保持了一种恐怖平衡，在一定程度上核武器维持了战后40年的和平。[④] 同长期拒绝国际核不扩散机制的法国政府不同，英国同美国一道参与国际核不扩散机制的构建，如《有限禁止核试验条约》、《限制核试验当量条约》、《和平核爆炸条约》以及《全面禁止核试验条约》，反对核扩散。

自20世纪80年代开始，美苏关系出现了缓和势头，欧洲局势也朝着和平的方向发展，英国开始减少对核威慑能力的依赖。此后，英国的国防评估报告开始将三叉戟（Trident）排除在外，

---

① Mark A. Prelas and Michael S. Peck, *Nonproliferation Issues for Weapons of Mass Destruction*, Boca Raton: Taylor & Francis, 2005, p. 36.

② Muller, Harald, ed., Europe and Nuclear Disarmament: Debate and Political Attitudes in 16 European Countries, Brussels: European Interuniversity Press, 1998, p. 63; Joseph Cirincione, Jon B. Wolfsthal and Miriam Rajkumar, *Dearly Arsenals: Nuclear, Biological, and Chemical Threats*, 2nd edition, Washington D. C.: Carnegie Endowment for International Peace, 2005, p. 197.

③ 刘华秋主编：《军备控制与裁军手册》，北京：国防工业出版社，2000年版，第107页。

④ 刘华秋主编：《军备控制与裁军手册》，北京：国防工业出版社，2000年版，第63页。

因为它造价相当昂贵。[①] 冷战结束后，随着美俄在削减战略武器方面的步伐加快，英国也开始减少核武器的数量。由于英国皇家空军活动范围较小，难以形成有效的核威慑能力，英国将核力量的重点放在了核潜艇上。1998 年英国战略防务评估报告（Strategic Defense Review）证实：英国的核力量只剩下 4 艘前卫级核动力弹道导弹潜艇，战术核武库已经全部取消。英国单方面做出这样的决定主要出于两方面的原因，一是东欧解体、冷战结束后，俄罗斯的威胁大大减少，欧洲局势进一步缓和；二是维持庞大核武库需要大量资金，英国政府不愿意支付高昂的代价。英国于 1997 年 2 月关闭卡迪夫（Cardiff）核生产设备中心后，又于 2002 年 4 月在布格菲尔德（Burghfield）英国原子武器研究院设备中心拆除了骑士热核弹头。[②] 布莱尔政府上台后，英国的核政策出现了一些新变化，尤其表现为重新重视核武器的作用。例如，2005 年英国决定投入 185 亿美元研发新一代核武器，以替代现有的 4 艘前卫级弹道导弹核潜艇。

2006 年 12 月，英国公布了未来核威慑报告。该报告指出：到 2020 年，英国现有的核潜艇都将退役，而涉及、制造和生产这些替代潜艇大约需要 17 年。很难预测英国未来的核心利益是否会受到核国家的威胁，所以英国必须做好准备，特别是英国必须警惕拥有核武器国家通过资助恐怖分子来威胁英国。为应对此类威胁，英国将在考虑成本的基础上优先发展核潜艇，同时与美国合

---

① David Mutimer, *The Weapons State: proliferation and the Framing of Security*, Boulder and London: Lynne Rienner Publishers, 2000, p. 138.

② Joseph Cirincione, Jon B. Wolfsthal and Miriam Rajkumar, *Dearly Arsenals: Nuclear, Biological, and Chemical Threats*, 2nd edition, Washington D. C.: Carnegie Endowment for International Peace, 2005, p. 198.

作，使现有的三叉戟能够服役至 21 世纪 40 年代初。为建立新的起码的核威慑能力，英国计划拨款 150～200 亿英镑。同时，英国将积极参与多边核谈判与裁军。1958 年，英美两国签订了“英美出于共同防御目的而增强原子能合作协定”，此后，两国进行了四五十年的核能合作。2004 年，美国总统布什与英国首相布莱尔会晤后签订一项协定，宣布将双方的核合作再延长 10 年。[①] 美英核合作成为未来英国核政策的基石。

二、法国的核不扩散政策

与英国相比，法国的核武器开发项目起步较晚。1945 年 10 月 18 日，法国临时政府成立了原子能委员会，在高级专员约里奥·居里的领导下，法国的核武器研制项目有条不紊地开展着。法国原子能委员会隶属于法国国防部，是法国最主要的从事核领域科学和技术研究的公共机构，其职责是利用原子能为法国的科技、工业和国防服务，它同大学、学校、科研机构保持着多方位的协作关系。1946 年 7 月，法国原子能委员会在巴黎城郊的夏蒂莱堡建立了第一座原子反应堆——EL-1；1948 年，法国中部发现了铀矿，这对于战后积极谋求发展核武器的法国无疑是一则重大喜讯；1952 年，法国议会通过一项法案，决定每年生产 50 千克钚，同时法国第二座重水减速、金属铀原子反应

---

① Walter C. Ladwiq III, “The Future of the United Kingdom’s Nuclear Deterrent: An Assessment of Decision Factors,” *Strategic Insights*, Vol. 6, No. 1, 2007, p. 7.

堆——EL-2 也开始运行。[①] 1954 年 12 月 26 日，法国正式启动核武器研制计划。

法国对核武器的诉求在很大程度上是因为苏伊士运河事件。1956 年，英法两国同以色列一道，向埃及发动了侵略战争。法国的盟友美国不仅不支持，反而在联合国同苏联一道对其施压，迫使其退出苏伊士运河区。法国政府从这一事件中汲取了教训，意识到没有哪一个国家（包括美国）的核武库可以确保法国的国家利益不受损失。此后，法国在军控和裁军问题上进一步采取抵制措施，反对美苏核垄断，也反对两个超级大国制定的带有偏见的核政策。为加快核武器研制步伐，法国充分利用二战时期从德国及其占领区逃亡到法国的犹太人核科学家。

1956 年，法国签订了欧洲原子能协定，这样西欧许多国家可以和平利用核能。1957 年法国政府曾经与联邦德国和意大利政府就核军事合作举行过磋商，但 1958 年戴高乐重新回到法国政坛后，法、德、意核军事合作计划最终搁浅。[②] 当年 4 月 11 日，也就是法兰西第四共和国快结束时，法国政府正式决定制造核爆炸装置，该计划在戴高乐执政时期正式实施。究其原因，戴高乐政府主要担心联邦德国和意大利获得核武器后可能会给法国带来安全问题，从而导致二战的悲剧重演。戴高乐上台后，法国开始独立发展核武器，并在核技术方面一度取得重大突破。1960 年 2 月 13 日，法国打破美、苏、英核技术垄断，在阿尔及利亚的雷岗首

① 王仲春、闻中华著：《不扩散的核阴云》，北京：国防大学出版社，2000 年版，第 57 页。

② Joseph Cirincione, Jon B. Wolfsthal and Miriam Rajkumar, *Dearly Arsenals: Nuclear, Biological, and Chemical Threats*, 2nd edition, Washington D.C.: Carnegie Endowment for International Peace, 2005, p. 191.

次进行了核试验。[①] 1964 年，法国的核武器开始部署在战略轰炸机上。1977 年，法国开始在潜艇上部署核弹道导弹。为维护法国的大国地位，戴高乐宣布退出北约军事一体化，转而寻求建立自己的核武库。尽管国际社会承认法国的核国家地位，但戴高乐政府断然拒绝美、苏、英炮制的《不扩散核武器条约》。

法国首次成功进行核爆炸大大激发了法国领导人的热情，在核爆炸发生的当天，戴高乐总统便对新闻媒体说："从今天早晨开始，法国将更强大、更加自豪了。"[②] 戴高乐上台以后，法国逐步形成了"三环安全战略"，即核威慑力、加入西欧和北约、在欧洲以外采取军事行动。截至 1985 年，法国共进行了 134 次核试验，在数量上超过了英国。[③] 20 世纪 80 年代，法国共有 9 类核弹头，大约生产了 1100 枚核弹头；[④] 到 20 世纪 90 年代初，法国核弹头的数量超过了英国。其中在 1991～1992 年高峰期间，法国部署了 538 枚核弹头。法国共有 6 种原子弹和 3 种氢弹，同美、俄、中、英一样，形成了由战略轰炸机、陆基和潜射弹道导弹组成的"三位一体"的战略核力量。[⑤] 1995～1996 年，法国共进行了 6 次核试验。1996 年 1 月 27 日，法国进行了迄今最后一次核试验。

---

① Mark A. Prelas and Michael S. Peck, *Nonproliferation Issues for Weapons of Mass Destruction*, Boca Raton: Taylor & Francis, 2005, p. 36.

② Jacques E. G. Hymans, *The Psychology of Nuclear Proliferation: Identity, Emotions, and Foreign Policy*, Cambridge: Cambridge University Press, 2006, p. 85.

③ 北京国际战略问题学会编：《世界军备与裁军简明手册》，北京：军事译文出版社，1986 年版，第 1—2 页。

④ Tariq Rauf, "Viewpoint: French Nuclear Testing: A Fool's Errand," *The Nonproliferation Review*, Fall 1995, p. 50.

⑤ 刘华秋主编：《军备控制与裁军手册》，北京：国防工业出版社，2000 年版，第 108 页。

法国历届政府将独立的核力量作为独立自主防卫政策的基石，例如：法国拒绝参加1962年日内瓦十八国裁军委员会的国际裁军谈判，拒绝签署1963年的《有限禁止核试验条约》，还抵制了1968年的《不扩散核武器条约》。[①] 但自从20世纪70年代末之后，法国开始执行较为温和的核政策，提出了“相称性威慑”（Proportional Deterrence）的概念，认为法国作为中等大国能够打击苏联重要的城市与人口中心，使苏联采取军事行动时不得不付出巨大的代价，从而遏制苏联的侵略意图。[②] 20世纪80年代开始，法国逐步研究并加入了美国主导的国际游戏规则，这部分是因为美国同法国在核领域的秘密合作。较为突出的例子是1985年，两国达成了“法美出于互助目的增强核活动与核设施安全的合作协定”。根据此协定，美国将向法国提供有关核武器、核材料与核设备方面的相关数据，以提高法国原子武器的设计、开发能力。此外，美国还向法国提供了有关核试验的计算机模拟技术。[③] 此后，法国的核政策趋于温和。1992年，法国取消了“哈德斯”陆基战术导弹的发展计划，并强调法国的核政策是维护国家的独立与安全，不针对任何特定国家；1993年起，装备在陆军的“冥王星”战术导弹开始退役；希拉克总统上台后，法国对核武库进行了一系列调整，即“减少数量，提高质量”。1995年8月，法国政府公布了该国自1960年以来所有核爆炸的清单，清单

① 刘华秋主编：《军备控制与裁军手册》，北京：国防工业出版社，2000年版，第61页。

② Tariq Rauf, “Viewpoint: French Nuclear Testing: A Fool's Errand,” *The Nonproliferation Review*, Fall 1995, p. 53.

③ Tariq Rauf, “Viewpoint: French Nuclear Testing: A Fool's Errand,” *The Nonproliferation Review*, Fall 1995, p. 51.

上共列出了204次核试验。1996年2月，法国宣布关闭阿尔比昂陆基战略导弹基地；1996年9月，法国拆除了位于南太平洋的核试验设备，取消了全部18枚S－3型弹道导弹的战斗值班任务，并于1998年将这些导弹全部拆除，法国的核力量减少了40%。至20世纪末期，法国的"三位一体"核力量已转变为"二位一体"的核力量。① 目前，法国大约部署了350件核武器，分别搭载在84架飞机（包括轰炸机）与4艘潜艇上，这些核潜艇装备有48枚弹道导弹。当然，这并不意味着法国开始轻视核威慑力。2001年6月，法国总统希拉克总结了法国的核原则：

"核威慑是法国确保战略自主性原则的关键性资源，这是我们国防政策的源泉。由于自戴高乐时期以来法国采取的一系列努力，今天的核威慑是我们安全的重要基础，在未来几年新的战略背景下亦是如此，这样我们的安全战略才会有意义、有效果。核威慑也是全球稳定的重要因素。"②

2001年6月，法国总统希拉克曾经系统介绍了其核政策；"9·11"事件以后，法国的核战略作了一定调整，但学界对此并没有十分重视。法国核政策的核心是：追求准确、远程核打击，对侵略者和敌人构成核威慑能力。为此，法国维持核力量的支出约占国防支出的10%。为执行上述核政策，2004年，法国部署了10架具有核打击能力的阵风轰炸机；2005年财政年，法国花费了约

---

① 王仲春、闻中华著：《不扩散的核阴云》，北京：国防大学出版社，2000年版，第260页。

② Joseph Cirincione, Jon B. Wolfsthal and Miriam Rajkumar, *Dearly Arsenals: Nuclear, Biological, and Chemical Threats*, 2nd edition, Washington D.C.: Carnegie Endowment for International Peace, 2005, pp. 190—191.

40.84 亿美元，用于维持核武库，占国防开支的 20%。[①] 当然，维持强大的核威慑能力也是一笔巨大的开销。为节省开支，法国主要依赖于潜艇与弹道导弹投送核武器，国会中的国防委员会主席甚至主张在 2015～2040 年终止在核力量方面的支出。为显示法国的大国地位，法国政府还宣布其核力量不仅用于保护法国领土，而且用于保护欧洲盟友，包括欧盟的重要成员国——德国，当然这种承诺的可信度值得怀疑。[②]

2006 年 1 月，法国总统希拉克公布了最新的核政策。这份报告的内容有些与其 2001 年的讲话差别不大，但也增加了新内容。例如，他强调了法国精确、远程核打击能力对地区国家乃至恐怖分子的威慑力，"资助恐怖分子的国家将面临核报复的可能"。当年 3 月份，法国政府公布的白皮书列举了法国成为恐怖袭击对象的原因及可能的袭击方案。为对付恐怖分子的袭击，法国不排除对潜在威胁采取先发制人式的打击。这项新的核军事原则显然降低了使用核武器的门槛，使国际核不扩散机制的执行也面临诸多难题。此外，希拉克提出的核武器新战略与布什提出的军事战略存在相似之处，使人怀疑法国的核战略日益美国化。[③]

---

① Joseph Cirincione, Jon B. Wolfsthal and Miriam Rajkumar, *Dearly Arsenals: Nuclear, Biological, and Chemical Threats*, 2nd edition, Washington D.C.: Carnegie Endowment for International Peace, 2005, p. 189.

② David S. Yost, "France's Evolving Nuclear Strategy," *Survival*, Vol. 47, No. 3, 2005, pp. 117—146.

③ David S. Yost, "France's New Nuclear Doctrine," *International Affairs*, Vol. 82, No. 4, 2006, pp. 701—721.

三、欧洲国家制定统一核不扩散政策的构想

除英国和法国外，西欧和中欧国家均未获得核武器，但许多国家都掌握了核技术，特别是瑞典、瑞士、荷兰和联邦德国的核技术一度处于世界领先水平。冷战期间，瑞士两次举行全民公决，大部分公民要求研制核武器，瑞典也拥有非常活跃的核计划。[①] 西欧国家在经济和政治一体化过程中，形成了较密切的联合核技术开发关系，并最终在欧洲原子能共同体形成了较为一致的核政策。

1957 年 3 月 25 日，法国、联邦德国[②]、意大利、荷兰、比利时和卢森堡六国领导人在罗马签署了《欧洲经济共同体条约》和《欧洲原子能共同体条约》。后来人们把这两个条约统称为《罗马条约》。欧洲原子能共同体旨在协调欧洲各国的核聚变研究活动。欧盟的成员国也都是这个组织的成员。瑞士从 1979 年开始，通过一份不限期的框架协议参与欧洲原子能共同体。

欧洲原子能共同体确保了无核国家对原子能的和平利用，同时该机构像国际原子能机构一样也执行一定限度的自我核查工作。具体地说，欧洲原子能共同体具有以下特点：1. 名义上拥有所有成员国的核材料；2. 负责成员国同外部的所有核商业关系；3. 它是世界上第一个多边核查与检查体系，可以对指定场所及可

---

① Keith A. Hansen, *The Comprehensive Nuclear Test Ban Treaty: An Insider's Perspective*, Stanford: Stanford University Press, 2006, p. IX.

② 民主德国于 1966 年 9 月向国际原子能机构第 10 次大会提交一份声明，表示愿意将核电厂置于国际原子能机构的监督之下。参见 C. F. Barnaby, ed., *Preventing the Spread of Nuclear Weapons*, London: Souvenir Press, 1969, p. 164.

疑场所展开核查，并对违反协议的成员处以惩罚。[①] 这样，为避免重复检查，在欧共体范围内，欧洲原子能共同体实际上代替国际原子能机构进行核查，这无疑引起了苏联等其他国家的不满。为解决该问题，比利时、联邦德国、荷兰、意大利和卢森堡等欧洲无核国家授权欧洲原子能委员会作为一个整体与国际原子能机构进行谈判。双方于 1973 年 9 月 14 日签订《欧洲原子能委员会保障协定》，同意组成联合核查小组、或者欧洲原子能共同体在国际原子能机构的监视下，对上述国家的核设施展开核查。[②] 后来希腊于 1982 年 10 月、葡萄牙于 1986 年 7 月、西班牙于 1989 年 5 月、瑞典于 1996 年 2 月相继加入该协定。1977 年，欧洲原子能共同体同国际原子能机构达成妥协，前者为后者在欧共体具体核查工作中的分支机构，同时国际原子能机构对欧洲原子能共同体是否进行了恰当工作进行检查。1992 年，双方宣布建立“新型伙伴模式”，以更好地协调工作。2004 年 5 月，欧洲原子能共同体决定在未来核查工作中将扮演次要角色，不会执行国际原子能机构的《附加议定书》，且宣布将会把突袭检查的工作全部交给国际原子能机构。[③]

冷战后，以英法为代表的欧洲大国加强了在核领域的合作。1990 年，联邦德国、民主德国、英国、法国、美国和前苏联签订

---

① Thomas Graham, Jr. and Damien J. Lavera, *Cornerstones of Security: Arms Control Treaties in the Nuclear Era*, Seattle and London: University of Washington Press, 2003, p. 221.

② Thomas Graham, Jr. and Damien J. Lavera, *Cornerstones of Security: Arms Control Treaties in the Nuclear Era*, Seattle and London: University of Washington Press, 2003, p. 222.

③ Ian Bellany, *Curbing the Spread of Nuclear Weapons*, Manchester and New York: Manchester University Press, 2005, pp. 121—123.

了关于两德统一的“2＋4”协议。该协议规定，原民主德国的领土上不得部署核武器，使它成为北约地区唯一有条约保证的无核区。即便如此，美国的核武器依然部署在原联邦德国的土地上，德国在安全方面仍依赖美国提供的核“保护伞”。德国是无核国家，承诺放弃大规模杀伤性武器的研制。德国的核安全利益是：1. 保护德国人民、领土和德国的福祉不受侵害；2. 维护欧洲的稳定；3. 确保在外交政策方面有更多的回旋余地；4. 影响有核国家的核思维与核计划，特别是德国的盟友；5. 参与同核保护国——美国的合作；6. 减少德国作为无核国家的负面影响。[①] 两德统一后，欧洲大国之间的核合作开始加快步伐。1992 年起，英法核合作委员会就双边核合作进行了研究；1995 年 10 月，两国领导人希拉克和梅杰在伦敦举行会晤，会后发表的《英法核合作共同声明》宣称：“我们决定追求和深化两国间的核合作。我们的目标是在各自保持独立核力量的同时，共同加强威慑力量。”[②] 1998 年，欧盟开始考虑制定共同的外交与安全政策。1999 年 10 月，法国总统希拉克、英国首相布莱尔和德国总理施罗德在谈到《全面禁止核试验条约》时说：“展望新世纪，我们最关注的问题是大规模杀伤性武器的扩散，特别是核武器的扩散。我们不得不面对的现实是：核扩散仍然是对世界安全的主要威胁。”[③] 2001

---

① Holger H. Mey, “Nuclear Norms and German Nuclear Interests,” *Comparative Strategy*, Vol. 20, 2001, pp. 243—246.

② 王仲春、闻中华著：《不扩散的核阴云》，北京：国防大学出版社，2000 年版，第 257 页。

③ Thomas Graham, Jr. and Damien J. Lavera, *Cornerstones of Security: Arms Control Treaties in the Nuclear Era*, Seattle and London: University of Washington Press, 2003, p. 1461.

年，德国总理施罗德、法国总统希拉克和英国首相布莱尔举行会谈，敦促美国国会批准《全面禁止核试验条约》。

欧洲大国的核政策不仅包括政府层面的核政策，而且包括各种民间团体的核政策，后者对欧盟未来核政策的走向也起到重要推动作用。例如，1996 年，欧洲核不扩散计划（PENN）成立，它是由研究机构、非政府组织和个人组成的一个国际网络，其活动的主要目标是：分析北约在欧洲的核战略，同时促进公众讨论关于核武器在未来欧洲安全中的作用；促使欧洲形成有利的核裁军条件；从政治上阻碍欧洲形成独立的核威慑，并防止核武器在欧洲威慑政策中权重的加大；使欧洲积极参与保障不扩散制度并加强核裁军。欧洲核不扩散计划的成员包括英美安全信息委员会(BASIC)、欧洲安全与裁军中心（CESD)、国际安全信息中心(ISIS)、瑞典和平与仲裁学会（SPAS）等。[①]

四、“9·11”事件以后欧盟主要成员国的核不扩散政策

“9·11”事件发生后，欧洲议会于 2001 年 9 月 21 日通过了一项行动计划，欧盟成员国一致同意在不扩散领域有效应对恐怖主义威胁。该行动计划不久也得到国际原子能机构的批准。2003 年 12 月，欧盟 15 国首次发表了题为“更加美好世界中的安全欧洲”的欧洲安全战略。在此战略中，关于大规模杀伤性武器的内容占了 12 页，报告将其视为“对欧盟最大的潜在威胁”。由于英、法、德这三个欧盟核心国家都是桑戈委员会的成员国，欧盟对核

① 王玉荟译、常冰校：《欧洲核不扩散计划》，载《国外核新闻》2002 年第 8 期，第 10 页。

材料与核技术出口采取的严格管制措施有效地防止了大规模杀伤性武器的扩散。[①]

“9·11”事件后，欧盟为防止核扩散总共花去了近6亿美元，在制定共同的核政策方面达成了更多共识，并积极参与国际防扩散事务，尤其表现在欧盟参与伊朗核危机的解决方面。2002年夏，国际社会发现伊朗核计划的规模比人们想象的大得多。2003年2月，国际原子能机构证明了这一点，伊朗核问题开始成为国际社会关注的焦点。2003年8月和10月，欧盟负责外交事务代表索拉纳两次访问伊朗，与伊朗领导人举行了会谈，并就伊朗核问题的解决方案交换了意见。英国、法国和德国的外交大臣或外长也在此期间前往伊朗，说服伊朗终止铀浓缩活动。[②] 2004年11月，伊朗与欧盟三大国代表——英、法、德达成巴黎协议，伊朗同意暂停与铀浓缩有关的一切活动，双方同意就伊朗核问题开始举行谈判。但随后欧盟与伊朗的核谈判并不顺利，双方并没有在实质性问题上达成共识。2005年9月23日，英国、德国和法国联合起草了决议草案，该草案警告说：伊朗必须彻底终止铀转化活动，同时解决关于核活动的所有问题，否则伊朗核问题将提交安理会讨论。2006年2月4日，国际原子能机构在收到欧盟提交的议案后，决定进行表决，最后根据表决结果将伊核问题提交联合国安理会讨论。[③] 近年来，欧盟核政策一体化思想逐渐成熟，

① Tom Sauer, “The ‘Americanization’ of EU Nuclear Non-proliferation Policy,” *Defense & Security Analysis*, Vol. 20, No. 2, p. 114.

② Tom Sauer, “The ‘Americanization’ of EU Nuclear Non-proliferation Policy,” *Defense & Security Analysis*, Vol. 20, No. 2, p. 124.

③ “IAEA Adopts Resolution to Report Iran Nuke Issue to UNSC,” *Japan Economic Newswire*, February 4, 2006.

正如法国政府所认为的："法国不能再像冷战时期那样扮演原先的角色。我们（欧盟）要么朝着建立欧洲共同战略的态势迈进，要么欧洲自主的思想将会失败，从而使我们更加依赖美国。"[①]

2006年12月23日和2007年3月24日，联合国安理会分别通过了第1737和1747号决议，两次决议都是关于对伊朗实行制裁的。即便如此，欧盟仍然谋求与伊朗就伊核问题展开对话与谈判。2007年3月26日，欧盟负责外交事务代表索拉纳表示，欧盟不久将恢复与伊朗就伊核问题举行高级别谈判。4月26日，伊朗首席核谈判代表、最高国家安全委员会秘书拉里贾尼日与欧盟负责安全与外交事务的高级代表索拉纳共同表示，双方会谈不可能在短期内取得实质性进展，但伊朗与欧盟都表示将继续就伊朗核问题举行会谈。[②] 5月31日，双方谈判代表在西班牙马德里再次举行会谈，并取得了一些成果。6月22日，索拉纳再次表示，欧盟将通过谈判的方式同伊朗达成协议，最终和平解决伊朗核问题。[③]

由于美国和伊朗长期处于敌对状态，而"9·11"事件后欧盟不断实现联合自强，在防扩散方面发挥了积极作用，成为解决伊核问题的主要谈判方，尤其是英、法、德欧盟三大国在围绕伊朗核问题的谈判方面，发挥了积极的建设性作用。但是，在可预见的将来，欧盟形成统一的核政策可能性不大，欧盟形成统一的

---

① David S. Yost, "France's New Nuclear Doctrine," *International Affairs*, Vol. 82, No. 4, 2006, pp. 716—718.

② Michael Adler, "EU Chief Solana Meets Iran's Nuclear Negotiator," *AFP*, April 25, 2007.

③ Slobodan Lekic, "EU Aims for Quick Negotiations on Iranian Nuclear Program," *Associated Press Worldstream*, June 22, 2007.

核力量的可能性更小。[①] 一是因为美国尽力使欧洲国家在北约的框架内寻求安全，试图以美国的核力量保护欧盟成员，削弱欧盟自身的核力量。2006 年 6 月 21 日，美国总统布什参加了在维也纳举行的美国—欧盟高峰会议。会上，布什强调只有双方共同努力，才能够在外交上成功解决伊朗核问题。[②] 英国、德国和新近加入欧盟的国家在核安全方面追随美国的立场没有发生变化。二是欧盟成员国中英、法都有各自不同的核政策，也有相对独立的核打击力量，很难在短期内实现核力量的整合。三是德国、比利时、意大利、西班牙等无核国家同英法等有核国家的安全需求不同，它们更希望依赖于美国的核“保护伞”。基于上述三点判断，欧盟尽管在伊朗核危机的处理方面发挥了重要作用，但要形成鲜明的统一核政策，难度不小。

---

① David S. Yost, “France’s Evolving Nuclear Strategy,” *Survival*, Vol. 47, No. 3, 2005, pp. 120—146.

② Jon B. Wolfsthal and Jennifer Hamilton, “The U. S. -EU Summit and the Challenge of Iran’s Nuclear Program,” *Commentary*, June, 2006.

下　篇

中东地区核扩散案例研究

上篇主要从国际条约、国际组织和大国的核政策三个层面探讨了国际核不扩散机制的“三层网”，下篇以中东地区为案例，考察中东主要国家的核诉求。按照发展核计划的意愿和能力，可将这些国家大体分为以下五类：第一，积极推动核计划的国家，以伊朗为代表；第二，事实上的有核国家，以以色列为代表；第三，中途放弃核计划的国家，以伊拉克和利比亚为代表；第四，核计划一直进展缓慢的国家，以埃及、叙利亚和阿尔及利亚为代表；第五，近年来酝酿发展核计划的国家，以沙特、阿联酋、阿曼等海湾合作委员会六国为代表。通过对中东地区核扩散的深度案例研究，本课题试图重新评估和审视当前国际核不扩散机制，为今后中国制定恰当的核政策提供政策参考意见。

第四章

铤而走险——伊朗的核诉求

第一节　伊朗核问题的由来和症结

一、伊朗核问题的由来

伊朗发展核计划始于 20 世纪 50 年代。1957 年，作为美国和平利用核能计划的一部分，伊朗同美国签署了一个民用核合作协议。当时伊朗是美国的战略盟友，是美国中东战略的两大支柱之一。1970 年，伊朗正式批准了《不扩散核武器条约》。第三次中东战争后，以色列和阿拉伯世界维持着“不战不和”的僵持局面，伊朗成为美国威慑地区强国如埃及、伊拉克的重要力量。1974 年，伊朗国王巴列维设立了伊朗原子能组织，并声称伊朗将很快拥有核武器。然而，当时的伊朗核计划并没有引起国际社会的关注，也就没有“问题”化。

1979 年，霍梅尼领导的伊斯兰革命推翻了巴列维政权后，美伊关系急剧恶化。但伊朗核计划并没成为国际热点问题，原因在于：首先，伊朗核计划处于初级阶段，且进展缓慢，不具有制造核武器的能力；另外，霍梅尼认为核武器与伊斯兰教义相冲突，反对发展核武器。在这种思想指导下，伊朗曾一度中止了核计划。两伊战争期间，伊拉克在美国的帮助下轰炸了伊朗许多重要的核设施，使伊朗核计划倒退了若干年。

1991 年，美国联合多国部队沉重打击了伊拉克萨达姆政权，打破了海湾地区力量的平衡，加重了伊朗在中东政治棋盘上的分量。为了阻止伊朗在中东地区扩大影响，美国克林顿政府对伊拉克与伊朗实施了严厉的“双重遏制”政策，将伊朗和伊拉克一并视为其中东战略的严重威胁。

20 世纪 90 年代，伊朗恢复并提升了与一些国家的外交关系，伊朗的国际安全环境得到较大的改善。霍梅尼去世后，伊朗的核政策有所变化，重新启动了核计划。由于伊朗与西方特别是与美国之间的严重对立，伊朗核计划开始引起美国的强烈不安，逐步“问题”化。

1995 年 1 月，伊朗与俄罗斯签订了一份 8 亿美元的合同，由俄罗斯帮助伊朗在布什尔建立一个核设施。美国对俄伊核合作一直持批评态度，俄伊核合作成为俄美两国领导人会谈的重要话题，“在 90 年代大部分时间里，阻止俄罗斯帮助伊朗发展核计划是美国的一项重要任务”。[①]

① Robert J. Einhorn, “A Transatlantic Strategy on Iran’s Nuclear Program”, *The Washington Quarterly*, Autumn 2004, p. 21.

冷战结束后，国际格局剧变，美国在国际体系结构中的相对优势增强，已经完全有能力操控国际机构对伊朗施压，从而使伊朗的核计划成为“问题”。在美国的压力下，1992 年 2 月，国际原子能机构要求检查伊朗的所有核设施。

1996 年，美国国会通过了“伊朗—利比亚制裁法（达马托法）”，以阻止伊朗“支持国际恐怖主义”为名，禁止外国公司对伊朗的能源产业进行大规模投资，并声称对违反该法案的外国公司采取制裁等报复性措施，促使美伊敌对关系制度化、长期化。在美国看来，伊朗核计划是个“问题”，它对美国安全构成潜在威胁，但尚未成为国际社会普遍关注的热点问题。

2002 年 8 月，伊朗的一个反对派组织——全国抵抗委员会，在美国华盛顿举行记者招待会，披露伊朗正在纳坦兹（Natanz）和阿拉克（Arak）建造两个秘密的地下浓缩铀设施。2002 年 9 月 16 日，美国商用卫星拍摄到一组照片，发现伊朗在其中部伊斯法罕省的纳坦兹市和阿克拉地区正在建造重水反应堆，这组照片于 2002 年 12 月 12 日对外公布，受到国际社会的广泛关注。美国国务院认为伊朗“正在寻求制造核武器的能力”。于是，伊朗核计划迅速成为国际社会关注的热点问题之一。

2003 年 9 月 18 日，伊朗总统哈塔米承认，伊朗发现并提炼出能为其核电站提供燃料的铀，拥有了铀浓缩生产技术，但他表示，伊朗是《不扩散核武器条约》签署国，不会寻求发展核武器，伊朗核计划完全是在国际原子能机构的监督下进行的。美国政府警告伊朗停止与铀浓缩相关的活动，并威胁将伊朗核问题提交联合国安理会审议，对伊朗进行制裁。2003 年 12 月 18 日，伊朗政府签署了《不扩散核武器条约》附加议定书。[1] 2003年11月21日，尽管美国常驻国际原子能机构代表肯尼斯·布里尔对国际原子能机构主席穆罕默德·巴拉迪（Mohamed M. El Baradei）提交的有关伊朗核问题的报告表示怀疑，但美国国务院发言人亚当·埃雷利表示，美国将从原来立场后退，不再坚持要求国际原子能机构将伊朗核问题提交联合国安理会讨论。但美国坚持，如果伊朗继续违反《不扩散核武器条约》，将会立即将伊朗核问题提交到联合国安理会。

在伊朗签署《不扩散核武器条约》附加议定书后不久，国际原子能机构核查人员在伊朗核设施中发现了先前没有通报的钚的痕迹。2004年3月8日，伊朗政府代表承认，在先前向国际原子能机构提交的报告中并没有说明伊朗全部核历史，这与伊朗政府先前的声明相矛盾。[2] 3月13日，国际原子能机构理事会通过决议，批评了伊朗未公开其部分核计划，并保留在下一次理事会上决定是否将伊朗核问题提交联合国安理会审议的选择权。[3] 3月21日，巴拉迪宣布伊朗已经同意全面暂停浓缩铀活动。伊朗暂停浓缩铀可以实现至少两方面的目标：缓和国际社会的外交压力；积累核技术知识，为以后的核开发奠定基础。

---

① "Iran Signs Additional Protocol on Nuclear Safeguards," *IAEA*, December 18, 2003, http：//www. iaea. org/NewsCenter/News/2003/iranap20031218. html.

② 2003年10月21日，伊朗派驻国际原子能机构前大使萨利希表示，他提交给国际原子能机构总干事巴拉迪的声明文件"交代了我们过去所有和平利用核能的活动"。韩榕华：《被指隐瞒先进核部件设计，伊朗承认核声明不完整，"载《中国日报》，2004年3月9日。

③ IAEA Board of Governors, "GOV/2004/21：Implementation of the NPT Safeguards Agreement in the Islamic Republic of Iran", 13 March 2004, http：//www. iaea. org/Publications/Documents/Board/2004/gov2004—21. pdf.

2004年11月14日，伊朗与英法德三国达成《巴黎协议》，伊朗同意暂停浓缩铀，以换取恢复伊朗—欧盟贸易协议，欧盟支持伊朗加入世贸组织及其他援助计划。[①] 2005年6月，艾哈迈迪·内贾德当选为伊朗总统后，伊朗在核问题上的态度渐趋强硬。8月，英法德提出解决伊朗核问题的一揽子方案，但遭到伊朗的拒绝。2005年9月24日，国际原子能机构理事会报告认为伊朗违反了《不扩散核武器条约》，对伊朗核计划的和平性质“缺乏信心”。2005年底，俄罗斯提出了将铀浓缩的后续活动转移到俄罗斯境内的建议，后来又提出在俄罗斯境内建立浓缩铀联合企业，以确保伊朗核计划不会被用于军事目的。伊朗对俄罗斯的建议一边闪烁其词、不置可否，一边继续铀浓缩活动，并于2006年1月10日揭去了其核设施上的封条。[②]。2006年2月4日，国际原子能机构理事会通过一项决议，表示在经过近3年密集的核查活动后，国际原子能机构仍不能澄清与伊朗核计划有关的一些重要问题，也不能得出伊朗不存在未申报的核材料或核活动的结论；伊朗多次不履行和违反与《不扩散核武器条约》相关的“保障协定”的义务、隐瞒核活动的历史及其性质。伊朗核问题进一步升级。2006年3月，国际原子能机构最终将伊朗核问题提交到联合国安理会。安理会经过几周紧张激烈的磋商，最终于3月29日一致通过了一项主席声明，把处理伊朗核问题的任务重又交给了国际原子能机构，要求国际原子能机构总干事在30天内向国际原子能机构理事会和安理会报告“问题”的新进展。

---

① “Iran-EU Agreement on Nuclear Programme”, 14 November 2004.

② Steven R. Weisman and Nazila Fathi, “Iranians Reopen Nuclear Centers,” *The New York Times*, January 11, 2006.

2006年7月31日，基于国际原子能机构关于伊朗核问题的报告，联合国安理会通过第1696号决议，要求伊朗在8月31日之前暂停所有与浓缩铀有关的活动。2006年12月27日和2007年3月24日，安理会又分别通过对伊朗进行制裁的第1737和1747号决议。

联合国安理会的制裁决议对伊朗发展核计划产生了十分重大的影响，因此伊朗适时地采取了较为灵活的妥协政策。2007年8月20日，国际原子能机构表示，伊朗提供的澄清钚问题的材料与调查结果相符，钚问题已经得到解决。①伊朗的合作政策立刻得到回报。2007年9月28日，联合国安理会5个常任理事国及德国达成一致，决定推迟表决对伊朗的第3份制裁决议，在国际原子能机构和欧盟负责外交和安全事务高级代表索拉纳11月递交有关伊朗核问题的评估报告后，再决定是否对伊朗采取进一步的制裁措施。此后，伊朗虽然积极配合国际原子能机构的核查，但未停止浓缩铀活动。

2008年3月3日，联合国安理会通过了第1803号决议。禁止其他国家与伊朗进行军民两用商品的贸易，授权核查来往伊朗的海上与空中航线是否可能装载禁运物品。这似乎向伊朗传递了一个明确的信号，即国际社会不会接受伊朗拒绝暂停浓缩铀的事实，伊朗继续浓缩铀活动将付出巨大的代价。② 9月27日，联合国安理会一致通过第1835号决议，重申安理会自2006年以来通

---

① IAEA GOV/2007/48, Attachment, August 30, 2007, p. 2.

② "U. N. Sanctions Iran Anew over Nuclear Program: Security Council Bans Trade in Goods that have Both Civilian, Military Use," *The Associated Press*, March 3, 2008.

过的有关伊朗核问题的决议，要求伊朗立即全部履行决议中所规定的各项义务，并执行国际原子能机构理事会对伊朗提出的各项要求。但决议中并没有包含新的制裁措施。[①]

2010 年 5 月 17 日，正值西方国家积极推动安理会对伊实施新一轮制裁的关键时刻，伊朗做出让步，出人意料地与巴西、土耳其签署核燃料交换协议，一定程度上满足了国际原子能机构所提出的"核燃料"交换草案，使谈判解决伊朗核问题曙光再现。但以美国为首的西方国家并不买账，认为伊朗没有停止其核计划，这是伊朗为逃避制裁而实施的又一"拖延战术"。第二天，美、英等国就安理会制裁伊朗最新决议草案宣布达成一致。

二、伊朗核问题的症结

伊朗核问题的症结和根源一直是国内外学术界长期争论不休的问题。伊朗长期隐瞒其秘密核活动，遭到了国际社会的广泛质疑和严重责难，一定程度上导致了核问题的恶化和升温。毋庸置疑，美伊两国在宗教文化、权力、利益和国际机制等方面都存在着巨大冲突和分歧，这些都是导致核问题爆发的重要根源，但美伊之间的信任危机应该是伊朗核僵局的一个最重要根源。美伊核冲突源于美伊两国对彼此国家身份的认知和界定，都把对方当作全球最危险的敌人，这一"对方是敌人"的身份认知使双方在核问题上产生激烈碰撞和对抗。也就是说，伊朗核危机症结之一是美伊之间的信任危机，特别是安全信任危机，双方长期互不信任，相互敌视和猜忌对方的战略意图和安全动机。2006 年 7 月 31

① United Nations Security Council，S/RES/1835，27 September，2008，

日，中国常驻联合国副代表刘振民在安理会上的发言也印证了这一点。他说，伊核问题迟迟得不到妥善解决，关键在于主要当事方之间缺乏信任。[①]

伊朗核能的开发最早是20世纪50年代在美国的大力支持下开始的。直到伊斯兰革命爆发、美伊断交，美国才改变立场，开始指责和质疑伊朗核计划，伊朗核计划演变成核问题。从此，美伊陷入了长期的信任恶性循环之中。“9·11”事件后，美国把伊朗由“无赖国家”提升为“邪恶轴心”、“支持恐怖主义最积极的国家”、“世界暴政前哨”，而伊朗则把美国由“大撒旦”升格为“霸权轴心”、“全球最大威胁”。这种相互认知和国家身份定位进一步固化了彼此的敌视和不信任。美伊互不信任、互相建构为最危险的敌人的原因，一是两国文化上的不认同，即美伊代表两种不同的典型文化：伊朗是政教合一、伊斯兰原教旨主义国家，而美国则是典型的西方基督教国家，基督教原教旨主义色彩日益浓厚，两国都有强烈的宗教“使命感”。二是两国长期的利益冲突、权力争夺和恶性互动，积怨很深，无论是现实交往、历史记忆还是心理认知，都充满仇恨、谩骂和猜忌，伊斯兰革命以来近30年的断交和隔绝使两国缺乏正常的沟通交流渠道，不信任高墙越建越高。

从法理上讲，伊朗拥有《不扩散核武器条约》赋予的和平利用核能的合法权利，美国和联合国至今还没发现伊朗发展核武器的确凿证据。因此，伊朗将来是否从铀浓缩迈向核武器，这很大程度上取决于伊朗的安全观、主观性和自觉性，外界难以得到证实和监察。2007年12月3日最新《美国国家情报评估报告》公

① 中新社联合国2006年7月31日电。

布伊朗的研发核武器计划已于2003年秋停止执行，虽然伊朗停止了其核武器计划，但美国不会因为这个报告而停止对伊朗的猜忌和制裁。第二天，布什接受媒体采访时称："伊朗拥有核能力，将来仍有可能再度研制核武器。伊朗过去是一个威胁，现在仍然是一个威胁。"同时，他还表示"美国不会放弃对伊朗动武的选择"。[①]这再次说明美伊核僵局根在信任危机。美国著名智库兰德公司曾用一个坐标图形象地解读伊朗核问题，称美伊关系的恶化与伊朗的核步伐成正比，两国越敌视、越对抗，伊朗离核门槛就越近。[②]

美国对伊朗核计划由最初的大力支持发展到后来的坚决反对，充分说明了互信在国际核不扩散机制中的重要作用。美国公然破坏国际核不扩散机制、同印度签订核能协定，但它并不认为印度会对美国构成威胁，这里也是一个信任问题。总之，伊朗核问题根源在于美伊因长期冲突、敌对而形成的"信任鸿沟"，只要两国之间的"信任鸿沟"不消除，核问题就很难从根本上解决。

第二节 伊朗核计划的动机与战略目标

2007年6月5日，伊朗最高精神领袖哈梅内伊在纪念伊斯兰

---

① Steven Lee & Helene Cooper, "Bush Insists Iran Remains a Threat Despite Arms Data," *New York Times*, Dec. , 5 2007.

② James Dobbins, "Coping with Iran: Confrontation, Containment or Engagement? A Conference Report," Santa Monica: RAND Corporation, 2007, pp. 27—28.

革命领袖霍梅尼逝世18周年的大会上宣称："伊朗不会向西方列强屈服，愿为拥有核能的权利付出代价。"[①] 伊朗在核问题上态度为何如此强硬？伊朗不顾国际社会的强烈反对和严厉制裁，执意开动"核列车"，主要基于以下现实需求和战略考虑：

一、伊朗核计划的动机

第一，伊朗认为其核计划具有法理依据和道义优势。

伊朗认为，和平利用核能是《不扩散核武器条约》及其附加议定书赋予缔约国伊朗这一主权国家不可剥夺的合法权利，是伊朗人民的正义事业。[②]一方面，作为《不扩散核武器条约》的缔约国，伊朗向国际社会再三表明无意研发核武器的原则立场。2003年12月11日，正在日内瓦参加信息社会世界首脑会议的伊朗总统哈塔米表示，发展核武器违反伊斯兰教教义。[③] 2005年10月1日，伊朗新总统内贾德接受媒体采访时再次重申，伊斯兰宗教法禁止我们拥有核武器。[④]内贾德坚称，伊朗是一个爱好和平的伊斯兰国家，是一个有文化、理性、文明的国家，没有必要发展核武器，只有那些常靠武力解决问题的国家才会那样做。[⑤] 2007年9月9日，伊朗最高领袖哈梅内伊在会见伊朗革命卫队指挥官时说：

---

① IRNA, "Iran Ready to Pay Nuclear Price," *Iran Daily* June 6, 2007, p. 1.

② 朱鹏飞：《论〈核不扩散条约〉缔约国和平利用核能的权利——以伊朗为例》"，载《燕山大学学报（哲社版）》，2007年第4期，第25—26页。

③ 张莉："伊朗总统说发展核武器违反伊斯兰教信仰"，新华社日内瓦2003年12月11日电。

④ 张胜平："伊朗新总统重申伊斯兰宗教法禁止拥有核武器"，新华社德黑兰2005年10月1日电。

⑤ "Iran's President—His Own Words," *BBC News*, January 16, 2006.

"伊朗没有原子弹，也不想去获取这种致命武器，伊朗人民的尊严和高贵源自本国的光明前景和对宗教的信仰。"①

另一方面，伊朗则反复宣称伊朗有权进行铀浓缩活动以及拥有核燃料，决不屈服于美国等西方大国的无理要求。②哈塔米 2005 年 2 月 23 日在内阁会议结束后对记者说："无论是我的政府还是今后的伊朗政府，都不会放弃和平利用核技术的不容置疑的权利。" 5 月 15 日，伊朗议会通过"和平利用核技术法案"，该法案敦促政府重启铀浓缩活动，授权政府在《不扩散核武器条约》的框架内和原子能机构的监督下和平利用核能。③伊朗迫于国际社会的压力，曾几次暂停了铀浓缩活动，但反复强调这是出于自愿，而不是出于义务，伊朗有权随时恢复铀浓缩活动。内贾德还说，美国人和欧洲人指责伊朗追求核武器，"曲解了伊朗对于民用核技术的渴望"，他们"纯粹是一种宣传策略"。④这也是俄罗斯继续保持与伊朗的核能合作，欧盟、俄罗斯和中国坚决反对美国武力解决伊朗核问题的根本原因之一。伊朗认为，放弃核计划等于放弃了国家主权和国家尊严，根据《不扩散核武器条约》，伊朗有权自主生产核电站所需要的燃料。欧盟提出伊朗放弃自主生产核燃料、改由欧盟提供，是对伊朗的"额外"要求，将使伊朗核原料供应受制于人，对历史上曾饱受欧美殖民统治的伊朗来说，无

---

① 徐俨俨、梁有昶："伊朗最高领袖称不寻求获取核武器"，新华社德黑兰 2007 年 9 月 9 日电。

② IRI, "An Unnecessary Crisis—Setting the Record Straight about Iran's Nuclear Program," *The New York Times*, Nov. 18, 2005, p. 11.

③ 张胜平："伊朗议会通过法案，敦促政府继续发展核技术"，新华社德黑兰 2005 年 5 月 15 日电。

④ 何洪泽等：《伊朗新总统内贾德在联合国世界首脑会议上的发言》，载《环球时报》，2005 年 9 月 19 日第 1 版。

疑是一种羞辱，充分暴露了西方国家100多年前的殖民主义思想。[①]

同时，伊朗认为，现有国际核不扩散机制缺乏公信力，伊朗在核开发上具有道义上的优势。伊朗认为，目前的国际核不扩散机制是冷战时期美苏超级大国企图垄断核威慑力量而形成的，其缺陷在于一味压制弱小国家的核要求，而没有充分考虑它们对安全保障的合理关切。美国在中东大肆推行双重标准的核政策，使国际核不扩散机制日渐失去威慑力和公信力。美国对伊朗的核计划紧盯不放，而对以色列的核武库却保持沉默，听之任之，甚至支持以色列保持核威慑。自尼克松以来，美国历届政府坚持不强迫以色列签署《不扩散核武器条约》；以色列一直拒绝加入《不扩散核武器条约》，拒绝将其核设施置于国际原子能机构的全面监管之下，从而可以毫无限制地获取核材料、核设备和核技术。这是典型的双重标准。[②]另外，美国对伊朗和印度的核计划也是区别对待。美国一边严厉斥责伊朗的核计划，另一边自己又与印度大搞核合作。2006年3月，美国与至今没有尚未加入《不扩散核武器条约》的印度签订了《美印民用核合作协议》，事实上承认了印度的核国家地位，而根据相关规定，核供应国集团不能向未签署这一条约的国家提供核燃料。美国开展与印度的民用核能合作，严重了破坏国际核不扩散机制，开了一个危险的先例。对比美国对待印度和伊朗的态度，核技术显而易见已沦为确保西方国

① 张胜平、陈文玓："伊朗新总统称组阁后将提出解决核问题的新计划"，新华社德黑兰2005年8月9日电。

② 王冲：《伊朗驻华大使：美国没有足够理由打伊朗》，载《中国青年报》，2005年4月22日国际版。

家政治与经济目标的工具。[①]

美国的核政策更加坚定了伊朗发展核技术的决心和意志。2005 年 5 月 3 日，伊朗外长哈拉齐在第七届《不扩散核武器条约》审议大会上发言时将矛头直指美国，强调美国是全球第一核大国，是唯一曾对其他国家使用核弹的国家，美国庞大的核武库“是全球和平与安全的最大威胁”；美国一直拒绝承诺不向无核国家使用核武器，近年来甚至坚持要将核武器用于实战和常规战争。他要求美国在法律上做出不向包括伊朗在内的无核国家使用核武器的承诺，表示伊朗决心继续寻求包括铀浓缩在内的所有合法的用于和平目的的核技术。他表示，《不扩散核武器条约》的信誉目前正处于危险之中，本次审议大会应努力挽救它的信誉。[②]另外，“9・11”事件后，美国核政策的重大转变增强了伊朗发展核技术的紧迫感。2002 年 1 月 8 日美国推出《核态势评估报告》，提出“核武器可以使用”论，美国总统布什下令国防部制定在紧急情况下使用核武器的计划，把伊朗列入了 7 个潜在的核打击对象名单之中。[③]伊朗压力和不安全感加大，加快核开发的欲望倍增。

伊朗前副总统、原子能组织主席阿加扎德曾在国际原子能会议上强烈批评美国的双重核政策，他说，国际社会不应剥夺伊朗和平利用核能及相关知识的权利，国际安全机制应高度警惕和严

---

① “印美核协议——西方双重行为的另一体现”，伊朗华语台，http：//chinese. irib. ir/zhuanti/zhuanti/08101901. htm.

② 杨志望：“伊朗外长称伊决心继续寻求用于和平目的的核技术”，新华社联合国 2005 年 5 月 3 日电。

③ *Nuclear Posture Review Report*，http：//www. globalsecurity. org/wmd/library/policy/dod/npr. htm.

肃对待国际核恐怖主义，在核政策上对所有国家应该一视同仁，不应持任何偏见和歧视态度，在国际核不扩散进程中，国际社会应抓紧建立互相监督机制。伊朗早在1974年就提出了建立中东核武器不扩散区的构想，然而以色列至今仍然采取不合作态度，拒绝允许国际原子能机构核查其敏感的核设施，这种自傲态度对中东地区产生了不可估量的负面影响。一些西方大国肆意践踏《全面禁止核试验条约》，动摇了国际核不扩散体系的基础。①

第二，伊朗欲借核计划摆脱安全困境。

美国发动阿富汗和伊拉克战争后，伊朗的周边安全环境急剧恶化，陷于空前的生存危机和安全困境之中。美国势力除了已渗透到伊朗西北的土耳其和以色列这两个传统盟友外，还相继扩展到伊朗北部的高加索和中亚一带，占领了伊朗东西两个近邻——阿富汗和伊拉克，对伊朗形成东西夹击、南北包抄之势。国际舆论普遍认为，伊朗已成为美国势力围堵下的一块孤岛和美国下一个军事打击目标。美国发动伊拉克战争使伊朗越来越认识到“先发制人”的高度危险性。伊朗认为“敌人”已来到了家门口，国家到了生死存亡的关头。伊朗决心在积极备战、加强防御的同时，努力争取时间，加快核开发，靠核技术这一具有特殊威慑力的武器来捍卫国家安全，抵御美国和以色列两大强敌可能的“先发制人”军事打击。

第三，发展核计划有利于稳定国内政局和拓展外交空间。

---

① Statement by H. E. Reza Aghazadeh Vice-President of the Islamic Republic of Iran and President of the Atomic Energy Organization Of Iran at the 46th General Conference of the International Atomic Energy Agency, Vienna, 16 September 2002, pp. 1—3.

伊朗目前面临的一个严重问题是经济发展滞后引起的国内矛盾。自1979年伊斯兰革命以来，伊朗在经济发展上走了不少弯路，加上美国的严厉制裁，伊朗通货膨胀率和失业率居高不下，民生问题十分突出。艾哈迈迪·内贾德竞选总统时，把改善民生作为主要的竞选口号，得到选民拥护。但他执政以来，伊朗经济形势并没有明显好转，经济问题正在引发政治动荡，甚至可能动摇保守派执政的基础。在这种情势下，伊朗政府认为坚定核技术开发立场有利于转移国内经济危机、争取国内群众支持，增强民族凝聚力，树立政府威信，维护伊斯兰政权，确保国内政局稳定。

伊朗认为，在核问题上美国对伊朗始终采取遏制加制裁的敌视政策，最终达到推翻伊朗现政权的目的。[①]开发核技术不仅能体现伊朗国内民意，也能激发伊斯兰民族主义情绪，转移民众视线，团结民众，摆脱执政危机，稳定国内政局，增强民众对国家的认同和现政权的合法性。另外，伊朗以“西方核霸权受害者”的身份出现，有利于赢得伊斯兰世界的同情和支持。

伊朗欲利用核问题这张牌来构建自己的外交平台，打破美国的封锁，拓展外交空间。伊斯兰革命后，由于美国的长期封锁和制裁，伊朗在国际上倍感孤立和被动，而核问题则为伊朗拓展自己的国际生存空间提供了一个绝好的机会。伊朗利用与英法德三国以及与俄罗斯的对话和合作机制，对外分化西方营垒，挑战美国的核霸权和双重核政策，争取国际社会的同情和支持。伊朗核外交的最高目标是争取时间，跨过核门槛；最低目标是放弃核计

---

① Jahangir Amuzegar, “Iran’s Crumbling Revolution,” *Foreign Affairs*, Jan./Feb. 2003, p.46.

划以换取有利于政治稳定、国家安全和经济发展等一揽子“激励”措施。[①]核问题外交既是伊朗谋求国家生存和政权稳定而主动玩的一个危险游戏，也是应对美国封锁打压，拓展外交空间的一张王牌。

第四，出于长远的能源战略考虑。

2007年8月6日，伊朗驻华大使贾瓦德·曼苏里在中国社科院的大使论坛上演讲时宣称，伊朗进行核计划、从事浓缩铀活动完全出于和平与民用目的，并具有深刻的国内能源经济根源。曼苏里说，由于伊朗人口增长较快，人口已达到6500万人，国内能源需求旺盛，伊朗所生产的全部天然气和超过三分之一的原油供国内消费。伊朗虽然是石油大国，但大量的成品油仍需从国外进口。伊朗利用油气发电成本非常高，是核能发电的6倍，同时油气发电给伊朗的自然环境造成了巨大破坏，严重影响了人民的身体健康，据统计，伊朗首都德黑兰每年约1.7万人死于与空气污染有关的疾病。因此，不利用伊朗丰富的铀矿资源去生产高效清洁能源，是极不理智的。[②] 伊朗认为，尽管伊朗石油资源丰富，但石油不能与先进、高效、低污染的核能相比。伊朗开发利用核能后，节省下来的石油和天然气可用于出口，换取经济发展所急需的外汇资金。与伊朗同样拥有巨大石油储量的委内瑞拉与俄罗斯也在开发利用核电。另外，近年来，伊朗大力提倡发展非石油产业，希望实现能源多元化和经济多元化。伊朗能源安全具有一

① 赵伟明、杨明星：《美伊核博弈的建构主义分析》，载《现代国际关系》，2005年第7期，第24页。

② 贾瓦德·曼苏里：《和平利用核能与维护正当权利——伊朗核计划》，载《世界经济与政治》，2007年10期，第56—60页。

定的脆弱性，油气是不可再生资源，终有资源枯竭的时候；伊朗国内工业化生产与居民生活常处于缺油状态，一旦能源供应出现问题，国家安全将受到严重影响；伊朗原油出口技术含量低，加工技术相对落后，污染严重，严重影响了环境，一定程度上抵消了伊朗油气出口创造的财富。作为环保经济的新型资源，核能是目前唯一可供替代化石燃料的最经济的电力来源，可以减少温室气体的排放。发展核能可为伊朗经济发展提供充足电力，帮助伊朗改变过于依赖油气资源的经济发展模式，增强伊朗油气资源出口能力，为伊朗经济发展和社会福利提供更多的资金来源。同时，核工业是一项利用先进技术的综合产业，应用范围十分广泛，还可以用来进行农业、医学与海水淡化等方面的研究，能够促进伊朗整体科技水平的提高，带动其他产业的发展。①

二、伊朗核计划的战略目标——“拥核崛起”

美国在中东的战略颓势客观上强化了伊朗的“核”野心。美国发动伊拉克战争推翻了萨达姆政权，本想把伊拉克变为制约伊朗的力量，但事与愿违，却为伊朗的崛起提供了难得的机遇，使伊朗成为美国发动伊拉克战争的最大赢家，曾受萨达姆压制的伊拉克什叶派力量进一步倒向伊朗，伊朗的宗教与经济势力迅速扩展到伊拉克境内，这大大削弱了美国在这一地区的强权。② 几年来的事实表明，伊拉克战争非但未能使美国实现预期目标，反而

---

① 李毅：《核工业复兴》，载《国外核新闻》，2006 年第 9 期，第 1 页。

② Vali Nasr, et al. “Who Wins in Iraq?” *Foreign Policy*, March/April 2007, pp. 38—52.

全面陷入了酷似当年越战的困境。[①]美国外交学会会长理查德·哈斯认为，在反美主义日益高涨的大背景下，美国正在失去中东，未来很有可能出现一个会对自身乃至世界造成巨大危害的新中东。据皮尤公司全球民意调查显示，伊拉克战争后美国国际形象和信誉严重下降，很多穆斯林民众认为“布什对世界秩序的威胁比本·拉登还大”。美国与伊斯兰世界之间的矛盾日益尖锐化。[②]布什政府内外交困，危机四起，国内外反战情绪高涨，使美国疲于应付。伊朗认为，阿富汗和伊拉克的“秩序”和“重建”都离不开伊朗的支持，伊朗坚信美国不会轻易对其动武。2008 年 9 月 23 日，伊朗总统内贾德在第 63 届联合国大会上发言时说：“美帝国在全世界将走到路的尽头，接近垮台。”[③] 这也是内贾德政府在核活动问题上态度日益强硬的原因。

伊朗的战略目标是为了“拥核崛起”。核开发对实现伊朗的大国梦想具有强烈的象征意义。伊朗不顾一切加快核开发，其长远目的是为了实现波斯民族的伟大复兴，主导整个伊斯兰世界，挑战美国在中东的霸权。因此在某种程度上，伊朗的核开发的背后隐藏着波斯民族深厚的历史情结和宗教情结。伊朗的民族尊严和国际地位决定了伊朗必须发展核计划。[④]两千多年前的伊朗国力

---

① Kate Phillips, “Kennedy: ‘George Bush's Vietnam,’” *The New York Times*, February 6, 2007.

② Richard N. Haass, “The New Middle East”, *Foreign Affairs*, Nov. /Dec. 2006, pp. 87—96. Nancy Snow, “The Losing Battle against Anti-Americanism,” *Asia Times*, Dec. 20, 2006.

③ Spencer Platt, “Ahmadinejad: 'American Empire' Is Nearing End,” The Associated Press Telegraph UN Sept. 23, 2008.

④ George Perkovich, “Dealing with Iran's Nuclear Challenge,” Carnegie Endowment for International Peace, April 28, 2003, pp. 8—9.

最盛，当中国还是春秋战乱的时候，古波斯已称雄于世，威震四海，大流士统治时期（前522—前486年），古波斯已成为世界历史上第一个横跨欧、亚、非三洲的大帝国。作为历史文明古国，辉煌的历史使伊朗始终怀有强烈的民族自豪感和大国意识，把核技术看作是国家实力和大国地位的象征。正如哈塔米所说："我们想变得强大，强大就意味着拥有先进技术，而核技术则是所有技术中最先进的。"① 核技术不仅是一个国家科技先进的标志，也是大国地位和民族自尊的象征，世界上只有极少数国家自主研发核技术，伊朗即使不能研发核武器，拥有核技术也可以促使其他国家尊重伊朗的政治抱负和愿望。②

2005年内贾德上台以来，伊朗在核问题上的立场十分强硬，呈现出比较明显的"拥核崛起"意图。2005年9月，美国著名学者、美国外交政策委员会（AFPC）副主席伊蓝·博尔曼在《德黑兰的崛起：伊朗对美国的挑战》一书中提出了"伊朗企图拥核崛起"的观点。③美国对外关系委员会中东问题专家瓦里·纳赛尔认为，随着塔利班和萨达姆政权威胁的解除，以及什叶派复兴大潮的来临，中东悄然出现了一个"什叶派新月地带"，伊朗开始自视为地区大国和什叶派地带中心，咄咄逼人地追求核权力、争当核大国，不但加强了伊朗在地区中的地位，同时也使美国插手伊朗事务的能力降到最小程度，这不仅可以满足伊朗能源安全需

① George Perkovich, "Dealing with Iran's Nuclear Challenge", *Report of Carnegie Endowment for International Peace*, April 28, 2003, p. 8.

② Kenneth M. Pollack, "Bringing Iran to the Bargaining Table", *Current History*, No. 694, November 2006, p. 365.

③ Ilan Berman, *Tehran Rising: Iran's Challenge to the United States*, Lanham MD: Rowman & Littlefield Publishers, 2005, pp. 1—10.

要，更是实现伊斯兰世界大国梦想，摆脱美国长期武力威胁的唯一现实选择。[1]美国企业研究所学者迈克·罗宾宣称，伊朗通过核问题展现了其跃跃欲试的全球战略和挑战美国的全球野心，在美洲，它正在挑战美国的门罗主义；在非洲，它正在开辟对抗美国的前沿阵地。[2]

伊朗把启动核活动作为跻身政治大国的战略选择。“9·11”事件之后，伊朗一批国际关系学者提出了“以实力求和平”（*Peace Through Strength*）的理论，即伊朗应利用大国的矛盾和世界格局的新变化，来提升和彰显伊朗的国力，进而实现“积极安全”。伊朗正是以这些理论为指导，以核计划为筹码，为实现跻身政治大国的战略目标与美国进行战略博弈。[3]

伊朗的核活动表面上看似乎是伊朗是否遵守《不扩散核武器条约》的技术问题，而实际上反映的是伊朗“拥核崛起”的战略意图，具有伊朗强烈的宗教色彩、民族色彩、反美色彩和争霸色彩。伊朗选择“拥核崛起”既非战争崛起，又非和平崛起，而是一种少有的对抗性崛起。这是伊朗不顾美国压力和威胁，执意开启“核列车”的最强大的动力。

---

① Vali Nasr, “When the Shiites Rise,” *Foreign Affairs*, July/August 2006, pp. 58—74.

② Michael Rubin, “Iran's Global Ambition,” *AEI Middle Eastern Outlook*, March 17, 2008, pp. 1—4.

③ 吴成：《伊朗频打核计划牌，谋求“积极安全”》，载《当代世界》，2008 年第 10 期，第 30—31 页。

第三节 伊朗核计划的发展历程（1957—2010）

伊朗的核计划经历了创立、搁置、重启、秘密开发、暂停和加快推进等漫长而又曲折的发展历程。几十年来，国际社会虽未发现伊朗将核技术核武器化的证据，但伊朗也难以让国际社会充分相信其未来只是和平利用核能。伊朗地处欧亚大陆地缘政治心脏地带、两伊战争的惨痛经历、与美国长期交恶、冷战后美国在其周边地区多次动武和战略包围、长期秘密启动核活动等客观事实，都使国际社会无法排除伊朗寻求核武器的可能性。

一、巴列维时期的伊朗核计划（1957—1979）

这一时期是伊朗核计划的创立和起始阶段，得益于美国等西方国家的大力支持和技术援助。美国前总统艾森豪威尔认为，核技术传播有助于推动美国和盟友在经济、技术和科学方面的合作。为拉拢伊朗对付苏联，在“和平利用原子能”[①] 的倡议下，1957 年，美伊签署了《美国—伊朗关于合作使用原子能的协议》，[②] 美国开始与伊朗在和平利用核能方面展开合作，向伊朗提

---

① Ian Bellany, *Curbing the Spread of Nuclear Weapons*, Manchester and New York: Manchester University Press, 2005, Appendix B.

② Maxine Kaye and Ari Fridman and Julia Levy, “Toward a Nuclear Iran: The History, the Threat, and the International Response,” *American Jewish Committee*, December 2006, p. 3.

供核技术及浓缩铀。[①]

1959 年，伊朗在德黑兰大学建立了该国第一个核研究中心，第二年从美国购买了 1 座 5 兆瓦的核反应堆。[②] 这个反应堆从 1967 年 12 月 4 日开始运转后，一直处于美国、国际原子能机构和伊朗三方的保障之下，主要进行生产同位素及进行核物理、电子和化学方面的研究。1969 年 3 月 13 日，美国政府批准了《美国—伊朗关于合作使用原子能的协议》修正案，将原协议延长了 10 年。

巴列维政权始终宣称伊朗只发展和平性质的核计划，对核武器不感兴趣，“只要本地区没有核武器，伊朗就不仅是海湾地区，而且是中东地区和印度洋地区最强大的国家”。[③] 1963 年 8 月 9 日，伊朗签署了《部分核禁试条约》(PTBT)。1968 年 7 月 1 日，伊朗签署了《不扩散核武器条约》，[④] 并在 1970 年 2 月 2 日批准了该条约。[⑤] 1974 年，在埃及的支持下，伊朗成为首个向联合国大

---

① US Department of State, “Atoms for Peace Agreement with Iran,” *Department of State Bulletin* Vol. 36 No. 15, April 1957, p. 629; Daniel Poneman, *Nuclear Power in the Developing World*, London: George Allen & Unwin, 1982, p. 84.

② Sharon Squassoni, “Iran's Nuclear Program: Recent Developments”, *CRS Report for Congress*, July 20, 2006, p. 1; “Central Treaty Organization”, *International Organization*, Vol. 14, No. 1, Winter, 1960, p. 216.

③ Anne Hessing Cahn, “Determinants of the Nuclear Option: The Case of Iran,” in Onkar Marwah and Ann Schulz, *Nuclear Proliferation and the Near-Nuclear Countries*, Cambridge: Ballinger, 1975, p. 195.

④ Anne Hessing Cahn, “Determinants of the Nuclear Option: The Case of Iran,” in Onkar Marwah and Ann Shulz eds. *Nuclear Proliferation in the Near-Nuclear Countries*, Cambridge: Ballinger Publishing Co., 1975, p. 186.

⑤ International Atomic Energy Agency, *The Annual Report for* 1992, Document GC (XXXVII) 1060, July 1993, p. 140.

会提议建立中东无核区（NWFZ）的国家。[①] 1974年3月，伊朗成立了伊朗原子能组织（AEOI）。5月15日，为了消除国际社会对伊朗核计划的疑虑，伊朗政府与国际原子能机构签署了《伊朗和国际原子能机构实施与〈核不扩散条约〉有关的保障协议》（INFCIRC/214），开始与国际原子能机构进行全面合作[②]。

1975年3月，美国原子能委员会与伊朗签署协议，计划向伊朗提供6座反应堆。同年，美国国务卿基辛格和伊朗金融部长胡桑·安萨里（Hushang Ansali）签署了一份贸易协定，美国同意向伊朗提供8座核反应堆以及所需的核燃料。

1976年初，巴列维政府与西德谈判，要求西德提供浓缩铀及钚加工技术，以最终使伊朗自主具有燃料循环利用能力。[③] 7月1日，伊朗原子能组织与西德克拉夫沃克联合公司签署了一份协议，计划投资78亿马克建造布什尔核电站。后来双方又签署附加协议，西德公司向伊朗提供核电站所需要的核燃料。[④]同年，美国福特政府与伊朗政府签署一份协议，同意伊朗购买和使用美国生产的铀加工设备，包括一套完整的"核燃料循环"系统。双方还签署了一份协议，由美国帮助伊朗发展核工业，包括生产钚和浓

---

① James F. Leonard and Jan Prawitz, "The Middle East as a NWFZ or WMDFZ Application," *Pacifica Review*, Vol. 11 No. 3, October 1999, p. 263; UN Document A/RES/3263 (XXIX).

② *INFCIRC*/214, Information Circular, International Atomic Energy Agency, December 13, 1974. http://www.iaea.org/Publications/Documents/Infcircs/Others/infcirc214.pdf.

③ Ernest W. Lefever, *Nuclear Arms in the Third World: U.S. Policy Dilemma*, Washington, D.C.: The Brookings Institution, 1979, p. 56.

④ "Russia Helps Build Bushehr Nuclear Power Plant," *FBIS-NES*-94-079, Vol. 25, April 1994, p. 82.

缩铀的能力。[①]

1977年5月13日，法国同意为伊朗建造2座900兆瓦、价值20亿美元的核电站，并表示如果美国撤销与伊朗签署的建造8座核反应堆的协议，法国将准备为伊朗建造8座核反应堆。此时，西德在布什尔建造的核反应堆已经完成了30％。

1978年，美国里斯奇姆公司（Lischem）向伊朗出口了4套激光浓缩铀设备。[②]此次交易得到美国政府的默许，美国政府并没有表示反对。[③]

二、霍梅尼时期的伊朗核计划（1979—1989）

这一时期是伊朗核计划的搁置和停滞阶段，主要原因是伊斯兰革命和两伊战争的爆发、美伊关系的恶化以及霍梅尼"反核"理念的出台。但在霍梅尼政权的末期，伊朗开始考虑重启沉寂多年的核计划。

1979年伊斯兰革命后，伊朗伊斯兰委员会认为，发展核武器是不道德的，与伊斯兰教义相冲突；[④]因此，在较长时间内霍梅尼

① Maxine Kaye and Ari Fridman and Julia Levy, "Toward a Nuclear Iran: The History, the Threat, and the International Response," *American Jewish Committee*, December 2006, p. 4.

② Leonard S. Spector, *Going Nuclear*, Cambridge, Mass: Ballinger Pub. Co., 1987, pp. 46—48.

③ Richard Kessler, "Argentina's Invap to Supply Iran Fuel for Research Reactor," *Nucleonics Week*, May 14, 1987, p. 2.

④ Anthony C. Cain, "Iran's Strategic Culture and Weapons of Mass Destruction: Implications of US Policy", *Maxwell Paper No*. 26, Air War College: Air University Press, April 2002, p. 13. Jahangir Amuzegar, "Nuclear Iran: Perils and Prospects", *Middle East Policy*, Vol. XIII, No. 2, Summer 2006, p. 92.

政权未进行核研发工作。霍梅尼认为，伊朗发展核技术将引发中东地区的核武器竞赛，承担的成本将远远大于收益。

由于美伊关系破裂，美国停止向伊朗提供高浓度浓缩铀。同时，伊朗与法国取消了建设核电站的协议，法国公司撤出伊朗。1979年6月12日，由于伊朗方面拖欠4.5亿美元的工程款，西德克拉夫沃克公司停止了布什尔核反应堆的建设，但其中1座核反应堆的工程已经完成了85%。[①] 7月31日，克拉夫沃克公司决定终止建造布什尔核电站的合同，撤回全部工作人员。[②] 1980年，伊朗政府通知欧洲各供应商，不再承认前政府购买反应堆的合同。[③]

从伊斯兰革命爆发到1984年两伊战争陷入胶着状态，伊朗核计划一直处于停滞状态。[④] 在两伊战争期间，伊拉克多次空袭伊朗布什尔核电站；同时，在战场上，伊拉克频繁使用化学武器给伊朗带来了巨大的财产损失和人员伤亡，这在一定程度上改变了霍梅尼的"反核"理念，伊朗当局决定增强武器威慑力，考虑重

---

① "The About-Face in Iran On Nuclear Power Plants," *Business Week*, June 25, 1979, p. 38; "Iran: Fate of Nuclear Projects in Doubt in New Regime," *Nuclear News*, Vol. 22, No. 3, March 1979, p. 59.

② "German Concern Ends A-Contract," *Facts on File World News Digest*, August 3, 1979, p. 586 E2.

③ "Iranian Attack on Iraqi Nuclear Complex Seen as Harbinger," *Nucleonics Week*, Vol. 21, No. 41, October 9, 1980, p. 1; Allan S. Krass, et al., *Uranium Enrichment and Nuclear Weapon Proliferation*, London and New York: Taylor & Francis Ltd, 1983, pp. 219—220.

④ Ali M. Ansari, *Modern Iran Since* 1921: *The Pahlavis and After*, London: Pearson Education Limited, 2003, p. 192—249; Nikkie R. Keddie, *Modern Iran: Roots and Results of Revolution*, New Haven: Yale University Press, 2003, p. 214—62.

启核计划。[①] 1984 年，伊朗在伊斯法罕核研究中心开始反应堆技术、核燃料循环以及化学加工贫铀的研究工作。[②]

1985 年 1 月，伊朗开始与阿根廷尹瓦普（INVAP，Investigacious Aplicadas）公司进行谈判，要求阿方为原先美国建设的核反应堆更换新的核心部件。1987 年 5 月 5 日，阿根廷尹瓦普公司和伊朗原子能机构签署了一份价值 550 万美元的合同，阿根廷负责改装美国建设的核反应堆，并提供浓缩铀纯度为 20%的核燃料。[③] 5 月 18 日，阿根廷证实已经与伊朗签署了上述长期核合作协议。[④] 1988 年 2 月 24 日，阿根廷帮助伊朗修复了德黑兰核研究中心核反应堆的核心部件，并提供了所需的核燃料。[⑤] 9 月 26 日，国际原子能机构同意伊朗从阿根廷购买 115. 8 千克 20%浓缩铀。[⑥]

1986 年 2 月和 1987 年 7 月，巴基斯坦原子能委员会主席阿卜杜勒·卡迪尔·汗访问了德黑兰和布什尔，与伊朗原子能委员

---

① Geoffrey Kemp and Walter Lippmann, "How to Stop the Iranian Bomb," *The National Interest*, No. 72, Summer 2003, p. 50. Gawdat Bahgat, "Nuclear Proliferation: The Islamic Republic of Iran," *International Studies Perspectives*, Vol. 7, 2006, p. 130.

② John W. Graver, *China and Iran: Ancient Partners in a Post-Imperial World*, Seattle and London: University of Washington Press, 2006, p. 143.

③ Richard Kessler, "Argentina to Enforce Curbs on Nuclear Trade with Iran," *Nucleonics Week*, Vol. 28, No. 12, March 19, 1987, p. 12.

④ "Argentina Confirms Deal for Work on Bushehr," *Nuclear News*, July 1987, p. 54

⑤ "Sabato on Argentina-Brazil Nuclear Cooperation Agreements," *Nuclear Developments*, February 24, 1988, pp. 20—21.

⑥ Gamini Seneviratne, "IAEA Approves Argentine Fuel for Teheran Research Reactor," *Nuclear Fuel*, October 3, 1988, p. 13.

会主席阿姆莫拉伊签署了一份核合作协议，[①]允许伊朗核科学家到巴基斯坦接受培训。[②]

20 世纪 80 年代中期，伊朗派遣了大约 15000 至 17000 名留学生到国外接受核技术培训，其中一些回国后在谢里夫技术大学任教。[③] 拉夫桑贾尼在 20 世纪 80 年代末又派遣留学生到国外学习核技术，并引进许多外国核专家。1987 年，拉夫桑贾尼成立了一个专门委员会，研究伊朗核计划的可行性。尽管如此，伊朗在寻求核技术方面远逊于伊拉克。20 世纪 80 年代末，在伊朗从事核计划的总人数估计在 500 人左右，而伊拉克则有 7500 人从事核技术研究。[④]

---

① Kenneth R. Timmerman, *Weapons of Mass Destruction*: *The Cases of Iran*, *Syria*, *and Libya*, Simon Wiesenthal Center, August 1992, pp. 41—42; Krosney, Herbert, *Deadly Business*: *Legal Deals and Outlaw Weapons*: *The Arming of Iran and Iraq*, 1975 *to the Present*, London: Four Walls Eight Windows, 1993, p. 249; Richard p. Cronin and K. Alan Kronstadt and Sharon Squassoni, "Pakistan's Nuclear Proliferation Activities and the Recommendations of the 9/11 Commission: U. S. Policy Constraints," *CRS Report for Congress*, March 16, 2005, p. 13; 一个消息称双方 1987 年在迪拜会晤：Dafna Linzer, "U. S. Misled Allies About Nuclear Export: N. Korean Material Landed in Pakistan, Instead of Libya," *The Washington Post*, March 20, 2005. 第三个消息称会晤时间为 1988 年：Mark Hibbs, "Bonn Will Decline Teheran Bid to Resuscitate Bushehr Project," *Nucleonics Week*, Vol. 32, No. 18, 1991, p. 17; Jamal S. Al-Suwaidi, *Iran and the Gulf*: *A Search for Stability*, London: British Academic Press, 1996, p. 279.

② Krosney, Herbert, *Deadly Business*: *Legal Deals and Outlaw Weapons*: *The Arming of Iran and Iraq*, 1975 *to the Present*, London: Four Walls Eight Windows, 1993, p. 249.

③ Kenneth R. Timmerman, *Weapons of Mass Destruction*: *The Cases of Iran*, *Syria and Libya*, Los Angeles: Simon Wiesenthal Center, 1992, p. 43.

④ Anthony H. Cordesman, *Iran and Nuclear Weapons*: *A Working Draft*, Washington, D. C.: Center for Strategic and International Wtudies, February 7, 2000, p. 4. http: //www. csis. org/mideast/reports/irannuclear02072000. pdf

伊朗在霍梅尼政权末期尽管重启了核计划，开始了激光浓缩铀活动，但由于美国对前苏联的施压，伊朗核计划进展缓慢。

三、拉夫桑贾尼时期的伊朗核计划（1989—1997）

这一时期是伊朗核计划的重启和恢复阶段，主要得益于前苏联和俄罗斯的支持。1989 年 6 月 3 日霍梅尼病逝后，伊朗加快了核计划的恢复和重建工作。

1989 年 6 月 22 日，伊朗总统拉夫桑贾尼与苏联总统戈尔巴乔夫签署了包括核领域合作的一系列协定。①

1992 年 8 月 7 日，伊朗与俄罗斯签署了包括和平使用核能条款的《俄伊协定》。1995 年 1 月 8 日，伊朗根据《俄伊协定》与俄罗斯签署了一份价值 8 亿美元的协议，俄罗斯帮助伊朗在布什尔建造 1 座轻水核电站，② 向伊朗提供包括核燃料离心技术在内的援助、为伊朗建造 1 座浓缩铀离心机工厂及培训伊朗核科学家。③此项协议遭到美国的坚决反对。1995 年 3 月中旬，美国参议院以 73 比 3 的投票结果通过一项提案，支持美国政府在俄罗斯向伊朗提供核电站的情况下取消对俄罗斯的用于核安全计划的投资。共和党议员要求克林顿取消原定于 5 月 9 号举行的美俄首脑

---

① "Moscow, Iran Sign Economic Pacts, Hint Future Arms Deals," *Los Angeles Times*, June 22, 1989.

② Nugzar Ter-Oganov, "The Russia-Iranian Nuclear Cooperation," *Iran Pulse*, No. 5, November 5, 2006.

③ Jeffrey R. Smith and Michael Dobbs, "Russia Promised to Sell Centrifuge Plant to Iran", *The Washington Post*, April 29, 1995.

会谈。[①] 3 月 18 日，俄罗斯表示将继续建造布什尔核电站。作为回应，美国于 3 月 28 日宣布推迟签署美俄核合作协定。此后，尽管美国承诺给俄罗斯更多的好处，但俄罗斯仍拒绝终止与伊朗的协议。[②]由于担心俄罗斯在美国压力下变卦，就在克林顿与叶利钦举行首脑会晤的前夕，伊朗宣布同意俄罗斯回收使用过的核燃料。美俄首脑会晤期间，叶利钦表示，俄伊布什尔核电站协议不会导致伊朗研制出核武器。8 月底，伊俄正式签订将使用过的核燃料运回俄罗斯的协议。

1991 年，印度与伊朗签署一份向伊朗提供 1 座 10 兆瓦的反应堆的协议，但在美国的压力下，印度很快取消了这一协议。不过，印度为伊朗培训了一些核科学家。[③]

1998 年 5 月印度和巴基斯坦进行核试验后，伊朗司法部长阿亚图拉·穆罕默德·亚兹迪在一次演讲中表示："我们生活在美国支持以色列的时代，它们拥有最大的大规模杀伤性武器与核武器库，伊斯兰世界必须拥有一颗原子弹以维持均势。"[④]

在拉夫桑贾尼时期，在美国的压力下国际原子能机构加大了对伊朗的核查力度。1992 年，国际原子能机构核查人员核查了伊

① Bill Gertz, "Senate Sends Tough Message to Russia"; "U. S. Expect Indicates Technicians will Visit Tehran to Work on Uranium Plant", *The Washington Times*, March 17, 1995.

② Fred Hiatt, "Perry Hints at Iran Compromise; Secretary's Comments in Moscow Cause Consternation in Washington", *The Washington Post*, April 3, 1995, p. A19.

③ "India Denies Nuclear Cooperation with Iran," *Agence France Presse*, December 13, 2003.

④ Michael Eisenstadt, "Living with a Nuclear Iran?" *Survival*, Vol. 41, Iss. 3, Summer 1999, p. 129.

朗6个核试验场地，他们对是否被带到真正存在问题的核场地持怀疑态度。[①] 1993年，国际原子能机构核查了伊斯法罕、卡拉耶和德黑兰，并从1995年至2005年对卡拉耶电子公司的P-1离心机进行了多次检查。1996年10月，伊朗声称为了阻止美国获得伊朗的环境样本，拒绝国际原子能机构检查其核设施环境。[②]

四、哈塔米时期的伊朗核计划（1997—2005）

这一时期是伊朗核计划的秘密实施（前期）并公开暂停（后期）阶段。2003年，伊朗秘密核计划曝光，迫于国际社会的强大压力和伊拉克战争后严峻的形势，伊朗不得不于12月签署了《不扩散核武器条约》附加议定书，并冻结了所有与浓缩铀相关的计划与活动。伊朗重启核计划遭到了国际社会的普遍质疑和强烈反对，美国极力打压伊朗的核计划，西方国家如法、德、阿根廷终止了与伊朗的核合作。伊朗的核计划虽面临重重阻碍，但与俄罗斯的核合作却得到了快速发展。

2000年5月，国际原子能机构新任总干事穆罕默德·巴拉迪检查了布什尔等核设施，没有发现任何疑点。由于没有得到美国停止对伊朗核计划设置障碍的保证，伊朗拒绝签署《各国和国际原子能机构关于实施保障的协定的附加议定书范本》（INFCRC－540），即通常所说的《附加议定书》。[③]

---

① Mark D. Skootsky, "U. S. Nuclear Policy Toward Iran," June 1, 1995,

② Mark Hibbs, "Iran Balking at Approval of IAEA Environmental Monitoring", *Nuclear Fuel*, Vol. 21, No. 20, 1996.

③ Mark Hibbs, "Iran won' t Accept More Inspections Unless U. S. Stops Nuclear Blockade," *Nuclear Fuel*, Vol. 41, No. 22, 2000.

无论是前最高领袖霍梅尼，还是现任最高领袖哈梅内伊，都反复强调研发核武器有悖于伊朗的政治和经济利益以及伊斯兰信仰。[1]伊朗政府多次申明，伊朗核计划的最终目标不是发展核武器，而是和平利用核能。2000 年 2 月 18 日，伊朗议会选举后，在政府部门中享有较大权力的伊朗改革派明确反对发展核武器，但不反对发展核计划。[2]在哈塔米担任总统时期，伊朗与国际原子能机构的合作取得了一些进展。

2002 年 1 月 7 日，俄罗斯原子能部部长亚历山大·鲁缅采夫表示俄罗斯尊重与伊朗签署的协议，将在 2004 年之前结束布什尔核电站的建造工作，布什尔核电站完全出于和平目的。[3] 1 月 30 日，俄罗斯驻伊朗大使亚历山大·马利亚索夫（Aleksandr Maryasov）宣称，"美国和以色列的指责毫无根据，我们根本不可能与伊朗合作制造核武器。"[4]

2003 年 2 月 25 日，国际原子能机构核查人员在对伊朗核设施进行检查时发现伊朗违反《不扩散核武器条约》的证据。伊朗同意就签署《不扩散核武器条约》附加议定书进行谈判。6 月 11 日，国际原子能机构核查人员报告，在纳坦兹燃料厂的化学捕集

---

① "Iran's Ayatollah Affirms Peaceful Nuclear Plans," *The New York Times*, January 19, 2006; Molly Moore and Dafna Linzer, "IAEA: Iran Advancing Uranium Enrichment," *The Washington Post*, February 28, 2006, p. A10.

② Michael Rubin, "Iran's Burgeoning WMD Programs, *Middle East Intelligence Bulletin*, Vol. 4, Iss. 3, 2002.

③ "Russia Pledges to Continue Iranian Nuke Project," *Middle East Newsline*, Vol. 4, No. 8, January 7, 2002.

④ "Iran: Russian Envoy on Afghanistan, Terrorism, US, Israel, Nuclear Power Plant," *IRNA*, January 30, 2002.

器材及环境样品中发现了高浓缩铀痕迹。[1] 6 月 19 日，国际原子能机构报告称“伊朗未能遵守《保障协议》，未尽向国际原子能机构报告其核材料加工、使用和储存情况的义务”。[2] 10 月 21 日，伊朗与英法德三国达成暂停浓缩铀活动的《德黑兰协议》，伊朗保证：完全公开以前的核活动；签署并批准《不扩散核武器条约》附加议定书；暂停浓缩铀活动。同时欧盟保证：承认伊朗在《不扩散核武器条约》框架内享有和平利用核能的权利；伊朗签署《不扩散核武器条约》附加议定书不会导致其主权、国家安全及尊严受到损害；伊朗承诺奠定欧伊合作对话基础；欧盟将与伊朗开展旨在推动地区安全与稳定的合作，包括在中东地区建立无核区。[3] 11 月 10 日，国际原子能机构总干事报告称，伊朗核燃料循环前端实际上已经相当完整，发展铀离心浓缩计划已经 18 年，激光浓缩计划已经 12 年，并利用离心浓缩工艺和激光浓缩工艺生产了少量低浓缩铀。[4] 11 月 26 日，国际原子能机构理事会一致通过了美国与英法德三国商定的关于伊朗核问题的决议草案，决议批评伊朗过去违反了其对国际原子能机构做出的承诺，但对伊朗表示要积极与国际原子能机构合作和增强核活动的透明度表示欢迎。[5]

---

① GOV/2003/63, August 26, 2003, p. 2.

② GOV/2003/75, November 10, 2003, p. 2.

③ “Iran's Nuclear Programme: A Collection of Documents, Presented to Parliament by the Secretary of State for Foreign and Commonwealth Affairs,” January 2005. http://www.fco.gov.uk/files/kfile/cm6443.pdf; Mohsen Asgari and Mark Huband, “Iran to Suspend Uranium Enrichment Programme,” *The Financial Times*, October 21, 2003. http://yaleglobal.yale.edu/display.article?id=2659

④ GOV/2003/75, November 10, 2003, pp. 3—10.

⑤ GOV/2003/81, November 26, 2003, p. 3.

2004年6月18日，国际原子能机构通过决议，称伊朗铀浓缩计划非常关键的两个问题，即伊朗所有高浓缩铀污染的来源及根据P—2型离心机设计所进行的工作范围和性质，仍然悬而未决，因此，要求伊朗紧急采取一切必要措施解决所有尚未解决的问题，解释在伊朗有关场所发现的低浓缩铀和高浓缩铀污染问题。[①]11月15日，国际原子能机构理事会的评估报告认为，伊朗没有将申报的核材料用于违禁活动，但还不能得出伊朗不存在未经申报的核材料与核活动的结论；伊朗限制了原子能机构核查其核活动的权利，如伊朗曾经拒绝核查人员进入帕尔钦军事设施。[②]11月22日，伊朗政府宣布当天已经中止了与浓缩铀有关的一切活动。[③]11月29日，伊朗照会国际原子能机构，要求欧盟三国全面履行与伊朗达成的协议，暂不将伊朗核问题提交到联合国安理会。[④]

2005年3月5日，伊朗政府宣布，为了防止核设施遭到空袭，伊朗正在伊斯法罕和纳坦兹建造地下核设施。这是伊朗首次公开承认纳坦兹建有地下核设施。[⑤]伊朗前总统哈什米·拉夫桑贾尼公开表示，伊朗最初的确从黑市上买过核材料，秘密发展核计划，不过“我们只是为了和平利用核能。在2002年后，伊朗核计

① GOV/2004/49, June 18, 2004.

② GOV/2004/83, November 15, 2004.

③ Louis Charbonneau, “Iran Halts Key Nuclear Work to Avoid UN Sanctions,” *The Reuters*, November 22, 2004.

④ GOV/2004/90, November 29, 2004.

⑤ Jahn George, “Iran Builds Bomb-Resistant Underground Nuclear Storage,” *The Associated Press*, March 4, 2005.

划就完全透明了”。[1] 5 月 9 日，伊朗原子能机构主席穆罕默德·赛义迪承认，伊朗在 2004 年暂停所有浓缩铀之前，已经将 37 吨铀原料（即“黄饼”）在伊斯法罕核设施中全部转化成了四氟化铀气体。[2]如果伊朗将这 37 吨铀原料全部提炼完成，那么伊朗用提取的浓缩铀可以制造出 5 枚核武器。6 月 14 日，国际原子能机构总干事巴拉迪在国际原子能机构理事会上发言时表示，伊朗已经根据《不扩散核武器条约》附加议定书等的要求，协助国际原子能机构现场检查其核原料与核设施，但伊朗政府仍未提供关于离心分离机浓缩铀计划足够的信息。[3]

五、内贾德时期的伊朗核计划（2005—2010）

这一时期是伊朗核计划的高峰期。伊朗不顾国际社会的坚决反对，强行推进核计划，咄咄逼人，不断挑战国际核不扩散体系。伊朗核问题逐渐演变成关联度高、具有全球意义的国际热点问题。伊朗核问题已经超越了伊朗国家安全的范畴，不仅体现了国家政策行为与国际规范之间的冲突，而且成为当前国际关系各种力量相互博弈的一个缩影，凸显了国际社会各主要行为体的不同政治抱负与利益诉求

2005 年 6 月，伊朗新保守势力的代表人物艾哈迈迪·内贾德

---

① 允真：“伊朗自曝核计划内幕：伊朗从黑市上买过核材料”，《中国青年报》2005 年 3 月 8 日。

② Ali Akbar, “Iran Confirms Uranium-To-Gas Conversion,” *The Associated Press*, May 9, 2005.

③ Susan Loof, “IAEA Urges More Cooperation From Iran,” *The Associated Press*, June 15, 2005.

击败了前总统拉夫桑贾尼当选为伊朗新任总统，伊朗在核问题上开始执行强硬路线。[①]内贾德时期伊朗核政策主要体现在以下几个方面：首先，强调伊朗享有根据《不扩散核武器条约》所规定的和平利用核技术的权利，拒绝无限期暂停浓缩铀活动，决定重启浓缩铀活动；其次，强调通过外交谈判，和平解决伊朗核问题；最后，坚决抵制国际社会在核问题上对伊朗的施压。8 月 2 日，美国国家情报委员会公布《国家情报评估》，首次对伊朗核活动做出全面分析，认为伊朗还需要十年的时间才能够制造出核武器的关键成分——高浓缩铀。[②] 9 月 24 日，国际原子能机构理事会宣布伊朗未遵守《不扩散核武器条约》，并表示伊朗如不履行《巴黎协定》，国际原子能机构将把核问题提交联合国安理会。[③] 12 月 5 日，伊朗做出强硬反应，宣布正在招标建造 2 座 1000 兆瓦的核反应堆，并表示伊朗公司将在库奇斯坦建造 1 座 200 兆瓦的核反应堆。[④]

2006 年 1 月 3 日，伊朗宣布将恢复中止两年多的核燃料研究工作。10 日，伊朗撕掉核封条，正式恢复核燃料研究活动。[⑤] 15 日，国际原子能机构总干事巴拉迪表示，国际原子能机构未能确

---

① Shahra , Chubin, *Iran's Nuclear Ambitions*, Washington, D. C.: Carnegie Endowment for International Peace, 2006, pp. 27—30.

② Dafna Linzer, "Iran Is Judged 10 Years From Nuclear Bomb: U. S. Intelligence Review Contrasts With Administration Statements," *The Washington Post*, August 2, 2005, p. A01.

③ GOV/2005/77, September 24, 2005.

④ Kenneth Katzman, "Iran: U. S. Concerns and Policy Responses," *CRS Report for Congress* July 31, 2006, p. 15.

⑤ Steven R. Weisman and Nazila Fathi, "Iranians Reopen Nuclear Centers," *The New York Times*, January 11, 2006.

定伊朗核计划的和平性质。31日，国际原子能机构发表报告，要求伊朗提供所宣称的和平核研究计划及秘而不宣的“绿盐计划”(*Green Salt Project*)，提供将氧化铀转化为四氟化铀和与烈性炸药和导弹运载工具设计测试有关的资料。[①] 2月4日，国际原子能机构理事会通过决议，要求伊朗必须配合调查有关可用于常规军事领域和民用领域及核军事领域的设备与材料；全面暂停包括研发在内的与浓缩铀有关的活动；重新考虑停止建造重水反应堆；正式签署赋予国际原子能机构更大核查权的协议。[②] 2月27日，国际原子能机构总干事巴拉迪在向理事会成员国提交的报告中指出，从2005年9月起，伊朗已在伊斯法罕的铀转化设施中生产了85吨六氟化铀气体，这些核原料足以制造数枚核弹；伊朗已于2月11日向P—1型离心机装入六氟化铀气体，并计划最终安装5万台浓缩铀离心机；并于22日开始测试位于纳塔兹地区浓缩铀核设施的20台离心机，重新启动气体浓缩计划。不过，这份报告承认，调查人员仍没有找到伊朗将核原料用于制造核武器的任何证据。[③] 4月11日，伊朗原子能组织主席阿加扎德表示，伊朗科学家已在纳坦兹浓缩铀工厂成功地生产出纯度为3.5％的低纯度浓缩铀，为工业规模的浓缩铀活动奠定了基础。内贾德宣称伊朗已加入“核大国俱乐部”，是具有划时代意义的“历史时刻”，伊朗

---

① The Deputy Director General, “Developments in the Implementation of the NPT Safeguards Agreement in the Islamic Republic of Iran and Agency Verification of Iran's Suspension of Enrichment-related and Reprocessing Activities,” *IAEA*, January 31, 2006, p. 3.

② GOV/2006/14, February 4, 2006.

③ GOV/2006/15, February 27, 2006.

很快能自己提供核燃料。[①] 4 月 28 日，国际原子能机构总干事巴拉迪向联合国安理会和国际原子能机构理事会提交报告，证实了伊朗使用 164 台离心机提炼出纯度为 3.5%的浓缩铀，要求伊朗遵从联合国安理会的要求，在规定的 30 天期限内中止浓缩铀活动。[②] 5 月 1 日，伊朗政府投入 2.43 亿美元建设的布什尔第一座核电站顺利竣工。[③] 5 月 2 日，伊朗宣布已经生产出纯度为 4.8%的低度浓缩铀。随后，总统内贾德宣称，伊朗已经掌握了整个核燃料循环技术。[④] 7 月 31 日，联合国安理会通过第 1696 号决议要求伊朗在 8 月 31 日前暂停所有与浓缩铀和后处理相关的活动，呼吁伊朗与国际原子能机构合作、通过政治和外交谈判解决问题。[⑤]但伊朗没有在最后期限内停止浓缩铀活动。11 月 14 日，国际原子能机构的报告指出，在德黑兰附近的卡拉耶核废料设施内，核查人员从容器上提取了高浓缩铀颗粒样本，检测到少量的钚。国际原子能机构理事会决定“搁置”伊朗政府关于阿拉克重水反应堆项目的技术援助申请。[⑥]

2007 年 4 月 18 日，国际原子能机构的一份文件显示，伊朗

---

① Nazila Fathi, David E. Sanger and William J. Broad, “Iran Says it is Making Nuclear Fuel, Defying U. N. ,” *The New York Times*, 12 April 2006.

② GOV/2006/27, April 28, 2006.

③ “Iran Allocates Funds to Finish first Nuclear Pwer Pplant,” *The Associated Press*, May 1, 2006.

④ “Iran Achieves Higher Uranium Enrichment Level,” *Agence France Presse*, May 2, 2006

⑤ UNSCR 1696. http://daccessdds.un.org/doc/UNDOC/GEN/N06/450/22/PDF/N0645022.pdf? OpenElement

⑥ 20 世纪 80 年代，在“技术支持”项目下，国际原子能机构曾帮助伊朗获得铀。Mark Heinrich, “IAEA Suspends Some Nuclear Aid to Iran: Diplomats,” *The Reuters*, January 17, 2007.

已经开始在其地下浓缩铀工厂生产核燃料，已启动纳坦兹浓缩铀工厂的8个机组共1312台离心机，试图达到浓缩铀生产的工业规模。伊朗试图大规模提取六氟化铀气体，实现核原料的大规模生产。[①]5月23日，国际原子能机构报告显示，伊朗不仅未按联合国安理会要求暂停浓缩铀活动，而且扩大了生产规模。[②]8月28日，伊朗总统内贾德表示，伊朗核问题“已经了结”，伊朗已经是一个拥有完整核燃料循环体系的“核国家”，将继续实施其和平利用核能的计划。8月30日，国际原子能机构报告称，伊朗已经提供的说明钚的问题的澄清材料与调查结果相符，伊朗核计划中钚的问题已经得到解决。[③]10月28日，国际原子能机构总干事巴拉迪在接受采访时说，没有收到显示伊朗正在开展核武器计划的任何情报。[④]12月3日，美国16个情报部门根据2007年10月31日前获得的情报发表《美国国家情报评估》(*National Intelligence Estimate*)，宣称伊朗早在2003年就停止了核武器发展计划。截至2007年年中，伊朗核武器计划一直处于冻结状态。[⑤]

到2008年1月24日，俄罗斯共向伊朗布什尔核电站运送了6批核燃料。2月22日，国际原子能机构总干事巴拉迪就伊朗核问题发表报告，指出伊朗仍未能彻底澄清其核计划是否具有军事

---

① “Atomic Agency Confirms Advances by Iran’s Nuclear Program,” *The New York Times*, April 18, 2007.

② GOV/2007/22, May 23, 2007.

③ GOV/2007/48, August 30, 2007.

④ GOV/2007/58, November 15, 2007.

⑤ National Intelligence Council, “Iran: Nuclear Intentions and Capabilities”, November 2007.

性质。[①] 3月3日，联合国安理会通过了制裁伊朗的1803号决议。5月2日，伊朗核问题六国外长会议在伦敦举行，决定尽快与伊朗就核能、政治、经济、农业、民航等广泛合作领域开展谈判，以寻求全面、长期、妥善地解决伊朗核问题。6月14日，欧盟高级代表索拉纳向伊朗递交了美俄中英法德六国外长致伊朗外长穆塔基的信函，以及六国提出的关于解决伊朗核问题的复谈方案，方案中增加了诸多鼓励性措施，明确要求伊朗暂停铀浓缩活动。六国的要求当天遭到伊朗的拒绝，伊朗同时提交了解决伊朗核问题的一揽子建议。7月26日，内贾德宣称伊朗已经在纳坦兹装备了近6000台用于提炼浓缩铀的离心机。[②] 9月27日，联合国安理会一致通过第1835号决议，重申安理会此前通过的有关伊朗核问题的决议，要求伊朗立即予以全面执行。

2010年是伊朗核活动关键的一年。5月17日，伊朗签署“历史性”协议同意在土耳其交换核燃料。6月9日，在美英等国的推动下，联合国安理会通过第1929号决议，决定对伊朗实行自2006年以来最为严厉的制裁——第四轮制裁。尽管如此，美国认为联合国的决议仅局限于制裁伊朗的核领域，不足以使伊朗彻底屈服，美国决定加大对伊朗的单边制裁力度。7月初，美国总统正式批准由国会通过的单边制裁伊朗法案。至此，奥巴马政府对伊政策日趋强硬，再次回到制裁的老路上来。2010年8月21日，因伊斯兰革命中断多年的伊朗布什尔核电站，在俄罗斯的帮助下开始装载核燃料，这标志着伊朗第一座核电站的正式启动，也标

① http://www.iaea.org/Publications/Documents/Board/2008/gov2008—4.pdf

② 高铁军：“伊朗自称拥有了6000台浓缩铀离心机”，人民网7月26日电。

志着伊朗核力量已取得了突破性进展。

第四节 美伊处理伊朗核问题的外交政策和手段

一、美国处理伊朗核问题的"双轨"政策

在推翻萨达姆政权、招安卡扎菲之后，布什政府确定了解决伊朗核问题的"胡萝卜加大棒"的总原则，即"双轨（*Dual-track Policy*）"推进的政策。这一思想最初是由美国总统布什2002年1月29日在国情咨文中提出的。同年8月2日，时任布什总统特别助理、阿富汗事务特使的哈利勒扎德（后任美国驻伊拉克大使、常驻联合国大使），在华盛顿近东事务研究所发表了题为"伊朗和美国的伊朗政策向何处去?"的著名演讲，正式提出布什政府处理伊朗核问题的"双轨"战略。[①]所谓"双轨"，就是指既以先发制人的军事打击和经济制裁对伊朗施加强大压力，又通过有限的接触谈判以争取合作；既保持美国单方面的强势压迫，又调动多边联合施压；既从外部施压促变，又策划伊朗人民的"民主运动"从内部实现重大突破；既注重消除伊朗带来的现实威胁，又争取实现美国在伊朗的潜在和长远利益。[②]

从历史上看，美国对伊朗政策的基本框架是"以具体问题为

---

① Zalmay Khalilzad, Special Assistant to the President, "Where is Iran and U.S. Iran Policy Headed?" *Special Policy Forum Report*, Washington: the Washington Institute for Near East Policy, August 2, 2002, p. 1—2.

② 高祖贵：《美国与伊斯兰世界》，北京：时事出版社，2005年版，第297页。

导向的双轨政策”，着眼于解决伊朗核开发、支持恐怖主义和反对巴以和平进程等具体问题，消除伊朗的现实威胁，美国的长期目标是把伊朗变成美国在反恐、反扩散、构建中东安全机制的伙伴。其实，“双轨”一直是美国对伊朗政策的基本特点。例如，卡特政府既支持巴列维国王，也支持与国王不和的政府；里根政府既在毛拉领导层中拉拢希望改善对美关系的温和派，又向反对霍梅尼政权的组织提供帮助；历届美国政府表面上要求盟国共同制裁伊朗，暗地里却与伊朗进行武器交易；既向伊朗提供武器，又向伊拉克提供情报、助其打击伊朗。由于是“双轨”推进，美国对伊朗的政策选择存在较大的回旋空间和操作灵活性，有助于防止双方的矛盾过度激化。具体说来，就是利用欧洲盟国与伊朗现有的外交关系和经贸联系，让欧盟扮演说客和谈判角色，再通过国际原子能机构实施核查和监督，达到“不战而屈人之兵”的目的；一旦伊朗拒绝合作，美国就会利用国际原子能机构和联合国安理会来制裁伊朗，必要时以武力威胁来解决核问题。美伊关系因而呈现出斗争与合作交织的复杂局面：既不至于爆发战争，也难以在短期内取得突破。当前，美国对伊朗强硬斗争突出，而接触和合作有限。这也表现出伊朗对于美国所具有的威胁和利诱的双重性，以及“9·11”事件后美国认为伊朗“威胁远远大于利益”的基本态度。在“双轨政策”的框架下，美国对伊朗的政策显得既清晰又模糊，因为这个政策本身是“双轨”，布什政府在不同形势下、处理不同问题时，会选择不同的“轨道”，并时有变化，外界难以把握。例如，布什政府一边宣布继续对伊朗实施经济制裁，一边与伊朗就阿富汗局势和伊拉克重建等问题保持低级别磋商；一边强调“绝不会容忍伊朗发展核武器”，一边谋求俄罗斯、欧盟等方面的合作以联合施压；一边指责伊朗支持恐怖主义，一边又要与伊朗加强反恐合作；一边做出放弃支持民选的哈塔米政府的姿态，一边又表示“支持伊朗人民的民主运动”。布什政府所拥有的针对伊朗的政策手段也不只是军事威慑，还包括从公共外交到秘密行动的各种措施。[①]

一方面，美国态度强硬，利用超级大国的优势向伊朗高举“大棒”，对伊朗保持强大的压力，实施战争边缘政策[②]，不断发出战争警告和制裁威胁，并极力主张国际原子能机构把伊朗核问题提交安理会讨论并谋求联合国制裁，为军事打击提供合法依据；同时加强经济封锁和军事部署。长期以来，美国一直向俄罗斯施压，敦促俄停止与伊朗的核合作。美国还把国际原子能机构推到前台，试图通过核查和国际核不扩散机制把伊朗核计划扼杀在萌芽之中。美国不断借用一致反对伊朗发展核武器的联合国、欧盟和俄罗斯向伊朗施压，试图迫使伊朗就范。另外，美国对伊朗长期发动心理战和宣传战，采取一系列战略措施扶持反政府势力，推动伊朗内部的“民主运动”，以促使伊朗政权更迭，建立亲美的温和政府。美国支持伊朗国内的温和派并与其进行接触，分化和削弱伊朗保守势力和宗教统治阶层。2003 年 6 月 16 日，美国“倒萨”军事行动的主要策划者之一——国防部顾问、美国

---

① 高祖贵：《美国对伊朗的两张面孔》，载《世界新闻报》，2003 年 11 月 10 日国际版。

② “边缘危机”（brinkmanship crisis），即以战争相威胁，迫使对手让步以获得利益而导致的国际危机。在这种危机中，挑起者期待对手在战争威胁下做出妥协；所以，其成功的标志是达到目的的同时避免战争的爆发。这种类型也包括由于国内原因，为转移政治压力而故意挑起的国际危机。历史上，这类危机是大量的，比如 1939 年的慕尼黑危机、1962 年的古巴导弹危机。

企业研究所研究员理查德·珀尔公开宣称，解决伊朗核问题的最佳途径是“让伊朗人民获得解放”。[①]美国国会立法支持颠覆伊朗政府活动。2003 年 7 月 9 日，美国参议院通过一项“伊朗民主议案”，决定加强对伊朗的电台和电视广播的资助，呼吁举行由国际监督的公民投票，“使伊朗人民能够和平地改变他们的政府”。[②]

另一方面，美国在挥舞“大棒”的同时，还做出必要的让步，有保留地支持欧盟英德法三国的外交斡旋，让欧盟唱“红脸”，通过欧盟伺机向伊朗伸出“胡萝卜”，诱使伊朗做出妥协、彻底放弃核计划。为了摆脱美国在伊朗核问题上的外交困境，弥合伊拉克战争之后美欧分歧和裂痕，2005 年 2 月下旬布什总统对欧洲进行了被称之为“修补关系之行”的访问，向欧盟表达了在伊朗核问题上愿意增强政策灵活性的信息。3 月 11 日，为了推动欧盟与伊朗的谈判，布什政府做出了美国不再反对伊朗申请加入世界贸易组织并允许伊朗购买民航飞机零配件的决定，美国出台上述颇有诱惑力的“经济鼓励措施”，旨在换取谋求伊朗在核计划上的妥协。[③]

在处理伊朗核问题上，美国采取与朝鲜核问题不同的方式，即一直拒绝与伊朗直接接触，但美国的影响贯穿于伊朗核问题的全过程。布什政府任期内处理伊朗核问题有四种方案，即“接触”、“遏制”、“武力”和“政权更迭”政策，也可能会利用伊朗核问题，对伊朗打出外交施压、经济制裁与经济利诱、军事打

① Paul Hughes, “Iran Pressed to Allow Tougher Nuclear Checks,” *Reuters*, June 16, 2003.

② Jim Lobe, “Neo-cons Move Quickly on Iran,” *Asia Times*, July 10, 2003.

③ David Sanger, “U. S. and Allies Agree on Steps in Iran Dispute,” *The New York Times*, March 11, 2005.

击、民主改革和内部促变等一整套“组合拳”，以期最终推翻伊朗伊斯兰政权，彻底改变中东地区的政治版图。[①]但布什政府的上策还是利用伊朗核问题，对伊朗保持强大的压力，以压促变，迫使伊朗走“利比亚道路”。

美国“双轨”政策的效能评估：

自伊朗核问题爆发以来，美国通过欧盟三国实施“双轨”政策，基本上将伊朗核问题纳入到国际法和核不扩散机制解决的轨道上来，实现了从欧盟—伊朗“核”谈模式到五常＋德国六国谈判机制、从国际原子能机构解决框架到联合国安理会决定制裁的重大转变。“双轨”政策虽然没有终止或暂停伊朗的铀浓缩活动，没有从根本上解决伊朗核问题，但客观上取得了一定的成效，遏制了伊朗的核研发势头和速度，规范了伊朗秘密的核活动，使伊朗的铀浓缩活动遭到国际社会的批评和反对。

美国的“双轨”政策后来相继被欧盟、六方会谈机制和安理会所采用。2007 年 12 月 10 日，欧盟外交事务高级代表索拉纳宣称，“双轨”政策是解决伊朗核危机的唯一办法，欧盟不会改变这一外交加制裁的政策。[②] 2008 年 9 月 27 日，联合国安理会一致通过 1835 号决议，要求伊朗立即全面执行 2006 年以来安理会和国际原子能机构理事会规定的各项责任和义务，明确提出对伊朗将继续实施“制裁与对话”相结合的“双轨”策略，力争通过谈

① 顾国良：《美国对伊政策——伊朗核与导弹问题》，载《美国研究》，2006 年第 1 期，第 7—13 页。

② Staff, “EU: Dual—Track Approach is the Only Way to Solve Iran Nuclear Crisis,” *Haaretz*, Dec. 10, 2007.

判早日解决伊朗核问题。[1] 11月13日，六方会谈各国谈判代表表示，对伊朗核危机将实施施压和鼓励并重、“以压促谈”的“双轨”策略。[2]

二、伊朗处理核问题的外交政策和手段

自2003年伊朗核危机爆发以来，面对美国的强大压力，作为被动、弱势一方的伊朗，在积极整军备战、防范美国随时可能发动的军事打击的同时，在核问题上则对“强敌”美国，重启历史传统上的“以夷制夷”式的大国平衡战略，大力引入、巧妙借用外国势力特别是英、法、德、俄罗斯、中国、日本和印度等来抗衡美国的打压和封杀，与美国机智周旋，玩“老鼠斗猫”游戏，改变了自己与美国单打独斗的局面，多次化解了核危机，粉碎了美国的制裁，避免了美国的军事打击，维护了国家安全和民族利益。“9·11”事件后特别是伊拉克战争以来，伊朗一跃成为中东地区综合实力最强的国家。敌对政权塔利班和萨达姆的倒台、哈马斯的当选、什叶派新月地带的隐然形成和核技术的突破，都是伊朗迅速崛起的重大标志，伊朗的崛起改变了中东地区的力量格局。伊朗已成为中东地区的地缘政治大国、能源大国、宗教文化大国和核能大国，这为伊朗应对核危机奠定了软硬力量基础。

面对美欧的强大压力和“胡萝卜加大棒”的“双轨”政策，

---

① UN Security Council Resolution 1835, 2008, p. 1. 王湘江、李学军：“联合国安理会就伊朗核问题通过新决议”，新华社联合国2008年9月27日电。

② Staff Writers, “Six Powers Favour Dual Track on Iran Nuclear Issue: France,” AFP, Nov. 13, 2008.

伊朗进行"硬碰硬"式的"硬制衡"和"以柔克刚"的"软制衡"[①]，采取灵活多样的外交技巧，必要时远交近攻，软硬结合，刚柔相济。首先采用"硬制衡"，毫不让步，强硬推行核活动，冲破美国的"核围剿"：在积极整军备战、防范美国军事打击、加快增加核威慑力的同时，在核问题上巧妙引入和利用欧盟、俄罗斯、中国等力量来抗衡美国的打压，以强制强。同时，适时让步，有效实施"软制衡"：为了保护核心价值观和伊斯兰政权，伊朗在意识形态领域同美国进行了针锋相对的斗争。2005 年 5 月 29 日，为回应美国的"大中东民主计划"和对伊朗政权的"和平演变"，哈塔米提出了规模更大的"大中东伊斯兰"倡议，旨在抵制美国对中东的民主改造，保障中东国家自身的民主、自由和价值观。[②]

伊朗认识到其在国际地缘政治和能源政治棋盘中的重要而独特的战略地位。伊朗连接中东与中亚、海湾和里海的油田，处于文明冲突的破碎地带，历来是世界列强争夺的对象。国际社会各种力量在伊朗核问题上的外交姿态和战略思维既反映了它们与伊朗和美国关系的远近亲疏关系，也反映了它们在伊朗核问题上不

① 美国著名"软制衡论"学者佩普认为，"软制衡"实际上是指这样一种现象，面对美国的超强实力和咄咄逼人的单边主义行径时，一些国家改变了传统上依靠军事手段对抗美国的"硬制衡"方式，各国从外交上采取非军事手段来拖延、阻挠和破坏美国霸权战略，离间美国与盟友之间的密切关系，改变主要国家与美国之间的力量对比，使美国付出实实在在的军事代价；对二等强国来说，其最佳选择就是在国际制度、外交和经济等各种非军事领域向敌对国进行"软制衡"，如俾斯麦外交和马歇尔计划都属于这类制衡。详见 Robert A. Pape，"Soft Balancing against the United States，" *International Security*，V. 30，No. 1，Summer 2005，pp. 15—38.

② 张胜平："伊朗总统提出'大中东伊斯兰倡议'"，新华社德黑兰 2005 年 5 月 30 日电。

同的国家利益和战略目标，以及它们试图在国际体系结构中寻求新的角色定位。总体上看，它们不指望能够完全剥夺伊朗作为一个主权国家发展核能的权利，但也不愿伊朗突破国际核不扩散机制，发展核武器。这些都是伊朗开展“核”外交可利用的条件。伊朗处理核问题的策略和手段主要有以下几个方面：

第一，启动伊欧“核谈”机制，引进欧盟力量，联欧制美。欧盟是伊朗能源合作的重要伙伴，双方在能源合作方面存在着较大的经济利益。欧盟不愿看到伊朗核问题成为双方能源合作的障碍。从长远看，伊朗加快推进核计划并不符合欧盟国家的根本利益，伊朗拥有核能就意味着它将拥有更多的能源出口，减弱对欧盟成品油的进口依赖，增强与欧盟能源合作的优势。①由于伊朗对欧盟斡旋的软抵抗与冷处理，欧盟在核问题上的原则性增强，对伊朗的强制态度逐渐坚决，制裁措施愈益严厉。

欧盟认识到，作为一个主权国家和《不扩散核武器条约》的签字国，伊朗拥有发展和平核计划的权利。然而，由于伊朗政府隐瞒了多年的核活动，除非伊朗放弃浓缩铀活动，否则欧盟不会相信伊朗在未来不会将核计划用于军事目的。欧盟强调，伊朗必须与国际原子能机构充分合作，保持其核计划的透明度与和平性质；停止浓缩铀活动，并做出不发展核武的“客观保证”。自2003年伊朗核问题出现以来，欧盟一直奉行与伊朗进行直接谈判的原则。这种谈判具有“胡萝卜”和“大棒”的双重性质：一方面与伊朗就欧盟—伊朗贸易协议、伊朗加入世贸组织、欧盟向伊朗出售轻水反应堆以及保证长期供应核燃料等问题进行谈判；另

① Tom Sauer, “Iran: A Test for EU Coercive Diplomacy,” *CFSP Forum*, Vol. 2, Iss. 6, November 2004, pp. 1—15.

一方面准备实施各种形式的经济与外交制裁，寻求在伊朗完全满足国际原子能机构的核查要求及能够完全证明其核计划的和平性质的情况下，最终允许伊朗恢复浓缩铀的可能性。[①]

伊朗巧妙利用美欧之间在伊朗核问题上的政治分歧和利益冲突，积极响应欧盟三驾马车英法德的外交斡旋，极力“稳住”、拉拢期望主导中东事务、严重依赖中东石油战略资源和积极推进自己和平外交理念的欧盟三国，不断完善与欧盟对话和合作机制，全面发展与欧盟合作关系，不但从中获得实惠，促进本国的经济发展，增加外交回旋余地和与美国讨价还价的筹码，拓展了自己的生存空间，还分化了西方阵营，孤立了美国，赢得了国际原子能机构理事会大多数成员的支持。在与欧盟三国的谈判中，伊朗巧施缓兵之计和拖延战术，态度时软时硬，多次在谈判快到破裂点的关键时刻以妥协和让步来换取国际原子能机构理事会大多数成员的支持，与欧盟达成必要的协议，尽量避免“闹僵”而将核问题提交到联合国安理会，不给美国实施经济制裁甚至发动军事打击以任何借口。伊朗充分利用欧盟希望在国际原子能机构框架内通过对话方式解决危机的立场，在与欧盟的谈判中通过提高要价争取获得更多的经济利益和技术援助，并守住在核问题上不放弃和平发展核技术的权利底线和原则立场，尽量接近自己的既定目标。伊朗虽然几度中止了与铀浓缩有关的一切活动，但并没有放弃自主研发核技术的权利，而且始终将中止的范围和期限的决定权等都掌握在自己手中，为其恢复铀浓缩活动留下了“活口”。一旦英、法、德三国不愿履行承诺或行动迟缓，伊朗为保

① Bruce Jentleson, “Coercive Diplomacy: Scope and Limits in the Contemporary World”, *Policy Analysis Briefs*, December 2006, p. 10.

护其利益仍有可能恢复与铀浓缩有关的活动。即使在英法德三国的压力之下中止浓缩铀活动，伊朗也要明确宣布为“自愿建立信任措施”，而非“法律义务”。

伊朗选择欧盟的同时，欧盟也选择了伊朗。伊拉克战后，欧盟主动介入极其棘手复杂的伊朗核问题，挑头与伊朗谈判，本意是要在中东树立一种不同于美国的外交形象，以提升欧盟的国际地位和在中东的影响力，把解决伊朗核问题看作是推进自己和平外交理念的一次实践，从根本上改变在国际事务中“美主欧从”的传统模式。欧盟出面调停伊朗核问题、反对美国武力解决伊朗核问题，是因为这直接关系到欧盟的切身利益。在美国对伊朗实行长期制裁期间，欧盟已发展成为伊朗石油的最大买主和伊朗重要的贸易伙伴，对伊动武或制裁将直接影响欧盟的能源供应和严重损害欧盟的既得经济利益。欧盟还担心美国对伊动武将会使整个中东更加动荡，从而影响到与中东山水相连的欧洲的安全与稳定。另外，欧盟认为，美国对伊朗采取强硬政策不仅会增强伊朗保守派的势力，还会助长美国推行单边主义。英法德既要压伊弃核，又不能让“核谈”破裂而被纳入美国的轨道。

同时，伊朗在欧盟三国内部，也采取了大国平衡战略。尽管欧盟三国对伊核政策大体一致，都坚决反对美国武力解决伊朗核问题，特别是英国与美国拉开距离，坚定地站到了法德一边，展示了其不同于美国的外交新形象，但三国内部也存在严重分歧，对伊政策不尽相同，英国最为强硬，而德国最为温和。对欧盟三巨头，伊朗区别对待，采取多边平衡战略。为了平衡英国的压力，伊朗借用法国的力量；当受到法国的压力时，又引入德国的力量来制衡法国，在欧盟三国内形成多边制衡外交。欧洲改革中心主任查理斯·格兰特宣称，德国的单边主义政策正在削弱欧盟的团结，甚至还会影响大西洋联盟；虽然德国和英法两国一道领导了欧盟对伊朗核问题的外交斡旋，但德国不愿意对伊朗实施经济制裁，这让伦敦、巴黎和华盛顿方面极为恼火，它们一直认为，加大制裁是劝说伊朗放弃核弹计划最好的办法。[①]

第二，大打俄罗斯牌，深化伊俄核能合作，联俄抗美制欧。俄罗斯一方面坚决反对伊朗违反《不扩散核武器条约》的任何行为，要求它与国际原子能机构充分合作，澄清其核计划的诸多疑问，始终坚持将伊朗核电站所产生的核废料运回国内；另一方面，则认为伊朗有权发展具有和平性质的核能计划，希望与伊朗在核电开发方面开展合作，帮助伊朗建设核电站，提供核燃料。俄罗斯一直主张通过和平谈判而不是严厉制裁来解决伊朗核问题。

当伊朗联欧制美的时候，伊朗发现同时又受到欧盟的压力，伊朗遂引入核合作伙伴俄罗斯的力量来制衡欧盟，同时又制衡美国。伊朗在与美欧周旋的同时，巧妙利用美俄、欧俄之间在伊朗核问题上的重大分歧和利益冲突，进一步巩固和深化伊俄核能合作，全面提升与俄罗斯合作关系，使承认伊朗和平利用核能权利、支持伊朗发展核电计划并坚决反对提交安理会解决的俄罗斯深陷核危机之中，以牵制美欧。伊朗认为，即使美国说服欧盟三国将伊朗核问题递交联合国安理会处理，主张在国际原子能机构的框架内和平解决伊朗核问题的安理会常任理事国俄罗斯和中国也不会轻易同意制裁伊朗的议案。

---

① Charles Grant, "Unilateral Germany Threatens to Weaken Europe," *The Financial Times*, December 5, 2008.

第三，把能源作为平衡对外关系的有力武器，联合中、印、日以制衡美欧。当伊朗联俄制欧的时候，伊朗发现又受到俄罗斯的压力，伊朗遂引入世界能源消费大国中国的力量来制衡俄罗斯，同时又制衡美欧。当伊朗受到中国的压力时，又开始引入与中国有能源冲突的消费大国印度和日本的力量来制衡中国和美欧。在核危机处理中，作为世界石油大国的伊朗，凭借对国际能源市场的影响力，不时亮出油气王牌，吸引第三方力量平衡美国压力，向美国叫板。伊朗不时向急需能源的国际原子能机构理事国抛出能源诱饵，以换取大多数成员国对伊朗核问题的支持和同情，以便做出有利于伊朗的表决。

第四，扩大谈判对象，深化大国平衡外交。伊朗计划通过扩大核问题谈判对象的方式，把更多有利于自己的声音带到谈判桌上来，希望印度、日本、南非、土耳其和巴西等地区大国加入到“核谈”中来，以向美国施加更大的压力。伊朗在 2005 年 8 月 25 日提出解决“核谈”问题的新思路，希望与其进行核谈判的国家能从英法德三国扩大到国际原子能机构理事会的所有成员国。目前，占国际原子能理事会 35 个成员国 1/3 的不结盟运动国家与伊朗的立场较为接近。伊朗新政权希望利用不结盟运动成员国牵制美国和欧盟，如果把谈判的范围扩大到国际原子能机构理事会的所有成员国，那么伊朗将可以利用理事会内的各种错综复杂的矛盾，增加自己在核谈判中的回旋余地，改变自己与西方国家孤军奋战的局面，从而使“核谈”朝着有利于自己的方向发展。[①]伊朗总统内贾德 2005 年 10 月 25 日表示，“掌握和平核技术是所有伊

① 陈一鸣：《伊朗核问题：底线之上走钢丝》，载《人民日报》，2005 年 10 月 28 日第 7 版。

朗人民奋斗的目标和理想，我们不设限谈判伙伴，我们已经邀请所有国家参与我们的核活动。”①

第五，竭力将核问题伊斯兰化，引入伊斯兰力量，深化美伊（斯兰）矛盾。伊朗一直谴责美国歧视伊斯兰国家、偏袒以色列的双重核政策，认为伊朗放弃核计划将是整个伊斯兰世界的耻辱，并考虑向其他伊斯兰国家转让核技术，以争取伊斯兰世界对伊朗核问题的同情与支持。2005 年 9 月 15 日，伊朗总统内贾德在出席联合国首脑会议期间与土耳其总理会晤后表示，伊朗不会发展大规模杀伤性武器，只要伊斯兰兄弟国家需要，伊朗将向它们转让核技术。②

伊朗还利用中东地区的反美主义和反以情绪，加强同周边伊斯兰国家的军事战略联合，抵御美国的战争威胁。当受到以色列压力时，伊朗则大骂以色列，声援巴勒斯坦，勾起穆斯林的仇以情绪，掀起他们的反美浪潮，支持哈马斯和真主党打击以色列。2005 年 2 月 16 日，伊朗第一副总统阿雷夫与来访的叙利亚总理奥特里宣布伊朗和叙利亚将建立“联合阵线”，联手抗击美国和以色列的侵略和威胁。3 月 2 日，伊朗国防部长沙姆哈尼在海湾国际代表大会上表示，伊朗准备与该地区国家签署联合防御条约，以应对来自外国的军事威胁。③

第六，利用语言文化优势，引入伊斯兰邻国力量制衡美国。伊朗是具有四五千年历史的文明古国，其官方语言波斯语是世界

① 《内贾德称伊朗准备无条件核谈，不限制谈判对象》，新华网，2005 年 10 月 25 日。

② 新华社联合国 2005 年 9 月 15 日电 。

③ 中新社 2005 年 3 月 3 日电。

最古老的语言之一，早在公元前 6 世纪波斯大帝国时就非常流行，一度从地中海延伸到中亚和印度的印度河，是当时公认的标准语。波斯语是丝绸之路上长期通用的语言，在中世纪到 19 世纪初，波斯语在奥斯曼帝国以及亚洲的其余地区尚扮演着一种英语在我们当今世界所具有的角色，即贸易和外交界、思想界的一种国际通用语言。除伊朗外，阿富汗和塔吉克斯坦也通用波斯语，哈萨克斯坦、乌兹别克斯坦、印度、巴基斯坦和中国新疆地区的部分居民也讲波斯语。[①]因此，伊朗与接壤的国家在历史、宗教、文化上联系紧密。近年来，在伊朗的积极推动下，伊朗、塔吉克斯坦、阿富汗具有共同的历史、文化、文明渊源，三国一体化语言、文化、交通、电力、经贸、科技进程快速推进，成果显著。2008 年 8 月底，三国在出席了杜尚别上海合作组织峰会闭幕式之后，随即举行第二届波斯语三国首脑会议，就加快波斯语三国一体化达成协议。伊朗期望通过地区主义手段，在中亚将地理上接壤的三国连为一体，组建一个有利于伊朗扩大地区影响力、拓宽外交活动空间、反制美国“核围剿”的地缘政治格局和多边外交平台。三国目前已就建立联合电视台达成一致，这将有助于伊朗在三国推广标准的波斯语言和文化。[②]

伊朗“核”外交的效能评估：

伊朗核问题自 2002 年 8 月被列入国际原子能机构的议事日程以来，伊朗与英法德已经进行了多年的拉锯式谈判，先后爆发了

---

① Iranian Quran News Agency. http://www.iqna.ir.［法］阿里·玛扎海里：《丝绸之路》（耿昇译），北京：中华书局，1993 年版，第 8 页。

② 张晓春、孙华：“伊朗欲以波斯语联手三国，积极推动塔伊阿一体化”，文汇报德黑兰 2008 年 9 月 18 日专电。

以下三次危机：第一次核危机（2002年12月～2003年10月）是美伊围绕核查和签署《不扩散核武器条约》附加议定书展开激烈斗争；第二次核危机（2004年2月～2004年12月）是美伊围绕是否中止铀浓缩活动进行激烈较量；第三次核危机（2005年8～9月）是美伊围绕是否中止铀转化活动展开外交角逐。面对美国强大的舆论攻势和严重的军事威胁，伊朗大力开展极具波斯民族特色的大国平衡外交，成功引入欧盟和六国外交斡旋机制，多次化解了核危机，在保障伊朗国家安全和利益过程中赢得了主动，多次抵制了联合国的制裁和避免了美国的军事打击。到目前为止，伊朗在核危机上的外交策略和手段可以说是相当成功的，充分体现了波斯民族传统的外交智慧。

伊朗三次成功化解核危机，究其原因，主要有两个方面：一是将伊朗核问题提交安理会及对伊制裁并非欧盟和俄罗斯的本意。出于地缘战略和国家集团利益的考虑，欧盟和美国都不愿接受伊朗拥有核技术的现实，其遏制伊朗发展核武器的立场也是一致的。但与视伊朗为“邪恶轴心”、迫不及待对伊制裁和动武的美国不同，欧盟选择的是和平解决的途径，通过外交谈判，用经济合作换取伊朗这个欧佩克第二大石油生产国放弃核计划。即使欧盟要求安理会过问伊朗核问题，目的还是向伊朗施加更大的外交压力，以压促谈，迫使其回心转意。二是伊朗充分发挥“第三方”如欧盟、俄罗斯、中国、不结盟运动、伊斯兰国家等方面的作用。伊朗“核”外交还取得了以下效果：其一，多次避免了国际原子能机构将其核问题提交联合国安理会处理和美国借口发动军事打击的危险局面；其二，分化了美国主导下的西方核围剿阵营，将与欧盟以及国际原子能机构的关系由对抗转为对话；其三，赢得了英法德对伊朗和平开发核能权利的认可和向伊朗提供核技术和核燃料的承诺，以及美欧对伊朗铀转化的默认；其四，为伊朗发展核技术、增强核威慑力争取了时间；其五，使伊朗突破了国际孤立，改善了伊朗的国际处境，拓展了外交空间。自2005年内贾德上台以来，伊朗的大国平衡外交日趋成熟和老练，游刃于世界大国之间，咄咄逼人，达到顶峰，成为伊朗谋求地区崛起和追求中东霸权的战略手段，伊朗借之不断挑战美国在中东的霸权和美国主导的国际核不扩散机制。

伊朗开展"核"外交的"成效"可以从巴拉迪2008年11月19日提交给安理会的报告中窥见一斑。伊朗虽然2003年签署了《全面安全保障协议附加议定书》，但伊朗议会至今一直没有批准该议定书，这就使得更为严格的核查工作无法有效展开。2005年8月，伊朗拒绝了各方为解决核问题的提议，恢复了在伊斯法罕的铀浓缩活动；2006年1月10日，伊朗正式拆除了核燃料研究设施上的封条，恢复了核燃料的研究活动。这两年中，虽然联合国安理会曾先后四次通过制裁伊朗的有关决议，但伊朗的工业化铀浓缩活动始终没有停止。伊朗纳坦兹核设施已经安装了6000台能够进行铀浓缩的气体离心机，其中3800台正在运转。据估计，伊朗方面已经获得了两吨浓缩铀。①

---

① Mohamed ElBaradei, *Implementation of the NPT Safeguards Agreement and Relevant Provisions of Security Council Resolutions* 1737 (2006), 1747 (2007), 1803 (2008) *and* 1835 (2008) *in the Islamic Republic of Iran, and Implementation of the NPT Safeguards Agreement in the Syrian Arab Republic*. Staff Report, "Latest Iran and Syria Safeguards Reports Circulated to IAEA Board," Nov. 19, 2008. IAEA, http: //www.iaea.org/NewsCenter；刘钢："国际原子能机构认为伊朗的铀浓缩活动仍在继续"，新华社维也纳2008年11月19日电。

纵观多年以来的伊欧“核谈”，伊朗外交特点可概括为：极力稳住欧盟，拉住中俄，孤立美国，用一方压另一方，实施连环制衡；审时度势，讨价还价，有妥协有斗争，斗而不破，避免与国际社会“摊牌”、与美国闹僵，不给美国以制造动武的借口。然而，伊朗在核问题上开展的大国平衡外交是一种与众多大国博弈的危险游戏，稍有不慎就会引火烧身，风险性极强。

第五节　伊朗核问题对中东地区安全的影响

一、中东地区的安全困境

总体来看，中东地区存在着国际、地区和国家三个层面的安全困境，这些都是考察伊朗核问题对中东地区安全影响的重要背景。

首先，国际层面的安全困境。冷战时期，中东处于以美苏为首的东西方两大集团的争夺与控制之下，力量均势成为中东地区安全的主要态势。巴格达条约组织的构建标志着美国在中东地区安全中的优势地位，美国依靠东部伊朗和沙特以及西部以色列的联盟支柱维持了这种优势地位。从当前国际安全结构来看，主宰中东地区安全的始终是美国。美国试图在政治、经济、军事和文化诸方面加强对中东地区的控制，中东地区呈现出美国一超独大的非对称局面。俄罗斯对中东地区安全的关切主要在于能源与军售两个方面。欧洲国家在海湾地区拥有战略、政治、经济以及文化等方面的广泛利益。[①] 尽管努力实现能源来源多样化，但欧洲仍严重依赖海湾地区的油气资源。欧盟与海湾合作委员会国家保持着良好的合作关系。[②] 近年来，欧盟国家中阿拉伯穆斯林人口的增长也是促使欧洲国家日益重视海湾地区安全的重要因素。随着国家经济的快速发展，能源安全已经成为中国国家安全的一个重要因素。近年来中国对中东能源需求日益增大，与海湾国家的经贸交流与合作日益增多，在中东地区的影响力正逐渐增强。

冷战后，美国的中东战略随着全球战略目标以及国家安全利益的变化而在不断演变。美国在中东的国家利益主要有：第一，保障中东油气资源能够廉价地、源源不断地流入国际市场，推动美国及其盟友的经济发展；第二，保护在中东地区最重要的战略盟友以色列的国家安全和遏制地区大国的崛起；第三，遏制该地区正在复活的伊斯兰原教旨主义可能对地区稳定和美国安全造成的重大威胁；第四，确保美国出口商进一步扩大对中东大市场的占领；第五，保障中东的海空战略航道，以便能顺利开展全球贸易，并在世界各地迅速调遣和部署军队，从而在后冷战时期的国际经济、政治和安全事务中保持高度的主动权；第六，保护美国公民在中东的生命财产安全，保护人权和发展民主，顺利推行“大中东民主计划”；第七，防止中东地区大规模杀伤性武器的扩散和国际恐怖主义活动，特别是不允许美国的现实和潜在对手拥

---

① Simon Serfaty, “Bridging the Gap across the Atlantic: Europe and the United States in the Persian Gulf,” *The Middle East Journal*, Vol. 52, No. 3, Summer 1998.

② Abdulla Baabood, “Dynamics and Determinants of the GCC States’ Foreign Policy, with Special Reference to the EU,” *The Review of International Affairs*, Vol. 3, No. 2, Winter 2003, pp. 273— 277.

有核武器、生化武器及其运载工具。[①]“9·11”事件后，中东地区迅速成为美国打击“国际恐怖主义”和消除大规模杀伤性武器扩散的重点地区，中东地区再次成为美国全球战略的一个重要支点。[②]

其次，地区层面的安全困境。中东地区主要有阿拉伯、波斯、犹太和土耳其四大民族。犹太教与伊斯兰教两大宗教、伊斯兰教逊尼派和什叶派两大派别之间分歧很大，阿拉伯国家与以色列、伊朗与阿拉伯国家之间的认同危机是中东地区安全的主要障碍。[③]伊朗国民主体为波斯民族，民众大多信仰伊斯兰什叶派，这一教派在阿拉伯国家中也拥有较多的教众。1979 年伊朗伊斯兰革命成功后，伊朗希望通过建立广泛的伊斯兰联盟，输出光荣的伊斯兰革命经验。[④]阿拉伯国家当然不愿意看到国内民众被伊朗所利用，从而危及国家的政治和社会稳定。伊朗在宗教上与黎巴嫩真主党、巴勒斯坦哈马斯保持着较为密切的联系，对他们具有一定的影响作用，引起了温和的伊斯兰国家的不满与疑忌。历史上，为争夺海湾安全的主导权，伊朗、伊拉克和沙特之间竞争十分激

---

① 王辑思：《高处不胜寒：冷战后美国的全球战略和世界地位》，北京：世界知识出版社，1999 年版，第 316 页；左文华、肖宪：《当代中东国际关系》，世界知识出版社，1990 年版，第 331 页；Richard D. Sokolsky，*The United States and the Persian Gulf*：*Reshaping Security Strategy for the Post-Containment Era*，Washington，D. C.：National Defense University Press，2003，pp. 9—21.

② Roy R. Andersen and Robert F. Seibert and Jon G. Wagner，*Politics and Change in the Middle East*：*Sources of Conflict and Accommodation*，New Jersey：Pearson Education Ltd.，2007，pp. 323—339.

③ Michael N. Barnett，“Regional Security after the Gulf War，” *Political Science Quarterly*，Vol. 111，No. 4，Winter 1996—97，pp. 597—618.

④ Kamran Taremi，“Iranian Perspectives on Security in the Persian Gulf，” *Iranian Studies*，Vol. 36，No. 3，September 2003，pp. 382—382.

烈。1980 年成立的地区安全组织——海湾合作委员会，旨在联合抵制伊朗和伊拉克在海湾地区的霸权诉求。由于经济、军事、宗教文化方面的优势，沙特在该组织中处于主导地位，为稳定南部海湾地区发挥了重要作用。伊拉克挑起两伊战争的一个重要原因就在于萨达姆认为伊朗伊斯兰革命后军事力量受到削弱，中东总体安全形势有利于伊拉克称霸海湾。2003 年美国发动伊拉克战争，推翻了萨达姆政权，使中东安全局势失去力量平衡。

最后，国家层面的安全困境。在伊朗看来，国家安全危在旦夕。美国政府在中东地区的反恐战争取得了阶段性胜利，阿富汗的塔利班政权以及伊拉克的萨达姆政权已相继垮台。利比亚宣布放弃大规模杀伤性武器，显示出与美国合作的姿态。伊朗的铁杆盟友叙利亚面临美国强大的军事、政治压力，自身难保。而拥有核武器的近敌以色列则与美国紧密配合，遥相呼应，动辄以空袭伊朗的核设施相威胁。同时，伊朗地处世界两大能源基地海湾和里海之间，扼守海湾门户霍尔木兹海峡，连接阿富汗和伊拉克，这一特殊的战略地位使伊朗认识到，美国迟早要对自己下手。伊朗在中东地区具有多重战略诉求：在安全上，伊朗希望成为地区安全的主导者；在经济上，伊朗希望参与海湾地区经济一体化进程，推动伊朗经济的复苏与发展；在意识形态上，伊朗希望通过与海湾其他国家的文化交流来提升其宗教影响力。

总之，中东地区的安全困境导致了中东地区国家之间的安全信任危机，也强化了中东地区国家对伊朗核计划的强烈反应。

二、伊朗核问题对中东地区安全的影响

当前，伊朗核问题已成为影响中东安全最重要的因素之一。

伊朗高调发展核技术不仅引起了海湾地区安全局势的剧烈震荡，而且对中东地区乃至国际社会的安全产生了极大影响。伊朗核计划加剧了中东地区两大“核”国家伊朗与以色列之间的战略竞争态势。伊朗领导人对以色列的一系列敌对言论更加深了以色列的安全忧患意识。伊朗总统内贾德公开质疑二战时期纳粹德国对犹太人的大屠杀[①]，表示“以色列是西方世界安插在伊斯兰世界的一个毒瘤”，号召伊斯兰世界“将以色列从地图上抹掉”。[②] 以色列认为，国际原子能机构和联合国安理会等国际机制在处理伊朗核问题方面缺乏效率，[③]如果形势难以挽回，将动用军事力量摧毁伊朗的核设施，以武力解决伊朗核问题。[④]以色列表示，绝不放过任何遏制伊朗核计划的机会，将竭尽全力推动美国对伊实施制裁措施，乃至军事打击。[⑤]以色列视伊朗为最大敌人，认为伊朗发展

---

① Iranian President Mahmoud Ahmadinejad in a Speech Given in Southeastern Iran, December 14, 2005.

② Remarks by Iranian President Mahmoud Ahmadinejad during a meeting with protesting students at the Iranian Interior Ministry, October 25, 2005; Meir Rosenne, et al., *Referral of Iranian President Ahmadinejad on the Charge of Incitement to Commit Genocide*, Jerusalem: Edna Weinstock-Gabay, 2007; Mike Rogers, “Recognizing Iran as a Strategic Threat: An Intelligence Challenge for the United States,” *Staff Report of the House Permanent Select Committee on Intelligence Subcommittee on Intelligence Policy*, August 23, 2006, p. 3.

③ Yaakov Katz, “Israel: IAEA's Report ‘Unacceptable’,” *The Jerusalem Post*, November16, 2007.

④ Whitney Raas and Austin Long, “Osirak Redux? Assessing Israeli Capabilities to Destroy Iranian Nuclear Facilities,” *International Security*, Vol. 31, No. 4, Spring 2007, pp. 7—33; Uzi Mahnaimi & Sarah Baxter, “Israel Readies forces for Strike on Nuclear Iran,” *Sunday Times*, December 11, 2005; Anne Penketh, “Israel Raises Nuclear Stakes with Iran,” *The Independent*, January 25, 2007.

⑤ Ze' ev Schiff, “Israel's War with Iran,” *Foreign Affairs*, Vol. 85, No. 6, 2006, p. 31.

核技术对以色列国家安全构成严重威胁，国际社会必须采取果断措施阻止伊朗的核计划，才能够维护中东地区的安全与稳定。①

伊朗咄咄逼人的核诉求强化了中东国家的忧虑心理和不安全感。中东国家纷纷增加军费、扩大军备。2007 年，海合会国家与美国签订了至少 200 亿美元的军购协定；在阿布扎比举行的武器交易会上，沙特的订单高达 500 亿美元。阿联酋计划出资 20 亿美元装备一个快速反应旅，花费 60 亿美元购买导弹防御系统、空中预警飞机等。《简氏防务周刊》的中东问题分析家蒂姆·里普利说："如果把所有正在洽谈的交易算进去，海湾国家购买的武器价值超过 600 亿美元。"②

伊朗核计划在中东地区引起了强烈的"连锁反应"，中东地区刮起了一股强劲的"核电热"。③这些国家纷纷表示，希望未来油气资源枯竭后核能成为替代能源。不少中东国家都已向国际原子能机构表达了建设核电站的意向。沙特甚至开始寻找核电站承包商，购买核能生产设备并支持构建"海湾地区国家核反应堆联合体"。2007 年 4 月，国际原子能机构总干事巴拉迪访问了沙特和阿曼，并与两国领导人讨论了海湾地区和平利用核能的问题。

中东国家竞相发展核能的态势对地区安全与稳定产生严重影响。首先，核能发电需要大量的资金投入以及先进的技术支持，

---

① "Israeli President Brands Iran 'Centre of Global Terror'," *Agence France Presse*, October 8, 2007.

② Gethin Chamberlain, "Gulf States Load up on Weapons of War," *Sunday Telegraph*, 11/02/2007, http://www.telegraph.co.uk/news/main.jhtml? xml=/news/2007/02/11/wiran11.xml

③ Sammy Salama & Heidi Weber, "The Emerging Arab Response to Iran's Unabated Nuclear Program," *Issue Brief*, Monterey Institute for International Studies, Center for Nonproliferation Studies, December 22, 2006.

这将会在很大程度上延缓甚至阻碍中东国家经济的发展。中东国家的核技术几乎全部需要从外部引入，势必会增强这些国家的对外依赖程度；其次，民用核电站经过一系列技术改造，就可以加工生产出制造核弹头所需要的原料钚，这样就有可能导致中东地区的核武器竞争，致使中东国家生活在核恐怖的阴影之下，削弱本地区的安全系数；再次，海湾国家与以色列之间存在着历史和现实仇怨，海湾国家发展核计划将会诱使以色列为“保卫”自己的国家安全而采取先发制人的军事行动，从而引发中东地区安全冲突全面爆发；最后，一旦中东国家的核计划朝着非和平性质发展，将会对美国在海湾地区的安全利益构成严重威胁，导致美国与海湾国家关系恶化，影响海湾地区的安全与稳定。

总之，与中东地区其他问题相比较，伊朗核问题更具有爆炸性和外溢性。伊拉克局势动荡并没有引起中东其他国家政局的根本性变化，海湾国家之间的领土之争也主要局限在双边关系的范围内，诉诸战争解决的现实必要性不大。但是，伊朗核问题已经超出了伊朗国家安全的范畴，影响中东地区安全态势的系数加大，随时有可能再次升级为国际危机。

第六节　中国在伊朗核问题上的外交选择

自 2006 年 1 月伊朗撕掉核封条、开启“核列车”以来，伊朗核问题迅速升级，美伊关系急剧恶化，美国不断发出对伊动武的威胁，一时间美伊军演严重对峙波斯湾，美伊战争似乎是一触即发。中国在伊朗核问题中的外交面临艰难选择，作为安理会常任理事国，中国外交成为全球关注的焦点。

中国外交如何处理伊朗核问题一直是国内外比较敏感的话题，目前学术界存在着以下三种比较流行的观点：一是“超脱论”，①认为伊朗与中国地理上相距甚远，伊朗核问题不是中国的核心利益，与中国关联不大，中国可以超脱不管，不必引火烧身；二是“无力调控论”，②认为中国没有调控伊朗核问题的物质实力和外交手段，反而更多的是依赖伊朗的能源，受制于中美关系，处于两难境地；三是“牵制论”，③认为中国应该利用伊朗核问题来牵制和消耗美国力量，以便为中国和平崛起营造有利的国际环境。

上述观点有失偏颇，值得商榷。事实上，在伊朗核问题中，中国的处境相对超脱，中国应加大外交力度，积极介入，开辟“中国渠道”，主动斡旋，向国际社会进一步展示中国积极维护国际核不扩散条约体系、认真践行“和谐世界”外交理念的诚意、和平解决伊朗核问题的勇气和决心。

一、伊朗核问题中的中国国家利益

伊朗核问题是当今国际社会最为关注的热点问题，也是中国

---

① 参见邵峰：《两场核危机与国际核不扩散难题》，李慎明：《2007年全球政治与安全报告》，北京：社会科学文献出版社，2007年版，第87页。

② Kaveh Afrasiabi, "China's Energy Insecurity and Iran's Crisis," *Asia Times*, Feb. 10, 2006.

③ 参见美国传统基金会网站：Ji Hye Shin & John Tkacik, "China and the Middle East: A New Patron of Regional Instability," Sep. 26, 2006, http://www.heritage.org/Research/AsiaandthePacific/bg1974.cfm.

目前面临的最为严峻的外交课题之一，其关联度之高是十分少见的。中国不可能置身事外，独善其身。伊朗核问题关系到中国重大、甚至核心国家利益。主要有以下几个方面：

第一，伊朗核问题关涉中国能源利益。随着中国经济的快速增长，国内能源需求日益旺盛，能源短缺问题已经成为中国国家安全的核心利益所在。中国已成为仅次于美国的全球第二大能源消费国，其大部分油气进口来自中东，预计未来对中东能源的依存度将更高。近年来，伊朗核问题持续升温对世界经济产生了重要影响，一定程度上导致世界油价大幅攀升和我国原油进口成本大大增加。

伊朗油气资源极为丰富，已探明石油天然气居世界第二位，是中国在西亚北非地区的第二大贸易伙伴和全球第三大原油供应国。[①]中伊能源合作基础牢固，2004 年 10 月 28 日，双方签订为期 25 年、价值 700 多亿美元、1000 万吨液化天然气合作备忘录。[②]随着世界天然气消费潮流的到来和中国清洁能源政策的实施，未来中伊天然气合作前景将更加广阔。

伊朗核问题不仅关系到中国在伊朗一国的石油供应，也关系到中国在整个大中东、中亚和里海地区的能源供应。伊朗不但是世界油气供应大国，而且还有效控制国际“能源生命线”——霍尔木兹海峡，全球石油出口量的 40%在此通过。[③] 伊朗的能源战略位置十分突出，非常少有地位处全球三大能源中心——波斯湾

① 参见中国外交部网站 http：//www.fmprc.gov.cn/chn/wjb/zzjg/xybfs/gjlb/1444/default.htm.

② “Extensive Energy Ties Planned with Chinese,” *Iran Daily*, Oct. 29, 2004.

③ “Who Is Vulnerable to Iran Retaliation through Persian Gulf Oil Export?” *The Washington Quarterly*, V. 30, No. 1, Winter 2006—07, p. 119.

能源中心、中亚能源中心和里海能源中心的交汇处，可谓能源中心的中心。伊朗作为能源通道的枢纽，对周边国家具有很强的辐射性。美国一旦对伊发动战争，掌控海湾石油出海“总阀门”的伊朗将可能封锁霍尔木兹海峡，切断波斯湾的能源供应；而且伊朗一旦出现战事和动荡，将会对周边伊斯兰国家的政局和安全构成威胁，中国在大中东、中亚和里海地区的能源供应和油气通道都将受到致命影响，将严重阻碍中国经济发展。

第二，伊朗核问题关涉中国国家安全利益。伊朗是我国大周边外交战略的一部分。伊朗核问题事关我国大西北的安全，我国西部紧邻广阔的西亚伊斯兰国家，一旦爆发伊朗战争，有关国家将会输出伊斯兰革命，利用其巨大的宗教影响力来对抗美国，将引发新一轮伊斯兰复兴运动，一些激进的伊斯兰组织、“三股势力”如“东突”、“疆独”分子将趁势发展壮大，并利用核技术进行恐怖活动，给我国新疆地区的安全带来巨大冲击和严重威胁。中国的和平发展需要一个安全稳定的中东。伊朗是中国西部大周边的一道安全屏障，是打击“三股势力”、遏制台独势力扩展、维护西部边陲稳定的重要阵地。如美国拿下伊朗，其势力范围将会被打通，从土耳其、伊拉克、伊朗到阿富汗连成一片，形成从中东、中亚到南亚遏制中国和俄罗斯的战略包围圈，严重威胁中国的国家安全。

第三，伊朗核问题关涉中国政治利益。伊朗核问题被西方学者称之为“全球世纪外交难题”，是当今世界最复杂、关联度最高的国际危机之一，集中体现了当今国际社会的各种矛盾，直接牵动着大国关系和国际格局的未来走向。伊朗核问题涉及众多的国家行为体和全球政治、安全、能源、宗教等多重因素，成为全局性、全球性的公共问题，可以说伊朗核问题是全球的危机。中东地区几乎所有的热点问题都有美伊博弈的影子。一旦爆发战争，将会给中东地区和国际社会带来“多输”局面。作为一个负责任的大国，中国积极调解伊朗核问题将是一个惠及多方的外交举措。中国必须将伊核问题纳入全球视野进行战略评估，以实现国家利益的最大化。

伊朗核问题考验和呼唤中国“和谐”外交的实践。通过积极斡旋伊朗核问题，中国以实际行动向世界表明其坚持和平发展、构建“和谐中东”的诚意和胆略。目前在该地区面临战争危险的情况下，中国如无所作为，将有损于其在国际社会的可信度。作为正在崛起的负责任的大国，中国应广泛参与全球热点问题的解决。中国与其夹在美伊中间被动应付，不如站在维护世界和平与稳定的高度，主动调解，这不仅能缓和美伊敌对关系，而且还有利于消除“中国威胁论”，提升中国的国际形象和国际影响力。

伊朗核问题关涉中国重要的地缘政治利益。伊朗素有“欧亚大陆桥”、“东西方空中走廊”之称，是中国实施全球战略、拓展国际空间的重要一环。前美国国家安全顾问布热津斯基指出，历史上许多大国依靠欧亚大陆实现崛起，谁控制了欧亚大陆，谁就可以控制全世界。[①]伊朗集能源、地缘和宗教大国于一身，是欧亚大陆腹地上重要的战略枢纽。中国要实现和平崛起，必须将欧亚大陆作为战略依托，借重西部资源丰富的伊斯兰邻国。

伊朗核问题还关涉中国最重要的对外关系——中美关系。2006 年 5 月 10 日，美国常务副国务卿佐利克在国会作证时说，

① 布热津斯基：《大棋局：美国的首要地位及其地缘战略》，中国国际问题研究所译，上海人民出版社，1998 年版，第 50 页。

中美关系的未来走向将很大程度上取决于中国在伊朗核问题上的态度和下一步措施，伊朗核问题是“美中关系中非常重要的议题”，其重要性超过汇率和贸易不平衡问题。[①] 2007 年 1 月美国著名记者弗里德曼在《纽约时报》上撰文称，如何处理伊朗核问题是检验中国是否成为美国的“利益攸关者”、积极融入国际体系的重要指标。[②]尽管佐利克和弗里德曼的话有些耸人听闻，但伊朗核问题的确是每次中美高层对话的重要议题，美国对中国的外交立场、对中伊友好关系和能源合作始终心存疑虑，格外敏感。在美国人看来，伊朗核问题涉及美国许多核心利益，对美国的重要性要远大于对中国的重要性。既然伊朗核问题关乎中国最核心的双边关系，那么从间接的角度上讲，它也关涉中国的核心利益，是影响中美关系的重要因素。

二、中国积极斡旋伊朗核问题的有利条件

国际社会要想和平解决核问题必首先解决美伊两国信任问题，从美伊观念上入手，把解除信任危机作为打开美伊核僵局的突破口。2007 年 10 月 3 日，国际原子能机构总干事巴拉迪在接受媒体专访时说，通过更多合作和建立互信才是解决伊朗核问题

---

① Robert B. Zoellick, A Resurgent China: Responsible Stakeholder or Robust Rival? Hearing before the Committee on International Relations House of Representatives, Washington, DC: U.S. House of Representatives, May 10, 2006, pp. 34—35, 45—46.

② Thomas L. Friedman, “The Axis of Order?” *The New York Times*, Jan. 13, 2007.

的最佳方式。[①]而与美伊两国都很友好的中国则可以考虑担当此任，在美伊两大宿敌之间开辟“信任渠道”，架起沟通桥梁，增信释疑，建立信任纽带，充当斡旋者之一，劝和促谈，化解敌意，拆除“不信任高墙”，最终实现伊朗核问题的和平解决，对中国来说不是不可能的。

（一）中国在处理伊朗核问题上具有突出的软实力

一般来说，在处理国际冲突中，超级大国具有明显的优势，因为其拥有斡旋危机的军事和经济手段，硬实力固然十分重要，但并不是绝对的条件，一国拥有很强的硬实力，不一定能换来相应的软实力，就像超强的美国并不能处理好巴以冲突和伊拉克教派冲突一样。同时，一国硬实力弱，其软实力不一定软。历史上不少硬实力弱的小国曾成功开展了穿梭外交，化解了国际危机，展现了其独有的外交文化和道德威望等软实力。如，北非的阿尔及利亚曾成功调处美伊之间的使馆人质危机。在中美关系解冻过程中，“巴基斯坦渠道”、“波兰渠道”和“罗马尼亚渠道”都曾发挥重要作用。1992 年北欧小国挪威曾成功促成巴以奥斯陆协议，在国际事务中发挥了与其硬实力不成比例的重大作用。[②]实践证明，穿梭外交并非只是大国的“游戏”，硬实力并非穿梭外交的唯一手段，软实力也非常重要。就信任问题比较严重的伊朗核问题来说，不能只依靠硬实力来解决，否则将适得其反。中国尽

① 记者余忠稳：《巴拉迪强调对话是解决伊朗核问题的最佳方式》，新华社开罗 2007 年 10 月 4 日电。

② 郝图安：《和平与和解——挪威追求世界和平的努力》，载《世界经济与政治》，2007 年第 8 期，第 65—69 页。

管在处理伊朗核问题上硬实力有限，但其软权力却比较突出，主要有以下几个方面：

1. 中国具有突出的传统文化优势和与伊斯兰、基督教两大文明打交道的成功经验。历史证明，中国儒家文化以其特有的和平性、包容性和融合性同世界上任何文化都可以比较顺畅地交流。中国同伊斯兰文明打交道已几千年，长期友好相处、和谐共存，中国成功处理与阿拉伯伊斯兰世界的关系是欧美国家无法比拟的，古代的“丝绸之路”就是最好的例证。改革开放30年来，中国重点加强同西方文明的友好交往，使儒家文明与基督教文明的关系进入了最好的历史时期，特别是同美国打交道已取得不少成功经验。著名国际问题专家时殷弘认为，近年来，中国对美外交取得了巨大的成就，变得更加连贯、成熟和高效。[①]中国完全可以在美伊代表的两大文明之间，担任文明沟通者、协调者，以文化手段推动核问题的解决。

2. 中国的外交模式和艺术颇具魅力。中国外交智慧和谋略底蕴深厚，历史悠久。早在春秋战国时期，中国穿梭外交已经相当发达，尽管当时的诸侯国不是现代意义上的国家，曾产生了许多杰出的纵横家，如张仪和苏秦。只是到了近代以来，中国“屈辱外交”的历史记忆使国人开始对国际斡旋持抵触和排斥态度。进入新世纪以来，中国在处理国际冲突方面，经过多年的历练，和平外交日趋成熟和老练，表现出越来越浓重的软实力色彩：公正，谦逊，稳健，有亲和力，刚柔相济，注重提高道德威望和公信力，比较适合于在美伊两大强硬外交——“硬碰硬”中穿梭调

① 时殷弘：《中美关系基本透视和战略分析》，载《世界经济与政治论坛》，2007年第4期，第9页。

和，达到以柔克刚。2007年4月，美国名著《魅力攻势——中国的软实力是如何改变世界的?》的作者柯兰齐克高度赞扬中国的外交魅力，称中国运用软实力外交赢得远邦近邻的友谊与信任，大大改善了其国际形象，很多国家现在更喜欢中国而非美国了，说中国威胁论的声音小了，想和中国结成伙伴关系的多了。①

3. 中国拥有全方位的外交关系和畅通的外交渠道。目前中国与美伊都建立了比较畅通的外交关系，可以说中美关系、中伊关系都进入了历史上最好的时期，中美既是建设性战略协作关系，又是利益攸关者，中伊则是传统上的友好国家。中国与阿拉伯伊斯兰国家有着深厚的传统友谊和全面合作的政治基础，中国是同中东所有国家都保持良好关系的唯一大国，这是西方任何大国都无法企及的。另外，中俄战略协作伙伴关系正健康发展，中欧全面战略伙伴关系正稳步推进。在国际制度层面，中国与联合国安理会、国际原子能机构等国际组织的互动比较成功，合作基础牢固。中国还是联合国安理会五大常任理事国，对国际重大安全事件拥有一定的发言权和投票权，对核问题的美伊双方都有一定的制约作用。以上都是中国调停伊朗核问题的最重要的资源。

4. 中国处理朝核危机的成功实践，创立了具有中国特色的国际危机管理模式。这是中国软实力的重要表现，对处理伊朗核问题来说具有重要的借鉴意义。中国在朝核问题上开展了举世瞩目、富有成效的穿梭外交，积累了宝贵的实践经验，为国际社会和平处理国际危机树立了一个成功的典范。中国作为东道主和调停者，积极主办六方会谈，多次将美朝拉回谈判桌，实现美朝直

① 李焰:《魅力攻势：中国仗“软实力”屹立世界》，载《华盛顿观察》，2007年第14期。

接对话，使东北亚和平进程取得了重大突破，创立了一个行之有效的多边与双边相结合的会谈机制。2006 年 12 月，朝核危机美方谈判代表、美国副国务卿希尔高度评价中国在朝核危机中的自信、负责任、务实、灵活的穿梭外交，认为它大大改善了中美关系，使中美关系“真的拉近了”。[①]中国积极斡旋朝核问题，既维护了国家安全，又扩大了与美国等国的合作面。同样，中国如妥善处理伊朗核问题，则能增加中美战略互信，提升中美关系。

（二）美伊实现对话与妥协的可能性和现实性

美国和伊朗在中东地区拥有很多共同利益和挑战，如反恐、防扩散、能源安全、阿以冲突、伊拉克重建等，双方现实上都有求于对方，有妥协的可能性，这是中国开展穿梭外交有利的客观条件。民选的伊拉克新政府既是美国、又是伊朗的朋友，伊美两国都决心致力于伊拉克重建工作，建立一个和平稳定的伊拉克符合美伊双方的利益。[②]目前，美国政府内外交困，四面楚歌，中东战略严重受挫，深陷阿富汗和伊拉克战争泥潭，国际形象和道德威望急剧下降，美国在中东的困局几乎都与伊朗有关。伊朗陷入空前的安全困境和忧患之中，周边安全环境日益恶化，在核问题上一直受到美国的严厉制裁和打压，迫切希望拓宽国际生存空间。美伊要想从根本上解脱各自的现实困局，必须得到对方的配合和支持。因此，和平解决伊朗核问题是国际社会及美伊两国的共同愿望和首要选择。伊朗前首席核问题谈判代表、最高国家安

---

① David Lague, “Korean Crisis Brings U.S. and China Closer,” *The New York Times*, Dec. 19, 2006

② Staff, “The Challenge of Iran-U.S. Dialogue,” *Tehran Times*, May 15, 2007.

全委员会秘书鲁哈尼说，美国通过介入阿富汗和伊拉克事务，已成为伊朗的邻居，伊朗必须面对现实，总有一天要和美国建立关系。[①]美国许多政治家公开反对对伊动武，呼吁美国政府敢于面对现实，尽快无条件地与敌国对话，缓和两国关系。[②]

历史证明，在美伊之间建立互信、化敌为友是可能的，核问题并非一定走向战争。1997 年至 2001 年，在哈塔米和克林顿当政时期，美伊两国由于加强文明对话和战略互信，美伊关系迅速缓和，曾一度形成良性互动，进入伊斯兰革命以来的最好时期。1998 年，哈塔米接受美国 CNN 记者采访，他对伊斯兰革命初期伊朗扣留美国外交官人质事件公开表示遗憾，对焚烧美国国旗表示歉意。2000 年，美国国务卿奥尔布赖特发表讲话，承认美国 1953 年策划推翻伊朗合法政府并扶植巴列维国王复辟及在两伊战争中支持伊拉克的做法是错误的，还宣布美国官方今后改称伊朗为“值得关注的国家”，不再使用“无赖国家”一词。这表明美伊双方对彼此的国家身份的认定有了重要转变。

（三）美伊对中国积极斡旋的可接受度

到目前为止，欧盟三国仍是主要穿梭者，总体而言其对伊核的外交斡旋是不太成功的，“核谈”进程甚至还出现了一定的倒退，因为伊朗已宣布停止执行 2003 年签订的附加议定书、全面恢

① Ray Takeyh, “Iran and America: Tehran's Pragmatists are Ready to Talk,” *International Herald Tribune*, Aug. 24, 2004.

② Ray Takeyh, “Time for Detente with Iran,” *Foreign Affairs*, Vol. 86, No. 2, March/April 2007, pp. 17—33. Arlen Specter & Christopher Bradish, “Dialogue with Adversaries,” *The Washington Quarterly*, Vol. 30, No. 1, Winter 2006—07, pp. 9—25.

复了2004年曾一度暂停的铀浓缩活动。欧盟三国虽然同美国有分歧，立场和策略有别于美国，但在战略上却完全站在美国一边，在大部分情况下充当美国的传声筒，帮美国向伊朗施压，这是伊朗谩骂、不信任欧盟的主要原因。前不久的英国水兵事件充分说明了这一点。俄罗斯是伊朗最大的核合作伙伴，深陷伊朗核问题中，是当事方之一，尽管有制约伊朗的手段，但其斡旋难以赢得美欧的信赖。而中国与伊朗则没有核合作关系，处在一种相对超脱、有利的地位，中国斡旋的可能性和可信度将会是比较强的。中国也不希望危机蔓延，出现两败俱伤、甚至多败俱伤的局面。目前，在伊朗核问题上，还不存在一支独立、强大、有威望的国际斡旋力量，这是伊核问题不同于朝核问题的一个重要原因。

从国家关系层面分析，美伊两国都希望中国在伊核问题上积极斡旋，发挥更大的建设性作用。佐利克认为中美在伊核问题上“利益攸关”，呼吁中国发挥更加积极的影响力。[①] 2007年10月7日，《纽约时报》盛赞中国在处理朝核危机中所发挥的作用，称布什在内外交困的情况下，把中国当成了外交拐杖，中国可能是美国和平解决伊朗核危机的最大指望。[②]

美伊双双陷入战略困局是中国借助核危机介入中东事务的大好时机。中国应顺势而行，既促进中东地区的和平与稳定，又维护核不扩散机制，树立“中国责任论”。

---

① 记者杨立群：《佐利克与赵启正在沪谈中美关系》，载《解放日报》，2007年3月22日。

② Steven Lee Myers, “China Calling: Look Who’s Mr. Fixit for a Fraught Age,” *The New York Times*, October 7, 2007.

三、中国对伊朗核问题的政策演变和斡旋伊朗核问题的实践

半个多世纪以来，中国外交总体上遵循“不干涉”原则，对国际危机，特别是伊朗核问题，一般避免直接、主动介入。新世纪以来，中国开始调整外交策略，扩大“韬光养晦”的内涵，寻求“有所作为”。像处理朝核问题一样，中国的伊核外交也经历了重要的转变，由最初的静观其变、政策模糊、中立超脱到现在的立场鲜明、积极参与和主动出击。1992 年，中国加入了《不扩散核武器条约》，并主张该条约所确立的防止核武器扩散、推进核裁军进程和促进和平利用核能国际合作等三大目标或义务，应该得到全面的履行。

1991 年 1 月和 1992 年 9 月，中国和伊朗在接受国际原子能机构保障的基础上分别签署了一份帮助伊朗在伊斯法罕核研究中心建立一个 27 千瓦的实验性反应堆的协议和《和平利用核能合作协定》。随着形势的变化，中国政府为了维护国际核不扩散条约体系，于 1997 年宣布终止与伊朗关于和平利用核能的协议。[①]美国兰德公司著名核专家埃义·梅代罗斯在其新著《勉强的克制：中国的不扩散政策和实践的演变 1980～2004》中系统分析了 20 世纪 80 年代以来中国核不扩散政策的演变历程，他宣称，中国尽管对国际核不扩散条约机制有所保留和批评，但逐渐从最初充满敌意的局外人转变为现在的积极参与者，中国最早在 1984 年和

---

① Mohammad Sahimi, “Iran’s Nuclear Program. Part I: Its History,” Payvand’s Iran News, February 10, 2003. 顾国良：《美国对伊政策——伊朗核与导弹问题》，载《美国研究》，2006 年第 1 期，第 7—11 页。

1985年做出了核不扩散承诺，20世纪80年代中期以来中国取得的进步令人瞩目。然而中国人有他们自己的逻辑，不受美方压力的影响。中国是国际核不扩散体制中的新来者，它花了很长时间才能消化数量繁多的技术信息和准则并在外交工作中加以调整和应用。而且，和西方一样，中国也必须培养一批矢志不移坚持军控和核不扩散的人。梅代罗斯在分析中国对伊朗的核政策时称，中国竭力实现非同寻常的平衡：既要维持第三世界的视角，看到按西方价值观确定的国际核不扩散体制的不公正性，同时也要承认有必要在世界舞台上扮演负责任的强国角色。①

中国最大的变化是2006年1月3日伊朗撤除核封条导致核危机升级后，中国开始参加六方会谈，实施高密度的穿梭外交，加大主动斡旋力度。李肇星外长2月赴欧洲斡旋，向各国领导人重申中方的态度，并转达伊方的立场。同月，外交部副部长吕国增赴伊朗斡旋，为核危机降温。8月外交部部长助理崔天凯访问伊朗，敦促伊方抓住机遇，积极回应六国一揽子方案。

中国在国际原子能机构和安理会框架内的投票立场也经历了较大的转变，由最初的否决、弃权，到“同意报告安理会”(2006年2月)，再到同意联合国对伊朗“温和”制裁的1737号(2006年12月）和1747号决议（2007年3月）。可以说，2006年1月中国参加伦敦六方会谈、2月投票“同意报告安理会”是中国伊核政策的分水岭。中国2006年以来所采取的投赞成票、加大斡旋力度等一系列外交举措，表明中国的伊核外交出现了重要

① Evan S. Medeiros, *Reluctant Restraint: The Evolution of China's Nonproliferation Policies and Practices*, 1980—2004, Palo Alto, CA: Stanford University Press, 2007, pp. 1—15.

调整和变化，也体现了中国处理国际事务的远见卓识和大国风范。尽管中国在伊核问题上实施了协助性、有限的穿梭外交，但发挥了不可替代的建设性作用。从国际社会斡旋伊核的历程来看，已从最初的单方斡旋（只有一个调停者，如欧盟）向多方调停方向（如欧盟、原子能机构、中俄等）发展。随着形势的发展，作为六方谈判框架重要成员的中国必将迈向更高级、大规模的穿梭外交，必要时还要担当斡旋者的角色。

四、中国处理伊朗核问题的方略和政策选择

自2003年伊朗核问题升级以来，中国政府始终面临着两难选择。中国不愿意伊朗核问题升级损害自己的战略利益，中国既不想抛弃对自己具有较大战略价值的伊朗，也无意得罪对中国经济和社会发展具有重要作用的美国。美国几乎在国际体系的各个领域都占支配地位，代表着中国日益融入与依赖的国际机制；伊朗在国际社会中的选择余地相对要小得多，中国对伊朗的依赖程度也相对有限，因此，无论就目前或长远来看，美国对中国的影响都比伊朗大得多。这也是当前中国为何一方面主张通过谈判解决问题，维护中国在伊朗的战略利益；另一方面部分体现美国的意志，要求伊朗在核问题上与国际社会充分合作的根本原因。

在伊朗核问题上，中国与国际社会绝大多数国家具有共同的目标，如支持维护国际核不扩散体系的合法性，反对核武器与核武器技术扩散；不希望中东地区再次出现动荡。作为一个负责任的大国，中国希望维护国际核不扩散机制的权威性，主张通过外

交途径和平解决伊朗核问题；[①] 呼吁有关各方保持冷静、耐心和克制，避免任何可能导致该问题进一步复杂化和恶化的行动，同时审时度势，体现出最大的灵活性，力争尽早继续通过谈判妥善解决伊朗核问题，希望伊朗认真执行国际原子能机构和联合国安理会的有关决议，与国际原子能机构充分合作，澄清其核计划的和平性质，为外交谈判解决问题创造条件。

中国斡旋外交的最低目标是防止核问题升温，避免任何可能导致局势恶化或危机升级的举动。应将联合国对伊朗的制裁限定在可接受的范围内；目前安理会已通过了四轮对伊朗的制裁，如通过对伊更加强硬的制裁决议，中国要慎重行事，不能涉及对伊朗的石油禁运。同时，要延缓、避免伊朗战争的爆发，以确保大中东、中亚和里海产油区的和平与稳定，为我国提供稳定的油源。中国的最高目标是实现伊朗核问题的和平解决，确保中东地区的和平与稳定，最终实现建立“和谐中东”的战略目标。

由于美伊长期断交隔离，缺乏正常的沟通渠道，两国敌意根深蒂固，新仇旧恨与国家利益、意识形态冲突相互交织；伊朗核问题涉及错综复杂的国际关系，其关联度、危险性远胜于朝核问题。同时，中国的斡旋还要考虑美伊各自不同的政体和外交决策机制，伊朗外交最终决定权掌握在宗教领袖手里，而美国的对外政策要受国会和利益集团的制约。另外，在伊朗核问题上，中国受多重身份的限制：日益崛起的负责任大国，构建“和谐世界”的倡导者，最大的发展中国家，美国的利益攸关者、建设性合作者，伊朗的传统友好合作者，欧盟、俄罗斯的战略伙伴，国际核

---

① Dingli Shen, “Iran’s Nuclear Ambitions Test China’s Wisdom,” *The Washington Quarterly*, Vol. 29, No. 2, Spring 2006, pp. 55—66.

不扩散机制的维护者兼完善者；中国的斡旋角色不易准确定位，必须兼顾各方利益。因此，中国实施斡旋外交短期内难以速见成效，需要坚强的意志、足够的耐心和高超的外交艺术。

中国应以信任危机作为解决核问题切入点，重点解决美伊之间的信任问题。“和谐世界”外交理念不仅是中国处理伊朗核问题的理论依据，也是具体手段和最终目标，中国应充分发挥中国的软实力优势，积极借鉴“朝核斡旋模式”的四大经验：一是观念上注重消除冲突方的敌意和疑虑，开通畅通的交流渠道，促进相互信任和尊重。二是在信誉问题上，相关方必须严格履行协议和承诺，这是增加互信、巩固对话成果的关键环节。三是在制度层面上，以多边对话推动双边对话，并以双边谈判促进多边和平框架，使双边谈判与多边谈判保持积极的互动。四是兼顾国际核不扩散机制的原则性与有关国家对安全和经济的现实需求。借鉴、超越和发展“朝核模式”并与伊核问题的具体情况紧密结合。

第一，要建立美伊双边接触和对话机制，促进美伊的战略互信。美国和伊朗是核问题中两个最主要的角色。目前两国还未就伊朗核问题开展过双边对话，双方虽然进行了两次大使级对话，但内容仅限于伊拉克问题，在核问题上一直脱离接触。中国充分利用自身的对外关系优势为美伊“核接触”创造宽松和谐气氛，可以先开展民间和半官方对话交流为主的“第二轨道外交”，如就核问题举行美伊学术交流、专家会谈活动，以推动官方接触和对话。中国应发挥自身的文化优势，加强美伊之间的文明对话和文化交流，加强善意，停止互相猜忌、妖魔化，最终实现美伊之间直接对话和谈判。

目前，伊朗虽愿意与美国对话，但美国却坚持以伊朗暂停浓缩铀作为对话的先决条件，更不愿将伊朗纳入多边会谈中。中国要说服美国增加外交政策的灵活性，对伊朗采取务实的接触政策，推动美伊两国实现双边或多边对话和谈判。挪威国际斡旋最成功的经验是冲突的解决必须始终依靠政治协商和对话。[①]中国可以在美伊之间建立战略信任机制，创造性地提出双方都能接受、切实可行的“中国方案”，使美伊都在“保住面子”的前提下做出妥协和让步。

第二，中国应积极参与和完善多边会谈机制，重视中东地区的集体核安全。中国在建立双边对话和接触机制的同时，也应推动多边机制，以多边会谈推动双边会谈，就像朝核问题一样，多边会谈与双边会谈产生了良好的互动。伊朗“核谈”模式几经变化，先是代表欧盟的英法德“三驾马车”与伊朗进行的“3＋1”谈判模式，美方一直扮演“场外指导”的角色；中途俄罗斯加入，与伊朗进行了一对一的谈判，曾提出了著名的“核燃料国际加工中心”俄罗斯方案；直到六方会谈（5常＋德国）启动后，美方才从幕后走上前台。但目前的六方会谈存在严重的缺陷，当事国伊朗一直被美国排斥在多边框架外，这与朝核问题的六国会谈大为不同。中国应同其他成员国一道尽快完善现有多边谈判机制，建立伊核的“6＋1”模式（六国加上伊朗）。

为根本解决伊朗核问题，条件成熟时，中国应协同其他成员国扩大多边会谈框架，促成建立“6＋4”十方会谈机制（六国加上伊朗、阿盟、以色列、土耳其），探索出更有效的中东集体核

---

① 郝图安：《和平与和解——挪威追求世界和平的努力》，载《世界经济与政治》，2007年第8期，第65—69页。

安全新机制，一揽子解决中东核扩散问题。另外，中国应和其他成员国一道积极制定信誉保障规则，实施严格的承诺履行机制，相关方必须做到言必行、行必果，这是“核谈”成功的重要保障。2004年，国际社会曾成功促成伊朗暂停铀浓缩，但由于相关方互相怀疑，不认真履行承诺，断送了“核谈”成果，错失了良机。

第三，中国要做好自己的身份定位，坚持公正、平衡的外交立场，不轻易偏向任何一方。中国复杂多重的国家身份，决定了中国在处理伊朗核问题时，必须实施平衡的外交策略，不仅要寻找美伊的利益交汇处和共同点，也要找到照顾各方利益的最佳平衡点。不仅在美伊之间搞好平衡，还要在美国、以色列与阿拉伯伊斯兰世界、不结盟运动成员国等广大的第三世界之间，什叶派伊朗与逊尼派阿拉伯国家之间，美欧与俄罗斯之间，美国与国际组织之间保持战略平衡。

相比而言，中国在伊核问题上处于有利地位，但也面临着两难处境：面对两个不共戴天的仇敌，一个是中国最重要的利益攸关者，另一个是中国的传统友好国家和能源合作伙伴，中国阻止美国对能源大国伊朗的制裁将会损害中美关系。中国独立自主的和平外交政策决定了中国既不可能支持美国反对伊朗，也不可能支持伊朗反对美国。中国应尊重伊朗和平利用核能的合法权利和诉求，理解伊朗的安全困境，但要明确反对核扩散和发展核武器，伊朗必须严格遵守国际相关条约，加强与国际社会的合作，增加核活动的透明度，软化激进的核外交立场。另一方面，中国应竭力维护国际核不扩散体系的严肃性和权威性，反对美国的双重核政策和核霸权，反对美国以“政权更替”或武力方式解决核问题，敦促美国为伊朗提供必要的安全保障和经济激励。美国只有向伊朗提供包括不颠覆政权、不干涉内政、取消制裁在内的安全保证和经济鼓励，才能使伊朗彻底弃核。[①]中国既要在广大发展中国家中保持公平、公正、敢讲真话的风格，又要在发达国家中树立负责任大国的形象。中国要认真探讨既有利于实现防扩散目标，又能确保伊朗和平利用核能权利的解决方案。

同时，中国的斡旋外交既要发挥中国自身的独特作用，又要妥善处理与安理会、国际原子能机构、欧盟和俄罗斯等有关方的关系，与它们保持通力合作，充分发挥它们的作用，只要有利于和平解决伊核问题，中国就要积极支持它们的工作。总之，中国必须谨慎行事，避免四面树敌，陷入矛盾之中。

第四，中国应尽快建立健全应对伊核问题的斡旋机制和机构。中国应强化国际危机的预测、管理和斡旋意识。为应对伊朗核问题，美国政府和外交智囊已设计了多项外交应急预案。挪威也投入大量资源积极推进其斡旋外交的专业化建设。中国应在总结处理朝核问题经验的基础上，大力借鉴别国管理国际危机的先进理念和模式，抓紧制定处理伊朗核问题的战略对策、预警机制和应急措施，逐步建立具有中国特色的外交斡旋机制和危机管理模式。同时，中国也应加强应对伊核问题的斡旋机构建设。

伊朗核问题关系到中国的重大甚至核心国家利益，中国应未雨绸缪，加大斡旋力度，延缓和防止核问题的恶化以及战争的爆发。强大的硬实力并非是增信释疑、化解危机的绝对条件。中国作为相对超然的第三方调解伊朗核问题具有突出的软实力和自身

---

① Shahram Chubin & Robert Litwak, “Debating Iran’s Nuclear Aspirations,” *The Washington Quarterly*, Vol. 26, No. 4, Autumn 2003, p. 109.

独特的优势，建立“中国渠道”、实施具有中国特色的外交斡旋有利于打破美伊互不信任的坚冰，促进伊朗核问题的和平解决。曾经成功处理古巴导弹危机的美国前总统肯尼迪，在其幕僚和汉学家的指点下，对于“危机”的概念内涵和发展规律做了西方化、颇具哲理的解读。他说，汉语中的“危机”由“危险”和“机遇”二词组成，危险孕育着机遇。[①]中国前驻伊朗大使华黎明认为，伊朗核问题不是中国的包袱，而是中国践行构建“和谐世界”理念、提升中国国际影响力、改善中美关系十分难得的机遇。[②]

第七节　伊朗核问题的未来走向

伊朗核计划肇始于巴列维时期，但并没引起国际社会的关注，也没有成为国际热点问题。原因在于：第一，当时伊朗与美国是战略同盟关系，出于遏制苏联，美国轻易不会为难对自己具有重大利用价值的盟友；第二，伊朗核发展进程在美国的掌握之中，始终未超出美国能够容忍的底线；第三，伊朗核技术并不先进，没有进行浓缩铀的能力和设备，很难突破和平性质；第四，伊朗在海湾以及中东安全结构中处于优势地位，不存在迫在眉睫的国家安全威胁，没有发展核武器、保卫国家安全的现实必要

① 中国现代国际关系研究院：《国际危机管理概论》，北京：时事出版社，2003年版，第3页。

② 华黎明：《伊朗核问题与中国外交的选择》，载《国际问题研究》，2007年1期，第62页。《伊朗核问题不是中国的包袱》，载《亚非纵横》，2006年2期，第8—9页。

性。而伊朗核计划在2003年以后成为国际热点问题的主要原因在于：第一，美伊关系恶化，敌意很深，互不信任；第二，伊朗开始浓缩铀活动，核计划取得进展；第三，伊朗存在隐瞒核活动、违反国际核不扩散机制的历史，[①] 伊朗核计划的动机不明，国际社会很难判定其最终目的。上述因素共同决定了伊朗核问题的复杂性。

当前，国际社会对伊朗核问题的反应是复杂的，既反映出解决伊朗核问题的紧迫性，也体现了各国在伊朗问题及伊朗核问题上的利益冲突和矛盾。[②]由于美国不与伊朗进行直接谈判，欧盟在伊朗核问题上存在着自身的战略利益，国际社会对伊朗的强制行动具有很大的局限性。在核问题上，伊朗极力与世界大国之间形成利益交汇，以制约美国对伊朗的打压。伊朗为捍卫发展核能的权利，大打法理牌，赢得了广大不结盟运动成员国的同情和支持[③]，削弱了美国对其实施的强制性外交。

一、伊朗核计划的发展前景

具体来说，伊朗核计划的发展可能有两种前景：

第一，武器化。

一般来说，一个国家寻求核武器的动机主要有四个方面：第

---

① Michael Rubin, "Can Iran Be Trusted?", *American Enterprise Institute for Public Policy Research*, No. 1, September 2006.

② 尤其是美欧，往往将伊朗核问题与伊朗问题等同或混淆看待，希望将通过伊朗核问题解决伊朗问题。

③ 张胜平、陈文均，"伊朗在核问题上的'进'与'退'"，新华网2006年2月13日，http://www.news.sina.com.cn/w/2006-2-13/1335819360/s.shtml.

一，维护国家与民族尊严，显示国家实力；第二，官僚政治：增强权力和政权的合法性；第三，技术动力：国家希望自主拥有制造核武器的技术；第四，增强国家自身安全。[①]

伊朗核计划武器化的可能性仍然存在，主要原因是：第一，伊朗在核问题上态度强硬，拒绝暂停浓缩铀活动，而浓缩铀是伊朗核计划武器化的重要步骤，一旦伊朗拥有足够的浓缩铀，就有可能生产出核武器；第二，美国无法阻止伊朗通过其他途径获得核武器技术，很难贸然对地区强国伊朗采取军事行动，摧毁伊朗核设施，终结伊朗核计划；第四，伊朗国内部分决策者及一些民意极力主张发展核武器，要求以"核"抗美、拥核崛起。

《不扩散核武器条约》赋予伊朗进行燃料循环、提炼一定量钚的权利，伊朗有可能随时"违反"《不扩散核武器条约》，在短期内制造出一定数量的核武器。[②] 然而，伊朗核计划武器化在成功之前必须在绝对保密中进行，否则美以一旦获得情报，就有可能会孤注一掷，空袭伊朗核设施。

伊朗核计划武器化如果取得成功，将会对伊朗和国际社会产生重大影响。一方面，伊朗国家安全将得到充分保障，包括美国在内的世界上任何国家都不会轻易挑战一个拥有核武器的伊朗。伊朗在中东甚至国际安全结构中的地位将可能得到大幅度提升，

---

① Bradley A. Thayer, "The Causes of Nuclear Proliferation and the Unity of the Nuclear Nonproliferation Regime," *Security Studies*, Vol. 4, No. 3, Spring 1995, p. 468.

② Henry Sokolski, Patrick Clawson, *Checking Iran's Nuclear Ambitions*, The Strategic Studies Institute, January 2004, p. VII. http: //www. strategicstudiesinstitute. army. mil/pdffiles/PUB368. pdf

在国际事务中将拥有更大的发言权。[1]但另一方面，伊朗也可能被国际社会视为一个缺乏诚信的国家，在国际社会中处于更加孤立的地位。中东其他国家将会更加小心谨慎地处理与伊朗的关系，并将效仿伊朗，寻求发展核武器，使中东安全形势更加恶化，彻底改变美国在中东安全结构中的主导地位。

第二，非武器化。

伊朗核计划非武器化可能有以下几种形式：一是核工业生产，可以为国家经济发展如农业、医疗、化工、物理实验等方面提供全方位的技术保障；二是核能生产，可以为伊朗节约石油天然气资源，增创外汇，缓解严重依赖外部成品油的困境；三是其他形式的核技术运用。非武器化意味着伊朗的核计划只能用于和平目的。但伊朗和平性质的核计划具有重要的现实意义：第一，核计划成功的可能性更大，因为国际社会能够容许一个真正和平利用核能的伊朗；第二，遭受外来干预的可能性小，可以规避美国的制裁乃至武力威胁；第三，伊朗外交环境能够得到较大改善，甚至连美伊关系都有改善的可能性；第四，国际社会会认为伊朗是一个有诚信、负责任的国家。

伊朗核计划非武器化虽然有利于维护伊朗的民族尊严，提升国家国际影响力，增强伊朗的综合国力，但不能绝对保障伊朗的国际生存环境，和平性质的核设施在战争期间仍有被袭击的可能性，有时核计划非武器化并不能从根本上改善伊朗与周边国家之间的安全关系，消除伊朗所面临的安全困境。

---

① 当前，伊朗“拥核崛起”主要表现在发展和平性质的核技术方面，伊朗官方并没有公开主张以研发核武器来实现国家崛起。

二、伊朗核问题的解决方式

当前，国际社会对于伊朗核问题的处理主要存在五种政策选择：第一，“等着瞧”，将伊朗核设施留给伊朗自行处理，在让伊朗进行浓缩铀活动的同时，竭力牵制伊朗的核计划；第二，继续实施外交手段，即推动欧盟三国与伊朗进行谈判，将伊朗核计划交给国际原子能机构，寻求各方都满意的方案；第三，美国和欧盟利用《联合国宪章》第七章相关条款，敦促俄罗斯及中国，一道制裁伊朗；第四，如果未能获得联合国安理会的授权，美国和欧盟三国及意见相近的国家对伊朗进行严厉的制裁，避免伊朗获得军用核设备、双重用途技术以及外国贷款；最后，进行安全“震慑”，威胁使用军事干预，最终实施武力干涉。[①]未来，伊朗核问题可能通过以下两种方式解决：

（一）武力解决

核扩散不仅包括核武器扩散，而且包括核技术扩散，而当前伊朗核计划所引发的问题主要是核技术扩散。美国认为伊朗核计划将来很有可能用于军事目的，因此极力推动其他国家或国际组织迫使伊朗放弃核计划，防止核扩散威胁美国的安全利益。从伊朗核问题的发展历程来看，美国对伊朗实施军事打击，武力解决伊朗核问题的可能性仍然存在。美国对伊动武的可行性与必要性体现在以下几个方面：第一，两国军事实力相差悬殊，美国具有

① Jahangir Amuzegar, “Nuclear Iran: Perils and Prospects,” *Middle East Policy*, Vol. XIII, No. 2, Summer 2006 p. 107.

压倒性优势。第二，伊朗对中东政治的影响越来越大，尤其是与伊拉克什叶派穆斯林、阿富汗政权、黎巴嫩真主党和巴勒斯坦哈马斯的往来越来越密切，[①]削弱了美国在中东地区的政治影响力。第三，伊朗核计划的负面示范效应日益显现，中东地区其他国家纷纷寻求“拥核崛起或发展”，中东地区核安全将面临严重失控的危险。第四，一旦武力改变了伊朗现政权，中东其他国家的仇美反美势力将会遭到沉重打击，美国在中东地区的霸权地位将更加牢固。美国对伊动武采取的手段可能有：继续妖魔化伊朗政权，争取美国民众的支持；外交围堵，压缩伊朗的战略空间；全面制裁伊朗；推动伊朗内部发生“颜色革命”和政权更迭；军事打击，彻底摧毁伊朗核设施。

然而，美国武力解决伊朗核问题仍存在着诸多不确定因素，这些局限性主要表现在以下几个方面：[②]第一，受伊拉克和阿富汗局势的牵制。如处理不妥，美国在伊拉克和阿富汗多年的经营将付之东流。第二，伊朗是中东地区军事强国，具有不容低估的战争反击能力和顽强的民族意志。第三，伊朗地形地貌复杂，核设施隐蔽性强，美国很难彻底搞清或摧毁伊朗全部核设施。伊朗吸取1981年伊拉克核设施被以色列摧毁的惨痛教训，将核设施分散在全国各地。[③]第四，美国难以组建一个团结高效的国际反伊联合阵线。美国的最终目标是解决伊朗问题，这与欧俄中希望通过外交途径解决伊朗核问题的战略目标还相差很远。第五，美国对伊

---

① Graham E. Fuller, “The Hizballah-Iran Connection: Model for Sunni Resistance,” *The Washington Quarterly*, Vol. 30, No. 1, Winter 2007, pp. 139—150.

② 朱幸福：《伊朗为何敢同美国叫板?》，载《文汇报》，2006年1月17日。

③ Golnaz Esfandiari, “Iran/U. S.: Bush Says All Options on the Table for Tehran's Nuclear Program,” *Radio Free Europe*, January 18, 2005,

动武将造成严重后果：数以万计的人员伤亡，给伊朗等中东国家带来严重的人道主义灾难；引发整个中东地区的生态环境恶化和大规模杀伤性武器扩散；伊朗石油减产可能引发世界能源危机；阿拉伯—伊斯兰世界与西方世界矛盾冲突加剧。

战争一旦爆发，无论哪一方取胜都将对中东地区安全格局，乃至整个国际体系产生深远的影响。

（二）外交途径

美伊双方在核问题上虽然分歧很大，但仍具有一定的利益契合点，当双方的战略目标都靠近这个利益契合点时，外交解决核问题的可能性就增大。美国最担心的是伊朗发展核武器，而伊朗则多次表明决不寻求核武器。如果伊朗能够与国际原子能机构保持充分的合作，完全澄清其核计划的和平性质，美国对伊朗核计划的疑虑就会下降。即使美国一些外交决策者担心伊朗将来会发展核武器，美伊关系也不至于在短期内迅速恶化。制裁措施均具有可逆性，制裁是为了激活外交，而不是为外交设置障碍。[①] 2003年伊朗核问题出现后，国际社会并不是立即制裁伊朗，而是通过外交谈判促使伊朗在第二年暂停了浓缩铀活动，并澄清了核计划中的一些悬而未决的疑问。

和平解决伊朗核问题具有重要的现实意义。对伊朗来说，伊朗虽然让渡一部分国家利益，但却争取到一定的政治、经济、

---

① 如果伊朗暂停铀浓缩和后处理活动，遵守国际原子能机构和联合国安理会的相关决议，联合国安理会将中止、甚至取消制裁。“中国常驻联合国代表王光亚大使在安理会对制裁伊朗决议草案采取行动后的解释性发言”，http：//www.un.org/chinese/radio/print_all.asp? NewsDate=3/3/2008

安全利益，从国际社会获得国家安全的保障，为自主拥有核技术奠定基础；同时可以大大改善伊朗的对外关系和本国社会发展所需的国际环境。对美国来说，这有利于缓和美伊之间长期以来的紧张关系，使美国将从中东事务中腾出较多的战略资源，防范其他大国挑战其全球主导地位；和平解决伊朗核问题在很大程度上表明，美国的强制措施产生了效果，为将来处理其他核问题提供了国际经验；有助于美国重新占领国际反核扩散道义高地，提升美国的软实力。但是，和平解决伊朗核问题并不等同于解决伊朗问题，伊朗的常规军事实力和生化武器威胁①以及政治宗教影响仍然存在，美国仍需要解决更为棘手的伊朗问题，伊朗核问题仍有再度爆发的可能。对国际社会来说，和平解决伊朗核问题为国际社会解决国际冲突提供了范例，有助于构筑国家间相互信任的桥梁，促进中东地区以及国际安全与稳定。

外交的成功依赖于时间、空间及背景等多种因素。②国际社会通过外交手段解决伊朗核问题并不意味着能彻底根除国际核扩散。最好的办法是让潜在的核扩散国自觉遵守不扩散的国际义

---

① Dany Shoham, *Chemical and Biological Weapons in the Arab Countries and Iran-An Existential Threat to Israel*, ACPR Publishers, July 2001, pp. 52—56; Seth Carus, "Iranian Nuclear, Biological and Chemical Weapons: Implications and Responses," *Middle East Review of International Affairs*, Vol. 2, No. 1, March 1998, pp. 12—22.

② Poyueh Wang Hsu, "US Coercive Diplomacy in the North Korean Crisis: From the Crime-and-Punishment Approach to Diplomatic Give-and-Take, 1993—1994", *Tamkang Journal of International Affairs*, Vol. 9, No. 4, April 2006, p. 78.

务，只有这样它们做出的不扩散决心才最持久。[①]

目前，从上述伊朗核问题发展的几种趋势上看，通过外交途径解决的可能性远大于武力手段，因为各方在伊朗核问题上的矛盾和冲突并不绝对导致零和游戏。同时，在短期内伊朗核计划非武器化的可能性远比武器化大。当前国际社会及国际核不扩散机制都不允许伊朗制造核武器，不希望伊朗核计划核武器化成为下一次中东战争的导火索。

① Shahram Chubin and Robert S. Litwak, "Debating Iran's Nuclear Aspirations," *The Washington Quarterly*, Vol. 26, No. 4, Autumn 2003, p. 113.

第五章

公开的秘密——以色列的核武器

自20世纪70年代以来，以色列被认为是继五个核大国之后，世界上第六个，也是中东地区第一个拥有核武器的国家。但与其他核国家不同的是，迄今为止，以色列一直采取一种模糊的核政策，即不承认、也不否认其拥有核武器。1964年，时任以色列总理的列维·埃希科尔（Levy Eshkol）宣称，“以色列没有，也不会第一个将新式武器，无论是常规或非常规武器，引入中东。”[①] 这一说法一直为以色列官方所沿用。20世纪60年代末期，时任以色列驻美国大使的伊扎克·拉宾（Yitzhak Rabin）告知美国国务院，以色列对于“引入”此类武器的理解是进行试验并公开宣布，仅仅拥有这类武器并不构成“引入”。[②] 1986年，一名以色列

① Alan Dowty, “Nuclear Proliferation: The Israeli Case,” *International Studies Quarterly*, Vol. 22, No. 1, March 1978, p. 83.

② Avner Cohen and William Burr, “The Untold Story of Israel's Bomb”, *Washington Post*, April 30, 2006; B01.

前核技术人员瓦努努（Mordechai Vanunu）在英国《星期日泰晤士报》上披露了以色列核武器项目的细节，引起世人的关注。2006年12月，以色列总理奥尔默特在接受德国电视台采访，谈到伊朗谋求核武器时，将以色列与美国、法国和俄罗斯这几个核大国等同起来，暗示以色列已拥有核武器，奥尔默特的发言人事后否认其言论越过了以色列在核问题上的一贯态度。

第一节　以色列的核发展历程

二战中纳粹对于犹太人的大屠杀使以色列第一代领导人萌生了获取某种绝对威慑能力的愿望，而建国伊始就与周边阿拉伯国家间爆发的战争更使其对自身的安全认知趋于悲观，而以色列首任总理本-古里安（Ben-Gurion）的世界观和领导风格也为以色列走上核发展之路起到了关键的作用。20世纪40年代末至50年代中期，以色列为核计划的启动进行了一系列准备与探索工作，为核计划的实施打下了基础。以色列利用美国的"和平利用原子能"计划，从美国获得了一座试验性的小型核反应堆，并与法国签署了核合作协议，由法国援建迪莫纳核反应堆。

一、以色列核计划的缘起

以色列试图获得核武器的愿望与这个国家的历史一样长，甚至在其建国之前，以本-古里安为代表的以色列第一代领导人就有了发展某种决定性的军事力量，以避免犹太人再次遭受类似纳粹大屠杀那样的浩劫的愿望。可以说，纳粹大屠杀对以色列最终走上核发展的道路起到了至关重要的作用，大屠杀强化了犹太人的无助感，犹太领导人认识到，对于犹太民族和以色列来说，没有任何外部力量可以依靠，犹太人必须掌控自己的命运，以色列必须拥有不依赖于外部援助的军事手段以给敌人造成无法承受的打击。正如以色列首任原子能委员会的主席伯格曼（Ernst David Bergmann）所言，核武器将"确保犹太人再也不会如同绵羊一般任人宰割"。[①]

1948年5月，以色列建国伊始，就与周边的阿拉伯国家爆发了战争，战争加剧了以色列对于外部世界威胁的严重关切，新兴的犹太国家依然处于十分脆弱和孤立的状况，随时可能遭受灭顶之灾。本-古里安认为，1948年的"独立战争"只是与阿拉伯人第一回合的较量，停火仅仅意味着敌对行动的暂时平息，而绝非持久的和平，阿拉伯世界也不会放弃消灭以色列的企图。以色列与阿拉伯世界之间的地缘特点和实力对比加深了以色列的脆弱感。以色列国土狭长，西靠地中海，其余三面皆为阿拉伯国家所包围，正如本-古里安所称，以色列"事实上是一个向着亚洲和北非两大洲延伸的阿拉伯海洋中的小岛，……而与以色列接壤的4个阿拉伯国家的人口是以色列的58倍"。[②] 此外，以色列的自然资源与周边阿拉伯世界相比也极为匮乏，既没有石油，也没有大的河流及大片的可耕地。以色列的地缘政治结构表明其至少存在

---

① Federation of American Scientists, *Nuclear Weapons*, Http://fas.org/nuke/juide/israel/nuke

② Avner Yaniv, *Deterrence without the Bomb-The Politics of Israeli Strategy*, D.C. Lexington Books, 1987, p.13

着两方面的缺陷：首先，以色列是沿地中海岸边的一个小国，缺乏战略纵深；其次，以色列人口较少，且主要集中在几个城市。任何一次成功的常规或非常规武器的袭击都会对以色列的生存构成严重的威胁。同时，由于缺乏外部正式有效的安全保证，以色列对自己的安全认知也十分悲观。这一切构成了本-古里安等第一代领导人的战略性思考，在本-古里安看来，只有让阿拉伯人完全意识到自身的失败，才有可能与以色列实现和平，确保以色列的安全，否则，下一轮的较量将不可避免。为达到这一目的，拥有核武器自然成了以色列领导人的追求，因为核武器不但能够增强以色列人的安全感，还能够弥补以色列与阿拉伯国家之间在地缘与资源等方面的劣势。

本-古里安的世界观及其决断性的领导风格使其在启动以色列核计划的过程中起到了关键性的作用。本-古里安对包括核技术在内的20世纪科技新发展具有浓厚的兴趣，不遗余力地推动以色列的科学研究工作。他相信，科学技术一来可以在精神上和物质上促进以色列的进步，二来也为以色列提供了防御外部敌人的更好手段。20世纪40年代末期开始，本-古里安对核能产生了某种特殊的兴趣，他甚至颇为浪漫地设想利用核能进行海水淡化处理。本-古里安一再强调以色列的安全必须建立在科学技术发展的基础之上，这是以色列面对数量上占优的阿拉伯敌人时唯一可以具有重大优势的领域。1947年，本-古里安就在以色列国防军的前身——哈加纳指挥部设立了科学部，1948年3月，哈加纳总参谋部正式确认科学部为作战参谋部门，领导新设的科学部队（希伯来语简称“海迈德”HEMED），而“海迈德”也成了本-古里安最为钟爱的一支部队。本-古里安本人对于发展大规模杀伤性武器并无顾虑，1948 年，他曾命令在欧洲的特工人员寻找能够提高杀伤力技术的东欧犹太科学家。尽管这在当时可能主要意味着化学与生物武器能力，但进一步迈向核武发展的思路在本-古里安的头脑中可能就已存在，不过从已公布的档案资料中，我们很难知道他是何时开始把发展核武器作为一种现实的选择。20 世纪 50 年代中期，本-古里安开始确信进行核武研发的时刻已经到来，他在 1956 年写道："爱因斯坦、奥本海默（J. Robert Oppenheimer）和泰勒（Edward Teller）这三位犹太人为美国所做的，以色列的科学家同样也能为自己的民族做到。"本-古里安启动核武计划的决定或许更多的是出于一种战略直觉和其强迫性的对于犹太民族未来生存的忧虑，而并非一项经过精心考虑的计划。①

二、启动前的探索

在以色列独立战争期间，伯格曼等人就说服本-古里安，发展核研究计划是以色列的科技力量所能够实现的。为此，以色列开始了一些探索性的工作。1948 年，以色列国防部派遣了一组地质学家前往内盖夫沙漠找寻可能存在的铀。1948 年末，一位正在为法国建造第一座核反应堆的犹太科学家摩西·索尔丹（Moshe Sordin）应邀来到以色列，与本-古里安讨论了未来建造核反应堆的可能性。尽管当时的以色列还没有一个真正的核物理学家，启动一项专门的核计划也为时尚早，但谋求核技术的愿望与设想却

① Avner Cohen, *Israel and the Bomb*, New York: Columbia University Press, 1998, p. 12.

已存在，剩下的问题就是如何将这一设想变为现实。

为此，20 世纪 40 年代末至 50 年代中期，以色列在开始实施核计划之前进行了一系列的准备与探索工作。

首先是人才的培养。1949 年，在伯格曼的建议下，本-古里安批准“海迈德”科学部队资助 6 名在役的有前途的物理学专业毕业研究生前往世界上核物理研究最好的大学与实验室学习深造，这 6 名年轻的物理学家分别前往苏黎世、伦敦、布里斯托尔、阿姆斯特丹和芝加哥等地，跟随世界上最著名的核物理学家学习研究，这些学生后来成为以色列核技术发展的中坚力量。

其次是 1949 年至 1951 年对于内盖夫沙漠的地质勘探，目的在于获取必要的核材料。由于有谣传说英国人在内盖夫沙漠北部发现了油田和铀矿石，1948 年以色列国防军拿下内盖夫之后就进行了一次初步勘探，但却一无所获。于是，由科学部队“海迈德”的特别分支部门——“海迈德吉梅尔”（HEMED GIMMEL）派出的专家组进行了为期两年多的范围更为广泛的勘察，期间添置了新的研究器材，并在邻近的魏兹曼科学研究院建起了新实验室。这次勘探的结果同样令人失望，除了数量较小的磷酸盐矿外，并未发现铀矿的存在。

最后是研发机构的整合重组。作为魏兹曼科学研究院的科学主管，伯格曼同时也担任了国防部科学司的主席，他建议将魏兹曼研究院建设成同时承担民用和军用任务的以色列国家科学研究中心，而魏兹曼（Chaim Weizmann）则不愿接受来自其政敌本-古里安所掌管的国防部的项目资助。1951 年 7 月，伯格曼接受本-古里安任命担任其科学顾问一职而与魏兹曼彻底分道扬镳。伯格曼建议本-古里安扩展和强化国防部科学司的职能，此前，科学司的功能仅仅在于协调“海迈德”所进行的科学研究，同时，“海迈德”应转变为新的科学司直接领导下的文职研究部门，从事军事应用技术的研发。伯格曼提出建议时正值以色列国防军和国防部在独立战争后的重组时期。1951 年底，国防部设立了新的研发部门，不过其权限并没有伯格曼建议的那么大。伯格曼成为国防部的首席科学家，马多尔（Munya Mardor），一位对秘密工作具有强烈嗜好的前哈加纳特工，被任命为这个新成立的研发部门的行政主管，这个新部门被本-古里安命名为“研究与基础设施司”（希伯来语简称为“埃梅特”EMET），“埃梅特”一词在希伯来语中又有“真理”之意，令本-古里安颇感满意。“海迈德”原有的 5 个研究中心均转由“埃梅特”控制。军事技术研发部门的领导由军队转为国防部，标志着军事科技研究从满足短期战场需求转为长期战略规划。“埃梅特”将原有的“海迈德”研究中心重组为几个文职的研究所，“海迈德吉梅尔”被重新命名为第四研究所，伯格曼试图将其发展为“埃梅特”的核研究中心。

1952 年 6 月 13 日，在伯格曼的要求下，本-古里安创建了以色列原子能委员会（IAEC），伯格曼被任命为该委员会的首任主席，直到两年多之后，该委员会的存在才被公之于众。在伯格曼的领导下，原子能委员会的功能似乎成了国防部的附属机构，伯格曼将第四研究所变成了原子能委员会的中心实验室。对于伯格曼来说，委员会的职能是设计和建设国家的核能基础设施，他力图尽快地启动这一项目。20 世纪 50 年代初，以色列原子能委员会和“埃梅特”的领导人认为，为了使以色列能够启动核能开发，以色列必须自己生产出重水和从自然界提炼出铀，作为核反应堆运转的必要原材料。以色列可通过制造出这些稀缺原料以换取建造核反应堆的帮助。因此，以色列必须研究发展生产重水和从磷酸盐矿中提炼铀的技术，这成为了第四研究所的工作重点。

1952～1953年间，第四研究所的研究小组在实验室中成功地研发出了通过蒸馏代替电解而较为廉价地生产重水的新方法和从磷酸盐矿中分离出铀的方法。1954年3月，伯格曼向夏里特（Moshe Sharett）总理汇报了这两项新发明，以色列已能够自己获取基本的核能原料——铀和重水。伯格曼认为，这将使以色列制造出反应堆并进行核能生产，这两项新技术的发明具有潜在的商业价值，作为筹码，以色列将获得已掌握核技术国家的尊重与帮助。以色列把合作目标对准了法国和挪威，除了英国之外，这是当时欧洲拥有核反应堆的仅有的两个国家。

与法国的合作成为了以色列核发展的关键。伯格曼利用自己在法国的关系，与法国原子能委员会的同行谈判成功，以6000万法郎的价格向法国出售了这两项被认为具有潜在商业价值的发明专利。由于法国自身没有核原料，也无法得到美国的技术支持，因而以色列的发明对法国的核计划具有重要意义。而以色列则通过这笔买卖与法国原子能委员会建立起了工作关系，这才是其真正的目的。法国将其两个核研究中心向以色列科学家开放。以色列几位最著名的物理学家被送到法国学习核反应堆的物理学和工程学知识。

挪威是以色列的另一个合作目标国。1951年，在法国的帮助下，挪威建立了一座反应堆。挪威能够自己生产重水，但缺乏铀资源。伯格曼试图吸引挪威合作建立一家合资企业，提炼磷酸盐矿中的铀。1954年，伯格曼写信给挪威原子能委员会的主席，非正式地建议挪威与以色列在以合资建立一家铀提炼工厂，但挪威拒绝了伯格曼的建议。

而以色列那两项发明的价值并不像想象的那样乐观，法国与英国都购买了专利，但都没有投入商业利用。美国提出“和平利用原子能计划”，放松对核技术的管制之后，以色列的发明就显得过时和落伍了。尽管如此，这些发明对于以色列核计划的发展依然起到了积极的作用，特别是为后来与法国的深入合作打下了基础，以色列科学家是当时唯一被允许随意出入法国核设施的外国科学家。

这一阶段，以色列的核发展也经历了一些波折，以色列领导层的变化使核计划的前景一度不甚明朗。1953 年 12 月，本-古里安宣布引退，辞去总理和兼任的国防部长职务，夏里特出任总理，拉冯（Pinhas Lavon）任国防部长。本-古里安的引退使以色列领导层陷入了紊乱，也在某种程度上影响了以色列核计划的实施步伐。在本-古里安在职时，有关核问题的决策一直是由他做出的，而他去职后，究竟是总理还是国防部长掌管核事务一度不甚明确，夏里特不得不请本-古里安就核研发的职责划分做出澄清，而本-古里安的答复则有些模棱两可。伯格曼与原子能委员会其他成员在核研发问题上的意见分歧所引发的一场内部斗争也让以色列的核发展蒙上了一层阴影。在伯格曼看来，核研发的首要任务是建设反应堆，其次是教育，最后才是核物理研究。这与第一批学成归国后的核物理学家的观点产生了分歧，他们认为，最紧迫的工作是通过教育和培训，建立起一支本土培养的以色列核科学家队伍，在此之前，开始一项长期的核发展项目，建造反应堆并用于军事目的，只能是空谈。国防部长拉冯对伯格曼的计划不以为然，他认为以色列尚无能力建造自己的反应堆，并决定削减经费，推迟反应堆建造计划，当前的重心应放在建立核物理的培训和研究项目上，而其平台应移至学术机构，而不是国防部。1954年1月，拉冯决定将第四研究所的物理室的人员与科研设备转移到魏兹曼科学研究院，1954年5月，魏兹曼科学研究院以此为基础设立了核物理室。拉冯暂时中止政府核研发计划的决定改变了以色列核研发的运行模式，原子能委员会可在时机成熟时，以签订合同的方式要求核物理学家为以色列的核开发计划工作，而不是直接雇用他们。这些核物理学家的基础研究和人才培养工作也为后来以色列核计划的正式启动奠定了基础。

三、核计划的启动与迪莫纳协议

本-古里安的回归和国际环境的改变为以色列核计划的启动提供了有利的时机。1955年初，本-古里安重返领导岗位，先是担任国防部长，后来又再次出任总理。在本-古里安的领导下，对核能力的追求又成了以色列政府的重要目标。而在国际上，艾森豪威尔的“和平利用原子能计划”放松了对核技术扩散的管制，更重要的是，当时特殊的政治环境促成了以色列与法国的深入合作，以色列的核计划得以进入启动阶段。

1955年，本-古里安在独立日演说中宣称，“以色列的未来不依赖于异教徒的言语，而是依赖于犹太人的行动。”[①] 这段话成为了以色列核计划的座右铭。

在伯格曼的领导下，国防部研究与基础设施司（埃梅特）招

---

① Avner Cohen, *Israel and the Bomb*, New York: Columbia University Press, 1998, p. 43.

募了一批在物理、数学和工程领域的优秀学生为核计划的启动做准备。这批学生中的一些人被送往法国的核科学与技术研究所和法国的第一座核反应堆学习。在经过严格的安全审查并立下保密誓言后，他们被明确地告知了自己的使命，他们是被选拔来参与以色列最秘密的国家研究项目——以色列第一个核装置。

1955 年同时也是核能利用和传播引起国际社会热烈反响的一年。1953 年 12 月，美国总统艾森豪威尔在联合国宣布了“和平利用原子能”计划，改变了美国核垄断政策并终结了其核保密时代。美国预计核能将导致第三次工业革命，而美国的核技术将引领这一浪潮。该倡议的中心思想是将核能的和平与军事用途区分开来，推动核能的和平利用同时控制其军事用途。之后，美国修正了 1946 年的《原子能法案》，允许将核研究信息以及理论与实验研究数据解密，并允许核材料的传播。[①] 研究型反应堆被允许出口，铀浓缩和钚的分离技术也被解密。艾森豪威尔政府在放松核管制方面一度走得较远，以至于以后的几届政府不得不将已解密的信息又重新列为保密资料。

据认为，正是在 1955 年，以色列的决策层与科学家一致认为，以色列必须利用美国的“和平利用原子能计划”所提供的良机，启动国家核能项目，但对于项目的目标、重点、进程等尚未形成一致。争论主要围绕该计划在多大程度上应用于军事目的。由于争论都是秘密进行的，以色列究竟具有多大的核野心在当时仍不明朗，这种秘密和模糊的特性一直贯穿于以色列核发展的整个过程。

---

① Michael Karpin, *The Bomb in the Basement*, New York: Simon & Schuster, 2006, p. 52.

1954年，美国根据“和平利用原子能”计划，提出可向以色列提供一座实验型的小型核反应堆。1955年7月，以色列与美国签署了关于和平利用核能的总协定，其中包括以色列向美国购买一座实验型的小型反应堆，以色列成为继土耳其之后第二个加入“和平利用原子能”计划的国家。以色列决策者认为，与美国的合作不会妨碍以色列与其他大国的核合作或发展自己的核力量。根据协定，美国将向以色列提供一座5000千瓦的反应堆，该反应堆主要可用于培训核科学家和技术人员并生产医药和工业用的放射性同位素。以色列承诺将该反应堆用于和平目的，美国将为反应堆的建设提供35万美元的资助。[①] 这座反应堆选址在特拉维夫以南数公里流入地中海的索雷克河口处，因而被命名为纳哈尔索雷克（Nahal Soreq）反应堆。

同年8月，联合国主持召开了和平利用原子能的第一次日内瓦国际会议，以色列代表团的伯格曼试探性地向美国提出，美国能否允许以色列将实验型反应堆升级以生产出钚，并希望除了美国提供的少量铀以外，以色列能够在反应堆中使用自身的天然铀，进行必要的试验。美国表示不会允许以色列生产钚，并将严格监督反应堆的运转情况。

显然，以色列的要求超过了美国的限度。按照伯格曼的说法，以色列想要的是一座“真正的反应堆”，一座可以不受监督地提炼钚的反应堆。为了不使美国人产生疑虑，本-古里安下令禁止利用美国人提供的反应堆提炼钚，并将严格遵守以美协定。然而，本-古里安从未放弃过他的核设想，与阿拉伯人的冲突使其确

① Michael Karpin, *The Bomb in the Basement*, New York: Simon & Schuster, 2006, p. 53.

信以色列必须拥有决定性的武器。他曾告诫国防部的首脑，阿拉伯人将会一次又一次地发动进攻，他们也将一次又一次地退却，但只要他们取得一次胜利，就意味着犹太人的末日。

在试探美国失败后，以色列把目光转向了法国。1953年，以色列就曾与法国达成合作协议，为两国核专家与技术的交流打下了基础。在埃及与捷克斯洛伐克1955年9月达成一项军火交易，有可能威胁到埃以之间的军事平衡后，以色列加紧推动与法国的军事合作。法以军事合作的加强有其地缘政治上的原因，法国北非殖民地的局势日益恶化，法国认为埃及的纳赛尔支持阿尔及利亚的独立运动，一个军事上强大的以色列能对纳赛尔形成威慑，这符合法国的利益，同时，法国也需要从以色列获取有关纳赛尔的情报。时任国防部总司长的以色列现任总统希蒙·佩雷斯（Shimon Peres）对于推动法以军事合作与核合作起到了关键的作用。佩雷斯在法国驻以色列大使的帮助下，在法国高层中通过各种渠道积极开展活动，利用法国高层中同情犹太人和社会主义（在以色列执政的是具有社会主义倾向的工党）的情绪以及法国决策结构中的弱点，与法国国防部长和内政部长等建立起了密切的关系。当时的法国对于是否发展自身的核力量尚存争议，属于支持拥核阵营的法国国防部长莫努里（Maurice Bourges-Maunoury）自然能够理解佩雷斯的目的。

随着苏伊士运河危机的加深，1956年，法以军事合作关系更趋加强。佩雷斯确信法国将成为帮助以色列发展核计划的最主要的国家。1956年初，佩雷斯在法国加紧了其游说活动，试图说服法国向以色列提供核援助，佩雷斯和伯格曼在与法国国防部和法国原子能委员会的谈判中表达了以色列对于从法国购买一座核反应堆以密切两国在核能领域合作的愿望。

法以深化核合作符合各自的利益，首先，法国与以色列都将拥有核能力视为身处冷战两极格局之下保持自身一定程度上外交政策独立性的一种途径，1956 年的苏伊士运河战争又强化了这一理念；其次，法国的核工业处于成长阶段，正需要在世界范围内建立起信誉。二战前的法国在核物理研究领域曾处于领先地位，但战后已落后于美国、苏联和英国等国，以色列正是一个可以帮助法国重建其在核领域的信誉的合适主顾。[①] 但法国对于帮助以色列建立反应堆仍存疑虑，为了打消法国的疑虑，本-古里安授权以色列军事情报机构与法国军情部门建立起特殊的情报合作关系，通过北非犹太人向法国提供关于阿尔及利亚独立运动的有价值情报。而 1956 年 7 月 26 日纳赛尔宣布苏伊士运河收归国有则使以色列获得了推进法以核合作的最佳机会，当法国国防部长紧急会见佩雷斯并询问其以色列国防军是否准备越过西奈，参与英、法两国针对埃及的联合军事行动时，佩雷斯在未经授权的情况下当即做出了肯定的答复。当其助手提醒佩雷斯无权做此承诺并有可能遭受惩罚时，佩雷斯表示他宁可冒掉脑袋的风险，也不能失去这个唯一的机会。佩雷斯认为，这个机会将使以色列从法国获得心仪已久的核反应堆。[②] 之后的事态发展果然如其所愿，1956 年 9 月，就在英、法、以三国军队入侵埃及的苏伊士运河战争爆发前一个月，法以两国的原子能委员会达成一项由法国向以

① Gawdat Bahgat, "Israel and Nuclear Proliferation in the Middle East", *Middle East Policy*, Volume VIII, No. 2, Summer 2006, pp. 116—117.

② Shimon Peres, *Battling for Peace*: *Memoirs*, London: Weidenfeld and Nicolson, 1995, p. 122.

色列出售一座小型反应堆的原则性协议。10月22日～24日，在巴黎郊外的塞夫勒（Sevres）召开的英、法、以三方战前秘密会议期间，法以两国的政府首脑批准了这一协议。根据协议，法国将帮助以色列在以南部的迪莫纳建设一座反应堆，并向以色列提供所需的铀原料。如今迪莫纳反应堆的规模已远远超过了该协议的规定。苏伊士运河战争的进程改变了原先的安排，11月6日，苏联向英、法、以三国发出最后通牒，苏联部长会议主席布尔加宁（Nikolai Buiganin）在给本-古里安的电报中称以色列的侵略行动将危及其作为独立国家的生存，并威胁将采取干预措施。本-古里安立即派佩雷斯和梅厄夫人（Golda Meir）前往巴黎，了解法方的立场。在与法国外长和国防部长的会谈中，佩雷斯要求法国按照战前达成的协议，向以色列提供核援助，作为以色列撤出西奈的安全保证。正在积极推进法国核武计划的国防部长莫努里对此做出了积极的回应，佩雷斯得到了法方的口头承诺。

苏伊士运河战争结束后，按照法方的承诺，法国与以色列开始了紧张的谈判，以达成一项正式的核合作协定，以色列直截了当地向法方提出了更多的要求，经过8个月的谈判，双方达成了协议，但法国政局的变动又拖延了协议的签署。1957年5月，佩雷斯最亲密的长期盟友莫努里出任法国总理，但到9月，莫努里政府也濒临倒台，佩雷斯必须赶在莫努里政府下台之前说服法国政府签署协议，否则，这一协议有可能胎死腹中。在莫努里政府倒台前的24小时里，佩雷斯利用一切可利用的关系，竭尽全力终于说服了法国政府中的关键成员，使莫努里政府在倒台前的几个小时签署了该项协议。

法国方面之所以被说服签署这样一个不同寻常的协议，有这样一些考虑：一是与法国在北非的殖民地阿尔及利亚的独立运动有关，法国认为阿拉伯国家与苏联发展关系将危及法国在北非的殖民统治，法国需要在中东有一个强大的盟友以抵消萨达特对阿尔及利亚反法斗争的支持，而当后来戴高乐执政决定撤出北非时，法国也就不再需要以色列这个盟友了；二是法方认为可以利用以色列核发展中的成果和信息填补法国核研究领域中的漏洞与空白，佩雷斯等人极力向法方强化了这一观念，后来法国研制核武器的进程也确实是与以色列迪莫纳反应堆的建设同步进行，1960 年，以色列专家还被邀请观摩了法国的首次核试验；此外，苏伊士运河战争前，法国曾要求以色列率先挑起与埃及的冲突，以给英法两国制造出兵借口，但以色列的出兵举动却招致苏联发出的致命威胁，法国领导人似乎觉得对以色列有所亏欠。这一系列因素导致法国签署了这一对以色列的核研发具有重要意义的协议。

1957 年 10 月 3 日签署的法以核合作协议包括一项政治协定和一系列技术协议，协议文本至今仍未解密。政治协定含糊其辞地表示了法以核合作的和平性质，并规定了双方的法律义务。佩雷斯向法国外长保证以色列建立迪莫纳反应堆的目的是和平利用核能，与迪莫纳反应堆相关的任何活动都将与法方协商，法国外长才同意签署这一协定。技术协议由法以两国的原子能委员会主席签署，法国将向以色列提供一座 24 兆瓦的反应堆，但迪莫纳反应堆的实际当量超过协议规定的数倍，有人说达到了 150 兆瓦。[①]法国还将向以色列提供浓缩铀以及一座提炼钚的加工厂。关于建

---

① Michael Karpin, *The Bomb in the Basement*, New York: Simon & Schuster, 2006, p. 91.

立加工厂的内容并未出现在协议文本中，而是由承担这一项目的法国公司以另一家公司的名义签署建设合同，而合同中根本未提及以色列。迪莫纳项目的一些敏感内容是由双方口头达成，未被写入正式文本。

迪莫纳协议极为复杂，包含了许多有争议和敏感的内容，协议的酝酿长达数年，法国国内政治的变化使协议极为脆弱，以色列担心法国政府的更迭将推翻双方的协议与谅解，因而对迪莫纳项目的进展总是遮遮掩掩、含糊其辞，这种模糊性质逐渐成为了以色列核政策的特色。

第二节　以色列的核武器

在法国的帮助下，以色列开始在迪莫纳建造核反应堆工程，戴高乐上台后，法国决定中止与以色列的核合作，但仍允许法国公司完成了已有的合同，对以色列的核发展起到了关键性的作用。20 世纪 50 年代末～60 年代初，秘密建造的迪莫纳核设施被美国情报机构发现，引起了美以之间的外交风波，以色列声明迪莫纳仅用于和平目的。1961 年～1969 年，美国几乎每年对迪莫纳核设施进行核查，但由于以方的精心隐藏，核查未发现以色列制造核武器的证据。随着美以逐步走向盟友关系，美以双方在 1969 年达成谅解，美国承认了以色列拥有核能力的事实，对以色列拥有核武器采取了默许态度。一般认为，以色列在 20 世纪 60 年代中后期跨越了核门槛，但没有进行公开的核试验，由于缺乏第一手资料，以色列核武库的规模说法不一，难有定论。

一、迪莫纳反应堆工程

迪莫纳工程的建设之路并不平坦，对于以色列来说这是一项浩大的建设工程，需要耗费大量的材料、技术和资金，这些需求光靠以色列自身的力量是无法完全得到满足的，这给工程带来了巨大的不确定性，这种不确定性也是以色列核模糊政策的缘由之一。

迪莫纳核反应堆的原料除了铀之外还需要大量的重水，由于法国无法提供，以色列便转向了其他国家。以色列曾一度期望从美国获取重水，但美国对以色列购置大量重水的目的心存疑虑，并要求就此签订新的合作协议，由美方监督重水的运送和使用，以色列渐渐对美国失去了兴趣。后来，以色列将目光转向了挪威。经过两年多的谈判，1959 年，以色列与挪威达成协议，以色列向挪威购买 25 吨重水，并保证将其用于和平目的，挪威有权进行监督。

迪莫纳计划在以色列决策层和核科学家中引起了不小的争论。争论的一个主要焦点是法国的保证是否具有政治上的可信度，许多人对佩雷斯的乐观看法提出了质疑，佩雷斯认为法国在向以色列提供建设反应堆和加工厂的过程中提供长期技术支持的保证是可靠的。怀疑者认为，如果失去了法国的援助，以色列根本无法独立实施迪莫纳工程。由于法以协议的高度机密性及其条款的不明晰性，以色列如何能确信法国将提供长期的援助？一些科学家认为，在建造小型的纳哈尔索雷克反应堆的同时，又建造一座大型的迪莫纳反应堆，其开支对以色列来说是无法承受的。

还有人则担心难以使这一项目长期处于保密状态。科学家们还对国防部的研究与基础设施司（埃梅特）是否有能力实施这样一项大规模的工程提出了疑问。以色列军方也提出了他们的疑虑，为了避免国防军常规武器的现代化计划与核计划之间发生预算冲突，本-古里安将迪莫纳计划交给文职官员负责。而外长梅厄夫人反对迪莫纳计划在很大程度上则是反映了她与佩雷斯之间紧张的个人关系。

尽管有着种种质疑和反对意见，本-古里安还是接受了佩雷斯和伯格曼的设想，同时购买两座核反应堆，一座是公开的，另一座则是秘密的。1957 年 3 月 20 日，以色列与美国最终签署了在纳哈尔索雷克建造一座小型反应堆的合同，作为“和平利用原子能”计划的一部分。同年 10 月，以色列又与法国达成了迪莫纳协议。本-古里安了解反对者们的疑虑，但他确信以色列必须冒这些风险。苏伊士运河战争后，本-古里安对以色列安全前景的担忧与日俱增，他最担心的是阿拉伯国家组成联盟对以色列发动突袭，在这种紧急情况下以色列无法指望任何外部力量的帮助，因而，发展自身的威慑力量成为本-古里安的主要追求目标，独立的核力量将是以色列威慑能力的基石。

人们很难知道 1958 年至 1965 年以色列核计划启动后的基础建设开支的确切数字，其中很大一部分是由海外捐助基金提供的，因而没有列入公布的国防预算中。佩雷斯在 1995 年的回忆录中透露，仅仅建设迪莫纳反应堆本身就花费了 8000 万美元（按照 1960 年的汇率），佩雷斯的批评者则认为这一数字达到了 3 亿美元。

据认为，迪莫纳工程的建设始于 1957 年末或 1958 年初的某个时候。除了迪莫纳的建设工程，本-古里安还对核武器的研发机构进行了重组。1958年，国防部的埃梅特被重组为一个新的武器研发机构，称为“拉法埃尔”(RAFAEL，“军备发展局”的希伯来语简称)。“拉法埃尔”的使命就是研发出以色列无法从他国购置的强有力的先进武器系统。

迪莫纳工程开始仅仅半年多后，工程批评者们的担心就变成了现实。1958年5月，戴高乐被任命为法国总理；12月，又成为法兰西第五共和国的总统，戴高乐对其前任与以色列达成的核合作协议大感震惊，并决心终止这一合作。但戴高乐将决心转化为事实却花了近两年的时间。这两年的时间对于迪莫纳计划是至关重要的，这两年期间，迪莫纳反应堆的建设仍按原计划在法国原子能委员会的监督下进行着。1959年下半年，钚加工厂也开始建设。同时，数十名以色列科学家与技术人员也在法国的多处核设施中进行研究或接受培训。随着坚定支持以色列的法国原子能部长的辞职，戴高乐下令新任部长终止与以色列的核合作，1960年5月，法国外长通知以色列驻法大使，法国决定中断与以色列的核联系，表示法国新政策的目的是禁止在迪莫纳生产和加工武器级的钚。法国还要求以色列取消迪莫纳反应堆的保密措施，公开宣布其和平性质，并将其置于国际监督之下，在以色列接受这些条件之前，法国将停止向反应堆提供铀原料。戴高乐的决定引起了以色列方面的恐慌，本-古里安要求亲自与戴高乐商讨此事。1960年6月，两位领导人在巴黎会晤，本-古里安保证以色列不会建造核武器，并建议待佩雷斯与法方磋商后再做出最后决定，戴高乐同意重新考虑法国的立场。又经过几个月的谈判，1960年11月，双方终于达成了妥协，法国政府将终止法国原子能委员会与迪莫纳项目的直接联系，但允许法国公司继续完成其在迪莫纳反应堆的现有合同。这样，以色列就可以继续完成迪莫纳的建设。以色列将发表公开声明，宣布迪莫纳项目的和平性质，而法国将不再要求进行国际核查。法国的妥协对于迪莫纳项目极为关键，负责建设反应堆的法国公司并未接到停工的命令，他们的工作一直延续到1963或1964年反应堆进入启动阶段后移交给以色列为止。而更为敏感的钚加工厂，以色列已经获得了法方的设计规划，并接管了加工厂的建设。1963年，承包建设加工厂的法国公司又重返迪莫纳，完成了该工厂中敏感性较弱的三个部分的建设，直到1965年6月才离开迪莫纳。至此，以色列的核武器工程建设已不可逆转。

二、迪莫纳与美国

以色列的核武发展计划在最初的几年中能够未受干扰地顺利发展与其处于高度机密状态也有关，直到1960年底，迪莫纳反应堆才被世人所知。而美国援建的纳哈尔索雷克反应堆在某种程度上掩护了迪莫纳反应堆的建设。1958年初，美国的U-2侦察机空中拍摄的照片已经发现在以色列内盖夫沙漠靠近贝尔谢巴的一处建筑设施，并被认为可能是与核相关的设施，但美国情报机构直到两年多以后才确认迪莫纳核设施的存在。也有人认为美国决策层其实是默许了以色列获得核武器的努力。当中情局官员向艾森豪威尔通报关于以色列核设施的可疑照片时，艾森豪威尔一言不发，也没有要求提供进一步的后续情报，使得中情局官员觉得他似乎并不想阻止以色列获得核武器。

在艾森豪威尔政府获得有关迪莫纳反应堆的照片两年半之后，迪莫纳又一次成为了被人关注的中心。1960年6月，美国驻以色列使馆获得一条关于法国正与以色列合作在贝尔谢巴附近建设核设施的情报，并就此向以色列提出质询，以色列政府回答说那是一座“纺织厂”。当年9月，美国就迪莫纳设施再次向以色列提出质询，以色列官员则表示建设中的是一处“冶金研究设施”。11月初，英国情报部门向中情局提供了迪莫纳核设施的地面照片，之后美国又获得了更多的有关情报信息。12月初，美国情报部门终于确信，以色列正在迪莫纳建造一座核反应堆以发展核武器。12月8日，中情局发布了一份关于迪莫纳的特别国家情报报告，强调了以色列核计划将造成的严重影响。同一天，美国国家安全委员会开会讨论了以色列的迪莫纳计划，中情局局长艾伦·杜勒斯（Allen Dullens）指出，阿拉伯国家对迪莫纳的反应将会“极其强烈”。第二天，美国国务卿赫托（Christian Herter）约见以色列驻美大使，要求以色列对其核计划做出准确的解释。几天后，有关以色列正在发展核武器的消息被报界公开，本-古里安还没来得及履行11月与法国达成的协议，公开宣布迪莫纳反应堆的和平性质，迪莫纳的秘密却已在美国被揭开了。

有关迪莫纳的报道引发了一场国际危机，以色列最初通过驻美国大使、国防部长等人发表的声明依然对此含糊其辞。12月19日，法国外交部和以色列驻法国大使馆分别发表声明，证实法国向以色列援建一座以天然铀为原料的反应堆。以色列使馆的声明强调以色列的核活动完全是为了工农业、医疗和科学发展的需要。这些声明显然难以令美国人满意，12月21日，本-古里安在以色列议会发表了一份措辞谨慎的声明，这是以色列公众首次被告知，他们的国家在内盖夫建造了一座核反应堆，这也是以色列总理唯一一次关于迪莫纳反应堆的公开声明。本-古里安承认以色列确实正在建造一座反应堆，但表示这是内盖夫发展计划的组成部分，其目的仅限于工农业、医学和科学的发展需要。他宣称，该反应堆将在三至四年内建成，与美国援建的反应堆一样，完全用于和平目的，并由以色列本国专家监督管理。根据与法国达成的协议，声明对法国的作用只字未提。

本-古里安的声明暂时缓解了来自美国的怀疑和政治压力，避免了美以之间的公开冲突。美国援建的以色列第一座研究用反应堆纳哈尔索雷克反应堆 1960 年 6 月刚刚投入运转，而以色列同时建造的另一座反应堆却一直让美国蒙在鼓里，美国对此耿耿于怀。美国坚持要求以色列提供关于迪莫纳反应堆的详细技术资料，特别是关于迪莫纳反应堆产生的钚的处置方案，美国还提出由美国或国际原子能机构的科学家前往迪莫纳反应堆现场进行核查。1961 年 1 月，本-古里安会见了美国驻以色列大使雷德（Ogden Reid），就美方要求澄清的问题一一做了回答，本-古里安表示，迪莫纳反应堆所产生的钚将还给提供铀原料的国家，以色列拒绝将迪莫纳置于国际监督之下，但可以考虑允许来自友好国家或国际组织的科学家访问迪莫纳。本-古里安再次明确保证没有制造核武器的打算。

1961 年上台的肯尼迪总统对于核扩散的危险极为忧虑，美国担心以色列获得核武器将导致苏联在阿拉伯国家部署核武器。肯尼迪决定在对迪莫纳进行核查的问题上对以色列施加更大的压力，催促以色列允许美国科学家访问迪莫纳，以色列则以国内政治危机以及犹太假期为由加以拖延。1961 年 3 月末，本-古里安同意接受美国科学家访问迪莫纳，条件是他与肯尼迪举行一次会谈。美以双方同意美国科学家的访问将秘密进行，美国原子能委员会的两位科学家于 1961 年 5 月中旬访问了以色列，前两天访问了索雷克反应堆、魏茨曼科学研究院和以色列技术学院，最后一天以方才安排两人对迪莫纳进行了简短的访问。迪莫纳核设施包括一座将于 1964 年建成的当量为 26 兆瓦的反应堆，一座钚分离实验工厂和几个实验室，反应堆利用重水作为冷却剂。迪莫纳基地的主任向美国人通报了迪莫纳项目的起源和历史，声称建造迪莫纳核设施是为将来以色列利用核能获取经验，关于那座令人生疑的钚分离工厂，以方解释说，以方认为将反应堆产生的钚经过长途运输后再进行处理从长远来说并不现实，实验工厂可为今后以色列处理核燃料积累经验。以方还告诉美国科学家，该厂并没有能力处理反应堆的所有燃料。

美国专家回国后提交的报告认为一年之内没有必要对迪莫纳进行再次核查，目前没有证据显示以色列准备生产核武器，并认为考虑到以色列所处的自然和政治环境，以色列人对迪莫纳设施严格保密也是可以理解的。这份报告对以色列人来说再好也没有了，美国专家没有对以色列人的真正目的提出任何质疑。在此后的八年里，美国专家又 7 次访问了迪莫纳，所得出的结论与此基本相同，即没有确凿的证据显示以色列正在研制核武器。

1961 年 5 月 30 日，本-古里安在结束对加拿大的访问后，在纽约与肯尼迪举行了私人会晤。两位领导人谈到了迪莫纳反应堆的问题，肯尼迪表示他已经看过了科学家的访问报告，本-古里安解释说以色列对核能的兴趣在于寻找一种廉价的能源以进行大规模的海水淡化处理，到目前为止以色列利用核能完全是出于和平目的。本-古里安同时又避免对未来做出明确的承诺，暗示如果中东局势发生变化，埃及等阿拉伯国家谋求发展核武器，那么事情的发展将不取决于以色列。肯尼迪表示希望将美国科学家对迪莫纳的访问报告结论透露给阿拉伯国家，以避免猜疑，并希望中立国的科学家也能访问迪莫纳，以增强说服力。本-古里安对此没有表示反对。本-古里安依然采取了谨慎的战略，一方面为迪莫纳项目的完成争取时间，同时又避免与美国在反扩散问题上发生直接冲突。肯尼迪也不愿与以色列在核问题上发生正面冲突，因为如果没有80%的犹太选民支持，肯尼迪的当选几乎是不可能的。两人的会谈为美以核外交建立了一种模式，美国仍将不时向以色列的核计划提出疑问，但美国不会对以色列的解释提出质疑，以色列也了解美国的核不扩散政策及其政治需求，对美国的要求采取一些较为配合的行动。

与肯尼迪的会谈结果令本-古里安松了一口气，迪莫纳反应堆至少是暂时保住了。此后的一年多时间里，迪莫纳反应堆并未成为美国人关注的焦点。1962年9月，美国科学家对迪莫纳反应堆进行了第二次访问，这是一次极其简短的访问，两名美国科学家在对美援建的索雷克反应堆进行例行检查期间“顺便”访问了迪莫纳。美国科学家的结论是：没有发现与武器有关活动的证据。

1963年春夏之际，肯尼迪政府在迪莫纳问题上再次向以色列施加压力，要求以色列同意美国专家对迪莫纳每年进行两次核查。美国再次关注迪莫纳反应堆是有其原因的，首先是1962年的古巴导弹危机后，肯尼迪政府加强了防止核扩散的努力。其次，1963年初，美国政府根据国防部的一项研究结论认为，以色列即将或是已经就研制核武器做出了决定。美国认为，1962年埃及在革命日的阅兵式中展示弹道导弹对以色列造成了很大的刺激，促使以色列加紧高性能武器的开发。1963年4月，以色列与法国达索公司签署协议，共同研制和生产“杰里科”地对地弹道导弹。美国情报部门密切关注着迪莫纳核设施的建设以及以色列与法国关于杰里科导弹的秘密谈判。尽管美国尚无法确定以色列是否已掌握分离钚的技术，但以色列与埃及之间的导弹竞赛加深了美国对于以色列将会跨过核武器门槛的担忧。

1963年3月，中情局提交了一份长达8页的题为“以色列获得核能力的后果”的备忘录，认为以色列发展核武器的后果极为严重，将严重损害美国在冷战中的利益，因为阿拉伯国家将把怨恨指向美国，从而使苏联在阿拉伯世界赢得更多的朋友和影响。

对以色列即将拥核的担忧使美国再次竭力试图冻结以色列的核计划。3月25日，肯尼迪与中情局局长麦考恩（John McCone）讨论了以色列的核问题，会后，他要求国家安全委员会起草一份给国务卿的总统指令，要求国务卿腊斯克寻找“某种形式的国际或双边防护措施”控制以色列的核发展项目。第二天，一份名为“中东核能力”的《国家安全行动备忘录》（即NSAM231号文件）被提交给了国务院。文件要求采取一切可行措施改进对于以色列核计划的情报工作，按时进行对于以色列反应堆的非正式核查，并使核查尽可能彻底。4月2日，美国驻以色列大使巴伯（Walworth Barbour）向本-古里安转达了肯尼迪关于对迪莫纳每半年进行一次核查的要求，本-古里安并未表示反对，但要求下一次会晤时再考虑这一问题。同一天，肯尼迪在白宫与佩雷斯进行了一次事先没有安排的会面，问及以色列的核计划，佩雷斯表示，以色列不会是第一个把核武器引入中东地区的国家。两天后，国务院又召见了以色列驻美大使，再次表达了美国对于迪莫纳设施的关注。国务院成立了一个工作组，拟定了一份关于促成以色列、埃及和美国达成一项限制发展核技术和导弹的三方协议的行动计划。

本-古里安原定在4月中旬再次会晤巴伯大使时对肯尼迪的核查要求做出回应，此时的本-古里安还不想在迪莫纳问题上与美国摊牌，但他也不能接受肯尼迪关于每半年对迪莫纳进行一次核查的要求，因而他采取了拖延战术。他利用地区形势的新发展与肯尼迪就以色列的安全问题进行了长时间的通信，以打消其核查的要求，避免与肯尼迪发生直接的冲突。

1963年4月17日，埃及、叙利亚和伊拉克三国在开罗签署了一份《阿拉伯联盟宣言》，呼吁建立一个军事联盟以实现巴勒斯坦的解放。本-古里安发起了一场前所未有的外交运动，写信给50多个国家的领导人，警告中东地区出现了新的危险形势。4月25日，本-古里安给肯尼迪写了一封长达7页的信，强调解放巴勒斯坦的阿拉伯宣言意味着以色列的消亡，并将其与纳粹对犹太人的大屠杀相提并论。本-古里安还建议美苏两国发表联合声明保证中东各国的领土完整和安全。美国认为以色列的担忧有些夸大其辞，肯尼迪在5月4日的回信中拒绝了本-古里安的建议，巴伯大使还向本-古里安转达了美国专家一年两次核查迪莫纳的要求。5月12日，本-古里安再次致信肯尼迪，以悲观的口吻描述了犹太人对于大屠杀的记忆。本-古里安避免直接提及以色列的核计划，但却为以色列发展核武器提出了解释：为了避免大屠杀再次降临到犹太人的头上，以色列必须有能力以毁灭性的打击来威慑潜在的侵略者。本-古里安在信中对美国核查迪莫纳的要求置之不理，却要求美国与以色列达成一项双边安全协议，并向以色列出售更多的武器。本-古里安还在公开场合含蓄地批评了美国的政策，表示“并非我们所有的朋友”都理解需要增强以色列国防力量的威慑力以作为维护地区和平的最有效手段。本-古里安的战略未能奏效，既未能软化肯尼迪政府在迪莫纳问题上的立场，也未能得到美国的安全保障。5月17日，肯尼迪在给本-古里安的回信中坚持对迪莫纳的核查要求，对以色列发展核武器能力表示反对，并警告以色列如果不对其核问题做出澄清，将会严重损害美国对以色列的支持和安全承诺。肯尼迪的回信使美以之间在迪莫纳问题上面临摊牌，本-古里安经过认真的考虑后在5月27日的回信中保证，法国援建的迪莫纳反应堆与美国援建的纳哈尔索雷克反应堆一样是用于和平目的，但又含糊地表示将根据中东局势的发展而调整，迪莫纳将在1963～1964年间进入启动阶段，法国公司将把反应堆移交给以色列，那时将是美国代表对迪莫纳进行一年一次的访问的适当时间。本-古里安在原则上接受了肯尼迪的要求，但在具体问题上则拒绝做出承诺，对于美方要求一年两次的核查要求本-古里安也只答应一年一次。肯尼迪根据中情局的建议，起草了一封致本-古里安的措辞强硬的回信，强调为了澄清对迪莫纳反应堆的和平性质的所有怀疑，对迪莫纳的首次核查应在当年夏天尽早进行，并仍坚持一年两次的核查频率。但这一信件还未来得及交到本-古里安手上，本-古里安已于6月16日辞去了总理职务。

新任总理埃希科尔一上台就碰到了迪莫纳这一棘手的问题，美国对其施加了强大的压力，1963年8月19日，埃希科尔终于向肯尼迪的要求做了让步，同意在迪莫纳反应堆未正式启动之前允许美国专家进行第一次核查，但对此后核查的频率依然措辞含糊。从1964年到1969年期间，虽然美国一直要求每半年一次派专家核查迪莫纳，但以色列屡屡采取拖延策略，美国的核查从未能超过一年一次的频率，美国核查人员始终未能发现以色列研制核武器的证据，美国科学家们看到的只是迪莫纳设施的地上部分，当美国核查人员到来时，通向地下设施的通道就被隐藏起来，通往地下钚加工厂的电梯则被用砖堵住。

1964年，美国开始根据肯尼迪和埃希科尔的协议对迪莫纳进行核查，肯尼迪遇刺身亡后，继任的约翰逊总统对于推动核不扩散政策的投入明显下降，美国在核问题上对以色列的压力也有所放松。

1965年初，约翰逊政府与以色列谈判向以色列出售飞机和坦克等军事装备，美国把军售与以色列是否发展核武器联系起来。在当年3月10日由埃希科尔签署的“谅解备忘录”中，第一次以书面形式表明了以色列在核武器问题上的立场：“以色列政府重申，以色列将不会第一个将核武器引入阿拉伯—以色列地区。”[①]这一说法即成为以色列政府对核问题的官方标准立场。

同时，以色列牢牢控制着美国专家对迪莫纳的核查，总是成功地把核查时间限定在一天之内，核查团人数不超过三人。核查的日期总是被安排在星期六（犹太教安息日）或是以色列的法定假日，当迪莫纳的大多数工作人员都放假回家时，以色列对美国专家的核查也更易掌控，美国专家被以方人员紧紧跟随，他们自

---

① Avner Cohen, *Israel and the Bomb*, New York: Columbia University Press, 1998, p. 207.

己携带测量器具的要求也被以方拒绝。美国曾提出把迪莫纳反应堆置于国际原子能机构的监督之下，以色列只同意将美国援建的纳哈尔索雷克反应堆交由国际原子能机构监督，却断然拒绝了对迪莫纳的监督。1969 年，美国对这种毫无成果的核查终感厌倦，同时也了解到以色列已在美国的眼皮底下悄悄跨过了核门槛，继续进行核查反而给日益密切的双边关系造成尴尬，美以双方达成谅解，终止了核查行动。而随着美以之间盟友关系的确立，美国对以色列的核计划逐渐采取了默许的态度。

尼克松上台后，对其两位民主党前任总统在核不扩散问题上的立场有所调整，对于要求盟友签署《不扩散核武器条约》的热情降低，认为应将敌国和友邦之间的核扩散区别对待。在尼克松的国家安全顾问基辛格看来，美国与其致力于毫无结果的不扩散努力，还不如悄悄地支持某些盟友获取核能力，至少不必阻止其核发展，这样可能更符合美国的利益。

1969 年 9 月，以色列总理梅厄夫人（Golda Meir）访美与尼克松、基辛格等人的会晤中就以色列的核问题达成了谅解。尽管这次会晤文件至今仍未解密，当事人的回忆录对此也是语焉不详，但从过去 40 年中一些政治家和官员的言论中以及其他部分解密文件中，仍可勾勒出美以共识的大体框架：美国承认了以色列拥有核能力的现实，不再要求以色列签署《不扩散核武器条约》，停止对迪莫纳的核查；以色列则承诺做到“三不”，即不公开其核能力、不进行核试验、不凭借核选择能力挑衅阿拉伯国家。[1]此后，以色列拥核不再成为困扰美以关系的重大问题。

---

① Michael Karpin, *The Bomb in the Basement*, New York, Simon & Schuster, 2006, p. 318.

三、以色列的核武库

1964～1965 年间，法国援建的地下钚加工厂竣工。以色列对迪莫纳采取了极为严格的安全措施，在 1967 年的第三次中东战争期间，以色列曾击落了一架误入迪莫纳上空的本国幻影式战斗机，1973 年 2 月以色列在西奈上空击落一架闯入以色列控制区的载有 113 人的利比亚客机，据认为也是出于对于迪莫纳核基地的安全考虑。[①]

以色列被认为在 1966 年底已经拥有了制造核武器的能力，以色列需要从外界获得更多的铀和重水以使其反应堆保持高效的运转。

1965 年，美国政府指控设在宾夕法尼亚州阿波罗的核材料与设备公司总裁扎尔曼·夏皮罗（Zalman Shapiro）“丢失”了 200 磅的高浓缩铀，尽管美国原子能委员会、中央情报局和联邦调查局进行了一系列的调查，但对于“阿波罗事件”却依然没有答案。而很多人确信，这丢失的两百多磅浓缩铀在 1965 年前的某个时间被以色列摩萨德情报人员运入了以色列。

1967 年战争后，法国停止向以色列供应铀，这些铀主要来自法国的前殖民地加蓬、尼日尔和中非等地。以色列内盖夫的磷酸盐矿中含有少量的铀，同时还从阿根廷和南非购买了一些铀，但都无法弥补法国停止供应造成的影响。通过一次错综复杂的秘密行动，以色列获取了存放在比利时安特卫普港的 200 吨氧化铀，

① Stephen Green, *Living by the Sword: America and Israel in the Middle East* 1968—1987, London: Faber, 1988, pp. 63—80.

以色列利用一家西德公司做掩护，将这些氧化铀在地中海公海上转移到一艘驶往以色列的船只上，存放氧化铀的密封桶被贴上了铅酸盐的标签，因而这次行动也被称为“铅酸盐行动”。[①] 西德政府可能直接参与了这次行动，据称以色列情报部门掌握着某些西德政府官员过去在纳粹政权下不光彩的历史，这可能是这笔交易得以成功的一个原因。

1959 年，挪威向以色列出售了 20 吨重水用于实验型反应堆。挪威表示其有权要求对这些重水的使用进行监督，但只在 1961 年进行过一次核查，当时这些重水仍被存放在迪莫纳的储存桶中，以色列向挪威保证重水用于和平目的。1990 年，挪威和以色列达成一项协议，挪威将从以色列回购 10.5 吨重水。[②]

1966 年 11 月，以色列进行了一次无核性质的内爆试验。此后，20 世纪 70～80 年代以色列与南非在核领域进行了密切的合作，南非成为迪莫纳反应堆所需铀的主要提供方。向以色列提供过铀的国家还包括葡萄牙。[③]

在迪莫纳核设施建成后，埃希科尔曾一度推迟启动核武器的制造。大约在 1965 年末，以色列首次进行了钚的分离。到 1966 年，以色列所拥有的钚已足以制造出一枚核武器。

埃及在 1967 年“六日战争”前后曾试图从苏联获得核武器，但并未成功，纳赛尔宣布将发展埃及自身的核计划。1965 年，埃

---

① Steve Weissman and Herbert Krosney, *The Islamic Bomb*: *The Nuclear Threat to Israel and the Middle East*, New York: Times Books, 1981, p124—128.

② Harold Stanghelle, “Israel to Sell Back 10.5 Tons”, *Arbeiderbladet*, Oslo, Norway, 28 June 1990.

③ Center for Nonproliferation Studies, “Israeli Friends,” *ISIS Report*, May 1994, p. 4.

及空军宣布其飞越迪莫纳上空并证实核反应堆的存在。1965年以色列拥有50枚美制“鹰式”防空导弹，其中半数部署在迪莫纳周围。埃及飞机对迪莫纳上空的侦察飞行被认为也是导致以色列发动先发制人的进攻而触发1967年“六日战争”的导火线之一，埃及曾有一项在战争之初进攻迪莫纳的军事计划，但被纳赛尔否决了，他预计以色列到1968年才能造出核弹。有学者认为在“六日战争”前十天，以色列已装配了两枚核弹。

以色列曾努力试图从美国获取运载工具。或许是由于越南问题的紧迫性，约翰逊政府在核不扩散问题上对以色列的压力有所减轻，以色列通过院外活动集团向约翰逊政府施加压力，要求获得A-4E天鹰战斗机和F-4E幻影战斗机。1965年，美以两国达成协议，美国向以色列出售48架天鹰战斗机，条件是这些飞机不会被用来运载核武器。[①] 美国国务院曾试图将武器出售与对迪莫纳的核查相联系，但遭到约翰逊的否决。1969年9月，美国又向以色列交付了可运载核武器的F-4E幻影战斗机。

在1973年第四次中东战争中，埃及和叙利亚对以色列的突然袭击使以色列第二次拉响了核警报。梅厄总理和她的“厨房内阁”决定部署核弹，以色列故意泄露了这一信息，以此作为心理战工具。可进行核攻击的F-4战斗机也已做好了对叙利亚和埃及目标进行攻击的准备。美国担心以色列与阿拉伯国家之间爆发核冲突，决定向以色列开放空中补给线，用C-130大力神运输机装载反坦克导弹及时运抵以色列，以色列突击队员火速飞抵美国接受如何使用新式陶式反坦克导弹的训练。以色列的核弹成为确保

① Michael Karpin, *The Bomb in the Basement*, New York, Simon & Schuster, 2006, p. 257.

美国遵守其维持以色列常规武器优势诺言的工具。时任美国国务卿的基辛格曾对萨达特表示，美国向以色列提供军事补给的原因就是防止以色列走向核攻击。[①]

在第四次中东战争期间，苏联也向其支持的阿拉伯国家运送补给，以色列认为苏联已通过卫星发现其准备实施核攻击，因而也向阿拉伯国家运送核武器。美国的卫星照片证实苏联在埃及部署的两个飞毛腿导弹旅配备有核弹头，苏联还向埃及派遣了核潜艇。美国向以色列提供了驻埃及苏军停在发射架旁可运载核武器的卡车的照片。尼克松总统令美国在全世界的军事设施进入核警戒状态，以色列也第三次拉响了核警报，这场危机以以色列同意停火而告终。

在第四次中东战争结束时，以色列已经拥有并部署了核武器。以色列的核武器，尽管依然模糊不清，也从未被正式提起，但已不再是秘密了，尤其是对于美苏两个超级大国来说。

1972 年，两名以色列科学家发展了一种利用激光束进行同位素分离的更经济、更快速的铀浓缩法。[②] 1973 年战争后不久，据称以色列把装备有美国的 175 毫米和 203 毫米炮管的大炮投入使用，这样的大炮具有发射核炮弹的能力，其射程可达 25 英里，以色列试验将其射程扩大到 45 英里。如果这一说法属实，表明以色列已解决了设计制造小型低当量战术核武器的问题。以色列国防

① Seymour M Hersh，*The Samson Option Israel's Nuclear Arsenal and American Foreign Policy*，New York：Random House，1991，pp. 230—231.

② Warner D. Farr，"The Third Temple's Holy Of Holies：Israel's Nuclear Weapons，" *The Counterproliferation Papers*，Future Warfare Series No. 2，USAF Counterproliferation Center，Air War College，Air University，Maxwell Air Force Base，Alabama，September 1999.

军建立了 3 个配备 175 毫米和 203 毫米炮管的火炮营，还可能向南非提供了这种低当量的微型核武器。据中情局估计，到 1976 年，以色列利用迪莫纳的钚制造出了 10～20 枚核武器。[①]

有关以色列是否进行了全面核试验的问题至今仍是疑团重重。最初较原始的核武装置并不需要进行试验，研制人员可分别试验其非核部分，并利用计算机进行模拟试验。以色列曾获取了 1960 年法国核试验的数据，并可能获取了美国在 20 世纪 50～60 年代进行核试验的数据，可能还包括热核武器试验的数据。在洞穴中进行的地下核试验较难被发现，1976 年，一家西德的军事刊物《国防科技》（Wehrtechnik）曾披露以色列 1963 年在内盖夫沙漠进行过一次核试验。还有报道说 1966 年 10 月以色列在内盖夫又进行了一次核试验。[②] 1979 年 9 月 22 日，一颗美国卫星发现南印度洋地区一次明亮的闪光，这被广泛认为是以色列和南非联合举行的一次核试验，某些专家认为，这是以色列进行的第三次中子弹试验，前两次由于云层的阻挡而未被察觉。[③] 美国国家试验室的科学家们认定这是一次核试验，但正陷入伊朗人质危机的卡特总统并未对此公开表态，美国政府有意掩盖了这一消息。1997 年，以色列《国土报》援引南非副外长的话证实，1979 年以色列进行了核试验，南非提供了后勤支持。[④] 1998 年 6 月，一名以色

---

① Shai Feldman, *Israeli Nuclear Deterrence*, New York: Columbia University Press, 1982, p. 215.

② Taysir N. Nashif, *Nuclear Weapons in the Middle East: Dimensions and Responsibilities*, Princeton, New Jersey: Kingston Press, 1984, pp. 22—23.

③ Gawdat Bahgat, "Israel and Nuclear Proliferation in the Middle East", *Middle East Policy*, Washington: Summer 2006. Vol. 13, Iss. 2, p. 113.

④ Reúven Pedatzur , "South African Statement On Nuclear Test Said to Serve Israel," *Haáretz*, 29 July 1997.

列国会议员指责政府当年5月28日在埃拉特附近进行了一次核试验，埃及的核专家也有类似的指责，以色列政府则坚决予以否认。

以色列不仅对美国核武器发展的数据感兴趣，还对美国情报部门的核目标数据感兴趣。以色列发现自己成为苏联人的攻击目标之后，指使间谍波拉德（Jonathan Pollard）窃取了苏联的卫星图片，将核武器瞄准苏联城市。这表明以色列的核武器已具有政治威慑力和报复能力。1981年6月7日以色列利用美国的卫星图像策划并实施了对伊拉克奥希拉克核设施的袭击，这是世界上第一次针对核设施的攻击。

1988年9月，以色列拥有了自己的卫星侦察系统，从而减少了对于美国的依赖。以色列用自行研制的沙维特（Shavit）火箭发射了重155公斤的奥菲克（Offeq）1号侦察卫星。沙维特火箭技术与以色列的杰里科II型导弹较为接近，杰里科II型导弹可运载1吨的核弹头飞行5000公里。此后，以色列不断改进其发射装置和间谍卫星性能，2007年6月10日，以色列成功发射了重达300公斤的奥菲克7号卫星。[①]

1991年的海湾战争中，伊拉克向以色列发射了大约40枚飞毛腿导弹，其中有数枚导弹落在了迪莫纳附近，以色列再次启动了核警报。以色列沙米尔政府威胁说，如果伊拉克使用化学武器，以色列将采取报复行动，这被广泛解读为以色列将发动核攻击的警告。在海湾战争结束之前，以色列试验了一种可携带核弹头的导弹，迫使美国不得不加紧在伊拉克境内搜寻飞毛腿导弹，并对以色列做出了其他一些让步，如同意对以色列选定的伊拉克

① Offeq. http：//www. astronautix. com/project/offeq. htm

境内 100 个目标进行打击，加快卫星传输速度以缩短飞毛腿导弹攻击的预警时间，确保提供给沙特的喷气式战机的技术性能永远不会超过以色列等，[①] 以避免以色列做出过激反应。美国的让步似乎证实了以色列核武库的存在。

关于以色列拥有核选择能力的讨论在以色列国内也渐渐公开化，佩雷斯 1998 年在接受约旦报纸访问时说："我们建立起了核选择能力不是为了进行广岛那样的袭击，而是为了达成奥斯陆那样的和平协议。"[②]

以色列依照美国核力量体系模式，构建起"三位一体"的核力量结构：一是以"杰里科"系列导弹为代表的陆基核力量；二是以 F-15、F-16、F-4、"幼狮"等攻击型核武器运载飞机等为代表的空基核力量；三是以常规攻击潜艇为代表的海基核力量。[③] 2000 年 6 月 19 日，以色列国防部向外界透露，德国为以色列建造的 2 艘潜艇，已于 2000 年 5 月在印度洋成功进行了核巡航导弹的潜射试验。2000 年 7 月，德国向以色列交付了 3 艘"海豚级"潜艇，这些潜艇装备有最新设计的能够携带核弹头的巡航导弹。[④] 2003 年《洛杉矶时报》报道，美国政府批准以色列改装美国提供的鱼叉式导弹，装载核弹头。2004 年德国政府批准再向以色列出

---

① William E. Burrows and Robert Windrem, *Critical Mass The Dangerous Race for Superweapons in a Fragmenting World*, New York: Simon and Schuster, 1994, p. 297.

② "Peres admits to Israeli nuclear capability". Federation of American Scientists. 1998—07—14. http://www.fas.org/news/israel/980714—israel1.htm.

③ 杨兵、郭君丽：《以色列核武能力揭秘》，载《军事文摘》，2006 年第 6 期，http://www.zydg.net/magazine/article/1005—3921/2006/06/367046.html。

④ Avner Cohen, "The Last Taboo: Israel's Bomb Revisited", *Current History*, Philadelphia: Apr 2005. Vol. 104, Iss. 681, p. 169.

售2艘潜艇。这些均标志着以色列已经拥有了二次核打击能力。①

由于缺乏第一手的资料，国际社会对以色列究竟拥有多少枚核武器说法不一，不同来源的材料之间常常相互矛盾。1986年10月5日，莫迪凯·瓦努努（Mordechai Vanunu）在英国《星期日泰晤士报》（*The Sunday Times*）详细描述了以色列迪莫纳核反应堆的内部情况。瓦努努曾是迪莫纳反应堆的一名技术人员，他在工作期间偷偷拍下许多照片，后因加入左翼团体并参加抗议以色列袭击伊拉克核设施的活动而被解雇。1986年，瓦努努离开以色列移居澳大利亚，在那里结识了一名《星期日泰晤士报》记者，跟随其来到伦敦，将迪莫纳核设施的秘密及其照片公之于众。此后不久，瓦努努在罗马遭以色列特工绑架并被秘密押送回国。1988年，以色列耶路撒冷地方法庭在不公开审判中以叛国罪判处其18年监禁。2004年，瓦努努获释，但依然处于半软禁状态，被限制离开耶路撒冷，并不允许与外国人接触。2007年，瓦努努因违反禁令，再次被判处半年监禁。瓦努努所公布的资料表明，以色列的核武器发展已具有相当规模。瓦努努首次披露了迪莫纳地下钚分离工厂的情况，以色列每年可生产40公斤的武器级钚，数倍于先前的估计。武器专家根据其照片，认为迪莫纳设施的设计极为精密，以色列甚至可能已拥有200枚先进的核武器。据估计，从1964年到2005年，迪莫纳核反应堆大约生产了530

① Cirincione, Joseph and Wolfsthal, Jon B. and. Rajkumar, Miriam, *Deadly Arsenals: Nuclear, Biological, and Chemical Threats*, Washington, D.C.: The Brookings Institution Press, 2005, pp. 262—263.

～684 公斤的武器级钚。[1] 迪莫纳核反应堆的负荷量最初为 40 兆瓦，20 世纪 70 年代时达到 70 兆瓦。如果综合各种最大值的数据，迪莫纳核反应堆的最大负荷量可达 200 兆瓦，以色列到 2005 年末就可能已经拥有 250～500 枚核武器。即使按照比较保守的估计，负荷量为 150 兆瓦，到 2005 年底也应该拥有 200～375 枚核武器。如果仍以负荷量为 75 兆瓦计算，以色列核武器至少有 125 枚，到 2010 年可能不会超过 250 枚。[2]

第三节　以色列的核政策

以色列实行模糊的核政策，既不承认、也不否认拥有核武器，不加入《不扩散核武器条约》，但与国际核不扩散机制又存在着一定的合作关系。以色列还极力维持其在中东地区的核垄断地位，不惜使用各种手段阻止中东其他国家发展核武器。当前，以色列是否会动用武力阻止伊朗的核计划令人关注。以色列的核政策虽取得了一定成效，但也存在明显的缺陷。

一、以色列的模糊核政策

以色列国家安全存在着国际、地区和国家单元三个层面的结

① Cirincione, Joseph and Wolfsthal, Jon B. and. Rajkumar, Miriam, *Deadly Arsenals: Nuclear, Biological, and Chemical Threats*, Washington, D.C.: The Brookings Institution Press, 2005, p. 259.

② http://www.globalsecurity.org/wmd/world/israel/nuke-stockpile.htm

构性安全困境。冷战时期，美苏英法等国在阿以冲突中的战略博弈对以色列国家安全环境的演变产生了重要影响。以色列的国家安全环境的变化成为中东地区政治形势的晴雨表。以色列与阿拉伯伊斯兰世界在民族、宗教方面的差异性，决定了两者矛盾难以协调，而领土问题、水资源问题以及难民问题均加剧了以色列与周边阿拉伯国家之间的敌对意识。因此，维持强大的军事力量成为以色列保障国家安全的基础。当前，以色列不仅具有与整个阿拉伯世界进行常规战争的能力，还建立了强大的核武器库，形成了对阿拉伯伊斯兰世界的核威慑态势。

然而，从一开始，以色列政府实行的却是模糊的核政策。主要表现在：

（一）不承认拥有核武器

究其原因：1. 以色列政府承认拥有核打击能力将刺激阿拉伯伊斯兰国家发展核武器与以色列抗衡；2. 以色列政府承认拥有核打击能力将失去美国的经济援助，因为根据1976年《国会希明顿法案》（Congressional Symington Law），美国政府不能向未受国际监管而发展核计划的任何国家提供经济援助；[①] 3. 法国在20世纪50年代曾经要求以色列必须对合作建造迪莫纳核反应堆严格保密；4. 为联合美国压制阿拉伯伊斯兰国家放弃发展核武器计划，促使美国在中东核安全问题上继续偏袒以色列提供合法性基础。

① Yoel Cohen, "Nuclear Ambiguity and the Media: The Israeli Case", *Israel Affairs*, Vol. 12, No. 3, July 2006, pp. 529—545.

（二）不否认拥有核武器

来自阿拉伯伊斯兰世界常规武器的威胁是以色列发展核计划的重要动力。以色列希望在制约阿拉伯伊斯兰世界发展核计划的情况下，维持自己潜在的核威慑能力。然而，以色列并不实行核保密政策。让外界怀疑以色列拥有核武器已经成为以色列国家安全战略的重要部分。在1973年战争初期，当埃及部署了两个师的“飞毛腿”导弹后，以色列军队也部署了“杰里科”系列地对地导弹。为了使苏联卫星能够捕捉到这个情报，并将其传送给埃及，以色列参谋长大卫·埃拉扎尔（David Elazar）命令导弹部队不要伪装。[①] 以色列潜在的核威慑政策对阿拉伯伊斯兰国家对外政策产生了极大的影响。埃及政府1968年签署，1981年批准了《不扩散核武器条约》，接受国际核不扩散机制的“全面核查”。但2005年8月埃及外交部长强调，如果以色列不签署《不扩散核武器条约》，埃及将不会签署《全面核禁试条约》。[②]

（三）不加入《不扩散核武器条约》，也不允许国际原子能机构对其敏感的核设施进行核查

以色列政府认为国际核不扩散机制缺乏公正和效率，[③]在中东未实现和平之前，签署《不扩散核武器条约》没有任何实际意

---

① Yoel Cohen, “Nuclear Ambiguity and the Media: The Israeli Case”, *Israel Affairs*, Vol. 12, No. 3, July 2006, p. 530.

② http://www.nti.org/e_research/profiles/Egypt/Nuclear/index.html

③ Gerald M. Steinberg, “Examining Israel's NPT Exceptionality: 1998—2005,” *Nonproliferation Review*, Vol. 13, No. 1, March 2006, pp. 117—141.

义。以色列政府声称迪莫纳为国家安全设施，拒绝任何外人参观；[①]拒不接受国际原子能机构进行核查。1968年以色列要求从美国购买F-4战机，美国军方试图将这笔交易与以色列批准《不扩散核武器条约》联系起来。[②]但是，约翰逊总统最后拒绝将军售与签署《不扩散核武器条约》挂钩。以色列没有签署条约，而美国照样交付了战机。[③]

（四）以色列与国际核不扩散机制存在着合作关系

以色列允许国际原子能机构对其那哈尔索雷克（soreq）民用核设施进行无限制的核查。以色列1963年签署，1964年批准了《禁止在大气层、外层空间和水下进行核武器试验条约》（《部分禁止核试验条约》）。以色列1967年签署，1977年批准了《各国探索与利用包括月球和其它星体在内的外层空间原则条约》（《外层空间条约》）。1996年9月25日，以色列政府签署了《全面禁止核试验条约》，但以色列国会没有批准。

国际核不扩散机制自身的缺陷也是以色列这种特殊的“模糊”核政策得以维持至今的一个因素。以色列拥有核武器这一公开的秘密成为国际核不扩散机制下的一个特殊个案，表明国际核不扩散机制的普遍性依然存在着明显的漏洞。《不扩散核武器条

---

① Mohamed I. Shaker, *The Nuclear Non-Proliferation Treaty: Origins and Implementations*, 1959—1979, Vol. 2, New York: Oceana Publications, 1980, p. 837.

② Shai Feldman, *Israeli Nuclear Deterrence*, New York: Columbia University Press, 1982, p. 211.

③ Michael J. Engelhardt, “A Nonproliferation Failure: America and Israel′s Nuclear Program, 1960—1968,” *Nonproliferation Review*, Vol. 11, No. 3, Fall-Winter 2004, pp. 56—69.

约》谈判中的法律和政治因素导致其难以对已经拥核40多年的以色列采取有效手段。从法律上来说，《不扩散核武器条约》以1967年1月1日为基准来划分有核武国家与无核武国家，从技术角度来衡量，以色列当时已有能力进行核试验并宣布跨过核门槛，但以色列出于政治考虑并没有这样做。因而，从法律意义上，核不扩散机制无法接纳以色列的有核国家地位，更不用说使其合法化。从政治上来说，国际核不扩散机制的理念是限制公开宣布的有核国家数量，至少使其保持在1967年初的水平上，这样，保持以色列的核模糊状态也成了维持核不扩散机制自身表面上的完善的需要。[①] 而美国等西方国家在何不扩散问题上对以色列的双重标准也使何不扩散机制对以色列无能为力。

阿夫纳·考恩（Avner Cohen）将这种“模糊”政策界定为：“一个国家的领导层并不承认本国是否拥有核武器，但是具有充足的证据表明核武器确实存在，从而影响其他国家的安全认知及行为。”[②] 以色列模糊核政策在战略上存在着一定的优势，不承认拥有核武器意味着以色列能够避免违反国际不扩散机制，压制战略对手放弃发展核武器计划；不否认自己拥有核武器，可以促使对手猜疑其核能力，威慑对手不对其安全构成威胁。总之，模糊核政策既可以使以色列享有一定的军事和战略益处，又可以避免付出一定的政治代价。

以色列质疑阿拉伯伊斯兰国家发展任何形式的核计划，竭力

---

① Avner Cohen, “The Last Taboo: Israel's Bomb Revisited”, *Current History*, Philadelphia: Apr 2005. Vol. 104, Iss. 681, p. 169.

② Avner Cohen, *Israel and the Bomb*, New York: Columbia University Press, 1998, p. IX

阻止阿拉伯国家和伊朗联合起来发展大规模杀伤性武器计划。1981年以色列空军轰炸伊拉克奥希拉克核反应堆后不久，当时的国防部长阿里尔·沙龙表示，“我们决心阻止任何敌对国家获得核武器，以色列经受不起引进核武器的代价。对我们而言，这不是恐怖平衡的问题而是生存的问题。我们将不得不阻止任何敌对国家获得威胁以色列生存的能力。”① 以色列认为伊朗核计划就是为了制造核武器，威胁以色列的国家安全。伊朗与以色列的敌对关系以及伊朗领导人的威胁言辞更加促使以色列将伊朗核问题的威胁无限扩大化。② 伊朗核问题在中东地区的“连锁”和“辐射”效应也刺激了以色列对国家安全的敏感神经。以色列多次宣称在形势难以挽回的情况下不惜使用武力打击伊朗核设施。

二、以色列极力维持在中东的核垄断地位

以色列核政策的另一重要目标就是维持其在中东地区的核垄断及核优势地位。为确保自身的绝对安全，以色列不能容忍中东其他国家的军事实力与其平起平坐，数十年来，以色列对邻国在科技领域的优势有增无减，以常规武器衡量的军力也占据着优势，但这一优势并不能让以色列感到放心。以色列认为，只有核能力才能确保其对于潜在敌手的优势，以色列不能失去在中东的核垄断地位，不能依赖于类似冷战时期美苏之间的那种“恐怖平衡”。

---

① Shai Feldman, “The Bombing of Osiraq-Revisited,” *International Security*, Vol. 7, No. 2, Autumn 1982, p. 122.

② Ephraim Kam, “A Nuclear Iran: What Does it Mean, and What Can be Done,” Institute for National Strategic Studies, *Memorandum* 88, February 2007.

历届以色列政府都认为，让以色列的敌人拥核是完全不可接受的，这将把以色列的军事优势和威慑力完全抹去。在以色列决策者看来，正是这种威慑力才使得萨达特在1973年第四次中东战争中有所顾忌而不敢放手一搏，而1991年的第一次海湾战争中，萨达姆也是因此才未向以色列发射带有生化武器弹头的导弹。[①]这种难以改变的观念究竟是来自于犹太民族对于安全的深切焦虑，还是建立在对现实的理性分析基础之上已很难辨别，近年来伊朗领导人发出的将以色列从地图上抹去的言论更是强化了以色列的这一观念。

为了维持其核垄断地位，以色列动用各种外交以及军事手段甚至是秘密行动阻止其他中东国家获得核武器。如，上世纪70年代末期，以色列就曾利用一项虚假的研究专利以误导阿拉伯国家的核研究，1979年4月，摩萨德特工对法国图卢兹附近的一家工厂实施了爆炸，炸毁了准备运往伊拉克的两座反应堆芯，在巴黎发生的参与伊拉克核工程的一名埃及工程师和两名伊拉克工程师遭暗杀事件被认为也是摩萨德所为。

伊拉克的核计划引起了以方的巨大不安，以情报机构分析伊拉克将在1981年夏季为其奥希拉克（Osiraq）反应堆装载核燃料。1981年6月7日，以色列空军出动8架F-16A战斗机和6架F-15A战斗机组成的中队，每架F-16A配备了2枚重达2000磅的延时炸弹，经过约旦与沙特边境地区，长途奔袭1600多公里，对伊拉克的奥希拉克反应堆实施了先发制人的空中打击，这次代号为“歌剧院行动”（也称“巴比伦行动”）的突袭摧毁了伊拉克的

---

① Avner Cohen, *Israel and the Bomb*, New York: Columbia University Press, 1998, p. 346.

这一核设施。[①]

2007年9月，以色列又发动了代号“果园行动”的秘密空袭，对叙利亚境内的一处被怀疑为核设施的地点进行了轰炸。[②]以色列对叙利亚的袭击被很多人认为是对伊朗发出的警告信息，而2009年1～2月间以色列对埃及苏丹边境被怀疑为走私武器车队的袭击更是一个明确的信息，即以色列拥有卓越的情报体系、敢于冒险的决心和成功摧毁远离以色列国境目标的军事能力。

就在奥巴马上台后以前所未有的积极姿态，主动对伊朗示好，以“接触、对话、合作、协调”的外交新思维调整对伊政策，启动美伊对话，改变多年来的打压和制裁政策时[③]，以色列却提高了对伊朗的调门。内塔尼亚胡上台后，其政府成员对伊朗频频发出强硬的声音，表示绝不会允许伊朗拥核，还将恢复以巴和平进程与美国对伊朗施加压力促其弃核相联系，称不解决伊朗问题，中东地区的其他问题不可能得到解决。有报道说，以色列空军在距以色列3800多公里的直布罗陀举行了演习，表明以色列正在进行攻击伊朗的实质性准备，以便一旦以色列领导人下令，以军将立即展开对伊朗核设施的大规模空袭。2009年6月，以色列还举行了全国范围的后方演习，这也被解读为以色列为袭击所做的一系列准备之一，旨在使以色列民众为空袭伊朗所可能产生的

---

① Rafael Eitan, “The Raid on the Reactor from the Point of View of the Chief of Staff, Israel's Strike Against the Iraqi Nuclear Reactor 7 June, 1981”. Jerusalem: Menachem Begin Heritage Center. pp. 32—33.

② Bret Stephens, “Osirak II?”, *The Wall Street Journal*, 2007—09—18.

③ 李荣：《奥巴马政府中东战略中的伊朗政策调整》，载《阿拉伯世界研究》，2009年第3期。

后果做好准备。[①] 2009 年 5 月 4 日以色列《国土报》公布的一项最新的民意调查显示，66%的受访者支持对伊朗采取军事行动，而其中 75%的人表示即使美国反对以色列动武，他们也不会改变态度。以色列已要求奥巴马政府最迟在 2009 年底之前终止伊朗的铀浓缩活动，否则以色列就将采取行动。[②] 自 2003 年以来，以色列曾多次发出对伊朗动武的威胁，以色列是否会将这一威胁付诸实施又引起了人们的关注与猜测。

2009 年 3 月，美国华盛顿的战略与国际问题研究中心（CSIS）的一份报告认为，以色列已拥有一切必要的资源以确保一次成功的袭击。美国参谋长联席会议主席马伦将军也对这一结论表示认同。该报告认为，以色列不必去袭击几十甚至上百处相关设施，摧毁 7～9 处关键的核设施即足以使伊朗的核计划陷入瘫痪。[③]

伊朗是中东地区唯一仍拒绝承认以色列的国家，并长期支持巴勒斯坦激进势力哈马斯与以色列对抗，伊朗扶持的黎巴嫩真主党也对以色列北部构成威胁，伊朗正力图争夺巴以问题的主导权，伊朗总统不断发出要将以色列从地图上抹去的言论，这一切都使以色列将伊朗拥有核武器视为对其安全的最大威胁。在以色列看来，国际社会的制裁尽管能够起到一定的效果，但并不足以阻止伊朗的核野心。

---

① IDF staged drills over Gibraltar，in preparation for Iran strike. http：//www. haaretz. com/hasen/spages/1082625. html

② “Poll： Most Jewish Israelis back attack on Iran”， http：//www. haaretz. com/hasen/spages/1082790. htm

③ “*Israel's Air & Missile Forces Could Wipe out Iran's Nuclear Sites*”，http：//www. debka. com/article. php? aid=1386

有报道说，以色列早在数年前就开始了一场针对伊朗核计划的秘密战争，利用线人、搞破坏、与伊朗有往来的公司以及双面间谍等手段阻止、拖延伊朗的核计划，2007 年一名伊朗核科学家的神秘死亡被认为是以色列在背后起了作用，以色列还试图破坏伊朗核设施的电力线路以对其电脑系统和设备造成损坏。以色列和美国还从与伊朗有往来的欧洲公司获取伊朗的情报信息，以色列利用一些公司进入伊朗的核采购体系。伊朗试图绕开联合国的制裁而获取某些具有双重用途的设备，如金属、阀门、电子设备、机械设备等用于其核计划。这些公司会首先向伊朗提供一些合格设备，取得信任后就提供质次甚至是假冒的设备以延缓伊朗的核进程。[①]

三、以色列核政策的效用分析

以色列具备核选择能力，但同时坚持模糊核政策的战略到目前为止还算成功，甚至可能超出了建国先驱们的预料。以色列的核模糊政策至少实现了三个基本目标：第一，正如建国先驱所预期的，自 1967 年以来，它对阿拉伯国家起到了威慑作用；第二，它极大地影响了以色列敌对国家的战略目标，迫使它们将行动计划控制在有限战争的范畴之内；第三，它促进了阿拉伯国家与以色列进行谈判，缔结了一些和平协议，有助于推动中东和谈

① Israel launches covert war against Iran. http：//www. telegraph. co. uk/news/worldnews/middleeast/israel/4640052/Israel-launches-covert-war-against-Iran. html

进程。[①]

虽然如此，以色列的模糊核政策仍然存在着明显缺陷：

首先，核武器不能完全防止与阿拉伯伊斯兰世界发生低烈度常规战争。[②] 尽管阿拉伯世界确信以色列已经拥有核选择的能力，但是，阿以之间的冲突并没有停止。1973 年第四次中东战争就是埃及在确信以色列已经拥有核武器的情况下发动的军事行动。核武器也不能阻止巴勒斯坦人自杀式人体炸弹对以色列的偶然性袭击。2006 年黎以冲突中，以色列不可能使用核武器对付黎巴嫩真主党。

其次，模糊核政策必须与以色列的军事强势联系起来。以色列国小人少，缺乏战略纵深，难以承受大规模的战争。因此，以色列的国家安全战略的基础是在军事上维持对阿拉伯—伊斯兰世界的优势：这不仅需要体现在常规军事力量上，而且体现在核力量的垄断上。然而，随着现代科学技术的发展，阿拉伯伊斯兰世界不仅在常规军事力量上能够对以色列产生足够的威慑力，而且，埃及、叙利亚和伊朗等国都具有足以威胁以色列国家安全的强大生化武器力量。核武器具有无法防御的摧毁性，以色列根本无法承受核武器的辐射性攻击。一旦中东其他国家制造出核武器，即使以色列拥有二次核打击的能力，以色列国土和国民安全也难以保障。

再次，核威慑强调相互确保摧毁（MAD）战略，遵循防御性

---

① Zeev Maoz "The Mixed Blessing of Israel's Nuclear Policy", *International Security*, Vol. 28, No. 2, Fall 2003, p. 44.

② Zaki Shalom, *Israel's Nuclear Option: Behind the Scenes Diplomacy between Dimona and Washington*, Brighton · Portland: Sussex Academic Press, 2005, p. 170.

逻辑，追寻的是威胁平衡。就以色列国家安全来说，以色列已经实现了势力平衡（balance of power），但缺乏实现威慑平衡的心理准备。以色列追求的是国家绝对安全，即将自己的国家安全建立在阿拉伯伊斯兰世界的不安全基础上。换言之，只有当以色列和阿拉伯伊斯兰世界处于势力不对称时，以色列才认为实现了威慑目的。然而，无论是 1991 年的海湾战争，还是 2003 年的伊拉克战争，以色列核武器并未能对伊拉克萨达姆政权构成任何的威慑作用，以色列民众仍然感受到极大的威胁压力。

最后，以色列核模糊政策实际上就是一种边缘政策，在实践中难以准确把握。以色列核模糊政策的核心价值在于让对手怀疑以色列秘密地拥有核武器，但是核能力的保密程度必须让对手不怀疑其存在的威慑性。[①] 以色列政府往往将核选择称为解决问题的最终手段，威慑对手妥协。故意“说漏嘴”等于公开承认以色列拥有核武器，而故意“掩饰”则难以实现威慑对手的目标，使核模糊政策处于一种尴尬的境地。

而以色列极力维持在中东地区的核垄断地位的政策实际上也陷入了一种悖论：一方面，以色列领导人相信其独霸中东的核优势改善了其安全处境；另一方面，也正是以色列的核垄断地位刺激了某些阿拉伯国家和伊朗谋求发展核武器和生化武器等大规模杀伤性武器的意愿，实际上恶化了以色列的安全环境。

以色列事实上的核国家身份及其模糊核政策是一种对立的矛盾。以色列希望实现自身国家安全利益最大化，但是将自身国家安全利益建立在无视或损害阿拉伯伊斯兰世界安全的基础之上，

---

① Yoel Cohen, “Nuclear Ambiguity and the Media: The Israeli Case”, *Israel Affairs*, Vol. 12, No. 3, July 2006, p. 530.

这种做法只能引发广大阿拉伯伊斯兰世界更强烈的敌对情绪。阿以冲突的结构性矛盾不仅未得到改善，而且呈现出发散化和极端化迹象。以色列核武器难以应对阿拉伯世界敌对的舆论，难以彻底实现以色列对国家安全的完美追求。对以色列而言，它面临的对手和需要解决的问题都太多、太复杂，仅仅依靠硬实力，采取高压手段只能暂时平息事端，而不能消除矛盾根源。

以色列模糊核政策与其国家安全经历的历史与面临的现实环境密切相关。以色列是当前中东地区唯一的事实上的核国家。以色列当然希望这种态势永远维持下去。以色列模糊核政策的最高追求应该是永远没有必要使用核武器，就可以实现既定的战略威慑目标。当前伊朗、埃及、利比亚和叙利亚等国的核计划在技术、资金以及内政、外交方面均存在着严重困难，在国际社会和国际原子能机构的监督之下难以在短时期内取得非和平性质的突破。作为以色列模糊核政策的重要后盾和保障，美国的积极干预大大削弱了这些国家发展核武器计划的政治意志和能力。

尽管在争取中东地区无核化方面存在着迥然不同的战略追求，但阿以双方都希望和平与稳定，发展与繁荣成为中东地区的时代特点。伊朗核计划在中东地区引发的“连锁反应”考验着以色列政府继续实行模糊核政策的决心与意志。以色列改善国家安全环境不能仅仅依靠维持武力优势的威慑政策，而应该与阿拉伯伊斯兰国家一起营造相互信任的地区安全环境，建立安全机制，采取切实有效的措施解决现实存在的问题。阿以双方需要的是对话与合作，而不是冲突和对抗。唯有如此，以色列才能真正实现其国家安全。

第六章

中途夭折——伊拉克和利比亚的核开发

在中东，有些国家的核计划因外部大国力量的干涉而中途夭折，其典型案例要数伊拉克和利比亚。1991 年海湾战争和 2003 年伊拉克战争，对伊拉克的核计划构成了毁灭性打击；伊拉克战争之后，利比亚迫于西方大国的压力，卡扎菲政府也宣布放弃核开发计划。

第一节 伊拉克的核活动

伊拉克问题是跨世纪的国际政治热点问题。伊拉克核活动以及国际社会针对其核活动进行的反扩散举措是伊拉克问题的主要内容。伊拉克核活动显露了国际核不扩散机制的漏洞和国际社会在反扩散领域的困局。本章拟首先简单探讨伊拉克核活动过程，以此为基础重点分析其对多边国际核不扩散机制的影响及其所显露的国际反扩散困局。

一、伊拉克核活动的过程

20世纪50年代中期，伊拉克开始了很小规模的民用核活动。在核发展上，伊拉克最初寻求美国的帮助，1958年革命后，开始寻求苏联的支持。1968年伊拉克签署了《不扩散核武器条约》，1969年批准了该条约。然而，伊拉克想利用加入《不扩散核武器条约》所带来的某些便利，秘密发展核武器。[①]

伊拉克于20世纪70年代初开始进行核武研发。伊进行核武研发有主客观原因。从主观方面来看，萨达姆试图通过制造出核武器成为中东霸主。而且，70年代初，他已经成为伊拉克最有权势的人，从而能够充分调动并利用伊拉克的资源进行核武研发。伊拉克与伊朗的矛盾是推动伊拉克进行核武研发的最重要的客观因素。20世纪70年代初，伊拉克与伊朗在领土、民族、宗教等方面的矛盾日益加剧，而且伊朗表现出进攻性。在与伊朗的矛盾冲突中，伊拉克当时很难找到外援：萨达姆公开攻击其他阿拉伯国家在1967年“六日战争”中的败绩而使自己在阿拉伯世界陷于孤立；1968年，在萨达姆的指使下，伊拉克开始镇压共产党分子而与苏联关系冷淡；美国当时正与伊朗处于蜜月期，关键时刻根

---

① Ibrahim al-Marashi, “Saddam's Iraq and Weapons of Mass Destruction: Iraq as a Case Study of a Middle Eastern Proliferant,” *MERIA Journal*, Vol. 8, No. 3, 2004,

本靠不住。而且，萨达姆及其战略规划者可能也怀疑伊朗正在发展核武器。在既无兄弟国家帮助又无超级大国做靠山的情况下，面对强敌伊朗，萨达姆努力寻求“武器霸王”就不难理解了。[①]

1971年，伊拉克一个科学小组制定了一项发展核武器的计划，该计划要求以民用核计划为幌子从法国购买中等规模的研究型反应堆，以逐渐掌握成功制造核武器所需的技术和基础理论知识，还要求建造一个秘密的后处理装置以分离武器级钚。1972年该计划最终得到萨达姆的批准。[②] 1976年，伊法两国签署了一个以3亿美元购买两座反应堆的协议。一座是法国人称作奥西拉克（Osirak）的热功率为40兆瓦反应堆，另一座是被称作伊西斯（Isis）的800千瓦反应堆。伊拉克人把这两座反应堆分别叫做塔穆兹一号（Tammuz-1）和塔穆兹2号（Tammuz-2）。[③] 这引起了核扩散关切，因为奥西拉克核反应堆需以高浓缩铀作燃料并能生产出少量钚。[④]

以色列对伊拉克核计划的真实意图有比较清醒的认识。1979年4月，尚在法国工厂中的奥西拉克和伊西斯两座反应堆的堆芯

---

① 关于伊拉克进行核武研发的动因，详见 Amatzia Baram, “An Analysis of Iraqi WMD Strategy,” *The Nonproliferation Review*, Summer 2001, pp. 25—28。

② Khidhir Hamza with Jeff Stein, *Saddam's Bombmaker: The Terrifying Inside Story of the Iraqi Nuclear and Biological Weapons Agenda*, New York: Scribner Press, 2000, p. 70.

③ See “NTI: Country Overview: Iraq: Nuclear Overview,” http://www.nti.org/e_research/profiles/Iraq/Nuclear/index.html.

④ See Baker Spring, “Controlling the Bomb: International Constraints on Nuclear Weapons Are Not Enough,” May 19, 1993, http://www.policyarchive.org/bitstream/handle/10207/11301/89454_1.pdf? sequence=1.

被以色列特工炸坏。[①] 但此次破坏行动没有能让以色列完全放心。修复后的奥西拉克似乎还能运转。由于担心伊拉克躲避国际原子能机构的监督，使用那里的核燃料制造核武器以及进行其他与核武器有关的敏感性试验和设施建设，1981 年 6 月 7 日，在奥西拉克还没有来得及生产出钚之前，以色列对其发起了代号为“巴比伦行动”的袭击。[②] 然而，以色列对伊拉克核反应堆的轰炸非但没有使其停止核武研发，反而强化了其进行核武研发的决心。最初，伊拉克只有近 500 名核工作者，在以色列轰炸后，这一数字增加到 7000 名。[③] 一些被关押或软禁的核科学家也很快被释放了出来并被重新委以重任。“萨达姆还增加了对核计划的物质投入，并使之转入地下发展以躲避国际社会的视线。”[④]

以色列的轰炸使伊拉克企图通过反应堆加工、分离出制造核武器的重要材料钚的计划落空了，伊拉克不得不重点寻求另一种裂变材料浓缩铀，于是伊开始进行铀浓缩活动。1981 年底，伊拉克科学家最终决定采用电磁同位素分离法（electromagnetic iso-

---

① Dan Reiter, “Preventive Attacks Against Nuclear Programs and the ‘Success’ at Osiraq,” *Nonproliferation Review*, Vol. 12, No 2, July 2005, p. 357.

② See William E. Burrows and Robert Windrem, *Critical Mass: The Dangerous Race for Superpowers in a Fragmented World*, New York: Simon & Schuster, 1994, p. 275.

③ Ibrahim al-Marashi, “Saddam's Iraq and Weapons of Mass Destruction: Iraq as a Case Study of a Middle Eastern Proliferant,” *MERIA Journal*, Vol. 8, No. 3, 2004,

④ Dan Reiter, “Preventive Attacks Against Nuclear Programs and the ‘Success’ at Osiraq,” *Nonproliferation Review*, Vol. 12, No 2, July 2005, p. 356.

tope separation-EMIS）进行铀浓缩，认为这是最好的选择。[①]

在对裂变材料的提取、浓缩取得一些成就以后，伊拉克开始进行核试爆方面的研究与设计。伊拉克还为进行一场地下核试验选了址。然而，就在伊拉克接近核门槛的时候，萨达姆的一个决定葬送了自己苦心经营多年的核事业。1990 年 8 月，在严重低估美国反应的情况下，萨达姆命令其军队入侵科威特。但是，乔治·布什总统很快宣布伊侵略行径是不能容忍的，并于 1991 年 1 月发动了海湾战争。海湾战争后的核查和后来叛离者的告密揭露了伊拉克在海湾战争前雄心勃勃的核武计划。

作为结束军事打击的条件，联合国安理会通过了 678 号决议，要求伊拉克销毁其所有核武器设施。伊拉克接受了联合国伊拉克问题特别委员会（The United Nations Special Commission on Iraq—UNSCOM）和国际原子能机构的核查。[②]

在核查过程中，双方龃龉不断，多次引发核查危机，最终导致 1998 年 12 月美、英对伊发动“沙漠之狐”军事行动。伊随即宣布中止与特委会的合作，对伊武器核查遂陷入僵局。安理会经过近一年的反复磋商，于 1999 年 12 月 17 日通过了 1284 号决议，决定成立联合国监督、核查及视察委员会（U.N. Monitoring, Verification and Inspection Commission-UNMOVIC，简称监核会）以取代特委会。尽管决议规定了与伊拉克进行合作的内容，

---

① David Albright and Khidhir Hamza, “Iraq′s Reocnstitution of Its Nuclear Weapons Program,” *Arms Control Today*, October 1998, http://www.armscontrol.org/act/1998_10/daoc98.

② See Jonathan B. Tucher, “Monitoring and Verification in a Noncooperative Environment: Lessons from the U.N. Experience in Iraq”, *The Nonproliferation Review*, Spring-Summer 1999, p. 1.

但遭到伊拉克的拒绝。2002年11月8日，安理会一致通过1441号决议，规定伊如不充分执行该决议，将面临“严重后果”。11月14日，伊宣布接受1441号决议。27日，联合国武器核查人员正式恢复对伊武器核查。2003年3月7日，国际原子能机构总干事巴拉迪向安理会汇报说：“经过3个月的突击核查，我们迄今没有发现伊拉克正在恢复其核计划的任何迹象或看似可信的证据。”[①] 他同时还表示，国际原子能机构将利用被赋予的权利和各种资源继续对伊拉克进行核查。但美国已经不耐烦了，2003年3月20日发动了伊拉克战争，推翻了萨达姆政权。萨达姆政权倒台后，美国的伊拉克视察小组（the Iraq Survey Group-ISG）重新开始搜寻伊大规模杀伤性武器库及其发展计划方面的证据，但经过约两年的核查并没有发现伊拉克在海湾战争后重启核计划及其他大规模杀伤性武器计划的证据。[②] 伊拉克战争前美英情报部门关于伊拉克正在制造大规模杀伤性武器的判断被证明是捕风捉影。

二、伊拉克核活动对国际核不扩散机制的影响

海湾战争后，对伊拉克的严格核查、叛逃者的揭秘以及参与伊拉克核计划的伊科学家的详情披露，清楚地表明伊拉克长期以来一直进行着秘密的核武研发活动。伊拉克作为《不扩散核武器条约》的成员国，其核活动受到国际原子能机构的保障监督，然

---

① Mohammad ElBaradei, “Statement to the UN Security Council”, 7 March, 2003.

② See Dana Priest, “Report Finds No Evidence Syria Hid Iraqi Arms,” *Washington Post*, Tuesday, April 26, 2005, p. A01.

而国际原子能机构在海湾战争前却没有觉察到伊拉克的秘密核研发活动。这一事实促使人们对国际原子能机构提出尖锐批评，并对其30年保障监督职能的信誉造成最为严重的损害。[①]

其实，海湾战争前，国际原子能机构在对伊拉克核保障监督方面基本上是尽职的，其作为批评的对象是冤枉的。海湾战争后，国际原子能机构在伊拉克的核查之所以成效显著不是因为它更加尽职了，而是因为此时的核查与其例行的保障监督行为不同。国际原子能机构对伊例行的保障监督行为依据的是伊拉克与国际原子能机构达成的全面保障监督协议，而此时的核查依据的则是联合国安理会的决议，因此属于特殊行动。伊拉克进行核武研发的事实在海湾战争后才被发现，说明了国际核不扩散机制中保障监督体系本身存在着较大的缺陷，这促使人们重新审视已有的核保障监督体系。

国际核保障监督体系在海湾战争前就已经历了几个不断改进的发展阶段：1961 年 INFCIRC/26 型体系、[②] 1965 年的 INFCIRC/66/Rev. 1型体系、1968年的INFCIRC/66/Rev. 2型体系和1971年的INFCIRC/153型体系（又称“全面型保障监督体系”）。《不扩散核武器条约》规定，加入该条约的无核武器成员国要与国际原子能机构达成协议接受其基于INFCIRC/153型体系所进行的全面保障监督，否则他国，特别是有核技术出口能力的国家不得向该国出口核材料、核设备和核技术。这种保障监督

① See David Fischer, *History of the International Atomic Energy Agency: The First Forty Years*, Vienna: The Agency, 1997, p. 115.

② INFCIRC（Information Circular）/26是该体系保障监督协定范本文件的编号，下同。

体系被称作传统的保障监督体系，目的是“保证已申报的核材料没有被转移或者在已申报的核设施处没有对未申报的核材料进行加工”。[①] 这就是说，传统的保障监督体系主要关注已申报的核材料和核活动。它基于这样一个假设：不依赖于已申报核设施的核燃料循环能力的发展是绝大多数国家力所不及的，因此，如果它们进行核扩散活动，这种活动就可能涉及从它们已申报的核设施处转移核材料。[②] 伊拉克秘密铀浓缩活动的曝光证明这种假设是错误的，建立在此种假设基础上的传统保障监督体系如此看来也需要与时俱进了。“以前，整个国际社会的错误是没有认识到，一个有意义的核查系统必须执行一些措施，旨在探测一国是否通过从事未申报的活动欺骗该体系。”[③] 鉴于传统的保障监督体系没有能够发现并有效阻止伊拉克秘密发展核武器，1993 年，国际原子能机构提出并要求在 2 年内完成一项旨在完善并强化保障监督机制的研究计划，即“93＋2 计划”。该计划特别聚焦于构建探测未申报的核活动所必需的技术能力和法律权威，其最重要的成果是《不扩散核武器条约》附加议定书（INFCIRC/540）的出台。该议定书“赋予国际原子能机构以更有效地搜集、利用信息的权

---

① Piet de Klerk, “The Evolution of IAEA Safeguards,” p. 3. http://www.jaif.or.jp/english/npsympo/deklerk.pdf.

② See John Carlson, “Challenges to the Nuclear Non-Proliferation Regime: Can the Regime Survive?,” Paper Presented to the Carnegie Moscow Center, 29 May 2007, p. 6. http://www.asno.dfat.gov.au/publications/challenges_nuclear_non-proliferation-regime.pdf.

③ Jacque Baute, “Challenges and Lessons Learned from Inspections,” *IAEA Bulletin*, June 2004, p. 65.

利与技术和更广泛地到达核或与核有关的场地进行现场核查的权利”[①]。1997 年国际原子能机构理事会批准了该议定书。如今，全面保障监督协议与附加议定书的结合代表了《不扩散核武器条约》保障监督的现时标准。

伊拉克核武研发活动的揭秘，对国际核不扩散机制中的核出口管制机制，尤其是核供应国集团（Nuclear Supplier Group—NSG）也产生了重要影响。核供应国集团是由核供应国组成的非正式组织，旨在通过对核出口及与核有关的出口按照自己制定的“指导方针”（the NSG Guidelines）施以管制而促进核不扩散。“海湾战争使核供应国认识到所涉及的潜在危险以及采取紧急行动阻止这些危险的必要性。”[②] 在海湾战争前，核供应国集团曾经比桑戈委员会制定了更为严格的核出口限制条件和包含物项更广一些的“触发清单”（Trigger List）。“触发清单”是关于核材料、核设备、核技术等的敏感物项清单，包括裂变材料、核反应堆和相关设备、后处理和浓缩设备。进口国进口“触发清单”中开列的物项时，要作如下保证：接受国际原子能机构的保障监督，保证不进行爆炸试验，对核材料、设备进行再转移时要事先得到供应者的同意。[③] 这就是说，进口此类物项时会“触发”国际原子能机构的保障监督及其他相关行动。海湾战争后被发现的伊拉克

---

① Tae Joon Lee and Maeng Ho Yang, “Half-century Evolution of U. S. Nonproliferation Policy,” *The Korean Journal of Defense Analysis*, Vol. 15, No. 1, Spring 2003, p. 51.

② Tadeusz Strulak, “The Nuclear Suppliers Group,” *The Nonproliferation Review*, Fall 1993, p. 4.

③ See Quentin Michel, “The Evolution of Nuclear Export Control Regime: From Export Control List to Catch-all Clause,” *Atoms for Peace: An International Journal*, Vol. 1, No. 1, 2005, p. 76.

核武研发活动清楚地表明：对实施核武器研发计划所必需的基本物项的有限控制不足以阻止一个国家进行核武研究；如果一个国家拥有相当先进的工业基础设施和经过良好训练的技术和工程专家，那么它就能够自行生产出核武研发计划所需的关键要素而无须进行惹人耳目的敏感物项进口。伊拉克用电磁同位素分离法提取高浓缩铀的设施建设就是通过这种方式进行的。它进口了一些看似与此项设施建设无直接关系的物项，对之进行加工处理后用于此项建设。为了对付这种新威胁，国际防止大规模杀伤性武器扩散的机构审议了它们的体系，特别是修改了它们的出口管制清单，使其包括虽并不特别用于制造大规模杀伤性武器但对此类武器的生产有帮助的物项。这种物项后来被称作“双用途物项”(Dual-Use Items)。核供应国集团是唯一考虑把出口管制对象扩大到双用途物项的核不扩散机制，它于1992年所确定的双用途物项是指“具有合法的和平用途但也能够被用于发展核武器的非核物项”[①]。受被揭秘的伊拉克核活动的触动，1992年，核供应国集团决定制定关于与核有关的双用途设备、材料及技术的转移的“指导方针”并作为国际原子能机构INFCIRC/254文件的第二部分刊印。机械工具和激光设备即为两类双用途物项。海湾战争前，伊拉克在其秘密的核武研发计划中不正当地使用了合法进口的双用途物品。

应当指出的是，伊拉克秘密核武研发活动的曝光，无疑是国际核保障监督机制和出口管制机制得到强化的最重要动因，但冷战结束后国际社会面临新的核扩散威胁、朝鲜的可疑核活动以及

---

① *Brandon King*，“The Nuclear Suppliers Group（NSG）at a Glance，” http：//www.armscontrol.org/factsheets/NSG.

南非的主动弃核等也是促进因素。

三、伊拉克核活动所显露的国际反扩散困局

伊拉克核活动除了表明国际核安全保障机制和核出口管制机制存在明显的漏洞外，还显示了国际社会在反扩散方面面临诸多难以克服的困难。这些困难包括：联合国安理会难以在反扩散上达成共识、核查的非否证性、武力反扩散效能有限等。

海湾战争后不久，有确凿的证据显示伊拉克进行了秘密的核武研发活动。由于怀疑伊拉克继续进行包括核武器在内的大规模杀伤性武器研发或藏匿了大规模杀伤性武器，国际相关机构对伊拉克进行了曲折漫长的严厉核查。核查活动直到伊拉克战争爆发前夕也没有发现伊拉克在海湾战争后重启核计划的证据。伊拉克战争使伊拉克政权发生了更迭，美国自己紧接着实施的核查所得到的结果终于证明了伊拉克在海湾战争后的确没有重启核计划。

伊拉克萨达姆政权没有重启核活动并不代表其不想这么做。事实上，萨达姆想重启核活动，但诸多客观因素使他的想法难以付诸实施。除了制裁、军事压力等因素外，其中的一个主要因素就是国际机构严厉的、长时间的核查。这不免让人提出这样一个假设：严厉的核查是成功反扩散的重要手段之一。但是，不应忘记，“严厉核查”的依据是联合国安理会的相关决议，其强制力最终来源于安理会成员国特别是其常任理事国的高度共识。这里的逻辑链条是：联合国安理会的高度共识→联合国相关决议（核查只是决议内容的一部分，还有其他强制性规定，如经济制裁等）→严厉核查→伊拉克无法重启核活动。因此，从根本上说，

安理会的高度共识才是成功反扩散的关键，而严厉的核查只不过是一个中介变量而已。

但是，必须注意的是，联合国安理会在伊拉克核查问题上达成高度共识是特殊历史条件下的产物，这些条件主要有：冷战后美国为首的西方国家实力凸显，国际战略力量对比严重失衡；伊拉克侵略了科威特，作为侵略者理应受到必要的严厉惩罚。类似的条件很难再现，因此，事实上，主要由于大国间固有的战略利益矛盾，在反核扩散问题上，联合国安理会难以达成高度共识是更为常见的情形。比如，在核查对象的确定上就会多有分歧。这是国际反扩散活动的痼疾。

即便是在伊拉克核查问题上，安理会的共识最终也在核查的期限方面破裂了。美国不顾他国坚持继续核查的意见，中断了核查，武力推翻了萨达姆政权，使反扩散方式由核查转变为武力“政权更迭”。这促使人们思考“核查”与“政权更迭”之间的关联性，进而显现了国际反扩散的另一个痼疾：核查的非否证性。

笔者在此所称的核查的非否证性是指在尊重被关注国主权和权利的情况下，无论多么严格的核查，都难以证明一个被关注国家终止了进行核武研发的计划。由于核查机制本身尚存诸多漏洞（比如，《不扩散核武器条约》规定任何一个国家都有和平利用核能的权利）且核能的民用和军用并无绝对界限，更由于被核查国的不透明，其战略意图难以准确把握，核查者没有发现被核查国企图制造核武器的确凿证据，并不能证明该国没有进行或不久的将来不会进行核武研发。如果我们以没有发现某物或某事为理由而推断某事或某物不存在，就会犯类似“诉诸无知”[①] 的谬误。很大程度上，由于核查的非否证性，海湾战争之后，国际专门机构对伊拉克进行了旷日持久的核查，若非美国军事行动的打断，核查肯定还会继续下去。利比亚宣布弃核后，接受了国际机构的核查。对利比亚的核查虽然持续的时间不长，也没有诱发武力“政权更迭”，但这并没有证伪核查的非否证性。[②] 这种缓和局面之所以出现主要是由于以下原因：利比亚的核研发本来就处于“小规模、低水平”的阶段；美国不认为利比亚对其战略利益构成严重挑战；利比亚的主动弃核似乎为美国发动出师无名的伊拉克战争提供了遁词。

基于安理会一致意见的核查虽然有可能阻止一国发展核武器，但核查的非否证性不但使核查本身无法证明自己的这一效能(海湾战争后，对伊拉克的核查有效阻止了其重启核活动，但这一效能是在伊拉克战争后才被证明的)，而且使核查无法打消相关国家对核查对象国（这个国家往往被相关国家认为是其严重安全威胁的主要来源）发展核武的疑虑。这将使相关国家出于霸权战略考虑，哪怕在未获得安理会授权的情况下采取武力“政权更迭”这种极端方式进行反扩散。这就是说，由于核查的非否证性，如果当事国之间存在严重不信任，政权更迭是核查的可能性

---

① 推理的实质是由已知推断未知，并不能以未知作为所知的根据和理由。“诉诸无知”的谬误，是以没有证明或没有证伪一个命题为根据，而断言这一命题的假或真。关于“诉诸无知”，详见：谷振诣、刘状虎著：《批判性思维教程》，北京大学出版社，2006 年版，第 138—140 页。

② 2009 年 1 月 13 日，一名利比亚反对派领导人声称卡扎菲政权秘密保存着一座核武研发工厂。See “NTI：Country Overview：Libya：Nuclear Chronology”，http：//www. nti. org/e _ research/profiles/Libya/Nuclear/chronology _ 2006 _ 2009. html.

较大的结果。从反扩散的角度出发，这不禁让人预感到伊朗核问题发展的悲观未来。目前，伊朗多次明确拒绝停止让美国、以色列、阿拉伯国家以及其他西方国家不安的铀浓缩活动，伊朗核问题解决正处于危险的僵局。试想，假如伊朗响应国际社会的号召宣布停止铀浓缩活动（当然，这种可能性很小），为了检验其言行的一致性，美国等国肯定要求对伊朗进行核查，但由于核查的非否证性以及美国对伊朗的不信任，在伊朗政治体系没有发生根本性变化的前提下，其结果与伊朗坚持进行铀浓缩所带来的结果不会有什么差别。可能的结果是：美国亲自或暗挺以色列对伊朗的核设施进行轰炸，美国等国在继续对伊朗进行孤立、制裁的同时做好面对一个拥核的伊朗的准备（即伊核问题朝核化）、对伊朗实施武力政权更迭。

美国是以武力手段而不是和平演变的方式实现伊拉克的政权更迭的，这是武力反扩散的极端手段。其他相对温和的武力反扩散手段还有针对核设施的外科手术式军事打击、武力威慑等。以色列 1981 发动的针对伊拉克核设施的“巴比伦行动”即是这种温和的武力反扩散手段。但是，以伊拉克核活动为基点，从纵横两个方面分析，武力反扩散手段效能有限且存在合法性问题。

以色列对伊奥西拉克核反应堆的轰炸，确确实实严重打乱了伊拉克的核发展进程，但正如上文所述，轰炸并没有终止伊拉克的核活动，反倒更加坚定了其进行核武研发的决心，且使其核活动更加隐秘和富于弹性。另外，从横的方面看，以色列对伊核设施的轰炸对利比亚也没有产生正面的震慑效应，反倒愈加使其认识到发展核武器以保卫政权、抗击可能的侵略的重要性。[①] 2003年，美国对伊拉克展开的武力政权更迭及其后续的核查，证明了伊拉克没有重启核活动。抛开美国的其他战略目标，单从国际反扩散的角度来看，美国的这一武力反扩散行为的效果是很有限的。就伊拉克而言，由于其没有重启核武研发活动，美国的武力反扩散活动是一种巨大的“浪费”（这表明了武力反扩散具有“扑个空”的风险）。当然，该行动的一个主要派生收获是美国得到了“确证”、消除了疑虑。横向来看，美国对伊武力政权更迭的反扩散行动产生的效果同样是很有限的。美国对伊初期的军事行动，确实对伊朗和朝鲜产生了积极的震慑作用：卡塔米为总统的伊朗表现出愿与美国进行对话的明显倾向；朝鲜开始同意进行“六方会谈”。但由于战势的发展远不如美国当初想象的那么顺利，朝鲜和伊朗反倒把伊拉克战争当作提高核能力的契机，同时美对伊的武力政权更迭政策也可能加深了朝伊两国对提高核能力的重要性的认识，从而促进了核扩散。虽然利比亚在伊拉克战争打响不久即宣布弃核，但伊拉克战争并不是利比亚弃核的根本原因，因为在伊拉克战争前利比亚就早已表现出与西方进行合作的动向。

武力反扩散也很难具有合法性。传统的多边核不扩散机制是以《不扩散核武器条约》为法律基础，以国际原子能机构为监察执行机构，以联合国安理会为后盾的体系。在这一体系之内的反扩散机制，哪怕是武力反扩散行为也一般被认为是合法的。在此体系之外的反扩散机制或行为，有的合法性存争议，如《防扩散

① See Lewis A. Dunn, *Controlling the Bomb: Nuclear Proliferation in the 1980s*, New Haven: Yale University Press, 1982, p. 152.

安全倡议》（PSI），有的具有合法性，如“六方会谈”机制，有的则不具有合法性，如未经安理会授权的武力反扩散行为。以色列 1981 年的“巴比伦行动”，是在没有得到安理会授权的情况下，一个非《不扩散核武器条约》成员国对一个条约成员国展开的军事行动，因此是不合法的。美国绕开了联合国而对伊拉克采取军事行动，也是不合法的。而伊拉克战争后没有发现萨达姆政权进行大规模杀伤性武器研发的证据，也使美国从行为结果上获取行为合法性的幻想落空了。以色列和美国分别采取的对伊拉克武力反扩散活动不但没有对国际反扩散努力带来积极效果，反而给国际多边核不扩散机制造成了严重的破坏。

第二节　利比亚的核政策:历史与现实

长期以来，尽管有证据表明利比亚有发展核武器的愿望，但国际社会对其是否进行核武研发活动没有定论。这既与利比亚领导人卡扎菲含糊其辞的核政策言论有关，也与国际核不扩散机制的固有局限有关。各种公开的评估曾普遍认为：由于缺乏重要的持续不断的外国技术的输入和相关帮助，该国的科技能力不足以使其自行发展并生产出核武器。然而，2003 年 12 月 19 日，利比亚同意销毁所有与大规模杀伤性武器的生产有关的材料、设备并中止此类武器的研发计划，自愿接受国际社会的核查后，[①] 美英及国际原子能机构随之进行的深入调查显示：利比亚在核研发领

---

① See “Libyan WMD：Tripoli’s Statement in Full”，BBC News Online，20 December 2003，http：//news. bbc. co. uk/2/hi/africa/3336139. stm.

域的先进程度比预先认为的要高，且自1969年卡扎菲上台不久该国就一直从事着秘密的核武研发活动。

一、核不扩散政策表象下的核扩散活动

利比亚很早就表现出反对核扩散的立场。1968年7月，尚处于亲西方的国王伊德里斯一世（King Idris I）统治之下的利比亚即签署了《不扩散核武器条约》。[①] 1969年以卡扎菲为首的革命指挥委员会发动不流血的政变，推翻了伊德里斯王朝，成立了阿拉伯利比亚共和国。1975年，利比亚在苏联的压力下批准了《不扩散核武器条约》，并根据该条约的要求于1980年同国际原子能机构签署了安全保障协议。而实际上，利比亚在卡扎菲掌权后不久就开始寻求核能力。由于自身的核技术水平比较低，利比亚把着力点放在了国外。上世纪70年代，利比亚曾向中国、法国、印度、巴基斯坦、苏联等国寻求核方面的支持。

20世纪的七八十年代，利比亚为研发核武器双管齐下，在努力获取核材料铀及其浓缩技术的同时，也试图提取与加工另一种核材料钚。[②] 有报道披露，20世纪70年代，利比亚没有按《不扩散核武器条约》所要求的那样向国际原子能机构通告，就从法国

---

① See Joshua Sinai, "Libya's Pursuit of Weapons of Mass Destruction", *The Nonproliferation Review*, Spring/Summer, 1997, p. 97.

② 钚在自然界中几乎不存在，只能人工制造。铀-238在高能中子照射下，可裂变成铀-239。由后者可以生产出核材料钚-239。详见：胡学兵、郑科伦、曹健峰主编：《武器霸王：核武器100问》，国防工业出版社，2007年版，第38—39页。

控制的尼日尔矿井处进口了1200吨铀矿石。[①] 利比亚也试图获得铀转换设备，以使铀矿石转换成更适宜浓缩的形式。为此，1982年利比亚曾求助于比利时的一家公司，但遭到拒绝。1984年利比亚从另一个国家获得了此类设备。不久，利比亚在其首都的黎波里郊外的塔朱拉（Tajura）核研究中心，未经申报即进行了实验室规模的铀转换实验。[②] 20世纪七八十年代，利比亚也努力寻求铀浓缩设备和技术。利比亚起初想从一家法国公司购买20台分离同位素的电磁装置，但由于其敏感性较高而遭到法国政府的阻止。后来，在20世纪80年代，利比亚塔朱拉核研究中心在德国专家的帮助下启动了相关研究和设计项目，旨在生产出气体分离机以进行铀浓缩，虽遭失败，但却留下有用的专业技术。[③] 1992年德国专家离开利比亚，利比亚便失去了进行铀浓缩的能力，直至1995年利比亚才再次启动铀浓缩活动。在获取核材料钚的制造、提取技术方面，利比亚主要是通过与苏联的“和平”核合作进行的。苏联于1979年向塔朱拉核研究中心提供了一座10兆瓦的研究型核反应堆。在此期间，利比亚还试图从法国购买热功率更高的核反应堆，但双方达成初步协议后不久，法国就在国际社

---

① Kenneth Timmerman, “Weapons of Mass Destruction: the Cases of Iran, Syria, and Libya”, Simon Wiesenthal Center Middle East Defense News, August 1992, p. 89.

② IAEA Board of Governors, Report by the Director General, “Implementation of the NPT Safeguards Agreement of the Socialist People's Libyan Arab Jamahiriya”, p. 4. http: //www. fas. org/nuke/guide/libya/iaea0204. pdf.

③ See Peter Slevin, “Libya Made Plutonium, Nuclear Watchdog Says”, *Washington Post*, February 21, 2004, p. A15.

会的压力下取消了合作计划。[①]

20世纪80年代后期，利比亚因支持恐怖主义活动而遭受武器禁运和经济制裁，再加上苏联的战略收缩，其核计划开始受到较大的阻遏。特别值得一提的是1988年洛克比空难事件，促发了联合国自1992年开始对利比亚实施经济制裁，经济制裁使利比亚的核计划受到很大的影响，然而利比亚却从未放弃过核诉求。苏联解体后，利比亚的核兴趣被新的国际形势重新激活。当时，世界面临着核扩散加剧的现实威胁。就地区而言，前苏联地区成为核横向扩散的最大隐患。利比亚也想利用冷战结束后产生的某种混乱局面来获得前苏联的核技术、核科研人员和核材料。与此同时，利比亚虽然支持国际核不扩散机制，但十分勉强，甚至不时公开表现出某种抵制倾向。在1995年的《不扩散核武器条约》审议和延长大会上，利比亚最初曾反对条约无限期延长，理由是以色列从未加入过该条约。不过，利比亚后来还是支持了该条约的延长。1996年利比亚签署了《非洲无核区条约》。同年晚些时候，利比亚在联合国大会上投票反对《全面禁止核试验条约》，认为它没能为核裁军设定一个最终期限。[②]

1997年是利比亚核活动较为活跃的一年。这一年，利比亚开始同俄罗斯重新开展了核合作。1998年3月，利比亚同俄罗斯一

① Frank Barnaby, *The Invisible Bomb: The Nuclear Race in the Middle East*, London: I. B. Tauris & Co Ltd. Publishers, 1993, p. 98.

② 利比亚直到2001年11月才签署了该条约，2004年1月批准。See Ronald Bruce St John, "Libya and the United States: The Next Steps," p. 4, http://www.acus.org/docs/060328-Libya_Issue_Brief.pdf.

家公司签署了对塔朱拉核研究中心进行局部检查的协议。[1] 也是在 1997 年，利比亚开始接受来自卡迪尔·汗的与核武器有关的帮助。卡迪尔·汗被称为巴基斯坦的“核弹之父”，他公开承认曾向包括伊朗、朝鲜在内的好几个国家提供过核技术帮助。利比亚不但从卡迪尔·汗那儿寻求铀浓缩技术，还从他那儿寻求设计和制造核武器的专门知识。在 2001 年底或 2002 年初，卡迪尔·汗向利比亚提供了裂变武器设计图。[2] 但是利比亚本国缺少有能力评估这些设计材料的人员，如果利比亚决意制造核武器，它将不得不求助于提供者。[3] 利比亚与卡迪尔·汗以及核黑市网络的合作一直持续到 2003 年秋季利比亚宣布弃核时为止。在此期间，利比亚购买了包括离心机在内的大批与核武器制造有关的设备和部件。

二、利比亚核武诉求的基本动力

利比亚 30 多年不懈地进行核武研发活动，原因很多，但最重要的当属安全原因。这里的安全首先指利比亚的政权安全。通过政变上台的卡扎菲，执政伊始就把利比亚变成自己的“私人封地”，卡扎菲的意志基本上代表了利比亚的国家意志。在这种政

① See Joseph Cirincione with Jon B. Wolfsthal and Miriam Rajkuamar, *Deadly Arsenals: Tracking Weapons of Mass Destruction*, Washington, DC: Carnegie Endowment for International Peace, 2002, p. 307.

② See Gaurav Kampani, “Proliferation Unbound: Nuclear Tales from Pakistan”, http: //www. cns. miis. edu/pubs/week/040223. htm.

③ IAEA Board of Governors, Report by the Director General, “Implementation of the NPT Safeguards Agreement of the Socialist People's Libyan Arab Jamahiriya”, p6. http: //www. fas. org/nuke/guide/libya/iaea0204. pdf.

治体制中，几乎所有的政策决策权都掌握在卡扎菲及其身边一批助手、顾问手中。他们处于利比亚政治权力的核心，是该国最大的利益集团。因此，从国家安全的角度看，卡扎菲统治下的利比亚首先要考虑的就是自己的政权安全。政权的安全就是他们自身的安全。

要保证政权安全，首先就必须争取其国内民众的支持与拥护；其次是反对外来的干涉、破坏与颠覆。在争取本国民众的支持方面，卡扎菲不但注意利用本国的石油收入着力改善民生，而且还注重提高利比亚的国际地位和他个人的国际威望。为此，卡扎菲对外大力宣传阿拉伯民族主义；支持阿拉伯世界的联合与统一；反对分裂并剥削阿拉伯世界的帝国主义；坚决反对被称为帝国主义傀儡的以色列、支持巴勒斯坦解放事业、反对同以色列媾和的阿拉伯国家，努力把自己塑造成阿拉伯利益的保护者。当然，卡扎菲懂得，威望与影响要凭实力去争取，因此他非常注重军事力量建设，推动核研发也就在情理之中了。对于卡扎菲而言，拥有核技术是阿拉伯成就的明证，是促进阿拉伯民族事业的手段；核武器被认为是强化利比亚在国际体系中的地位，增强其反对帝国主义、实现其泛阿拉伯主义目标的重要工具。阿拉伯民族主义是卡扎菲意识形态中的核心要素，并被称作他的“原始价值观”。① 如果利比亚成为阿拉伯世界第一个拥有核武器的国家，那么在很大程度上可以帮助卡扎菲缓解其内部持续存在的军事政

① See Ronald Bruce St. John, “The Ideology of Mu' ammar Al-Qadhafi: Theory and Practice”, *International Journal of Middle East Studies*, Vol. 15, No. 4, 1983, p. 473.

变压力，从而达到延续政权的目的。[①]

另一方面，卡扎菲激进的意识形态、反对亲美的阿拉伯国家、对恐怖主义者的财政支持以及多变的外交立场，使得他缺少稳定而可靠的盟友，在国际社会处境比较孤立。这种情况的最终结果是，利比亚在安全和军事方面不得不依靠自己。[②] 而要做到这一点，拥有核武器无疑是比较可靠而有效的手段。

此外，国际上发生的重大事件，也不断强化着卡扎菲对拥有核武器的必要性的认识。以色列于 1981 年对伊拉克奥西拉克核反应堆实施的外科手术式的打击，进一步增强了利比亚获得核武器的决心。[③] 拥有核武器的以色列越发让卡扎菲感到是自身政权安全的巨大威胁，要对付这种威胁，利比亚就要拥有自己的核武器。1986 年 4 月 15 日，为了报复利比亚在西柏林的一家夜总会制造的恐怖袭击活动，美国驻扎在英国空军基地上的飞机对利比亚的好几个兵营、港口等进行了轰炸。根据利比亚方面的消息，有 70 人被炸死，其中包括卡扎菲的幼女。[④] 卡扎菲政权担心未来再遭类似的打击。在他们看来，拥有核武器，或者至少给外界制造一种利比亚正在研发核武器的印象是加强利比亚阻遏外部侵略能力的一种方法。

---

① See Lillian Craig Harris, *Libya*: *Qadhafi's Revolution and the Modern State*, Boulder: Westview Press, 1986, p. 91.

② See Gitty M. Amini, "Weapons of Mass Destruction in the Middle East", http: //www. nti. org/e _ research/e3 _ 24a. html.

③ Lewis A. Dunn, *Controlling the Bomb*: *Nuclear Proliferation in the 1980's*, New Haven: Yale University Press, 1982, p. 152.

④ Clyde R. Mark, "CRS Issue Brief for Congress: Libya", p 10. http: //fpc. state. gov/documents/organization/9577. pdf.

三、利比亚弃核及其主要原因

2003年12月19日，卡扎菲郑重宣布，利比亚将停止发展大规模杀伤性武器，完全销毁化学武器，导弹射程将限制在300公里以内，载重量不超过500公斤；向国际原子能机构公布一切发展核原料的行动，无条件同意国际核查人员立即进入利比亚进行核查。此外，利比亚还承诺签署《不扩散核武器条约》附加议定书，加入《化学武器公约》。12月22日，利比亚政府表示同意向国际原子能机构开放其核设施。2004年1月，利比亚将其有关发展核武器的重达25吨的文件以及导弹部件和设备交给美国。截至2004年3月，利比亚将其所有核武器研制设备包括浓缩铀用的离心机、飞毛腿导弹以及铀转化设备交给了国际核查人员，并由后者负责运往美国处理。2004年3月10日，利比亚正式在《不扩散核武器条约》附加议定书上签字，并同意国际原子能机构对其核设施进行全面检查。2004年9月，美国国务院宣布利比亚已“相当确切地”放弃了其核武器计划。[①] 利比亚这种郑重、公开的弃核行为引起世界各国的高度关注。利比亚弃核原因何在呢？

政权安全是利比亚的核心利益，是卡扎菲政府实施核武研发活动的最重要的动力。政权安全也是卡扎菲政府选择弃核的主要原因。这表面上看来似乎是矛盾的，但实际上是合情合理的。

---

① 参见：胡学兵、郑科伦、曹健峰主编：《武器霸王：核武器100问》，国防工业出版社，2007年版，第167页；Paula A. DeSutter，“Completion of Verification Work in Libya”，Testimony before the Subcommittee on International Terrorism, Nonproliferation and Human Rights，September，22，2004，http//www. state. gov/t/vci/rls/rm/2004/37220. htm。

美国的单边经济制裁和国际多边经济制裁是对利比亚政权安全构成的首要威胁。自20世纪80年代中期起，利比亚因被视为支持恐怖主义活动而被贴上“无赖国家”标签。1986年1月，美国里根政府断绝了与利比亚的经济联系，冻结了利比亚在美国的资产，开始对利比亚实施全方位经济制裁。1988年洛克比空难事件使利比亚面临更为严峻的制裁困境。为了迫使利比亚对空难事件负责，1992年和1993年安理会通过了多个对利比亚实施经济制裁的决议。制裁内容包括：禁止所有航班出入利比亚；禁止向利比亚出口石油设备；冻结其价值数十亿美元的海外资产；[①] 禁止向利比亚出售石油和天然气运输设备；[②] 禁止向利比亚出口能够用于发展大规模杀伤性武器或者促进常规军事能力发展的物项。美国于1996年通过《伊朗—利比亚制裁法案》，禁止美国公司甚至他国公司与利比亚发生商业往来。制裁不但使利比亚石油收入锐减，还使利比亚因缺乏石油生产设备而无法拓展石油生产规模，从而阻碍了利比亚经济发展和社会进步。石油收入减少，导致政府开支锐减，失业率上升、人民生活水平严重下降。生活水平的下降导致人民对利政府不满，而反政府势力如穆斯林兄弟会、民族拯救阵线等的支持率却大大提高。20世纪90年代前、中期，伊斯兰势力和军队势力制造了利比亚内乱，暴露了利比亚日益突出的政权安全问题，而促进经济发展则是解决这一问题的有效途径。为了促进经济发展，利比亚必须优先进行石油部门的

---

① See Ray Takeyh, “Qadhafi and the Challenge of Militant Islam”, *The Washington Quarterly*, Vol. 21, No. 3, Summer, 1998, p. 163.

② See James Wyllie, “Libya: Regime Stress”, *Jane's Intelligence Review*, Vol. 21, No. 7, December 1995, pp. 554—555.

现代化、扩大石油部门的规模，但这需要大量的外国投资，而在遭受国际制裁的情况下，利比亚是不可能获得本国经济发展所需要的外资的。为了解除经济制裁，利比亚做出了一系列的努力。早在 1992 年联合国通过制裁决议后不久，利比亚就建立了一个高级委员会负责与华盛顿进行沟通，[①] 而美国则坚持在解决洛克比空难问题之前，不与利比亚进行任何形式的谈判。另外，1994 年以后，利比亚基本放弃了恐怖活动。[②] 同时，利比亚也在 20 世纪 90 年代逐步实现了从其一贯倡导的“泛阿拉伯主义”向“泛非主义”的转变，以期在解除国际制裁方面得到非洲国家的支持。20 世纪 90 年代，卡扎菲尽管仍然发表反犹言论，但也开始表示支持中东和平进程。[③] 在洛克比空难问题上利比亚也逐渐表现出合作态度。1999 年，联合国暂停了对利比亚的制裁，但美英仍要求利比亚解决其所关切的大规模杀伤性武器问题。[④] 显然，要想最终摆脱制裁、广泛融入国际社会，利比亚必须放弃包括核武器在内的大规模杀伤性武器计划。

如果说经济制裁是通过动摇卡扎菲的国内统治而间接推动利比亚弃核的话，那么伊拉克战争则使卡扎菲政权感受到了强大外部威胁，而直接加速了利比亚的弃核。由于美国对伊拉克发动先

---

① See Ronald Bruce St. John, “Libya Is Not Iraq: Preemptive Strikes, WMD and Diplomacy”, *Middle East Journal*, Vol. 58, No. 3, Summer 2004, p. 390.

② See Sharon Squassoni, Congressional Research Service, “CRS Report for Congress: Globalizing Cooperative Threat Reduction: A Survey of Options”, pp. 8—9. http: //fpc. state. gov/documents/organization/32006. pdf.

③ See Ronald E. Neumann, “Speech for Middle East Institute”, November 30, 1999, http: //www. fas. org/news/libya/991130-libya-usia1. htm.

④ See Josh Meyer and Douglas Frantz, “The Deal to Disarm Kadafi”, *Los Angeles Times*, 13 March, 2005.

发制人的军事打击的主要借口是萨达姆政权秘密发展大规模杀伤性武器，利比亚因此担心美国会用同样的借口对自己开刀。据报道，卡扎菲在同意大利总理贝卢斯科尼的一次电话交谈中说，萨达姆被推翻以后，“美国想要我做什么我就做什么，因为我看到了伊拉克所发生的一切，我有些担心”。[①] 2003 年 10 月初，美英舰船截获了一艘挂着德国国旗从迪拜驶往利比亚的货船，船上装有据称由巴基斯坦设计在马来西亚制造的离心机部件，[②] 这是利比亚试图进行铀浓缩活动的有力证据。这一事件使卡扎菲十分恐慌，生怕引发美国对利比亚发动军事打击。而事实上，利比亚的核武研发活动虽耗资不菲，但进展缓慢，尚处于“小规模、低水平”的阶段，对外部威胁难以构成有效威慑。在这种情况下，卡扎菲政府意识到，寻求大规模杀伤性武器已经与其政权的安全利益不一致了，核武计划与其说是一种战略资本，不如说是一种沉重负担，只会给利比亚带来不安全。

四、履行弃核承诺，和平利用核能

利比亚正式宣布弃核以后，认真履行弃核承诺，签署或批准了与核不扩散有关的国际条约，准许国际原子能机构的全面彻底核查，积极主动地与英美及国际原子能机构合作，妥善处理核设

① See Robin Gedye, “UN Should Fight for Rights, Say Berlusconi”, *Daily Telegraph*, 4 September 2003; James Kirchich, “Democratic Critics Are Delusional about Implications of the Bush Doctrine”, *Yale Daily News*, 16 January 2004.

② Samia Amin, “Recent Developments in Libya”, February 10, 2004, Carnegie Endowment of International Peace Website, http: //www. ceip. org/files/projects/npp/resources/Factsheets/developmentsinlibya. htm.

施、核材料、核设备及相关文件等的拆卸、转移和销毁问题。依据与美英达成的谅解，利比亚同意把敏感的与核武器有关的资料以及大多数事先未申报但却在国际原子能机构监督保障范围的铀浓缩设备转运到美国。[①] 在利比亚的积极配合下，至 2004 年底，美英及国际原子能机构基本完成了在利比亚的拆运与查证（verification）工作。

在查证问题上，英美曾想把国际原子能机构排除在外，理由是它没有参与推动利比亚弃核的秘密谈判。但利比亚坚持国际原子能机构应在核查中发挥主导作用，因为在利比亚看来，只有国际原子能机构的参与，查证结果才具有权威性。同时，国际原子能机构的参与也是利比亚融入国际社会的一个标志。2004 年 1 月，国际原子能机构开始正式对利比亚核设施进行核查，美英两国为核查工作提供后勤支援。

利比亚还与美英政府一起成立了三边指导与合作委员会（Trilateral Steering and Cooperation Committee），一方面负责弃核后核科学家和核技术人员的安置，防止他们受到诱惑而到其他秘密从事核武研发的国家工作，另一方面负责深入了解利比亚获取核物项的网络，以便国际社会今后能够更为有效地反扩散。当然，三边指导与合作委员会也有推动利比亚继续履行承诺的功能。2004 年 5 月，利比亚宣布其放弃大规模杀伤性武器的政策包

① IAEA Board of Governors, Report by the Director General, "Implementation of the NPT Safeguards Agreement of the Socialist People's Libyan Arab Jamahiriya", p. 3. http: //www. fas. org/nuke/guide/libya/iaea0204. pdf.

括停止同它认为的引起扩散关切的国家进行军事方面的交易。[①]

但是，弃核并不意味着利比亚放弃了核研发与核能和平利用。弃核后，利比亚继续加强对外关系，继续致力于签署推动核能和平利用的双边合作协议。在和平利用核能方面利比亚试图与法国合作，并要求法国进行技术转让。2004 年 11 月，法国总统希拉克访问利比亚时表示，法国愿与利比亚“建立新的伙伴关系”。2005 年 5 月 31 日，法国外交部发言人马太宣布，法国与利比亚为和平利用核能展开合作的原则已经确定，合作项目的具体内容仍在探索阶段，合作协议很快就会出台。[②] 2006 年 3 月和 6 月，利比亚分别和法国、英国签署和平利用核能协议。12 月，利比亚与一家阿根廷公司签订合同，对利比亚现有的一座小型研究性反应堆进行修复；利比亚还有意与该公司合作兴建一个新反应堆。[③] 2006 年 3 月 15 日法国和利比亚两国签署了民用核合作协议。[④] 2007 年 7 月，法国总统萨科齐访问利比亚，与利比亚领导人卡扎菲签署了核能合作谅解备忘录。[⑤]

尽管法国与利比亚的核能合作得到美国的谨慎支持，但却遭

---

① See Kerr, “Libya Pledges Military Trade Curbs but Details Are Fuzzy”, *Arms Control Today*, June 2004, http: //www. armscontrol. org/act/2004 _ 06/Libya. asp.

② 详见刘芳：“法国与利比亚将出台民用核能合作计划”, http: //www. caea. gov. cn/n602669/n602674/n602695/n602701/34654. html。

③ 唐志超：《中东国家核竞赛加剧及其影响》，载《现代国际关系》，2007 年第 1 期，第 45—46 页。

④ William Huntington, “France, Libya Agree to Nuclear Cooperation”, http: //www. armscontrol. org/act/2006 _ 04/FranceLibya.

⑤ Alex Bollfrass, “France, Libya Sign Nuclear Desalination Deal”, http: //www. armscontrol. org/act/2007 _ 09/FranceLibya.

到一些有影响的个人和组织的非议。[①] 他们认为，核能的和平利用与军用并无绝对界限，而且利比亚油气资源丰富，能源自给有余，即便想促进能源多样化，根据该国地理状况，也该优先考虑太阳能。

值得注意的是，利比亚在加强与西方国家合作的同时也十分重视发展同俄罗斯的关系。2008 年 4 月，俄罗斯总统普京访问了利比亚，同卡扎菲讨论了双边经济、能源和军事合作等议题。10 月 31 日，卡扎菲对俄罗斯进行了回访，这是自 1985 年以来卡扎菲首次访问俄罗斯。利比亚外长沙勒加姆（Chalgham）透露，双方除了讨论能源合作、基础设施建设、军购等问题外，还在和平利用核能、设计和建造核反应堆以及提供核燃料等方面签署了协议。甚至有报道称利比亚要求俄罗斯在利建立军事基地。

① See Staff Writers，“France-Libya Nuclear Deal A Dangerous Step Warn Many”，http：//www. spacedaily. com/reports/France _ Libya _ Nuclear _ Deal _ A _ Dangerous _ Step _ Warn _ Many _ 999. html.

第七章

寻寻觅觅——埃及、叙利亚和阿尔及利亚的核计划

尽管埃及自 20 世纪 50 年代以来一直从事原子能研究，但其在核领域中成绩并不明显。埃及现在的核能力、资源以及基础设施都极度有限，尚不能进行独立的核燃料循环活动。尽管一些迹象表明埃及的核计划在开始时曾试图获得制造核武器的能力，但是作为《不扩散核武器条约》的成员国，埃及始终承诺不发展核武器。

第一节　埃及核计划的发展进程

从历史上看，埃及核计划可以分为四个阶段，每个阶段都具有不同的特点，既表现了埃及在国家安全与社会经济发展方面的

诉求，也反映了埃及国内政治经济状况以及国际形势的变化。

一、基础阶段（1955～1981）

埃及核计划肇始于20世纪50年代。1955年，埃及原子能委员会正式建立。从1956年开始，埃及原子能委员会主要从事同位素在医学、农学以及工业方面的研究与应用。1957年，埃及在因萨斯（Inshass）创立了该国的首个核研究中心。同年9月4日，埃及加入了国际原子能机构。

1961年，埃及从苏联进口了一座功率为2兆瓦的使用水冷却系统的WWR-C型核反应堆。苏联向埃及提供了3.2千克浓度为10%的铀，作为反应堆的启动燃料。这个反应堆每年只能运转20个星期，进行中子物理实验、为医疗和农业生产放射性同位素以及培训核物理研究人员，根本不具备生产制造核武器所需的武器级材料的能力。虽然这座核反应堆当时并不属于国际原子能机构的监管范围，① 但苏联却控制着其废弃燃料的处理工作。由于缺乏独立发展原子能基础设施的科学和技术人才，埃及不得不依赖苏联援助。埃及政府希望苏联加大援助其建设原子能研究基础设施的力度，但一直未能如愿。

埃及也未能从西方大国获得核技术。1963年，埃及试图从英国订购一座130兆瓦的核反应堆的计划以失败告终。同年，埃及希望从法国进口一座用于发电的反应堆，结果未能如愿。另外，

① 1981年，埃及批准《不扩散核武器条约》后，这个核设施开始处于国际原子能机构的监管之下。

埃及想从西方进口一座装机负荷为200兆瓦的反应堆，[①]最后也没有成功。究其原因，主要是因为埃及不愿意接受由西方出售国处理埃及核反应堆所产生的核废料的先决条件，据此，西方认为埃及可能对发展核武器感兴趣。

许多研究材料认为，从1960年开始，埃及曾试图发展核武器。然而，在1967年第三次中东战争中失利后，埃及开始调整其核发展计划，决定放弃发展核武器，集中精力发展常规军事力量以及生物武器，以保持对以色列的威慑能力。1968年，埃及政府签署了《不扩散核武器条约》，这标志着埃及国家对外战略目标以及核政策发生了重大变化。在这种情况下，埃及许多核专家不得不到国外另谋生路，一些移民到加拿大，一些参加了伊拉克核计划。[②]

1969年，埃及在其东部沙漠地区以及尼罗河河谷的阿斯旺附近发现了含有铀金属的“黑沙”。[③] 20世纪70年代初，在南斯拉夫的援助下，埃及又进行了大量的勘探工作。1980年年中，埃及宣布在红海沿岸的齐纳（Qina）和萨法迦赫（Safajah）之间发现了储量达5000吨的自然铀矿。埃及表示将与加拿大合作，在该地区建立一座中东最大的铀生产工厂。此外，埃及还与扎伊尔签署

① Yair Evron, “The Arab Position in the Nuclear Field: A Study of Policies up to 1967,” *Cooperation and Conflict*, No. 1, 1973, p. 20.

② “Nuclear Weapons Program: Egypt,” http://www.fas.org/nuke/guide/egypt/nuke/index.html。

③ John K. Cooley, “Cairo Steers Clear of A-race,” Christian Science Monitor, June 9, 1975; Shai Feldman, Israeli Nuclear Deterrence: A Strategy of the 1980s, New York: Columbia University Press, 1982, p. 71.

协议，在扎伊尔合作开发铀矿，将提炼的铀推向国际市场。[1]

1970年，埃及与印度签署了一项原子能合作协议，准备共同生产重水、核燃料以及开采原材料。根据协议，埃及科学家与技术人员可以在印度核研究设施接受培训。然而，埃及从印度获得的实质性技术援助较少，在1974年美国与埃及开始讨论双边原子能合作后，埃及与印度进行核合作的势头减缓。1976年，埃及成立了核电站管理局（NPPA)，致力于建立核电站与脱盐工程，满足环境经济型发展需要。

为了拉拢埃及，1972年美国提出向埃及出售核反应堆的建议，条件是埃及核活动必须接受国际社会的监督。1974年，美国总统尼克松访问埃及期间，正式提出向埃及出售两座600兆瓦的核能反应堆。1975年，埃及总统萨达特访问美国时，两国达成初步协议，埃及出资12亿美元从美国购买两座核反应堆。埃及希望到2000年能够建造8座核电站，每年能够生产6000兆瓦电量，占埃及全部发电量的40%。按照协议，这项计划将置于美国、国际原子能机构和埃及三方共同监管之下。

1974年，埃及和伊朗政府建议建立中东无核武器地区（NW-FZ)，这意味着中东地区所有国家同意消除所有的核武器，接受国际原子能机构对其所有核设施的监管，不接受、也不转让核武器技术。[2] 有分析认为，埃及之所以提议建立中东无核武器区，原因在于，埃及已经具备了用较低成本生产生物和化学武器的能

---

① Shai Feldman, *Israeli Nuclear Deterrence: A Strategy of the 1980s*, New York: Columbia University Press, 1982, p. 72.

② Rebecca Stevens and Amin Tarzi, "Egypt and the Middle East Resolution at the NPT 2000 Review Conference," CNS Reports. http: //www. cns. miis. edu/pubs/reports/egypt. htm.

力，能够对所谓的世界上最完备的以色列全民防御工程形成巨大的威慑。[①] 另根据以色列国家安全研究所艾米丽·兰道（Emily Landau）的观点，埃及难以像以色列一样成为一个核国家，埃及提出在中东建立无核武区可能是想利用核问题，巩固其在阿拉伯世界的领导地位。[②]

埃及与美国就如何保障核反应堆安全等议题进行了长时间的谈判，双方在关于核反应堆维护和安全等问题上争执不下。1977年新上台的卡特政府奉行严格的核不扩散政策，提出只有埃及先批准《不扩散核武器条约》，美国才能向埃及出售核反应堆，这是当时的埃及政府不能接受的，于是这项协议的签署被推迟了4年。[③]

尽管一些埃及能源专家认为核能是一种昂贵的成效不高的能源，但是随着埃及电力消费的急剧增长，埃及领导人开始将核能视作国家实力迅速增长必不可少的重要组成部分。[④] 1980年7月，埃及最高能源委员会发表了一份报告，强调“核计划的紧迫性和重要性”。同年9月，埃及执政党民族民主党大会认为核能已经成为一种不可或缺的需求。然而，由于当时埃及议会还没有批准《不扩散核武器条约》，埃及购买核反应堆的计划受阻，埃及发展

---

① Claudia Baumgart and Harald Müller, “A Nuclear Weapons-Free Zone in the Middle East: A Pie in the Sky?” *The Washington Quarterly*, 28: 1 p. 46.

② Emily Landau, *Egypt and Israel in ACRS: Bilateral Concerns in an Arms Control Process*, Memorandum No. 55, Tel Aviv: Jaffee Center for Strategic Studies, Tel Aviv University, 2001, p. 24.

③ Shai Feldman, *Israeli Nuclear Deterrence: A Strategy for the 1980s*, New York: Columbia University Press, 1982, pp. 71—72.

④ G. Kats, “Energy Subsidies—Time for a Rethink in Cairo,” *Middle East Economic Digest*, 8 August 1984, pp. 16—17.

核能的能力受到极大的制约。1981年2月，埃及副总理兼外交部长卡马勒·哈桑·阿里声称，对非《不扩散核武器条约》成员国越来越大的限制意味着如果埃及不批准《不扩散核武器条约》，接受国际原子能机构的全面核查，就难以发展核能计划。[①]

二、和平利用阶段（1981～1987）

1980年12月24日，埃及宣布决定批准《不扩散核武器条约》。随后，埃及与法国签署了一份协议，由法国为埃及建造两座总负荷达2000兆瓦的核反应堆。[②] 1981年2月26日，埃及人民议会批准了《不扩散核武器条约》，埃及接受国际原子能机构"全面保障"，这反映了埃及领导人决定放弃发展核武器计划，将核能作为促进国家经济发展的重要能源来源，从而基本上消除了国际社会对埃及发展核计划的怀疑，为埃及与其他国家进行核能合作铺平了道路。此后不久，埃及与英国就埃及向英国购买两座核反应堆事宜开始谈判，[③] 另外，埃及与美国就1975年协议重新开始谈判。1981年6月30日，埃及终于与美国在华盛顿签署了购买两座1000兆瓦反应堆的协议。埃及与联邦德国也签署了两份协议，一份协议是联邦德国为埃及建造一座核燃料加工工厂，使因萨斯研究中心的反应堆的容量翻倍。另一份协议是埃及向联邦

---

① Jozef Goldblat, *Non-Proliferation: The Why and the Wherefore*, London and Philadelphia, Taylor & Francis, 1985, p. 187.

② Ronald Koven, "France, Egypt Sign Deal for Atomic Power Plants," *The Washington Post*, February 13, 1981.

③ Rogers Matthews, "Egypt Wants to Buy U. K. Nuclear Power Stations," Financial Times, February 18, 1981.

德国购买两座1000兆瓦的核反应堆。埃及政府希望到2000年埃及能够拥有8000兆瓦容量的核能计划。

此外，埃及还与美国出口银行和加拿大签订了一份由美国出口银行提供贷款向加拿大购买两座600兆瓦CANDU型核反应堆的框架协议。这两座核反应堆计划建在亚历山大港以西170公里的达巴（Al-Daba）。1983年8月5日，由于怀疑埃及偿还贷款的能力以及达巴地点的安全性，美国出口银行（EXIM）宣布拒绝继续资助埃及发展该计划。

然而，1984年12月中旬，美国政府通知埃及，美国出口银行将资助埃及购买两座美国核能反应堆。1985年1月下旬，里根总统批准向埃及提供2.5亿美元贷款用于购买美国的核反应堆。比利时政府也批准向埃及提供1.8亿美元的贷款。1985年年中，法国、联邦德国、意大利和美国公司竞相获取建造埃及核能反应堆的首批订单。当年9月，埃及与西德谈判，准备从西德购买两座核能反应堆。

1984年末，埃及开始与国际原子能机构进行谈判，向国际原子能机构请求技术援助，更新已经老化的苏联核反应堆，并提高其安全性。20世纪80年代中期以后，国际原子能机构向埃及提供了一系列技术援助和一些必要的设备。如：1987年至1989年间，国际原子能机构为埃及的核反应堆安装了新的放射监测系统（radiation monitoring system）以及测量系统。1989年，国际原子能机构的专家帮助埃及设计制造了一个中子放射线照相系统

(neutron radiography system)。[1] 1989 年，埃及老化的核反应堆得到修复和更新，但仍旧维持在原先 2 兆瓦容量的水平上。1990 年，埃及派遣一名专家到法国和南斯拉夫接受中子放射线照相技术及其应用的培训。[2]

与此同时，埃及也努力培养自己的核专业人才。1984 年底，埃及与国际原子能机构合作进行核能课程的教育。1985 年初，埃及召集了原先移民到美国和欧洲的埃及核科学家及工程技术人员在开罗举行了一次研讨会。据报道，到 1986 年，大约有 500 名埃及科技人员得到了核科学及工程技术方面的培训。据 1986 年一份报告显示，埃及政府登记在册的核工程技术人员大约有 1000 名，其中一半在国外工作。1987 年，埃及大学的核科学专业毕业生中，大约 700 人获得了硕士学位，450 人获得了博士学位。[3] 埃及全国还召开了形式多样、不同主题的关于核安全的研讨会。

埃及的矿藏勘探工作也取得了进展，埃及在尼罗河谷、西奈半岛以及红海地区均发现了大量铀矿和钍矿。埃及境内所有磷酸盐矿中铀的含量估计在 3.3 万吨。由于铀矿加工能力存在较大缺陷，埃及政府与澳大利亚、尼日尔、美国、加拿大、法国、联邦德国以及英国等国签订协议，向这些国家购买天然铀矿石。

---

① "A Special Evaluation Review of the Agency's Assistance to Developing Member States in Research Reactor Related Activities, 1980—1991", International Atomic Energy Agency, IAEA-SER-91/19, November 22, 1991, pp. 32—38.

② Barbara M. Gregory, "Egypt's Nuclear Program: Assessing Supplier-Based and Other Developmental Constraints", *Nonproliferation Review*, Fall 1995, pp. 22—24.

③ Shai Feldman, *Nuclear Weapons and Arms Control in the Middle East*, London: The MIT Press, 1997, p. 92.

三、缓慢发展阶段（1987—2005）

1986 年苏联发生的切尔诺贝利事件对埃及和世界上其他从事核计划的国家的影响都是深远的。事件发生后，埃及民众要求政府对核反应堆影响环境的问题进行认真的研究。埃及民众特别关切国家是否具备安全处理放射性物质、探测放射性物质泄漏，以及储存或处理核能反应堆所产生的核废料的能力。

1987 年初，埃及核计划创始人之一，穆罕默德·纳迪（Muhammad al-Nadi）博士认为，埃及购买的核能反应堆或多或少都存在缺陷，因此，在埃及建造这些反应堆的计划应该延迟 10 年。纳迪博士的这个意见促使埃及总统穆巴拉克下令重新审查埃及建造核能反应堆的计划。1989 年底，埃及电力与能源部长主张，鉴于切尔诺贝利核事件的经验教训，建造核电站的计划将一直推迟到所有的安全隐患问题都得到完全解决。据此，专家们断定，即使到 2000 年，埃及将仍然没有一个正常运转的核能反应堆。[①]

1990 年 4 月，埃及首先提出在中东地区实现无大规模杀伤性武器的倡议。同年，埃及核电站管理局主席（Chairman of Egypt's Nuclear Power Plant Authority）阿里·赛义迪（Ali al-Sa'idi）博士解释了埃及推迟核能计划的真正原因。他指出，20 世纪 80 年代早期，埃及制定核能战略的假设前提是国家经济高速增长，而石油价格急剧上扬。但后来的事实证明核能战略严重阻碍了埃及国民经济的发展。因此，埃及被迫修改计划，放弃建造

---

① Shai Feldman, *Nuclear Weapons and Arms Control in the Middle East*, London: The MIT Press, 1997, p. 61.

核电站，将国家建设力量集中到低投资、低风险的以石油和天然气为原料的常规电站上。①

1992年，穆巴拉克总统在亚历山大大学的一次演讲中表示，建设核电站的巨额投资会“让人民承担过多的债务，我不能这样做”。②1992年11月，埃及电力与能源部长马西尔·阿巴扎（Mahir Abazah）宣布，由于核电站耗资巨大，埃及正在重新考虑其建造核电站的计划，埃及将来的能源来源主要是一些常规电站。

不过，20世纪90年代，埃及的核研究活动一直没有停止过。1990年，埃及为在因萨斯建造一座20～22兆瓦研究型反应堆，并更新已经老化的2兆瓦核反应堆进行国际招标，加拿大和阿根廷参加了竞标。1992年9月，埃及与阿根廷签订协议，计划在五年内建成该反应堆。但由于各种原因，建设工程在一年后才开始，同时开工建设的还有一座处理核废料的工厂。

一些分析人士认为，埃及核燃料处理具有“双重”性质。1996年，《风险报道》（Risk Report）杂志上一篇文章认为，“阿根廷在埃及所建的核反应堆将使埃及能够获得一定数量的生产核武器的裂变材料，每年可能生产出足够制造一件核武器的钚。”③但是，1997年11月27日，阿根廷建造的22兆瓦的ETTR－2型轻水反应堆开始运转后，④一直处在国际原子能机构的监管之下，

---

① Barbara M. Gregory，“Egypt's Nuclear Program：Assessing Supplier-Based and Other Developmental Constraints”，*Nonproliferation Review*，Fall 1995，p. 24.

② 秦轩：《阿拉伯国家启动核计划，国际社会普遍采取温和态度》，载《中国新闻周刊》，2007年01月26日。

③ “Egypt's Budding Nuclear Program，” *The Risk Report*，Vol. 2，No. 5，September/October 1996.

④ International Atomic Energy Agency，“Nuclear Research Reactors in the World，” http：//www. iaea. org/worldatom/rrdb/.

该反应堆不以浓缩铀为燃料，也不能生产钚，更不可能转化核废料。

1991 年的马德里和会为实现中东地区的无核化提供了一种可行的多边机制，但是由于以色列在核问题上坚持强硬立场，这一机制并未能发挥作用。在中东无核化进程受阻之后，埃及开始极力推动非洲地区无核化进程。1996 年 4 月 11 日，埃及总统穆巴拉克主持召开了非洲无核化会议，与会国家签署了《非洲无核武器区条约》(African Nuclear-Weapon-Free Zone Treaty)，宣布非洲成为无核武器地区。① 穆巴拉克认为，过去，世界经历了一个狂热的竞赛，争相获取和依赖核武器，错误地认为核武器将会促进国家安全，远离危险，为拥有者提供优于他国的有利地位。然而，一些人信奉的“核威慑”意识实际上是对和平与发展的阻碍，不仅是对国家或者国际组织，而且是对全球安全与稳定的直接威胁。因此，非洲为世界上其他大洲和组织树立了榜样，在通往地区和国际核不扩散的道路上取得了一项切实的成就。截至 1998 年 11 月 19 日，有 50 个非洲国家签署了该条约，但只有 8 个国家批准了该条约。②

1993 年 7 月埃及主持了一系列“军备控制与地区安全”(ACRS) 讨论会，这是中东地区首次召开这种类型的会议。埃及提出必须将以色列的核潜力列入“军备控制与地区安全”会议讨论的议程中，而且越早越好。埃及认为，以色列核威慑对阿拉伯

---

① “埃及卷进核风波，国际原子能组织尚未对其定性”，《新京报》，2005 年 1 月 6 日。

② “The African Nuclear Weapon Free Zone Treaty”, http://dosfan. lib. uic. edu/acda/treaties/afrinwfz. htm.

国家构成了实际威胁，是中东地区大规模杀伤性武器扩散的根源。埃及、伊朗和叙利亚表示，只有以色列改变其核地位及对巴勒斯坦的政策，它们才会进行切实的裁军。[①] 1995 年，埃及开始对“军备控制与地区安全”会议感到失望。因为，埃及发现，在阻止以色列发展核武器方面，“军备控制与地区安全”会议没有取得任何成就。[②] 1998 年，穆巴拉克在接受总部设在伦敦的《泛阿拉伯日报》（Al-Hayat）采访时表示，“如果我们真的需要核武器，那我们就会毫不犹豫发展核武器计划。然而，我们现在还没有加入核俱乐部的想法”。[③]

2002 年 10 月 7 日，埃及代表阿拉·伊萨（Alaa Issa）在联合国大会裁军与国际安全第一委员会上发言表示，“我们欢迎中亚五国采取积极措施，建立中亚无核区的行动，我们希望在世界上的其他地方建立更多的无核区……我们将继续以联合国大会为讲坛，敦促国际社会支持在中东以及其他地区建立无核区，要求中东地区唯一未签署《不扩散核武器条约》的以色列尽快加入到《不扩散核武器条约》中来。”[④]

2004 年 9 月 24 日，埃及外交部长阿哈迈德·盖特在第 59 届

---

① George Perkovich, *Universal Compliance: A Strategy for Nuclear Security*, Washington, D. C.: Carnegie Endowment for International Peace, 2005, p. 181.

② Shai Feldman, *Nuclear Weapons and Arms Control in the Middle East*, Cambridge: MIT Press 1997, pp. 7—16; Peter Jones, “Arms Control in the Middle East: Some Reflections on ACRS”, Security Dialogue, Vol. 28, No. 1, 1997.

③ Ariel E. Levite, “Never Say Never Again: Nuclear Reversal Revisited”, *International Security*, Vol. 27, No. 3, Winter 2002/03, p. 72.

④ Counsellor Alaa Issa, “Statement by the Delegation of Egypt before the First committee of the General Assembly disarmament and International Security”, 7 October 2002, http: //www. reachingcriticalwill. org/political/1com/1com02/speeches/2/egy100702. pdf.

联合国大会上表示，"普遍认为，对中东及其周边地区的威胁主要来自于核武器。我们都认识到这些武器的危害性以及制止核扩散的必要性。为了消除这些武器对人道主义的威胁，国际社会应该继续有选择性地提出消除大规模杀伤性武器的问题，建立一个有约束力的国际机制，监督核不扩散机制所有成员国，包括所有阿拉伯国家进口核材料的情况。但是，国际社会不应该对该地区某个国家仍在不断发展核能力的行为视而不见。"①

尽管埃及在核能领域基础性设施建设和核研究方面做出了相当大的努力，但还未拥有一座正常运转的核能反应堆和一定数量的钚，也没有证据表明埃及试图使用其他方法浓缩铀或者获得裂变材料。埃及核设施一直在国际原子能机构的监管之下，没有任何迹象显示埃及违反了其作为《不扩散核武器条约》签字国所必须履行的义务。②

2005 年 1 月 4 日，常驻国际原子能机构的一位西方外交官宣称，国际原子能机构发现埃及曾经进行过小规模的秘密核试验，而这些核试验的目的是生产制造原子弹的原料。然而，他同时强调，国际原子能机构还没有对这些试验的范围和目的得出结论。从目前掌握的证据来看，这些试验显得很零散，只使用少量核材料，而且缺乏明确目的，可能仅仅停留在实验室水平上，与全面生产核武器计划缺乏直接联系。然而，这一消息发布后立刻引起

---

① "Statement Of The Arab Republic of Egypt Before The Fifty-ninth Session of The United Nations General Assembly 24 September 2004 Delivered by H. E. Ahmed Aboul Gheit Minister for Foreign Affairs", http：//www. un. org/webcast/ga/59/statements/egyeng040924. pdf.

② Shai Feldman, *Nuclear Weapons and Arms Control in the Middle East*, London：The MIT Press, 1997, pp. 58—63.

了轩然大波，埃及政府断然予以否认。埃及政府发言人马吉迪·拉迪表示，埃及政府的核计划完全用于和平目的，仅限于核反应堆试验及用于医疗目的的放射试验，而且这些核试验完全在国际原子能机构严密监督之下。“我们的核计划中没有秘密的东西，也没有国际原子能机构所不知道的东西，我们没有关于（核）能源的秘密计划，核计划的所有细节都是公开的。”①

2005年2月14日，国际原子能机构核查报告称，埃及曾将“少量”核材料用于生产钚和浓缩铀的有关实验，但实验似乎并未取得多少进展。报告还表示，埃及在1982年以前曾进行铀转化试验，埃及未向国际原子能机构通报其曾生产“少量的”铀化合物，包括四氟化铀。但埃及明显没有使用过六氟化铀进行实验，而且用于转化实验的设备“大部分已经被拆除”。埃及在1982年首次向国际原子能机构通报时，未通报其进口和国产的核材料数量，包括67公斤的四氟化铀和大约9公斤的钍化合物。虽然埃及未申报其进口和生产的总计3公斤的铀金属，但是埃及生产的铀金属不能用于制作核武器。1999年至2003年，在国际原子能机构的保障监督下，埃及利用其拥有的两座反应堆对“少量自然铀”进行了16次辐射。埃及还利用其中一座反应堆辐射了钍，但

① 冯俊扬：“埃及卷进中东核风波 断然否认搞核试验”，http：//news.xinhuanet.com/world/2005—01/06/content _ 2421898.htm；“Egypt to Begin Nuclear Programme,” *Al Jazeera*, September 27, 2006.

并没有从辐射后融解的材料中提取出任何铀或钚。①

2005年，埃及政府多次声明要遵守《不扩散核武器条约》及与国际原子能机构保持密切合作关系。在2005年的《不扩散核武器条约》评估会议（Review Conference）上，埃及强调了中东地区和平与以色列核问题密切相关的一贯立场。2005年8月埃及外交部长再次提及以色列的核能力，强调如果以色列不签署《不扩散核武器条约》，埃及将不会签署《全面禁止核试验条约》。②

四、重启核能发展计划阶段（2006~2010）

2006年9月19日，在执政的埃及民族民主党第四次年会上，该党第一副书记贾迈勒·穆巴拉克表示，为了埃及的国家安全，埃及应当有自己的核研发计划。小穆巴拉克的发言，被有些媒体评为“埃及历史性的一幕”。9月21日，穆巴拉克总统也表示埃及将重启和平利用核能计划，加大民用核计划的科研力度，更好地利用核能，“我们必须重视开发新能源，包括和平利用核能的

---

① International Atomic Energy Agency, “Implementation of the NPT Safeguards Agreement in the Arab Republic of Egypt,” GOV/2005/9, February 14, 2005, http://www.globalsecurity.org/wmd/library/report/2005/egypt_iaea_gov—2005—9_14feb2005.pdf; Paul Kerr, “IAEA: Egypt′s Reporting Failures ‘Matter of Concern’” Arms Control Today, March 2005. http://www.armscontrol.org/act/2005_03/Egypt.asp; “IAEA 弹芯埃及拥有秘密核计划”,《国外核新闻》, 2005年第5期，第8—9页。

② “NTI Country Overviews: Egypt Nuclear Overview”, http://nuclearthreatinitiative.org/e_research/profiles/Egypt/index.html.

能力”。[1] 9月24日，埃及能源最高委员会召开会议，决定立即研究核能开发问题。埃及准备耗资大约15～20亿美元，计划10年内在达巴建立一座1000兆瓦的核能基地。[2] 这一基地产生的电能将超过埃及阿斯旺大坝的水力发电站。埃及政府甚至打算在2020年前建造三座规模为600兆瓦的核电站。[3]

与处理伊朗核问题的强硬立场不同，美国和欧盟对埃及的核能开发问题采取了较为超脱的态度，表示支持埃及和平利用核能。美国驻埃及大使弗朗西斯·里奇阿登（Francis Ricciardone）在埃及卫星电视台（El-Mehwar）接受采访时表示，埃及通过和平手段获得核能的计划与伊朗试图获得核武器计划完全不是一回事。如果埃及坚信核能对其十分重要，美国将会与埃及在核能领域开展合作，向埃及提供核能技术。[4]

2006年11月1日，埃及总统穆巴拉克访问俄罗斯，俄罗斯表示愿意跟埃及进行核能合作。[5] 2006年11月21日，埃及外交部发言人胡萨姆·扎基称，俄罗斯准备向埃及提供核技术，帮助埃及和平利用核能。他表示，正在埃及访问的俄罗斯副外长基思利亚克同埃及外长阿布·盖特会谈时表示，俄罗斯准备向埃及提供核领域的知识与技术。双方一致强调，埃及和平利用核能的权

① “Egypt will Pursue Nuclear Energy”, *Jerusalem Post*, Sep 22, 2006. http://www.jpost.com/servlet/Satellite?cid=1157913681470&pagename=JPost%2FJPArticle%2FShowFull.

② 唐志超：《中东国家核竞赛加剧及其影响》，载《现代国际关系》，2007年第1期，第45页。

③ 秦轩：《阿拉伯国家启动核计划，国际社会普遍采取温和态度》，载《中国新闻周刊》，2007年01月26日。

④ “Egypt will pursue nuclear energy”, *Jerusalem Post*, Sep 22, 2006.

⑤ 陈苏：“中国埃及核能合作会冒犯美国?” Voice Of America, Nov 9, 2006。

利符合《不扩散核武器条约》的规定，只要所有核开发活动置于国际原子能机构的监督之下，这一合法权利就不应受到侵犯。[①]

2006年11月2日，穆巴拉克访问中国，讨论埃及的核能计划。中方表示将在核技术上与埃及进行合作。中国国家主席胡锦涛与埃及总统穆巴拉克在会谈后发表的联合新闻公报表示，中国将与埃及进行和平利用核能能源的合作。中国外交部发言人姜瑜在例行记者会上就此议题表示，“中国和埃及都是《不扩散核武器条约》的缔约国，两国政府有和平利用核能的合作协定。”“中国愿意在履行自己国际义务的基础上，本着平等互利的原则，与埃及开展在民用核能领域的合作。”[②] 中国与埃及在2006年11月8日签署了核能和平利用协议，两国将相互合作，发展与利用核能。

2007年1月5日，埃及总统穆巴拉克表示，尽管埃及不需要核武器，但埃及必须具备抵御核外国侵略的能力。他认为伊朗试图获取核能力的活动引起了埃及的高度关注。他说，“埃及的立场十分明确，中东地区应该不存在任何大规模杀伤性武器。我们不希望在本地区存在核武器。然而，我们必须有能力保卫自己。我们将不得不寻求适当武器，坐以待毙是不明智的。”[③] 穆巴拉克的声明与埃及以前保证其核计划只是弥补油气电力不足的立场相比有了很大的变化。

---

① 郭春菊、余忠稳：《俄准备向埃及提供和平利用核能技术》，载《人民日报》，2007年11月21日。

② “2006年11月7日外交部发言人姜瑜在例行记者会上答记者问”，http://www.fmprc.gov.cn/chn/pds/wjdt/fyrbt/t279179.htm.

③ Sharm E-Sheik, “Egypt May Develop Nuclear Weapons”, Earth Times, Jan. 5, 2007, http://www.earthtimes.org/articles/show/17899.html.

2007 年 10 月 29 日，穆巴拉克正式宣布，埃及将启动和平利用核能计划，拟在全国建立几座核电站。他表示，埃及决心发展核能，因为和平利用核能以及能源安全是建设埃及未来的基本要素，同时也是国家安全体系中非常重要的一部分。埃及的能源开发将实现多样化，并不断得到发展。埃及政府将就建造第一座核电站的工作与国际合作伙伴以及国际原子能机构进行合作，在遵守不扩散核武器承诺以及保持透明度的框架下实施相关计划。① 穆巴拉克的决定在埃及引起了强烈反响。埃及核计划在阿拉伯世界是最早的，也是水平最高的。有舆论担心，埃及的决定可能会引起更多阿拉伯国家的效仿。②

2007 年 11 月 30 日，埃及总统穆巴拉克签署总统令，成立“和平利用核能最高委员会”，负责制定国家和平利用核能总体计划。该委员会由穆巴拉克总统担任主席，成员包括总理、国防部长、财政部长、电力与能源部长、国际合作部长、经济发展部长、外交部长、环境事务部长、住房部长、贸工部长、高教部长等。该委员会秘书处由电力与能源部长领导，负责向委员会准备有关核能发展的可行性报告，并监督落实委员会做出的有关决议。

2008 年 3 月，俄罗斯国有核能公司（Rosatom）董事长与埃及能源部长哈山·尤尼斯签署了和平利用核能的协议，俄罗斯试

---

① 郭春菊：“埃及总统宣布将启动和平利用核能计划”，新华网，2007 年 10 月 29 日。

② 黄培昭：“阿拉伯国家兴起核能热”，《人民日报》，2007 年 11 月 01 日。http：//world. people. com. cn/GB/57507/6464526. html.

图参与建设埃及首座核电站。[1] 2008 年 3 月 18 日，埃及核电管理局提出招标文件，建议为执行核电站项目提供需要的咨询服务，计划建造第一座核电站。招标文件至少包括以下几个方面：第一，厂址选择与评估，更新达巴厂址研究，预约活动包括技术评估、质量保障计划，准备合同，对 NPPA 人员进行培训及技术转让和金融评估。第二，为实施计划提供咨询服务，包括建筑服务，安装工程，启动和试运转。投标人与核电站系统提供者不应是同一企业实体或相关实体。[2]

2009 年 6 月，埃及核电站管理局与沃利·帕森斯（Worley Parsons）集团正式签署了一份咨询合同。据报道，在 2008 年年底，美国的柏克德电力公司（Bechtel Power）成功地投标了为期 10 年、1.75 亿美元的合作，指导埃及民用核反应堆建设计划。但是有报道表示双方的谈判陷入停顿，埃及在竞标时选择了沃利·帕森斯集团。这个合同包括提供设计任务书以及未来十年建造几座核电站的地点。就在柏克德公司合同失效后，一些报告披露国际原子能机构正在调查埃及核研究工厂发现的高浓缩铀的痕迹。国际原子能机构表示这些痕迹是在 2007～2008 年期间埃及因萨斯核研究厂址环境样本中发现的。埃及政府对此进行了低调处理，认为这些物质可能是通过感染了放射性同位素的集装箱输入

---

① "Middle Eastern Nations Do Nuclear Diplomacy", 25 March 2008, http://www.world-nuclear-news.org/NP-Middle_Eastern_nations_do_nuclear_diplomacy_250308.html? terms=Bahrain.

② "Tender for consulting services for Egypt's Nuclear Power Plants Program", 7 March 2008. http://www.egyptembassy.net/shownews.cfm? id=153.

埃及的。[①]

2010 年 8 月 25 日，埃及总统穆巴拉克经过与核能最高委员会（Supreme Council of Nuclear Energy）成员讨论后，宣布准备在地中海沿岸城市达巴开始建造第一座核电站，结束了长达一年关于核电站可能选址的争论。他同时表示埃及将与国际原子能机构密切合作，不会寻求发展核武器。埃及总统办公室发言人苏莱曼·阿瓦德（Suleiman Awwad）表示，在国际原子能机构的帮助下，综合各方研究认为达巴是核电站最合适的地址。能源部长哈山·尤尼斯（Hassan Younis）表示，这一决定意味着埃及将国家利益置于首位，将大大推动埃及核计划的发展。核电站的费用大约为 15 亿美元。埃及将在年底就核电站建造进行公开招标。[②]

五、埃及核政策的变化及影响因素

虽然埃及核计划已有半个多世纪的历史，埃及已经成为阿拉伯世界核技术水平最高的国家，但是，与国际整体水平相比，埃及核技术仍处于核研究的基础阶段，至今没有建成一座核电站。这与埃及核政策变化有关，而埃及核政策的变化则在很大程度上受国内外局势的影响。

埃及在实施核计划之初，其核政策的目标并没有排除非和平的性质。原因在于：第一，在中东战争中，埃及经受了多次失

---

① Jeremy M. Sharp, “Egypt: Background and U. S. Relations”, September 2, 2009, p. 5. http: //fas. org/sgp/crs/mideast/RL33003. pdf.

② “Egypt Picks Nuclear Power Plant Site”, August 26, 2010, http: //www. cbn. com/cbnnews/world/2010/August/Egypt-Picks-Nuclear-Power-Plant-Site/.

利，埃以之间产生了强烈的敌对意识，埃及将以色列视为头号敌人；第二，以色列拥有核武器已经是一个公开的秘密，埃及认为这将对埃及国家安全构成重大威胁；第三，埃及认为，使用常规武器已经不再能够击败以色列，必须寻求发展绝对性的武器，以制约以色列；第四，埃及希望在政治上和科技上成为阿拉伯世界的领导；第五，国内民众较为支持本国发展核技术。埃及认为，以色列已经实施核武器计划，但又拒绝签署《不扩散核武器条约》，因此，埃及议会迟迟不批准《不扩散核武器条约》。这加重了国际社会对埃及核计划性质的猜疑。据报道，埃及在1965年和1967年曾分别向苏联和中国要求进口核武器，但都遭到拒绝。[①]

国际社会普遍认为，随着国际舆论广泛报道以色列正在发展甚至可能已经拥有了核武器，埃及开始认真思考如何应对以色列的核威胁。面对以色列的核能力，埃及主要有以下几种选择：第一，警告以色列如果发展核武器将引起阿拉伯世界的预防性战争。埃及前总统纳赛尔曾表示，如果以色列确实在制造核武器，那就意味着"我们与以色列已经开战，因为我们不能允许以色列制造核武器。我们将不可避免地袭击以色列的基地，甚至动员400万人去摧毁它"。[②] 第二，埃及应该拥有自己的核武器，制衡与威慑以色列的核力量。萨达特曾在接受采访时表示，如果以色

---

① Ernest Lefever, *Nuclear Arms in the Third World: U.S. Policy Dilemma*, Washington, D.C.: The Brookings Institution, 1979, p. 73; Shyam Bhatia, *Nuclear Rivals in the Middle East*, London & New York: Routledge, 1988, p. 59.

② William Bader, *The United States and the Spread of Nuclear Weapons*, New York: Pegasus, 1968, p. 69.

列制造核武器，埃及也将采取措施获得这样的武器[1]；第三，催促以色列签署《不扩散核武器条约》，接受国际原子能机构的核查，澄清其核计划的性质。1977 年 2 月 27 日，埃及总统萨达特在接受美国哥伦比亚广播公司（ABC）电视网采访时指出，以色列应该签署《不扩散核武器条约》，接受国际原子能机构的核查。[2] 在埃以和平谈判的过程中，埃及提出作为拟议中的和平协议的一部分，两国应该宣布放弃谋求核武器，限制发展常规武器；第四，依赖超级大国获得核安全保证；第五，建立阿拉伯世界自己的威慑力量，包括生物武器，对抗以色列的核威胁。

然而，这些政策与措施明显只是埃及试图发展核武器计划的必要而非充分条件。埃及历届政治领导人纳赛尔、萨达特和穆巴拉克都倾向于认为既没有必要也不值得这样做：第一，实施核武器计划需要面临极大的技术和经济挑战，埃及核技术水平较低，技术人员与资金都比较短缺，经济能力难以支撑核计划庞大的开支；第二，以色列强烈反对和敌视埃及核计划，密切关注埃及核计划的进展情况。由于埃以长期的敌对，埃及发展核武器计划将可能招致以色列“先发制人”的军事袭击；第三，国际社会也不希望埃及发展核武器，引起中东局势的剧烈动荡，甚至严重失控。美国对埃及实施“胡萝卜加大棒”的政策，强制埃及放弃发展核武器计划。苏联也不希望埃及拥有核武器，放弃依靠苏联对抗以色列的政策，削弱苏联在干预中东

---

① Steven J. Rosen, “A Stable System of Mutual Nuclear Deterrence in the Arab-Israeli Conflict,” *The American Political Science Review*, Vol. 71, December 1977, p. 1368.

② Shai Feldman, *Israeli Nuclear Deterrence*: *A Strategy of the* 1980*s*, New York: Columbia University Press, 1982, p. 67.

地区事务中的重要作用。①

1979 年埃以关系缓和后，埃及的国家安全环境得到了极大改善，埃及对国家安全以及核武器的追求已经让位于旨在发展国民经济、促进社会进步的政治、经济和社会改革，因此，埃及核计划的重点放在建设核电站上，以应对国内电力严重不足的局面。然而，由于埃及当时尚未批准《不扩散核武器条约》，埃及既得不到国际原子能机构的技术援助，也难以与其他国家进行核能合作。在这种情况下，埃及逐渐明确了其和平利用核能的愿望与政策，于 1981 年批准了《不扩散核武器条约》。

尽管埃及政府建立核电站的愿望十分强烈，埃及核基础设施与核技术均得到较大改善与提高，但是埃及核电计划进展始终十分缓慢。原因在于：第一，建设核电站需要投入大量土地、技术、人力与资金，国家需要长时期的发展与积累，才可能具备建设核电站的能力；第二，长期以来，埃及核计划执行部门一直抱怨缺乏足够的资源与支持，另外，官僚惰性、工作效率低下也是影响埃及核计划进展的一个重要因素；第三，发展核能在短期内占有了国内大量的社会资源，影响了国家经济建设与民众生活水平，难以得到公众的理解与支持；第四，埃及核技术保障水平较低，缺乏维护与保障核电站安全的能力与经验，政府担心切尔诺贝利式的核灾难在埃及重演。②

---

① Ariel E. Levite, "Never Say Never Again: Nuclear Reversal Revisited", *International Security*, Vol. 27, No. 3 (Winter 2002/03), pp. 63—64.

② Shai Feldman, *Nuclear Weapons and Arms Control in the Middle East*, London: The MIT Press, 1997, p. 61; Barbara M. Gregory, "Egypt's Nuclear Program: Assessing Supplier-Based and Other Developmental Constraints", *Nonproliferation Review*, Fall 1995, pp. 24—25.

2006年埃及政府提出重启核能发展计划，有着多方面的原因与考虑：第一，埃及的能源消费水平已远远超过能源发展水平，寻求新能源迫在眉睫。随着科技的进步，核能安全越来越有保障，核能已经成为促进国家经济发展的一个重要的现实选择。长期以来，埃及一直实行高补贴政策，电力等能源补贴是政府最大的一项财政支出，政府每年因为能源补贴额外支出数十亿美元。如果埃及能够生产核电，那么埃及经济发展就可以突破能源瓶颈。第二，从埃及国内政治上看，发展核能有利于埃及政治局势稳定。发展核能可以提高士气、增强民族凝聚力。当前，埃及伊斯兰激进派别对国家政治和社会秩序构成了很大的挑战。如果埃及能够在阿拉伯世界率先拥有核能技术，那么穆巴拉克的威望将得到进一步提升。第三，从国际政治上看，和平发展核能是每个国家的合法权利，别的国家没有理由干涉埃及发展核电的战略目标。埃及甚至可能与其他国家合作，以较小的代价获得核能技术或核电站。即使对埃及发展核计划的真正意图持有严重猜疑态度的以色列也没有理由反对埃及和平利用核能，2006年9月24日，以色列总理奥尔默特在会见穆巴拉克时表示，以色列倾向于相信埃及的核计划是用于和平目的。[①] 第四，伊朗核问题的“辐射效应”也促使埃及决定重启核计划，因为阿拉伯世界目前还没有国家自主拥有核能技术，埃及一旦拥有核能技术，就能明显提高埃及在阿拉伯世界的地位，也能够促进阿拉伯世界在中东政治格局中成为稳定的一极。

为消除西方国家对埃及核计划的猜忌，埃及政府保证不提炼

① 秦轩：“阿拉伯国家启动核计划，国际社会普遍采取温和态度”，《中国新闻周刊》，2007年01月26日。

武器级浓缩铀。对美国而言，埃及毕竟是其在阿拉伯世界中较为可靠的盟友，而不像伊朗那样是美国地缘战略的重要威胁。美国支持埃及发展核能计划，有助于美国向伊斯兰世界表明美国并非刻意阻止它们发展高科技。然而，由于发展核能和发展核武器的战略目标在短时期内或者表面上难以明确区分，特别是许多国家借发展核能为由暗中发展核武器的计划不易被察觉，因此，美国对埃及核计划并非完全放心。美国虽然表示“不担心”或“支持”埃及核计划，但坚决要求由美国专家协助埃及发展核能计划。美国既希望通过核技术出口赚取利益，也想借此机会主导、操控埃及核科学技术的发展。因此，埃及专家指出，“埃及明白，如果将埃及核计划交到美国政府手中，美方就会加诸很多附加条件，甚至控制埃及的核发展。”因此，埃及有意寻求收费较低、政治附加条件较少的中国与俄罗斯的帮助。然而，如果埃及与中俄缔结核合作联盟，势必会激怒美国。在美国看来，不受其操控的核计划，将始终是一个潜在的威胁。①

伊朗核问题将可能促使埃及重新考虑自身的核地位。如果伊朗和平利用核能计划取得成功，将会刺激埃及加快发展自己的核能计划。但是，如果一旦证实伊朗确实在秘密发展核武器，埃及可能会重新审视自己在中东安全结构中的地位，并难以保证埃及不会改变自己核计划的和平性质。因此，国际社会尤其是美国，既需要通过积极的预防性外交强制伊朗接受国际原子能机构的严格核查，也应防止伊朗的核活动在中东地区产生消极影响，如采取切实措施与埃及开展安全合作，使埃及确信即使没有核武器，

① “美怕埃及中俄缔结核武器联盟”，凤凰网，2006年10月31日。

其国家安全也不会受到威胁。[①]

第二节　叙利亚核计划

叙利亚是中东地区的内陆国家。在中东安全环境中，叙利亚与周边邻居的关系始终十分微妙，北边的土耳其是北约成员，实行在中东地区超脱和平衡的政策。叙利亚与东北方的伊朗保持着“准联盟”的战略关系[②]；与东边的伊拉克前萨达姆政权长期紧张，对现政权保持着严重的警惕情绪；与南边的以色列经历了多次战争，直到目前仍未完全脱离战争状态；对黎巴嫩的内政外交影响较大，但近年来有所下降。在国际安全环境中，出于以色列的原因，叙利亚始终未能与欧洲国家建立密切的外交关系，而且与美国关系长期紧张。在这种地缘政治环境下，叙利亚核计划就变得相当敏感，一直受到国际社会的密切关注。

叙利亚核计划大致可以分为三个阶段：一是其起步阶段，从20世纪60年代开始到1991年，叙利亚筹备并开始实施其核计划，但遇到重重障碍，核计划严重受阻，发展缓慢。二是突破阶段，从1991年到2001年，叙利亚建立了其第一座，也是唯一的一座核反应堆。这座小型反应堆不可能用于军事目的，叙利亚也不拥有浓缩铀的能力。三是缓慢发展阶段，从21世纪初至今，叙

---

① George Perkovich et al, *Universal Compliance*: *A Strategy for Nuclear Security*, Washington, D.C.: Carnegie Endowment for International Peace, 2005, p. 129.

② Daniel Pipes, " Syria beyond the Peace Process", *Policy Papers*, No. 40, The Washington Institute for Near East Policy, 1996, p. 41.

利亚核计划仍在缓慢发展，但遭到一些国家的严重猜疑，陷入严重困境之中。

一、起步阶段

叙利亚核计划筹划较早，但真正实施与取得成果较晚，至今似乎只有简单的核计划发展 框架以及规模有限的核基础设施。尽管有人认为叙利亚具有核扩散的潜在危险，但至今几乎没有任何证据表明叙利亚曾经试图发展核武器。1963 年 6 月 6 日，叙利亚加入了国际原子能机构，1968 年，签署了《不扩散核武器条约》，成为《不扩散核武器条约》创始国之一。1969 年 9 月 24 日，叙利亚批准了《不扩散核武器条约》,① 为叙利亚与国际原子能机构进行技术合作提供了可能。

20 世纪 70 年代，叙利亚与国际原子能机构进行了 6 项合作，其中 5 项与农业有关，1 项与核能有关。双方的合作并未引起国际社会对叙利亚核计划的关注。当时，叙利亚与以色列处于严重军事对峙状态，苏联向叙利亚提供了大量的常规武器，基本上能够维持叙利亚对以色列的军事威慑。对苏联而言，为了维持自己在中东地区安全中的地位，它既不愿叙利亚寻求或拥有核能力，也不愿向叙利亚提供明确或模糊的核保护伞，以免刺激以色列和美国。

---

① UN CD, Press Release DC/2698, NPT "Not the Ideal non-Discriminatory Document Hoped For," Syria Asserts as Review Conference Continues, 26 April, 2000. 然而，叙利亚对批准《不扩散核武器条约》提出了附加条件：叙利亚共和国接受并批准此份条约并不意味着叙利亚承认以色列或因此与以色列发展关系。巴林与科威特在 1988 年和 1989 年批准《不扩散核武器条约》时也提出了相同的注解。

1978年，叙利亚与西欧一些公司签订合同，共同研究叙利亚和平利用核能的可行性。叙利亚总统哈菲兹·阿萨德（Hafez Asad）要求法国政府提供核能技术，但遭到拒绝。1978年4月，阿萨德访问印度，试图从印度获得核技术。1979年，叙利亚成立了原子能委员会（Atomic Energy Commission，AECS），[①] 这是一个直接受总理领导的独立机构，专门负责核领域的研究与开发。[②]

从总体上看，1979年以前，叙利亚与国际原子能机构的合作计划主要是将放射性同位素应用于农业等领域。1979年后，叙利亚开始与国际原子能机构共同研究叙利亚发展核能计划的可行性。

1980年和1981年，叙利亚与瑞士和比利时公司进行谈判，讨论在叙利亚建造包括6座600兆瓦核反应堆的可能性。1981年6月15日，叙利亚电力部长阿曼·优瑟福（Aman Youssef）表示，叙利亚将在1991年建成第一座核能反应堆。同时，叙利亚开始在大马士革建造一所核研究中心。1982年1月，叙利亚电力部长优瑟福倡议阿拉伯国家建立一座核燃料循环设施，从磷酸盐矿中还原铀，自主生产核燃料。优瑟福认为，叙利亚拥有丰富的磷酸盐矿，产量大约是整个中东地区的五分之一，[③] 这种方法具有较高的经济价值。[④] 截至2001年，叙利亚总共开采了大约200多

① Nuclear Threat Initiative "Syria Profile: Nuclear Chronology" June 2007, http: //www.nti.org/e_research/profiles/Syria/Nuclear/2079.html.

② "The National Agricultural Research System of Syria", *WANA NARS Study*, 1999.

③ Michael Mew, "Phosphate Rock," *Mining Annual Review*, December, 1998, p. 111.

④ A. O. Youssef, "Co-operation is the key to Arab nuclear development," *Nuclear Engineering International*, Vol. 27, No. 322, 1982, pp. 13—14.

万吨的磷酸盐。[①]

1983年和1984年，苏联同意帮助叙利亚建造一座核能反应堆。[②] 根据1983年4月两国签署的一份议定书，叙利亚与苏联开始对在叙利亚建造一座核反应堆进行可行性研究。1986年初，双方决定在叙利亚北部地区建造一座核反应堆。1988年，叙利亚制定了一项计划，准备到20世纪90年代末投资36亿美元，建造6座核能反应堆，生产6000兆瓦电力。尽管比利时、苏联和瑞士都准备提供援助，但是由于资金和技术问题，这个计划后来无果而终。[③] 叙利亚政府抱怨，与以色列能够与其他国家进行核技术合作相比，叙利亚受到了不公正待遇。

1989年2月，叙利亚与伊拉克、约旦、科威特、黎巴嫩、利比亚、巴解组织和沙特阿拉伯发起建立了阿拉伯原子能机构。这个机构的活动包括进行与核能相关的基础性研究，勘探和提取放射性矿石，获得核燃料循环各阶段的技术与科学知识，生产放射性同位素，并将其用于农业、医学、发电、海水淡化以及其他工业活动中。[④] 1990年4月，叙利亚与苏联进行谈判，希望能够从

---

① *Syria Country Profile*, Economist Intelligence Unit, London, 2003.

② "Syria will Construct a Nuclear Reactor with Soviet Assistance", *Ma' ariv*, May 24, 1983; Shefi Gabai, "Syria and the Soviet Union Agreed on Nuclear Cooperation," *Ma' ariv*, March 28, 1984.

③ Michael Eisenstadt, "Syria's Strategic Weapons," Jane's Intelligence Review, April 2003, p. 168; Richard L. Russell, "Arab Security Responses to a Nuclear-Ready Iran," in Henry Sokolski and Patrick Clawson, *Getting Ready for a Nuclear-Ready Iran*, October 2005, p. 74.

④ Vienna Kappell, "Syria," *Handbook of Nuclear Countries* 1996/97, Berlin: Lexikographisches Institut, 1997, p. 247.

苏联购买4座VVER—1000型核反应堆及相关的核燃料。[①]

1990年，叙利亚核能部门从阿根廷国家应用技术研究所（INVAP）和国家原子能委员会（Comisión Nacional de Energía Atómica，CNEA）获得了购买1座10兆瓦研究型核反应堆的授权，该反应堆使用浓度为20%的U-235生产同位素。虽然20%的浓缩铀远远低于武器级水平，但是，可能迫于来自美国的压力，阿根廷政府指示阿根廷国家应用技术研究所取消了向叙利亚出口核反应堆的授权。1994年底，叙利亚表示将起诉阿根廷国家应用技术研究所违约，要求获取赔偿。[②] 1995年7月，阿根廷政府表示，只有当叙利亚和以色列达成和平协议后才可能向叙利亚出售核反应堆。[③]

二、突破阶段

1990年12月4日，国际原子能机构核准了与叙利亚希望在叙利亚大马士革原子能委员会设立一个由一座30千瓦的放射性同位素生产、研究和培训微型中子源反应堆项目，作为双方1991年至1992年技术合作计划的一部分。1991年底，叙利亚与中国签署协议，从中国购买一座负荷为30千瓦的中小型核反应堆

① Michael Eisenstadt, "Syria's Strategic Weapons," *Jane's Intelligence Review*, Vol. 5, No. 4, April 1, 1993.

② Aluf Ben, "Syria Demanding that Argentina Materialize the Sales Agreement for Nuclear Reactor," *Ha' aretz*, December 11, 1994.

③ Mark Hibbs, "INVAP Seeks Thai Reactor Sale, Syria Expected to Sue for Supply," *Nucleonics Week*, Vol. 35, No. 43, October 27 1994; Mark Hibbs, "Peace Talks, Not Proliferation, Inhibit Argentina-Syria Deal," *Nucleonics Week*, August 1 1995.

(SRR-1)，用于生产同位素以及中子活化分析。[①] 1992 年 3 月 9 日，中国签署《不扩散核武器条约》。当年 5 月 18 日，叙利亚签署《国际原子能机构保障协议》,[②] 接受国际原子能机构核查[③]。作为《技术合作计划 SYR/4/004》的一部分，这项协议得到了国际原子能机构的批准与核准。[④]

1992 年 2 月 28 日，国际原子能机构、叙利亚和中国政府达成协议，国际原子能机构要求中国允许向叙利亚转让和出口核反应堆，并颁发所需要的一切执照或许可证。这座反应堆以 980.40 克 90.2%高浓缩铀同位素铀-235 为燃料,[⑤] 一直处于国际原子能机构的监管之下。这座反应堆是当时世界市场上最小的，也是最便宜的，但对于核物理教育与培训具有相当高的实用价值。根据国际原子能机构反应堆研究数据，到 2002 年 9 月 26 日，3 名实验人员共进行了 1371 次实验。

这座核反应堆位于戴尔·贾加核研究中心（the Dayr al-Jajar Nuclear Research Center)。这个核研究中心建于 20 世纪 90 年代，主要研究项目包括：将放射性同位素应用于核物理与化学、医

---

① Eitan Rabin, "Concern in the Security Establishment about Information Regarding China's Intention to Supply a Nuclear Reactor to Syria, *Ha' aretz*, November 29, 1991.

② International Atomic Energy Agency, "INFCIRC/407", July 1992.

③ Stephen Zunes, "U. S. Policy towards Syria and the Triumph of Neoconservativism," *Middle East Policy*, Vol. XI, No. 1, Spring 2004.

④ George, A., "Syria Takes Delivery of Its Chinese Reactor," Nuclear Engineering International, Vol. 12, No. 93, pp. 46—47, December 1, 1993; http://www.csis.org/stratassessment/reports/syriaWMD.pdf

⑤ "国际原子能机构、阿拉伯叙利亚共和国政府和中华人民共和国政府关于转让一座微型中子源反应堆和浓缩铀的协定"，中华人民共和国国家原子能机构，2004 年 3 月 4 日。http://www.caea.gov.cn/n16/n83690/83889.html

学、农业、生物和地质学等领域，放射性资源管理，保护放射性物质以及保护人类及环境免受放射性影响等。因此，尽管美国政府曾对叙利亚核意图表示过怀疑，但认为根本不能用于军事目的，因此并没有采取措施反对中国向叙利亚出售这个核反应堆。

1991 年年中，印度原子能委员曾表示愿意向叙利亚提供一座 5 兆瓦的研究型核反应堆。[①] 然而，迫于美国的压力，印度政府被迫取消了这个计划。[②]

曾有许多报道称，叙利亚十分渴望拥有核武器，然而，这些猜测性的报道都没有得到证实。1991 年美国参议员杰西·赫尔姆斯（Jessi Helms）表示有“可靠的报道”，表明“中国正在帮助叙利亚和伊朗发展核武器计划”。但赫尔姆斯并未能详细叙述这些“报道”的来源和准确性。相反，美国中央情报局局长约翰·多伊奇（John Deutch）在美国参议院作证时表示，“叙利亚核研究计划只处于初级水平，似乎还只限于和平用途。它仍处于国际原子能机构的监管之下。我们没有任何证据表明叙利亚试图获得裂变材料。”[③] 另据《中东防务新闻》1992 年 8 月 3 日的报道，叙利亚在法国和西班牙建立了一个销售网络，准备秘密地购买“上千吨”的黄饼。这则消息还称，叙利亚一家公司中东技术管理局

---

① “India will Sell Nuclear Reactors to the Third World,” *Ha' aretz*, August 13, 1991. FBIS-NES-91—165, August 26, 1991, p. 47.

② Neel Patri, “India's AEC offers to reprocess, under safeguards, foreign spent fuel,” *Nuclear Fuel*, Vol. 16, No. 11, May 27 1991; Neel Patri, “Costs will keep India from making year 2000 nuclear building target,” *Nucleonics Week*, Vol. 32, No. 35, August 29 1991.

③ Testimony of John Deutch, Director of Central Intelligence Agency, Senate Government Affairs Permanent Subcommittee on Investigations Weapons Proliferation, 20 March 1996.

（MIDTEC）负责这些交易。然而，一方面叙利亚难以获得燃料循环基础设施发展核武器计划，另一方面叙利亚很难使其核计划长期处于保密状态，避免引起以色列采取先发制人或预防性军事行动，摧毁叙利亚秘密的核设施或打击叙利亚政权。[①]

1993年，国际原子能机构与叙利亚原子能委员会完成了一项为期四年的核技术援助项目，国际原子能机构为叙利亚原子能委员会培训专门技术人员，帮助叙利亚建立了一个非杀伤性测试实验室。[②] 从1995年10月至1996年9月，国际原子能机构在摩洛哥的拉巴特及突尼斯召开了一系列咨询会议，讨论向发展中国家出售中小型反应堆的可行性。叙利亚代表强调，叙利亚的经济社会发展需要核能，希望在叙利亚建立核电站，到2003年年均发电500兆瓦。[③]

1996年，叙利亚与国际原子能机构签署了一份协定，由后者帮助叙利亚从三过磷酸钙（triple superphosphate）中提炼铀。[④]

---

① Richard L. Russell, "Peering over the Horizon: Arab Threat Perception and Security Reponses to a Nuclear-Ready Iran" Prepared for the Nonproliferation Policy Education Center, 15 March 2004, p. 11. http://www.iranwatch.org/privateviews/NPEC/perspex-npec-russell-031504.pdf.

② "SYR/8/003: Non-Destructive Testing Laboratory," IAEA Technical Cooperation Projects, 1993, http://www-tc.iaea.org/tcweb/tcprogramme/projectsbycountry/query/default.asp.

③ I. Khamis and A. Hainoun, "Market potential of small and medium power reactors in Syria," Conference Report, Advisory Group Meetings on Introduction of Small and Medium Reactors in Developing Countries, IAEA-TECDOC-909, IAEA, February 1, 1998.

④ International Atomic Energy Agency, "Technical Cooperation Report for 2001," GC (46) /INF/4, 2001, p. 39.

1997 年，叙利亚在霍姆斯（Homs）建造了一个小型的铀提炼工厂[①]，这个工厂的设计目的是从磷酸盐中提取铀，包括铀提炼、转化、浓缩和燃料生产等环节。[②] 然而，研究表明，在霍姆斯建立工业规模的从磷酸盐中提取铀的计划，无论从技术上还是资金上都是不可行的。霍姆斯工厂现在每年大约生产 16.5 万吨的三过磷酸钙。

1996 年，叙利亚原子能委员会请求国际原子能机构提供援助，在叙利亚原子能委员会下属的核医疗中心建造一个回旋加速器设施，主要为叙利亚生产用于医疗的放射性同位素。[③] 1997 年，建造工作开始。国际原子能机构在随后几年里一直监督着这个设施建造与安装的整个过程。2002 年，这个放射性核设施竣工，并投入运行。建造该设施总共耗资 1000 多万美元。

据报道，1997 年，俄罗斯与叙利亚签署了一份《全面合作协议》，苏联将为叙利亚建造两座核反应堆。[④] 然而，尚不清楚这两座核反应堆是用于研究还是发电。[⑤] 1999 年 5 月 22 日，俄罗斯与

---

① GOV/2010/11，18 February 2010，p. 3. http：//isis-online. org/uploads/isis-reports/documents/IAEA _ Report _ Syria _ 18Feb2010. pdf.

② International Atomic Energy Agency，"SYR/3/003：Report on Pre-feasibility Study on the Recovery of Uranium from Phosphoric Acid，" Technical Cooperation Report，November 12，1992.

③ International Atomic Energy Agency，"SYR/4/007：Cyclotron，" Technical Cooperation Projects，1997. http：//www-tc. iaea/org/tcweb/tcprogramme/projectsbycountry/query/default. asp.

④ P. Rubina，"The Soviet Union is Considering a Syrian Request to Purchase a Nuclear Power Plant，" Hebrew，Davar，November 25，1991，cited in Michael Eisenstadt，"Syria's Strategic Weapons，" *Jane's Intelligence Review*，April 1，1993.

⑤ "Russian Nuclear Assistance to Syria：Scam or Scandal?" Middle East Intelligence Bulletin，Vol. 5，No. 1，January 2003，http：//www. meib. org/articles/0301 _ s1. htm.

叙利亚签署了一份协议，叙利亚希望俄罗斯援建两座轻水反应堆，[①] 但俄罗斯要求建设核反应堆必须在国际原子能机构的安全监督之下。[②] 1999 年 7 月 6 日，叙利亚总统哈菲兹·阿萨德与俄罗斯总统鲍里斯·叶利钦发表了一份共同声明，敦促将中东建成一个无大规模杀伤性武器，特别是无核武器的地区。2001 年 5 月，俄罗斯与叙利亚官员讨论了投资 5 亿美元建造一座三过磷酸盐工厂，一座氮肥生产工厂和一座磷酸盐肥料工厂。2003 年 1 月，俄罗斯和叙利亚进行谈判，将在叙利亚投资 20 亿美元建造一座核设施，包括一座核电厂和一座核能海水淡化工厂。[③]

三、缓慢发展阶段

2001 年，国际原子能机构同意向叙利亚核能计划提供援助。[④] 叙利亚核能的一个重要应用领域是海水淡化。叙利亚原子能委员会与大马士革大学、国家海水淡化科学委员会（Scientific National Commission for Water Desalination）等单位一直在合作研究海水淡化技术。[⑤]

2001 年 12 月，美国国家情报委员会发表了一份评估报告，

---

① http：//www.nti.org/e_research/proflies/Syria/2074_2076.htm.

② http：//www.defenselink.mil/pubs/ptr20010110.pdf.

③ "Russian Nuclear Assistance to Syria：Scam or Scandal?" *Middle East Intelligence Bulletin*，Vol.5，No.1，January 2003. http：//www.meib.org/articles/0301_s1.htm.

④ "Energy and Nuclear Power Planning Study，" SYR/0/006，IAEA Department of Technical Cooperation.

⑤ S. Al Ayoubi and Z. Salhani and A. H. Zein and M. Azmeh，"The Desalination Commission in Syria."

表示仍然十分担心叙利亚可能发展核武器计划。[①] 从 1997 年至 2002 年间，一些叙利亚核专家曾在瑞典兰斯塔德矿业公司（Ranstad Mineral）参观访问过一段时间。这是一个专门提取铀进行浓缩的公司。尽管国际原子能机构为其中一些访问提供过资助，但根据这家公司总裁的叙述，叙利亚方面曾自费进行了几次访问。

在 2002 年和 2003 年，叙利亚利用自己在联合国安理会中担任亚洲地区国家代表的机会，多次提出在中东地区建立无大规模杀伤性武器地区的倡议。2003 年 4 月 16 日，叙利亚向联合国安理会提交决议草案，要求消除中东地区所有大规模杀伤性武器，特别是核武器。[②] 这份草案得到了 22 个阿拉伯成员国的支持，但被一些国家认为是叙利亚试图在美国政府指责叙利亚拥有化学武器并藏匿萨达姆政权官员后转移国际社会视线所采取的应急措施。2003 年 12 月 29 日，就在即将在联合国安理会担任非常任理事国期满时，叙利亚再次要求联合国安理会讨论这项决议草案。叙利亚认为，中东地区存在着评估核武器扩散的双重标准，因为以色列能够拥有大规模杀伤性武器，但是阿拉伯国家却不能。2003 年 12 月 30 日，联合国安理会讨论了这项决议草案，但是却并未对此发表任何公开声明。[③]

尽管美国决策层曾对叙利亚核意图有不同意见，但没有可信

---

① National Intelligence Officer for Strategic and Nuclear Programs：Foreign Missile Developments and the Ballistic Missile Threat to the United States through 2015 Washington：CIA's Office of Public Affairs，December 2001，http：//www. cia. gov/nic/pubs/other _ products/Unclassifiedballisticmissilefinal. htm.

② "Syria proposes Mideast free of WMD，" *CNN*，April 17，2003.

③ I. Arieff ，"UN Council to weigh nuclear arms ban in Middle East，" *Reuters*，December 26，2003.

的公开资料可以证明美国决策层指控叙利亚发展核武器计划。2002年5月6日，美国负责军控与国际安全的副国务卿约翰·博尔顿将叙利亚、利比亚与古巴界定为支持国际恐怖主义的无赖国家，试图发展大规模杀伤性武器。① 2003年，美国中央情报局对美国副国务卿约翰·博尔顿即将就叙利亚大规模杀伤性武器计划在国会作证提出异议。博尔顿本来计划证实“叙利亚生物、化学及核武器计划已经获得巨大发展，足以对中东地区的安全与稳定构成威胁”。然而，中央情报局分析人员对博尔顿的解释表示抗议，本来已经计划好的作证也被推迟了。②

2003年，美国中央情报局《提交国会关于获取大规模杀伤性武器以及先进常规军备之未分类报告》中关于叙利亚核计划的叙述仅仅只有一段，即：叙利亚——国际原子能机构监管下的《不扩散核武器条约》签字国，在戴尔·贾加尔拥有一座研究型核反应堆。

2003年，叙利亚副总统访问俄罗斯，有报道称，双方经过谈判，俄罗斯同意援助叙利亚建造一座价值为20亿美元的核设施。俄罗斯原子能部证实俄叙双方确实为在叙利亚建造一座核电站及一座核海水淡化工厂进行过谈判，但是并未能达成任何协议。③

---

① “Weapons of Mass Destruction (WMD), Syria”, Globalsecurity. org, September 2007.

② Warren p. Strobel and Jonathan S. Landay, ‘CIA: Syria's WMD Exaggerated; Objections to White House's Assessment Put Off Scheduled House Panel Testimony,’ Knight Ridder, 16 July 2003.

③ Andrew Jack, Stephen Fidler, and Roula Khalaf, “Russia in Talks to Build Syrian Nuclear Reactor,” *Financial Times*, January 16, 2003.

俄罗斯外交部甚至否认双方进行过谈判。① 有分析认为，2003 年的传言表明，俄罗斯曾允诺交付这座核反应堆，但是俄罗斯对国际社会的反应过度敏感，从而可能中断了这笔交易。② 2003 年 1 月 16 日，伦敦《金融时报》称，来自俄罗斯政府的内部消息显示，俄罗斯正在与叙利亚进行关于在叙境内一个不愿泄露的地点建造一座核电站的谈判。对此，叙利亚有关方面表示，他们既不能证实也不能否认这则报道的真实性。

随着 2003 年巴基斯坦核弹之父卡迪尔·汗的核技术扩散网络被世人所知，一些国家担心叙利亚也可能是卡迪尔·汗的客户，从而引起中东地区核扩散。对此，在 2004 年的一次采访中，国际原子能机构总干事阿哈默德·巴拉迪表示，“没有迹象”表明双方存在交易关系。2005 年 4 月下旬，伊拉克武器调查小组负责人查理斯·杜尔福尔（Charles Duelfer）公布的一份报告表明，没有任何证据能够证实伊拉克大规模杀伤性武器藏匿在叙利亚。2005 年 9 月 29 日，叙利亚成为国际原子能机构 35 国理事会的成员。

尽管叙利亚在 1968 年就已经签署了《不扩散核武器条约》，但对批准附加了条件，未与国际原子能机构就加入《不扩散核武器条约》附加议定书进行谈判。《不扩散核武器条约》附加议定书是一个重要指标，如果得到完全执行的话，能够切实加强国际原子能机构调查正式成员国履行《不扩散核武器条约》保障义务

---

① “Russian Nuclear Assistance to Syria: Scam or Scandal?” *The Middle East Intelligence Bulletin*, Vol. 5, No. 1, January 2003.

② Jeffrey Fields, “Countries of Nuclear Strategic Concern: Syria”, *First Watch International* (*FWI*). http://www.sipri.org/research/disarmament/nuclear/researchissues/past_projects/issues_of_concern/syria/syria_default.

的权利，提高对《不扩散核武器条约》成员国任何未宣布的核材料设施以及活动迹象进行快速反应的能力。

2004年叙利亚总统巴沙尔·阿萨德表示，如果以色列不发展自己的大规模杀伤性武器计划，叙利亚也不会这样做。"因为我们的部分国土被侵占，叙利亚必须拥有使用一些必要手段解放自己领土的合法权利。"这使国际社会普遍担心，叙利亚可能试图发展核武器计划，制衡以色列核威慑，引发中东核武器扩散。尤其是当前伊朗核问题一直相当敏感，巴沙尔总统的讲话无异于助长了伊朗在核问题上的强硬态度。尽管叙利亚要求中东成为一个切实消除所有大规模杀伤性武器的地区，声称其只对医疗核研究感兴趣，但以色列和美国基于对叙利亚可能会建造核武器的担心，反对任何国家向叙利亚出售核反应堆。

2004年5月5日，叙利亚改革党（Reform Party of Syria）披露说，叙利亚正在发展一项秘密的核武器计划，可能已经拥有了能够提纯铀的离心机。2006年底，科威特报纸《政治报》（Al-Seyassah）引述来自英国的情报称，叙利亚已经在靠近土耳其和伊拉克的哈萨卡省（Al Hassaka）的一个秘密地点发展了一项相当"先进的核计划"。这则情报认为，"总统的兄弟，马赫尔·阿萨德（Maher Assad）上校及其堂兄弟拉米·马可洛夫（Rami Makhluof）负责这个计划"。据称这个核武器计划是在萨达姆·侯赛因的两个儿子在伊拉克战争前和战争期间运送到叙利亚的原料的基础上建立的。这个消息部分地解释了国际调查小组未能发现萨达姆发展核计划证据的原因。[①]

① Olivier Guitta, "Plan B: Syria's forgotten — but dangerous — nuclear program", *The Examiner*, Dec 28, 2006.

2007年9月16日，美国《华盛顿邮报》和以色列《耶路撒冷邮报》等媒体披露，当前，以色列空军进行了一场名为“兰花行动”的闪电袭击，炸毁了叙利亚北部的代尔祖尔（Dair Alzour）地区的“幼发拉底河农业研究中心”。据以色列指称，这个中心是一个“核武库”。另据相关报道，以色列情报部门获取了叙利亚与朝鲜合作发展核计划的证据，以色列的行动得到了美国政府的支持。

2008年6月21日，国际原子能机构专家对叙利亚进行了为期4天的核查，获得了2007年9月以色列袭击的所谓的“幼发拉底河农业研究中心”的环境样本。而国际原子能机构准备于7月份派遣专家赴叙利亚进行调查时，却遭到了叙利亚的反对。叙利亚一位外交官表示，“在此时核查是不合适的。”在叙利亚被选举为国际原子能机构理事会成员时因“秘密建造核设施”而遭到调查简直是对《不扩散核武器条约》的讽刺。①

2009年3月2日，原子能机构总干事巴拉迪就核不扩散核查向该机构理事会进行了汇报，原子能机构核查人员2008年6月在代尔祖尔获得的环境样本及其他资料显示，当地的确有一些经化学处理产生的铀颗粒。“这些颗粒和此前的分析鉴别出的颗粒是一种没有被列入叙利亚已申报的核物质清单的核物质。叙利亚表示，这些铀颗粒来自摧毁这一建筑的导弹。以色列在回复原子能机构的一封信函中否认这些铀颗粒来自以色列。原子能机构的评估是，这些铀是由于使用导弹而产生的可能性比较低。”针对叙利亚在2009年2月15日致函原子能机构重申，被摧毁的设施及

① George Jahn, “Syria bars atomic inspectors probing North Korea link,” 10 August 2008.

现存设施是军事设施，没有涉及任何核活动，巴拉迪表示，信中没有回答原子能机构提出的许多问题。[①]

2010年2月18日，国际原子能机构发表报告称，叙利亚没有完全配合国际原子能机构解决代尔祖尔地区尚未解决的问题，另外还有其他三个地点与此地点有关系，因此，国际原子能机构未能推动此事取得进展。叙利亚提供了一些使用微型反应堆天然铀的信息。然而，叙利亚未充分解释有关微型反应堆核材料的活动和实验，阐明核粒子的可能来源。因此，叙利亚必须提供所有核材料的完整报告，并为国际原子能机构获得所有相关文件提供便利。叙利亚也未履行提供微型反应堆的铀辐射或核材料达到了保障协定规定的报告（INFCIRC/407）的义务。[②]

四、叙利亚核政策及影响因素

自进入核时代以来，已经经历了半个多世纪的时间。作为《不扩散核武器条约》的创始成员国，尽管饱受诟病，但是叙利亚核政策仍具有较为清晰的发展脉络。总体来看，叙利亚核政策呈现出以下一个特征：

第一，与国际社会合作，和平发展核计划。叙利亚核技术水平仍相当低，其所有与核相关计划所取得的成果几乎都是与国际社会合作的结果。广泛吸收国外先进的核技术为叙利亚自主发展

① “巴拉迪向原子能机构理事会汇报叙利亚和伊朗核查进展”，2009年3月2日，http：//www.unmultimedia.org/radio/chinese/detail/123053.html.

② GOV/2010/11，18 February 2010，p.3. http：//isis-online.org/uploads/isis-reports/documents/IAEA_Report_Syria_18Feb2010.pdf.

核技术能力提供了可能性。[①] 自1974年到2004年，国际原子能机构通过其技术合作部向叙利亚58项明显与核相关的研究计划提供技术援助，作为回报，叙利亚必须自觉履行其向国际原子能机构交纳会费的义务。到2004年，58项计划中的45项已经完成，国际原子能机构继续任命亢吉（Fathi Abdel Rouf El-Khangi）负责其余的13项计划。[②]

与国际社会合作发展核计划决定了叙利亚核计划的和平性质。截至目前，叙利亚公开的核计划均在国际原子能机构的监督之下。鉴于国际原子能机构核查技术与手段不断更新，叙利亚很难发展秘密的核计划。现有的公开材料显示，叙利亚并没有明显地在发展核武器计划。如果其他国家不能提供重要技术援助的话，叙利亚当前甚至没有发展核武器计划所需要的基础设施和技术人员。[③] 这也说明了叙利亚难以突破《不扩散核武器条约》，不会成为一个发展核武器的国家。[④]

第二，重视民用核计划，尤其是发展核能计划。叙利亚核计划应用基本上都在民用领域，如医疗、农业、物理、化学和工业生产等。瑞典国防研究所曾多年跟踪研究叙利亚核计划，共获得了70多份关于叙利亚核计划的材料，主要来自叙利亚原子能委员会，其中有关放射化学的有25份，反应堆技术的11份，核技术

① U. S. Central Intelligence Agency, "Unclassified Report to Congress on the Acquisition of Technology Relating to Weapons of Mass Destruction and Advanced Conventional Munitions, 1 January through 30 June 2003."

② Magnus Normark, Anders Lindblad, Anders Norqvist, Björn Sandström, Louise Waldenström, " Syria and WMD Incentives and Capabilities", June 2004, http: //www2. foi. se/rapp/foir1290. pdf.

③ http: //www. defenselink. mil/pubs/ptr20010110. pdf.

④ http: //cns/miis. edu/research/npt/memb. htm.

的医疗应用的4份，农业与工业应用的3份，中子活化分析的3份，核能的3份，核物理研究的2份，核废料处理的2份以及其他一些相关文件。[①] 这些材料充分说明了叙利亚民用核计划的多用途性与和平性。随着叙利亚国家经济社会发展对能源需求的增长，叙利亚越来越重视发展核能，逐渐将核能建设作为其核计划的重点方向。

由于叙利亚原子能委员会（AECS）完全负责叙利亚核领域的发展，外界普遍不了解关于叙利亚核计划的详细资料，因此，叙利亚难以完全消除一些国家，尤其是以色列和美国对其核计划性质的疑虑。一个典型的例子是，叙利亚在20世纪80年代曾建立一个核中试工场，为食品工业除去磷酸盐中的铀及其他有害物质。然而，由于叙利亚原子能委员会在这项工程中发挥着主导作用，对这项计划的顺利进行带来了诸多不利影响，一些西方国家的出口管制机关开始将关注重点转移到叙利亚是否会暗中还原这些铀，并尽量将这项计划与叙利亚原子能委员可能存在的秘密的核计划联系起来。1986年，国际原子能机构同意向叙利亚从磷酸盐中还原铀的计划提供技术援助。[②] 1996年，国际原子能机构同意向叙利亚提供更多的技术援助。[③] 叙利亚政府应该认识到，如果这项计划仅是为了促进食品工业的发展，就应该隶属于食品工业管理部门，而不应由叙利亚原子能委员会负责。

---

① Magnus Normark, "Syria and WMD: Incentives and Capabilities," *FOI-R—1290—SE*, Swedish Defence Research Agency, June 2004, p. 53.

② Uranium Recovery from Phosphoric Acid, IAEA Technical Co-Operation Project, SYR/3/003, 1986.

③ Purification of Phosphoric Acid, IAEA Technical Co-Operation Project, SYR/3/005, 1996.

第三，倡议建立中东无核区，拒绝核扩散。叙利亚不仅曾经利用其作为联合国安理会非常任理事国的身份多次提出建立中东无核区的提案，而且多次利用其他场合联合其他国家倡议建立中东无大规模杀伤性武器地区。1997 年，阿萨德总统在与埃及总统穆巴拉克会谈后回答记者提问时表示："那些拥有核武器的国家没有权利批评其他国家拥有任何武器。如果它们希望裁军，我们应该从核裁军开始。我们阿拉伯人已经准备好消除任何其他的武器。"[①] 另外，叙利亚已经签署了《部分核禁试条约》，[②] 进一步说明了叙利亚没有核武器，也没有能力和意图发展核武器。[③] 叙利亚遵守《部分核禁试条约》第三条的规定，1992 年与原子能机构签署《全面保障监督协定》，1992 年 4 月 2 日，叙利亚议会颁布第 5 号法令，批准了《全面保障监督协定》。叙利亚按照《全面保障监督协定》建立了国家核材料衡算和监督制度，并建立了必要的基础设施，以确保原子能机构核查人员能够有效行使《全面保障监督协定》所规定的职责。[④]

叙利亚强调，拥有核武器的国家在执行《不扩散核武器条约》方面具有最大的责任，而不应将《不扩散核武器条约》变成一种歧视制度，限制一些国家，而有利于其他国家。除了以色列之外，中

---

① M. Zuhair Diab, "Syria's Chemical and Biological Weapons: Assessing Capabilities and Motivations," *Nonproliferation Review*, vol. 4, Fall 1997, p. 105.

② "Country Profile: Syria," Comprehensive Test Ban Treaty Organization, http://www.ctbto.org/.

③ Anders Strindberg, "Syria under Pressure, *Journal of Palestine Studies*, Vol. XXXIII, No. 4, Summer 2004, p. 62.

④ "阿拉伯叙利亚共和国提交的关于不扩散核武器条约缔约国 2010 年审议大会筹备委员会第一届会议要审议的实质问题的工作文件", http://www.un.org/NPT2010/offdocs/NPT_CONF_2010_PC_I_WP_1_C.pdf.

东所有国家都已经成为《不扩散核武器条约》的缔约国，而以色列是该地区唯一拥有核武器而没有受到任何约束的国家。因此，国际社会应当认真采取行动，向以色列施加压力，迫使其立即无条件加入《不扩散核武器条约》，并通过与国际原子能机构缔结《全面保障监督协定》将其所有核设施置于该机构监督之下。[①]

值得注意的是，尽管巴基斯坦的卡迪尔·汗核销售网络似乎曾经在技术上援助伊朗、利比亚以及朝鲜发展核计划，但是没有证据表明，叙利亚曾经和卡迪尔·汗具有任何合作关系。尽管有报告认为卡迪尔·汗网络在南非、德国、荷兰、斯里兰卡等国的中间人曾与叙利亚接触过，但是报告中所提及的交易从未能得到证实。[②]

尽管如此，自20世纪80年代以来，国际社会一直怀疑叙利亚在寻求发展核武器。其中的主要原因在于：

第一，叙利亚核计划的目标并不清晰。国际社会普遍认为，在核能领域，叙利亚拥有一个行之有效的研究和发展计划，试图从国际原子能机构获得双重用途的核技术。叙利亚外交政策始终都很实用。[③] 美国官员认为，2004年，叙利亚可能曾与卡迪尔·汗的核销售网络接触，并获得了与浓缩铀相关的技术，和“不定数量”的P-1型离心机部件，可能对提高叙利亚“核武器计划”

---

① “阿拉伯叙利亚共和国提交的关于不扩散核武器条约缔约国2010年审议大会筹备委员会第一届会议要审议的实质问题的工作文件”，http：//www.un.org/NPT2010/offdocs/NPT_CONF_2010_PC_I_WP_1_C.pdf

② Kamran Khan, “Pakistanis Exploited Nuclear Network,” *The Washington Post*, January 28, 2004, p. A1.

③ Hamoud Salhi, “Syria's Threat to America's National Interest,” *Strategic Insights*, Vol. IV, Iss. 4, April 2005.

的技术起到至关重要的作用。美国方面甚至认为，伊拉克萨达姆政权与加工铀相关的设备交易均是经过叙利亚进行的，这种交易行为一直持续到萨达姆政权垮台后的 2003 年 4 月。① 由于意见难以统一，2004 年 5 月，美国情报部门对叙利亚是否接受到秘密网络的技术援助曾产生争议。

第二，叙利亚在中东的安全环境未见好转。叙利亚不仅经历了多次中东战争的失利，而且至今仍有部分领土被以色列占领，未与以色列解除战争状态。从地缘政治上看，冷战后，叙利亚在中东安全局势中日益孤立，其地区安全地位受到严重削弱。叙利亚周边大多数国家都与美国保持着密切的安全合作关系，以色列在西南，约旦在南边，伊拉克在东边，土耳其在北边，对叙利亚形成了包围之势。如果伊朗拥有了核武器，叙利亚在中东地区的安全局势将会更加恶化。② 如果土耳其或伊拉克试图发展核武器计划，叙利亚也将被迫发展核武器计划。安全上难以得到保证的叙利亚政府可能认为，除了发展核威慑能力，其他任何手段都将不能确保叙利亚的绝对安全。叙利亚已经建立了最基本的核基础设施。③ 如果想发展核武器，叙利亚不仅要克服建造核燃料循环基础设施等技术难题，而且要将其核计划置于极端秘密的状态，以免招致以色列先发制人或预防性的军事打击，摧毁叙利亚秘密"核武器"设施。以色列甚至可能打击叙利亚国家政权，削弱其发展核武器计划的政治意志。总之，以色列不会容忍叙利亚拥有

---

① "Syria Believed to Have Centrifuges," *Middle East Newsline*, August 26, 2004.

② Mustafa Kibaroglu, "Turkey's Quest for Peaceful Nuclear Power," *The Nonproliferation Review*, Spring/Summer 1997, pp. 33—44.

③ http: //www. nti. org/e _ research/proflies/Syria/2074 _ 2076. html.

核武器，而且拥有足够的军事力量发动持续性的空袭，摧毁叙利亚的政治、军事和经济中心。[①]

第三，叙利亚军事力量不足以保障国家安全。外界猜测，叙利亚曾从朝鲜、伊朗和巴基斯坦购买导弹，因此，叙利亚的核意图并不单纯。1986年，当问及以色列核能力时，叙利亚参谋长表示叙利亚试图获得与以色列平等的战略力量，包括核能力。[②] 伊拉克战争后，叙利亚发现，尽管美国认为伊拉克拥有大量的生化武器，但是仍然对伊拉克发动了两次战争，这可能动摇了埃及与叙利亚试图使用生化武器威慑以色列的信心，因为伊拉克的生化武器明显不足以威慑美国。这给叙利亚一个警示：也许只有核武器才能够为叙利亚赢得绝对的国家安全。

第四，国际核问题的解决具有示范作用。冷战后，没有一个国家比叙利亚更密切地注意伊拉克、伊朗和朝鲜核问题的事态发展。如果伊朗和朝鲜能够用“核武器”来吓阻美国的进攻，怀疑自己是美国下一个打击目标的叙利亚可能会认为仿效伊朗和朝鲜是其不二选择。叙利亚领导人也密切关注埃及和沙特阿拉伯的核计划的发展情况。如果其中一个或者是两个国家都拥有核武器，叙利亚会决定与它们一样，成为阿拉伯世界的重要核国家。[③] 退一步说，即使这些国家拥有了核电站等民用核设施，对叙利亚也是一种极大的刺激。

---

① Richard L. Russell, “Arab Security Responses to a Nuclear-Ready Iran,” in Henry Sokolski and Patrick Clawson, *Getting Ready for a Nuclear-Ready Iran*, October 2005, p. 36.

② May Gordon, “U.S. Exported Software, Parts to Iran, Syria, Records Show,” *San Francisco Chronicle*, August 28, 1991, p. A2.

③ “The List: The Next Nuclear Powers”, *Foreign Policy*, October 2006.

但这并不能证明叙利亚试图发展核武器，更不能以此证明叙利亚已经在发展核武器。国际社会不能以叙利亚具有发展核武器的意图而臆断叙利亚一直在发展核武器计划。总的来看，叙利亚发展核武器计划具有多重阻碍：

第一，国际社会反核武器扩散政策。中东地区是国际安全的重灾区，国际社会不愿意看到中东地区引发核武器竞赛，导致中东安全局势进一步恶化，强烈反对有关国家发展核武器扩散的政策。中东国家大多是中小国家，曾经历长期的殖民历史，对民族尊严和国家主权安全极为敏感，不愿意国际社会干涉它们国家的内部事务。因此，即使叙利亚发展和平性质的核计划也可能遭到国际社会的猜疑，更不用说发展核武器了。

第二，叙利亚的政治安全环境恶劣。冷战后，美国对伊拉克的两次战争严重打击了阿拉伯世界在中东安全局势中的地位，也使叙利亚与伊朗突出地成为阿拉伯—伊斯兰世界中对美国与以色列持强硬政策的代表。2005 年，国际社会利用黎巴嫩哈里里遇刺事件迫使叙利亚在黎巴嫩问题上一再退让，减弱了对黎巴嫩政治的影响力。2007 年，以色列不惜得罪广大阿拉伯国家，悍然入侵叙利亚领空，摧毁了叙利亚境内设施，广大阿拉伯国家对此态度暧昧，说明了叙利亚安全环境在中东安全局势中日益恶化，几乎陷入孤立无援的境地。

第三，叙利亚综合实力难以应对发展核武器所带来的国际压力。叙利亚国小人少，资源匮乏，长期受到以色列的敌视以及国际社会的歧视，难以获得国际社会的援助。如果缺乏国际社会的援助，叙利亚的经济实力、核技术水平以及核技术人员尚不足以支持建造核反应堆计划，更何况发展核武器计划。而一旦叙利亚不惜一切代价发展核武器而遭到国际社会的严厉制裁，国家经济将可能崩溃，社会稳定也可能遭到颠覆。这不是叙利亚现政权所愿意看到的。因此，从务实的角度来看，叙利亚无力也不敢冒天下之大不韪发展核武器计划。如果认为叙利亚对制造核武器、发展核威慑能力感兴趣，这将是十分可笑的。①

叙利亚至今还没有建造核燃料循环设施，其核计划仍处于初级阶段和有限规模。多年来，叙利亚一直在进行核科学和工程基础设施的建设及发展。叙利亚购买的核反应堆太小，现在的基础设施太薄弱，根本不会立即产生核扩散问题。尽管叙利亚原子能委员会一直计划建造一个核废料处理设施，但是叙利亚似乎还没有任何的核废料储藏设施。为此，叙利亚原子能委员会建立了一个放射性废料管理部门，收集、处理和储藏叙利亚采矿、石油和天然气部门产生的放射性废料。② 另外，国际原子能机构一直在监督着这座唯一的核反应堆。由于存在资金和战略等制约因素，只要叙利亚核计划一直维持在当前水平，就会依然是良性的。③

第三节　阿尔及利亚核计划

从 20 世纪 80 年代开始，阿尔及利亚一直在缓慢而坚定地实

① Magnus Normark, et al., "Syria and WMD: Incentives and Capabilities," *FOI-R—1290—SE*, Swedish Defence Research Agency, June 2004, p. 30.

② Henry Sokolski and Patrick Clawson, *Getting Ready for a Nuclear-Ready Iran*, October 2005, p. 74.

③ Shai Feldman, *Nuclear Weapons and Arms Control in the Middle East*, London: The MIT Press, 1997, p. 6.

施其核计划，并在勘探铀矿、建设核反应堆、提炼与加工浓缩铀等方面取得了一定的成就。阿尔及利亚在发展核计划的过程中相对来说比较开放，保持较高透明度，注意与国际社会开展灵活、有效的合作，在一定程度上消除了外界的猜疑。

一、阿尔及利亚的核动机

阿尔及利亚是非洲第二大国，在近代受法国的殖民统治。20世纪60年代独立以后，阿尔及利亚主要致力于发展国家经济，维护国家主权独立与领土安全。20世纪80年代，阿尔及利亚开始发展核计划，主要有以下几方面的动机：

首先，借助核技术，发展国家经济。尽管阿尔及利亚具有较为丰富的矿产资源，但是勘探、开发与处理、利用技术较低，远远不能满足国民经济发展的需要。核技术代表了国家科技发展的水平，核工业是一项综合性产业，能够为国家经济和科技发展提供动力和支撑。阿尔及利亚经济发展水平较低，产业结构不完善并处于相对初级的状态。核技术在化学、物理、农业、医学与能源等方面的实际应用不仅能够促进阿尔及利亚经济的发展，缩小与其他国家的差距，而且有利于产业结构的更新换代。

其次，提升国家在地区及国际社会中的地位。阿尔及利亚一直希望其国际地位能与其领土相适应。但是，无论是在非洲还是在世界上，阿尔及利亚的国际地位都不高。尤其是阿尔及利亚的后殖民地特征仍然十分明显，经济上对外依赖性较高，在一定程度上抑制了阿尔及利亚的经济发展。不论在环地中海联盟、阿拉伯联盟还是非洲联盟中，阿尔及利亚均处于相当不引人注意的地位。阿尔及利亚将发展核计划、拥有核技术视为提升国家地位的重要途径和手段。

第三，维护国家主权独立与领土安全。阿尔及利亚直到 1962 年才摆脱法国的殖民统治获得了完全独立，但在冷战期间一直受到法国等一些西方国家的排挤，其邻国利比亚与摩洛哥的国家安全环境具有较大的不确定性。利比亚长期与美国交恶，并曾经受到美国的军事打击，而摩洛哥国内政治社会形势长期动荡。阿尔及利亚希望通过发展核计划来提升国家的实力，增强国家抵御外部风险的能力，同时利用经济发展提升国家民生福祉，改善国家的外部安全环境，促进国内社会秩序的和平与稳定。

第四，振奋民族精神。阿尔及利亚是以阿拉伯人为主体的民族国家，与大多数西亚北非国家具有较近的性质。近年来，阿拉伯国家在核发展项目上整体上发展较为缓慢，只有埃及和叙利亚等国家在核研究领域取得了一些进展，伊拉克核设施因以色列在 1981 年轰炸而胎死腹中，利比亚被迫放弃发展核武器计划，民用核计划也未取得明显进展。阿尔及利亚希望发展核计划能够振奋并提升阿尔及利亚民众在阿拉伯世界中的自豪感，增强国民对国家的认同感和发展国家经济的凝聚力。

二、阿尔及利亚的核发展

阿尔及利亚曾是法国核武器的试验场地。1960 年 1 月 12 日，法国首次成功地在阿尔及利亚拉甘（Reggane）沙漠里进行了代号为“蓝跳鼠”的核试验，使法国与美英苏一起进入了核武器国家俱乐部。[1]到法国全部撤出阿尔及利亚，法国在阿尔及利亚的两个实验场地总共进行了 14 次核武器测试，[2] 直到现在法国核武器试验遗址仍然存在，成为阿尔及利亚利用核武器负面作用进行反面教育的地点，也成为阿尔及利亚与法国发展关系的重要影响因素。

阿尔及利亚的霍格尔山区（Hoggar Massif）蕴藏着大约 56000 吨铀矿。[3] 1969 年，阿尔及利亚开始在霍格尔山区探测铀矿，1971 年对全国 238 万平方公里的土地进行了空中无线电检测，发现了塔哈伽特矿区（Tahaggart）含有丰富的铀矿资源。20 世纪 80 年代后期，在国际原子能机构的帮助下，阿尔及利亚铀矿勘探和提炼能力大大提高。除了铀矿资源之外，阿尔及利亚在翁克山区（Djebel Onk）还发现了蕴藏量大约 20 亿吨的磷酸盐矿。[4] 美国地质调查局报告曾称阿尔及利亚每年能够生产 70 多万吨磷酸盐矿石。[5] 1994 年，国际原子能机构和阿尔及利亚材料开发中心合作研究从磷酸盐矿石中提取金属铀的方法。[6] 从 1984 年到 1997 年，阿尔及利亚铀矿勘探主要集中于三种矿藏：与花岗岩有关的矿藏、砂岩和大陆黑页岩矿藏。1998 年以后，这些勘探活动的速

① 闫淑敏："法国核武器模拟计划"，《国外核新闻》，2003 年第 12 期，第 11 页。

② 其中 4 次为大气核试验，10 次为地下核试验。

③ "Location and Capability of Nuclear Facilities of Algeria", http://www.reachingcriticalwill.org/about/pubs/Inventory/Algeria.pdf.

④ "History of Mining Industry of Algeria", http://www.mem-algeria.org/mining/.

⑤ "The Mineral Industry of Algeria in 2001", http://minerals.usgs.gov/minerals/pubs/country/2001/agmyb01.pdf.

⑥ "Algeria Country Profile", http://archives.sipri.org/contents/expcon/cnsc3alg.html.

度开始减慢下来。

20 世纪 80 年代，阿尔及利亚开始了自己的核计划。1981 年，阿尔及利亚宣布准备实施一项为国家提供 10%电力的核能计划。[1]为此，1982 年，阿尔及利亚建立了新能源委员会（Commissariat aux Energies Nouvelles，CEN），致力于推动阿尔及利亚核能、太阳能和其他新型能源的开发。1984 年 11 月，阿尔及利亚新能源委员会的官员在访问阿根廷时，表示对阿根廷试验型反应堆以及燃料循环处理具有浓厚的兴趣，希望在阿尔及利亚招标建造一座核反应堆。另外，他们要求阿根廷为其建造一座放射性同位素生产工厂以及矿石处理、铀浓缩净化以及燃料生产工厂。1985 年 5 月，阿尔及利亚与阿根廷签署协议，由后者向前者提供一座 1 兆瓦的研究型反应堆以及浓度为 20%的铀-235。[2]由于当时阿尔及利亚还不是《不扩散核武器条约》的签约国，阿根廷外交部明确表示与阿尔及利亚的任何交易都必须处于国际原子能机构的监督之下。最后，双方同意反应堆的基础设施将由阿尔及利亚国有公司"国家土木建筑公司"（Entreprise Nationale du Génie Civil et du Bâtiment）建造。阿根廷国家原子能委员会（Comisión Nacional de Energía Atómica，CNEA）承诺对这些设施进行监督，提供技术支持以及培训阿尔及利亚技术人员。1985 年 9 月，双方又签署了两份补充协议：一份是有关建造一座生产核燃料（UDEC）的工厂；另一份是有关建造一座生产二氧化铀的工厂的。1988 年，

① "Algeria Is Planning to Launch a Nuclear Program," *Nucleonics Week*, March 12, 1981.

② Richard Kessler, "Argentina Announces Sales of Research Reactor and Fuel to Algeria," *Nucleonics Week*, May 30 1985.

阿尔及利亚“高级研究委员会”（the Haut Commisariat *à* la Recherche，HCR）代替新能源委员会与阿根廷签署了一项涉及范围更广的技术合作协议。

由于20世纪80年代阿尔及利亚国内安全环境恶化，反应堆建设工程进度受到很大的影响。直到1989年3月，阿根廷援建的核反应堆才最终完成。4月2日，阿尔及利亚举行了揭幕仪式，将之命名为“努尔”（NUR，阿拉伯语意为“发光度”）。努尔核反应堆的设计与阿根廷的RA-6型核反应堆非常相似，但是在技术上有较大的提升。努尔核反应堆主要用于为实验室生产放射性同位素、中子物理应用研究和培训反应堆操作人员。1993年7月，阿根廷将反应堆移交给阿尔及利亚。然而，阿根廷援建的核燃料工厂直到1990年才开始动工。

20世纪80年代后期，阿尔及利亚又与阿根廷签署了购买第二座研究型核反应堆的协议，这就是位于爱乌塞拉的萨拉姆（El-Salam，阿拉伯语意为“和平”）15兆瓦的重水反应堆。这座核反应堆的建设工作从1987年开始，到1993年12月竣工。阿尔及利亚方面表示，这个核反应堆主要用于医疗研究和发电。这个核反应堆的建设和运行一直受国际原子能机构的保障监督。在该核反应堆的竣工仪式上，阿尔及利亚外交部长萨拉赫·登卜里（Salah Dembri）重申了阿尔及利亚政府签署《不扩散核武器条约》的意愿。①

阿根廷为阿尔及利亚建造的核燃料工厂到1991年中期已经完成了全部工程的90%，再有6个月就可以竣工。然而，阿尔及利亚国内政局动荡导致这项工程陷入停顿状态。1993年12月，阿

① “Algeria Gives Nuclear Pledge,” *Financial Times*, December 22, 1993.

根廷方面提出了替代方案，辅助系统将完全由阿尔及利亚方面完成，而加工设备将运回阿根廷组装，组装完成后再运到阿尔及利亚。但是，阿尔及利亚方面坚持要求阿根廷技术人员在阿尔及利亚进行加工设备的组装工作。由于安全环境恶劣，工程长期处于停顿状态。到 1998 年下半年，阿尔及利亚的安全环境大为改善之后，核燃料工厂的工程建设才得以恢复正常。到 2000 年年中，阿尔及利亚的核燃料工厂最终竣工。[①]

1995 年，国际原子能机构对阿尔及利亚核设施进行检查，发现了 3 公斤浓缩铀、几升重水和一些未向国际原子能机构申报的自然铀。国际原子能机构还发现，阿尔及利亚在 1984 年从尼日尔购买了 150 吨的天然铀浓缩物（uranium concentrate），[②]另外，阿尔及利亚核设施还可能存在一些非正常使用的情况，而且未向国际原子能机构通报。[③]根据国际原子能机构 1995 年 5 月的《风险报告》估计，阿尔及利亚在 20 世纪 80 年代建造的负荷为 15 兆瓦的重水研究型反应堆每年可以从自然铀燃料中生产 4～5 千克的钚，每 3 年的产量就足够制造 2 枚核武器。然而，美国政府分析人士认为，阿尔及利亚反应堆自 1992 年就处于国际监管之下，使用的燃料是浓度为 3％的浓缩铀，这意味着阿尔及利亚每年只能生产 1 千克钚。即使加上每年辐射铀坯（uranium blanks）生产的 1 千克钚，每年也只有 2 千克，只有国际原子能机构《风险报

---

① Roberto Mario Ornstein, "Argentina as an Exporter of Nuclear Technology Past Present and Future," *CARI*, 2001, pp. 25—26.

② "Algeria Special Weapons", http：//www. fas. org/nuke/guide/algeria/index. html.

③ "Nuclear Activities of Algeria", http：//www. isis-online. org/publications/algeria/elpais. html.

告》估计的一半。[①]

总体来看，尽管阿尔及利亚核计划在发展初期不够透明，引起了国际社会的一些猜疑，但随着其与国际社会在核研究方面的接触日益增多，阿尔及利亚逐渐增强了履行国际责任、维护地区安全稳定的意识以及发展核计划的能力，开始积极主动地与国际社会合作，遵守国际原子能机构的安全保障条款，允许国际原子能机构进行环境抽样检查，并且承诺不会积累从核废料中分离出的钚，[②]尽最大可能维持其核计划的和平性质。

三、阿尔及利亚核计划的国际反应与国际合作

国际社会上许多国家，尤其是西方国家对阿尔及利亚发展核计划一直抱有较为严重的猜疑心理，认为阿尔及利亚拥有丰富的石油资源，没有必要发展核能计划，同时担心阿尔及利亚可能试图发展核武器，以应对其邻国利比亚卡扎菲政权发展核武器计划和周边不稳定安全环境的潜在威胁。阿尔及利亚多次阐述其核计划的和平性质，尤其是其核技术的多用途性，如医疗、工业等，尽量为其发展核计划营造较为宽容的政治环境。

1992 年初，法国情报部门估计阿尔及利亚可能在 3～5 年内就能够生产出核武器。后来，以色列国防军情报局的多伦·塔米

① "Algeria: Nuclear Reactor Update," *The Risk Report*, Vol. 1 No. 5, June 1995, p. 12.

② Joseph Cirincione, Jon B. Wolfsthal and Miriam Rajkumar, *Deadly Arsenals: Nuclear, Biological, and Chemical Threats*, Carnegie Endowment for International Peace, 2005, pp. 173—174.

尔将军（Toron Tamir）估计阿尔及利亚核能力十分接近伊朗的发展水平。然而，伦敦国际战略研究所的弗朗斯瓦·海斯伯格（Francois Heisbourg）认为阿尔及利亚的核研发能力极其有限，指出阿尔及利亚的核计划一直处于国际原子能机构的监督之下，不可能秘密地研发核武器。

1992年2月27日，阿尔及利亚与国际原子能机构签署了核保障协定，允许国际原子能机构对其核反应堆和核燃料工厂进行核查，并表达了签署《不扩散核武器条约》的意向。[①]国际原子能机构随后两次核查了阿尔及利亚的核设施，[②] 没有发现与阿尔及利亚声称的核反应堆发展状况及目的相矛盾的迹象。

1992年，在国际社会的压力下，阿尔及利亚签署了《不扩散核武器条约》。1995年1月12日，阿尔及利亚议会正式批准了该条约，表示其愿意成为一个非核武器国家，从此阿尔及利亚的核活动完全处于国际原子能机构的监督保障之下，[③]这在很大程度上减少了外界对阿尔及利亚核计划和平性质的猜疑。1996年，阿尔及利亚签署了《全面禁止核禁试条约》，并于2003年7月11日，阿尔及利亚议会正式批准了《全面禁止核禁试条约》。[④]

---

① "Algeria and the Bomb," *Economist*, January 11, 1992; "Algeria to Sign Nuclear Pact," *International Herald Tribune*, January 8, 1992.

② Vipin Gupta, "Algeria's Nuclear Ambitions," *International Defense Review*, April 1992, p. 329.

③ Nicholas Doughty, "Algeria Renounces Nuclear Arms, Joins NPT," *Reuters*, January 12, 1995.

④ "Algeria's Ratification Brings the Comprehensive Nuclear-Test-Ban Treaty Closer to Entry into Force", Information Center Press Releases, 17 July 2003, http://www.ctbto.org/press-centre/press-releases/2003/algerias-ratification-brings-the-comprehensive-nuclear-test-ban-treaty-closer-to-entry-into-force/.

据西班牙一家军事情报机构的报告，阿尔及利亚的核计划超出了民用需要，其核设施能够生产出武器级的钚。阿尔及利亚核计划一开始并没有排除军事方面的用途，即使在其签署了《不扩散核武器条约》后，阿尔及利亚仍继续不遗余力地试图得到能够用于生产武器级钚的设备。[①] 20 世纪 90 年代初，美国的卫星照片显示在爱乌塞拉（Ain Oussera）有一座通常为 15 兆瓦反应堆配套的大型冷却塔（cooling tower），在埃塞拉姆反应堆附近有一处严密防守的建筑工地。这个反应堆位于比利尼（Birine）附近的阿特拉斯山脉中，在阿尔及尔以南 250 公里。

事实上，尽管阿尔及利亚核计划最初可能具有明显的军事目的，装备有能够生产武器级钚的核循环设施，但阿尔及利亚先后签署了《不扩散核武器条约》和《全面禁止核试验条约》，接受了国际原子能机构的核查原则，其核计划已经完全处于国际原子能机构的监督之下，基本上可以保证不会再具有军事用途。[②] 这从近年来阿尔及利亚核计划的具体项目也可以略见一斑。从 2003 年至 2007 年，国际原子能机构共批准了阿尔及利亚 19 项技术请求，其中 2003 年 3 项，2005 年 6 项，2006 年 1 项，2007 年 9 项，主要涉及核反应堆技术、医疗、能源、农业、生物、环境、卫生等方面。[③]

2006 年 5 月 21～27 日，阿尔及利亚国家原子能委员会委员

---

① David Albright and Corey Hinderstein, "Algeria: Big Deal in the Desert?" *Bulletin of the Atomic Scientists*, May/June 2000.

② M. Gonzáles and J. M. Larraya, Madrid, "El Cesid Warns that Algeria can Have the Capacity to Produce Military Plutonium in Two Years: The Algerian Atomic Program Exceeds it Civil Need, According to a Confidential Report", El Pais, 23 August 1998, http://www.isis-online.org/publications/algeria/elpais.html.

③ Technical Co-operation Project Information, http://www-tc.iaea.org/tcweb/tcprogramme/projectsbycountry/query/default.asp.

穆罕默德·德尔杜尔（Mohamed Derdour）率领由11名成员组成的代表团访问韩国，寻求双方在核领域的合作。阿尔及利亚非常希望提升自己的核研发能力，而韩国对获取阿尔及利亚石油、天然气和矿产资源非常感兴趣。访问期间，代表团访问了韩国原子能研究所、韩国核安全研究所、韩国核燃料公司和三荣联合技术公司（Samyoung Unitech）。根据韩国科技部的消息，阿尔及利亚代表团对核反应堆、放射研究和放射性同位素研究、商用核能、核能技术人员培训以及核技术的医疗应用相当感兴趣。据报道，代表团对三荣公司的中子生产设施也表现出强烈的兴趣，代表团还参观了三荣公司的热室。①

2007年1月，阿尔及利亚与俄罗斯签署了一份核能合作协议。② 此外，阿尔及利亚还准备与南非签署核能源合作协议。2007年1月22日，俄罗斯能源部长维克托·赫里斯坚科（Victor Khristenko）访问阿尔及利亚，与阿尔及利亚签署了几份核合作初步协议，内容包括俄罗斯为阿尔及利亚培训核技术人员以及帮助阿尔及利亚建造核电站。

2007年6月9日，阿尔及利亚与美国签署了一份核合作协议，旨在推动两国在民用核能方面开展更密切的合作。美国能源部专家代表团对阿尔及利亚进行了为期六天的访问。该代表团与阿尔及利亚原子能委员会的官员进行了会谈，并参观了阿尔及尔郊区的原子能研究中心。阿尔及利亚能源和矿产部长沙基卜·哈

① “Algeria Seeks Nuclear Cooperation with South Korea as-WMD Insights”, http：//www. wmdinsights. com/I6/I6 _ AF2 _ AlgeriaSeeks. htm.

② “Algeria Trades Gas for Russian Nuclear Energy”, *World Tribune*, January 24, 2007, http：//www. worldtribune. com/worldtribune/07/front2454125. 1611111113. html.

利勒（Chakib Khelil）表示，美阿核协议旨在通过专家访问的形式建立交流经验的合作机制，发展共同感兴趣的核计划。[①]

阿尔及利亚拥有丰富的铀矿资源，但是只有两座小型核反应堆，尚不足以拥有发展核能的能力。但是阿尔及利亚政府表示，随着石油和天然气资源逐渐减少，核能将来会成为阿尔及利亚的可更新资源。阿尔及利亚的石油储量约为118亿桶，根据目前的开采速度，仅可供开采23年[②]，阿尔及利亚有必要为开发替代能源做好充分的准备。

2008年1月，阿尔及利亚能源和矿产部长沙基卜·哈利勒提到阿尔及利亚核燃料循环计划时解释道，制定发展核能的政策取决于国家对电税、国家补助电价亏空的能力、为核反应堆进口浓缩铀的代价、对核原料的依赖程度以及处理核废料的能力等等，进行综合、充分的研究。这个解释似乎标志着阿尔及利亚当前不准备自主发展铀浓缩能力，也就是说，阿尔及利亚可能打算从国外进口浓缩铀。

2008年3月24日，阿尔及利亚与中国签署了两份核合作协议，[③]根据协议，中国将向阿尔及利亚发展核能计划提供帮助。《世界论坛报》报道称，这两协议，一份是关于中国将援助阿尔及利亚建造一座核能反应堆，另一份是关于中国为阿尔及利亚培

① "Algeria, US, Sign Accord on Nuclear Energy", http://rawstory.com/news/afp/Algeria_US_sign_accord_on_nuclear_e_06092007.html.

② "U.S and Algeria Sign Nuclear Cooperation Pact", *The New York Times*, June 10, 2007. http://www.nytimes.com/2007/06/10/world/americas/10iht-nukepact.1.6074391.html.

③ "China, Algeria Sign Nuclear Accord", http://www.worldtribune.com/worldtribune/WTARC/2008/ea_china_03_27.asp.

训核技术人员。阿尔及利亚政府强调，这两份协议都属于和平使用核能的范畴，只是阿尔及利亚希望追求的许多合作协议中的两份。在签署协议的当天，阿尔及利亚总理阿卜杜勒阿齐兹·贝勒卡迪姆（Abdelaziz Balkhadem）强调中国对阿尔及利亚的重要性，"我们希望中国将在国际和地区事务中发挥更大的作用"。阿尔及利亚与中国在核领域合作的历史使其相信找到了一个稳定的浓缩铀提供者，会减弱其对浓缩铀供应的担忧。阿尔及利亚官方估计，一旦协议按期付诸实施，阿尔及利亚在10～15年后就能获得核电计划的收益。①

在2007年12月，法国总统尼古拉·萨科齐访问阿尔及利亚，就法国帮助阿尔及利亚发展核电的可能性与阿尔及利亚有关方面进行了深入交流，并与阿尔及利亚签署了一份核能合作的初步协议。在此基础上，2008年6月21日，为了推动阿尔及利亚支持法国建立地中海联盟的计划，法国与阿尔及利亚签署了一份核合作正式协议，法国将在发电、探测铀矿等领域向阿尔及利亚提供帮助，并为阿尔及利亚核技术在医药、农业、工业、抗辐射保护以及相关领域的应用研究提供必要的帮助。②

2008年11月17日，阿根廷总统克里斯蒂娜·费尔南德斯访问阿尔及利亚，并参观了阿尔及利亚的核反应堆，并与阿尔及利亚总统布弗特利卡出席了阿尔及利亚能源部长克里尔与阿根廷联邦计划部长德维多签署发展和和平利用核能的合作协议的仪式，旨在恢复

---

① http：//wmdinsights. com/I25/I25 _ ME1 _ AlgeriaEmirates. htm.

② Staff Writers，"France Signs Nuclear Energy，Military Deals with Algeria，" *The AFP*，June 21，2008. http：//afp. google. com/article/ALeqM5hmDPZcFi7nF9wV7kHh81JI9gNGQA.

和加强两国在民用核研究方面的双边关系。阿尔及利亚希望阿根廷能够向其努尔和萨拉姆两座核反应堆提供“技术监督”。①

2009年2月24日，阿尔及利亚能源和矿产部长沙基卜·哈利勒表示，阿尔及利亚将在2020年左右建立自己首座商业用核电站，此后，每5年就再建一座核电站。他强调，阿尔及利亚与阿根廷、中国、法国和美国签署了原子能协议，也与俄罗斯和南非进行了核合作谈判，阿尔及利亚的核技术已经相当先进。阿尔及利亚议会将讨论建立保障核安全的专门机构和发展核能的公司。②

2010年5月27日，作为非洲国家合作的重要内容，南非总统雅各布·祖马（Jacob Zuma）在访问阿尔及利亚期间，与阿尔及利亚签署在核能领域合作的谅解备忘录，其中包括双边联合开发核能项目。南非科学技术部副部长德里克·哈内科姆（Hanekom Derek）没有提供更多的细节，但表示双方都认识到合作的共同领域与合作机制，认为虽然阿尔及利亚在20世纪80年代和90年代初寻求发展核武器未成功后，就将全部资源和技术用于发展核能以及其他民用核开发项目上。阿尔及利亚和埃及也同意建立一个技术研究和开发联合基金。在第一阶段，两国将各自提供100万美元。③

---

① Halima Nine, “Algeria, Argentine Sign Nuclear Deal,” *Echorouk online*, November 17, 2008. http://www.nti.org/e_research/profiles/algeria/index.html.

② “Algeria to Build Nuclear Power Plants from 2020”, February 24 2009, http://www.mg.co.za/article/2009—02—24-algeria-to-build-nuclear-power-plants-from—2020.

③ “Algeria, South Africa Sign Nuclear Energy MOU”, May 31, 2010, http://www.worldtribune.com/worldtribune/WTARC/2010/af_algeria0474_05_31.asp.

第八章

新的危机——海合会国家对核技术的追求

本章着重探讨伊朗之外已经披露的部分海湾国家的核计划，这些国家的核计划或是缘于对伊朗核计划的忧虑和恐惧，或是出于各国安全防务、经济发展的战略考虑而做出的。到 2006 年末，正当国际社会在阻止伊朗强力推进其核计划而一筹莫展时，海湾一些阿拉伯国家纷纷提出自己的核计划，引起了国际社会的普遍关注，《不扩散核武器条约》受到巨大挑战。这些海合会国家的核计划与核设想有着深刻的国际和地区关联性。

第一节　海合会国家核计划的背景及其战略考虑

2006 年 11 月 4 日，国际原子能机构副总干事长谷口富裕

（Tomihiro Taniguch）向《中东经济文摘》周刊透露：国际原子能机构最新的报告显示，中东地区已有六个国家在考虑开发自己的核计划，这些国家是阿尔及利亚、埃及、摩洛哥、沙特、突尼斯和阿联酋，尤其是后两个国家对研发核计划的兴趣是在别国的带动和影响下促成的。12 月 10 日，在利雅得闭幕的第 27 届海湾合作委员会（GCC）成员国首脑会议上，海合会秘书长阿迪亚宣布海湾国家要联合进行核研究。这些现象立即引起国际社会对中东核扩散的忧虑。

伊朗在坚持发展核计划方面采取强硬立场，是引发海湾地区核扩散的主要根源之一。①

一、海合会国家传统安全机制的困境

萨达姆统治下的伊拉克于 1980 年发动了两伊战争，1990 年入侵科威特，对邻国构成了严重的威胁并使整个海湾地区动荡不安。2003 年，美国发动了伊拉克战争，推翻了萨达姆政权。当时，西方普遍认为，萨达姆的下台将会极大地改善海湾地区的安全状况。然而，萨达姆的倒台仅解除了伊拉克对海湾地区的一个中、短期威胁。伊拉克内乱及国内什叶派势力的上升加剧了本地区的紧张局势，使伊拉克周边国家间的关系更加微妙，造成海湾的安全前景更难以预测。海合会国家希望通过其联合核计划提高自身的安全感。但各种迹象显示，海湾国家是要进行一次模仿伊朗核开发的尝试，其目的：一是试探国际社会的反应，并促使国

① 梁平安：“试论伊朗核问题对阿拉伯国家的辐射效应”，载《阿拉伯世界研究》，2007 年第 1 期。

际社会进一步扼制伊朗的铀浓缩活动；二是为海湾国家以后进行核开发进行舆论准备，以建立海湾核“安全屏障”，从而在后冷战时期为确保自身安全而形成一种“区域核均势”。海湾国家联合进行核开发声明的出台有下列政治背景和战略意图。

在海合会国家看来，伊朗是美国发动的伊拉克战争的最大受益国，两伊什叶派势力的增强对海湾邻国构成了很大的威胁。近年来，伊朗核计划加深了海湾国家的忧虑，海湾国家对创建本地区安全机制的希望更加渺茫。伊朗核计划几乎得到了伊朗全体政治精英和国民的支持，所以伊朗领导人在核问题上有足够的勇气与美国和国际社会抗衡。

美国是坚决反对伊朗核计划并主张对伊朗进行制裁的国家。但就在海湾合作委员会首脑会议开幕前几天，美国国会的伊拉克研究小组公布了《贝克—汉密尔顿报告》，该报告的一个中心内容就是建议美国应该建立一个国际支援架构（International Support Structure）来稳定伊拉克，减少地区紧张。但报告主张“这个支援架构必须包括所有能避免伊拉克陷于乱局的周边国家，伊朗和叙利亚就是其中两个国家”。[①] 该报告敦促伊朗对伊拉克现政权提供支持，而对伊朗核问题只字不提。这个报告令海合会国家忧虑重重，它们生怕美国为消除因当初错误发动伊拉克战争所产生的后遗症而急于从伊拉克脱身，在伊拉克问题上与伊朗及其他激进伊斯兰国家达成交易，进而在伊朗核问题上有所妥协。而且，没有迹象表明美国要实施2006年初所多次宣称的要绕过安理

① 新加坡《联合早报》，2006年12月18日。

会单独对伊进行制裁的计划。[①] 总之，海湾国家担心布什总统在其任期的最后两年内会调整美国的中东政策，为一己之利而放弃或削弱对中东激进国家的遏制，而加大对本地区温和的阿拉伯国家的压力。《贝克—汉密尔顿报告》出台没几天，海合会国家就提出联合开发核计划，因此，《贝克—汉密尔顿报告》在某种程度上加速了中东地区的军备竞赛。海合会国家的此项声明，是正值什叶派执政的伊朗与逊尼派居多数的海湾国家关系日趋紧张之际出台的，其时机的选择也是向布什政府发出一个明确的警告：不要轻信伊拉克研究小组"软化美国对伊朗政策"的建议。[②]

海湾研究中心主任萨格尔（Abdelaziz O. Sager）称，"如果伊朗从《贝克—汉密尔顿报告》中获益，海湾国家就将开发自己的核计划"，"它们想要表明的是：如果伊朗核计划不能被制止，你们就是逼迫我们也去发展核能力。"美国著名政治评论家利文斯坦（Mark Levenstein）也表示，"我们必须遏止伊朗的铀浓缩项目。否则，我们会发现像暴雨过后的蘑菇一样，中东地区遍地都是核电厂。"[③]

这绝非仅仅是一个恫吓。如沙特近十年来一直在考虑发展核武器，尤其是在伊拉克入侵科威特及伊朗核计划被披露之后，沙特的这一愿望更为迫切。沙特经济实力雄厚，已拥有现成的运载工具并从巴基斯坦获得了基础的核燃料填充技术。

伊朗的核计划比以色列的核武库对沙特的刺激更大。伊朗曾

① Shmuel Even, "*The Iranian Nuclear Crisis: the Implications of Economic Sanctions*", Jaffee Center for Strategic Studies, No. 185, September 7, 2006.

② Simon Tisdall, "Price of the Broken Deal", *The Guardian*, December 12, 2006.

③ Ibid.

支持什叶派在沙特从事恐怖活动，如1996年沙特科巴尔（Khobar Tower）大楼爆炸案。

实际上，第27届海合会首脑会议上发表的其成员国联合进行核开发的声明，反映了海合会国家敦促国际社会制止伊朗核计划的真实意图。因为也是在本次会议上，海合会国家领导人再次强调了中东不应成为拥有大规模杀伤性武器的地区的声明。首先，海合会国家担心伊朗坚持铀浓缩的立场会在中东地区引发新一轮军备竞赛，担心自己成为伊朗和以色列核竞赛的受害者，因而要求伊朗和以色列同时接受国际原子能机构对其核设施的监督和核查。虽然海合会首脑会议的声明声称是以色列的核武库刺激了温和的阿拉伯国家迈向寻求核计划的道路，目的在于重构本地区军事力量的平衡，但完全可以推断说，一向畏惧伊朗的海合会国家是“投鼠忌器”，他们更担心伊朗的核计划。[①] 同时，海合会国家也担心伊朗在铀浓缩问题上的强硬立场会刺激以色列对伊朗发动袭击并引发一场新的中东战争从而殃及池鱼，有美军在其领土上驻扎的沙特、科威特、卡塔尔和巴林更是如此。另外，海湾国家也担心伊朗在布什尔的核反应堆如果出现泄露会危害到自己，如科威特总参谋长曾声称科已向北约请求为其准备一项预防伊朗核泄漏的预案。[②]

以色列主要领导人在不同的场合多次发表声明，如果国际社会不能有效阻止伊朗的铀浓缩活动，以色列不排除最终对伊朗核

---

① *Times*, November 4, 2006; *ZAWYA*（［阿联酋］《商业周刊》), December 11, 2006.

② Emily B. Landau, “Taking a Stand on Nuclear Iran: Voices from the Persian Gulf”, Jaffee Center for Strategic Studies, No. 157, January 16, 2006.

设施进行军事打击的可能性，因为以色列决不能允许一个多次扬言要将其从世界地图上抹去并召开否认“大屠杀”国际研讨会的国家拥有核能力。“这是我们的底线”，以色列外交部总司长于2006年11月访问以色列驻上海总领馆时说。更令人惊奇的是，以色列一改多年来在其核武库问题上模棱两可、隐晦曲折的一贯立场，即面对外界指责其拥有核武器时既不否认也不承认的“模糊战略”，奥尔默特总理于2006年12月访问欧洲时说：“伊朗始终公开宣称要将以色列从世界地图上抹去，但你们认为它（的能力）真能与美国、法国、俄罗斯和以色列处于同一个水平吗？”[①]外界以此推断，这是以色列首次对外暗示它可以与其他大国相提并论，即已拥有自己的核武器。

虽然沙特等国一再强调，坚决反对在阿拉伯地区进行核扩散和核竞赛，海合会国家决定“联合进行的核研究”，仅用于发电、海水淡化、能源替代项目等和平目的，“我们完全公开地进行核计划的开发，绝不保密。我们的目标是和平利用核技术。不多不少，恰如其分”，[②]但问题是，迄今为止，伊朗也一直宣称自己的核计划仅限于“和平利用核技术”和“民用”。而以美国为首的西方国家始终对此抱有疑虑：伊朗的民用核计划是否是发展核武器的幌子或前奏？如果有更多国家加入到核开发的行列中来，肯定会对本来制度就不甚健全甚至允许民用核开发的《不扩散核武器条约》产生冲击，正如安南秘书长2006年6月21日在日内瓦裁军谈判会议上所说，“这发出了一个可怕的信号，即对《不扩散核武器条约》权威性的尊重日趋薄弱，而且在和平与繁荣的主

① 参见德国N24 Sat1电视台对奥尔默特采访录，2006年12月22日。

② 参见沙特外交大臣费萨尔12月10日在海合会首脑会议闭幕式上的讲话。

要威胁这个问题上存在着危险的分歧”。“在遵守条约和对条约的信心方面存在着双重危机。”

如果中东地区出现核泛滥，最终使核技术落入极端组织和恐怖组织手中，其后果不堪设想。海湾六国同时表示要进行核开发的实事使人不能不怀疑，这一方面可能是对伊朗将拥有核能力的一种恐惧反应，但另一方面，也可能是中东地区有经济能力的国家初步构建核设想，最终向发展阿拉伯世界的核武库迈出的第一步。

海湾阿拉伯各国GDP虽然较高，但综合国力较弱，单独或集体的话语权对本地区强国都产生不了足够的威慑力。因此，它们更愿意或只能通过加强与外界合作的方式来遏制伊朗的核计划。2006年10月29日，美国、英国、法国、意大利、澳大利亚和巴林6国海军在巴林附近的国际水域进行了代号为“前线”（PSI）的联合军事演习，旨在防止核武器等大规模杀伤性武器及相关设施在本地区的扩散。科威特、卡塔尔、阿联酋、巴基斯坦和韩国等19国派遣了观察员。演习地点就在巴林附近距伊朗海域20海里的区域。海湾三个国家以此向伊朗传达了一种明确的信息：伊朗必须明白，其邻国对它发展核武器不能无动于衷。

面对伊朗在发展核计划方面咄咄逼人的姿态，海湾地区阿拉伯国家可能会采取两种不同的方式来应对：一是与国际社会共同努力，扼制核武器的扩散，确保本地区的安全；二是自己也努力挤入核俱乐部的大门。目前看来，在国际社会制止伊朗发展核计划的努力不能奏效的情况下，海湾国家似乎做好了两条路平行应对的策略，虽然目前难以推断它们最终要走哪条路，而且这种不明朗的局面可能还要持续一段时间，它们或许更愿意与国际社会一道来制止伊朗的核计划，但又不愿承担各种努力失败后将自己置于被动地位的风险。

欧盟三国从 2003 年 6 月开始力图通过一项宏大的一揽子经济鼓励计划，以换取伊朗签订《不扩散核武器条约》的“附加议定书”，推迟铀浓缩活动并接受国际原子能机构的检查。欧盟与美国在遏制伊朗核计划方面的立场没有原则性的区别，但策略和方法却有不同。正如美国国家安全顾问哈德莱于 2005 年 2 月随同布什总统访问欧洲时所言：“布什总统与施罗德总理皆认为，欧美在处理伊朗问题时应采取胡萝卜加大棒并用的原则，问题是谁用胡萝卜、谁用大棒，及两者的内容分量如何。”①

代表欧盟的德、法、英三国在处理伊朗核问题时态度与手法方面不及美国强硬，但在立场上与俄罗斯又有着原则性的区别。

俄罗斯和中国曾是伊朗核计划的合作对象国，但后来中国为了表明支持核不扩散的态度，于 1997 年单方面终止了为伊朗提供核技术帮助的大部分协议。1995 年俄罗斯与伊朗签订援建布什尔（Bushehr）反应堆协议，有几百名俄罗斯工程师和专家为此项工程工作。2002 年 7 月底，俄罗斯杜马又通过决议，批准俄在未来 10 年中继续为伊朗建造 5 个新的核电站，总价值约 20 亿美元。俄罗斯认为，国际社会对伊朗的制裁应仅限于国际原子能机构所关注的范围内，即铀浓缩、化学反应、重水反应堆及核弹头的运载工具等方面。普京总统在接受墨西哥出版发行商马里奥·拉纳时说，“俄罗斯对解决伊朗核问题的立场是：鼓励伊朗与国际原子能机构对话，以澄清该机构对伊朗的疑虑并获得国际社会对其

---

① Elisabeth Bumiller, “Bush in Europe: Meeting in Germany; Bush May Weigh Using Incentives to Dissuade Iran,” *New York Times*, February 24, p. A1.

和平利用核计划的信任。”[1]

海合会国家核开发计划的声明也是针对俄罗斯的，因为当时俄罗斯正与英、法就安理会对伊朗制裁决议案的条款而争论不休。海湾六国此举在于引起俄罗斯对海合会国家在伊朗核问题上的立场的关注。联合国对伊制裁动议早在2006年7月首次提出，但因为俄罗斯的阻挠而迟迟未能通过。[2]

综上所述，英、法、德三国的协调长期无果，中国和俄罗斯不主张对伊朗进行制裁的态度，都使海湾六国及其他温和的阿拉伯国家担心国际社会是否真有遏制伊朗铀浓缩活动的能力和愿望。海合会首脑会议关于联合发展核计划的声明，明显具有向国际社会施压以敦促其加强阻止伊朗铀浓缩活动力度的用意。

海湾六国联合进行核研发的声明表达了这些国家向外界传递的一个明确无误的信号：伊朗的核计划，无论出于何种动机，都会在中东地区加速大规模杀伤性武器的扩散。

国际社会阻止伊朗核计划的努力迟迟不能奏效，海湾及中东部分温和的阿拉伯国家担心伊朗会利用时机，像当年印度、巴基斯坦和朝鲜一样硬行闯关，造成既成事实，迫使国际社会承认其核地位。[3] 若真如此，一直惧怕伊朗向阿拉伯世界输出伊斯兰革命的海合会国家担心，从此它们抵抗伊斯兰原教旨主义运动的手段会更加无力。

---

① 参见《俄罗斯新闻通讯社》，2006年12月18日。

② 参见《联合通讯社》，2006年11月21日。

③ 参见焦玉奎：“核危机：凸显伊朗的中东大国地位”，载《西亚非洲》，2006年第3期。

二、海合会国家在伊朗核问题上的立场与对策

国际社会本指望海合会国家在制止伊朗核计划中能发挥更大的作用，但结果是它们大多采取沉默的立场。初看起来有悖常规，但更深入地分析一下，会发现海湾国家采取这种立场又有其深刻的逻辑缘由。国际关系中的依附理论虽然已被广大第三世界国家所批判和摈弃，但目前它在海湾地区尚有相当大的市场，主要是因为海湾地区一些国家的安全链条易遭破坏的现实所致。伊拉克入侵科威特以后，海湾六国普遍奉行大国安全机制主导下的防御理论，其要旨是“防患于未然”。[①] 海湾国家的集体核计划可以被视作是这种防御理论的一种外观反映。霸权稳定论是西方现实主义理论的一种，它对海湾国际关系理论和实践的影响极为深刻，但这种理论仅为海湾中小国家所接受，而不为具有较强民族主义思潮的地区大国如伊朗、伊拉克和叙利亚所接受，而且双方在此问题上的立场针锋相对，并形成这些国家国际关系理论与实践中范式的冲撞。[②]

伊朗将美国视作海湾地区的入侵者，而海湾六国则将美国视作保护伞。这种相互冲突的观念使得海合会国家与伊朗难以建立互信机制。所以伊朗与海合会国家构建全面安全合作机制的障碍是政治性的，而非技术性的。海湾六国虽然拥有一定的经济和政治手段，通过欧盟和美国采取“胡萝卜加大棒”政策迫使伊朗放

---

① Emile El-Hokayem, “The Gulf States Are in the Atmosphere of Iranian Nuclear Issue”, The Henry L. Stimson Center, May 26, 2006.

② 刘月琴：《海湾地区国际关系理论》(下)，载《西亚非洲》，2001 年 1 期。

弃核计划，但这只能产生些微的边际效应。对海合会国家来说，它们承受不了参与了西方制止伊朗核计划的努力、但又不能成功阻止伊朗核计划这样的结果。它们因此得出结论：与美国采取完全一致的立场肯定会得罪伊朗，此举不仅没有收益，倒会加剧海湾地区的紧张局势。

当2003年西方国家对伊朗核计划的发展势头已表现出恐慌不安时，海湾六国及部分阿拉伯国家并没有对此表示过度的关注。一个最直接的原因是，这些国家从简单的“成本—收益”法则推断，公开反对伊朗的核计划只会使自己处于与这个地区大国进行对抗的境地。它们更愿意促使欧盟与美国来干预伊朗的核进程。另一个更深层次的原因可能是，这些阿拉伯国家认为，在以色列的核问题没有被澄清之前，一味指责伊朗的核计划只会带来负面效应，即在地区核问题上有采用双重标准之嫌。[①] 面对伊朗的核计划，海湾国家所能采取的遏制或反制措施有限。2005年12月中旬，海合会秘书长阿迪亚建议在迪拜启动一项“海湾无大规模杀伤性武器区”（Gulf Weapons of Mass Destruction Free Zone-GWMDFZ）的调研课题，该课题将以色列、伊朗、伊拉克和也门也包括了进来。但第26届海合会首脑会议宣言对伊朗核问题只字不提，而仅对以色列的核问题进行了批评。阿盟秘书长穆萨在给海合会各国领导人的信中也仅提到以色列的核问题。这也显示了海湾六国甚至整个阿拉伯世界在地区核问题上采取了避重就轻

① Emily B. Landau, “Takeing a Stand on Nuclear Iran: Voices from the Persian Gulf”, Jaffee Center for Strategic Studies, No. 157, January 16, 2006.

的行动，缺乏一套成熟的政策机制。[①]

面对伊朗的核计划，欧洲与美国当初都抱观望态度，作为伊朗近邻的海合会国家也持相当超脱的立场，但部分海湾问题专家，如海合会前秘书长阿卜杜拉·比沙拉（Abdallah Bishara）却早就提醒人们要引起警惕。

毫无疑问，海合会国家不愿看到有核的伊朗，它们愿与伊朗谈判但又不愿与伊朗发生冲突。海湾六国与伊朗之间存在着力量差异，加之前者手中缺乏与伊朗谈判的底牌。如果海湾六国要求与伊朗就其核计划进行谈判，伊朗必然会要求美国撤出在科威特、卡塔尔、巴林和阿联酋等国的军事基地。对那些依赖美国提供安全保障的国家来说，这是一个不能谈判的问题，因为它们对伊朗在 20 世纪 80 年代输出伊斯兰革命及由此引发的动荡记忆犹新。

海合会国家也意识到与美国关系过于亲密在将来会使它们与伊朗的关系更为紧张。到目前为止，伊朗虽没将海合会国家当作威胁，但处于夹缝中的海湾六国则想方设法降低来自外部的威胁，所以不敢轻易招惹伊朗。

分析人士认为，海湾六国乐观地推测即使伊朗将来有了核武器也不会贸然使用，它们对伊朗核企图的评估是伊朗仅将其当作遏制强敌的一种手段。一旦伊朗决定使用其核武器，必然遭到美国和以色列的大规模报复，而短期内伊朗尚不具备第二次打击的能力，所以这种观点看似是合理的。但鉴于伊朗缺乏严格的核规则和核管理体系，将来伊朗的核武库由何人控制，核炸弹会否落

---

① Emile El-Hokayem, “Gulf States and the Iranian Nuclear Challenges,” *Daily Star*, January 15, 2005.

入极端组织手中，不能排除意外情况的出现。中东地区过去20年的历史表明，海合会国家不乏对形势判断失误和失策的例证。

加强对核扩散风险的控制及提高对核扩散风险的意识是确保中东地区稳定的关键。虽然伊朗军方包括伊斯兰革命卫队高层对使用核武器可能会持保留态度，但目前处于伊朗政治中心的革命卫队的部分中下级军官在危机中可能会将使用核武器作为首选。西方及中东地区的政治家和学者皆认为，伊朗的未来充满了太多的变数。

上述因素或许会对我们理解海合会国家对伊朗核问题的立场有所帮助，它们对伊朗没有任何制约能力，不愿在一场前景不明的博弈中下注过多。在这种形势下，海湾六国所能做的无非是：鼓励伊朗与西方达成协议，或对美国施加压力促使其介入与伊朗的谈判，或直接动用自己的经济力量加强欧盟的谈判力量压伊朗就范。2006年2月，当国际原子能机构准备将伊核问题提交安理会讨论时，海合会秘书长立即发表声明表示支持。

另外，海合会国家也不愿看到美国与伊朗关系有所改善，海湾现有格局出现根本性的变化，导致海湾六国被美国所忽视。[①]需要强调的是，海湾六国因历史原因和现实利益的差异，很难针对伊朗形成统一的“海湾立场”。[②] 阿曼与卡塔尔同伊朗有多年的经贸往来，迪拜一直是伊朗的贸易中转站和金融服务中心，但沙特和巴林则一直对伊朗对其国内什叶派的影响保持高度警惕。

---

① William Bill, *The Eagle and the Lion*: *The Tragedy of American-Iranian Relations*, New Haven: Yale University Press, 1989, p. 203.

② Mark Gasiorowski, *US Foreign Policy and the Shah*: *Building a Client State in Iran*, Ithaca: Cornell University Press, 1991, p. 100.

1991年海湾战争结束之际，在共同反对萨达姆政权的基础上，科威特与伊朗的关系一度相当密切，但2003年萨达姆下台后，科威特与伊朗的关系又急剧降温。

对于伊朗核问题，在萨达姆倒台前或之后的一段时间内，海湾六国认为有核的伊朗可制约伊拉克。伊朗领导人多次出访海合会国家以宣传其和平的诚意，特别是核计划的和平性质。但在逐渐展开的有关伊朗核问题的博弈中，区域外强国才是主要的角色，作为伊朗近邻的海湾六国宁愿做旁观者。海湾国家的局限性及其不作为反映了它们对伊朗缺乏信任及将美国作为其最终安全保护伞的心态。①

早在2005年5月，时任美国驻科威特大使的巴龙（Richard Le Baron）在伊朗最高国家安全委员会秘书哈桑·鲁哈尼（Hassan Rowhani）访问海合会国家前夕，批评伊朗"践踏人权、图谋发展核武器和大规模杀伤性武器、干涉伊拉克内政、反对中东和平进程和支持恐怖主义"，号召海合会国家在外交上做出更大的努力，采取坚定的立场抵制伊朗的核野心。但巴龙的讲话随即遭到科威特议长哈拉菲（Jassem Al-Kharafi）的抨击，哈拉菲指责他干涉并破坏科威特与伊朗的关系，在场的多数科威特高级官员则保持沉默。2007年1月16日，科威特副首相兼外交大臣穆罕默德·萨利姆·萨巴赫在德黑兰参加科威特—伊朗经济委员会首次会议时说，科威特完全支持伊朗和平利用核能的合法权利。

毫无疑问，海湾六国对伊朗的核企图怀有戒心，然而在2002

---

① Michael Palmer, *Guardians of the Gulf: A History of America's Expanding Role in the Persian Gulf*, 1883—1992, New York: Touchstone, 1999, pp. 86—88.

年8月至2005年年底之间，为伊朗的强硬立场及伊拉克问题所困扰，它们大多采取沉默和暧昧的态度。仅在2005年1月，海合会秘书长阿迪亚才开始发表了一篇措辞含糊的讲话。“沙特及海湾国家不认为对本地区人民造成巨大威胁的这种核活动有任何正当意义。”①

2005年，沙特外交大臣费萨尔（Saud al-Faisal）及沙特前驻美国大使土尔基就伊朗核问题发表了一些有分量的讲话。前者说伊朗在核问题上的强硬态度会产生潜在的“灾难”，后者批评伊朗的不妥协立场。但就伊朗核问题给予最明确表态的是海合会前秘书长比沙拉（Abdallah Bishara），他说伊朗的核计划“完全改变了海湾地区的力量均势，使伊朗成了本地区的主宰。海合会国家必须统一立场、旗帜鲜明”。②

海湾六国在伊朗核问题上不愿得罪伊朗这个强邻，它们对伊朗采取安抚政策，而指望欧盟的外交努力和美国的军事压力能够迫使伊朗放弃其核计划。这种为很多人所诟病的“两级战略”正是海湾国家现实处境的反映。事实证明，这是一种代价不菲而且颇受争议的政策，但又是一种较适合海湾国家的选择。

海湾六国最担心伊朗核问题演变成军事冲突，“城门失火，殃及池鱼”，使海湾六国遭受重大损失。一旦爆发军事冲突，伊朗很可能会使用非常规手段进行回击。伊朗多次扬言，只要遭到攻

---

① “Gulf States’ Great Concern to Iranian Nuclear Issue,” *UPI*, January 3, 2005.

② 《科威特议长批评美国驻科大使对伊朗讲话》，新华社国际新闻版，2005年6月5日。

击，它就封锁霍尔木兹海峡。[①] 伊朗伊斯兰革命卫队政治局领导人贾万尼（Yadollah Javani）甚至威胁说："如果美国和以色列袭击伊朗核设施，伊朗将对它们在全世界的利益目标发动攻击。"[②]

总之，海湾六国在伊朗核问题上没有太多选择，伊朗核问题所演化出的各种结局对它们都会有深远的影响。面对日益升温的伊朗核问题，海湾国家目前所表现出的沉默可能说明，它们认为过早的卷入会带来更大的风险。

另一方面，虽然海合会国家政府对伊朗核问题充满忧虑，但很多阿拉伯人仍从积极的方面看待伊朗核问题，他们以一个伊斯兰国家开发了核技术并向美国提出挑战而自豪。在布什政府鹰派外交政策的大背景下，阿拉伯世界普遍存在一种强烈的愤懑心理，他们认为核不扩散条约仅是西方和美国压制第三世界的另一种法律工具。他们更多地批评西方的核"歧视"，而对核不扩散条约及其相关的规定不屑一顾。另外，中东很多国家将自主防务奉为圭臬，在很多阿拉伯人看来，以色列拥有核武器为伊朗提供了捍卫自己战略需要的口实。海合会国家认为过度抨击伊朗核问题、压制公众舆论也非上策，正如在反美情绪强烈的大环境下，如果政府与美国走得太近，将不利于海合会国家政局稳定一样。

海合会国家估计伊朗急于发展核计划的目的是为了获取经济利益及欧盟和美国对它的安全承诺，而且，伊朗并没有将海合会国家当作主要威胁和推行核计划的主要障碍，因此它们认为没有必要介入到纷争中去。

---

① Nicole Stracke, "*Nuclear Arms Race in the Gulf*?" OSINT, February 2, 2007.

② 参见贾万尼（Sobh-e Sadeq）2008年5月7日在德黑兰的讲话。

海合会国家主要强调它们对伊朗核计划环境风险的担忧。一是伊朗开发核技术带有高风险和其他不确定因素，伊朗的核技术绝非已处于完美状态。二是除沙特外，海湾六国的人口和基础设施多集中于沿海城市，任何核事故都会给它们带来难以预料的灾难。“布什尔核电站离马拿玛和多哈比离德黑兰还近”，离科威特和沙特仅 250 公里，离卡塔尔仅 350 公里。[①] 2005 年 12 月 18 日，海湾六国领导人讨论如何保持本地区无核化问题时对伊朗的核计划充满了担忧。阿迪亚说，“我们不愿看到伊朗将核设施建在离我们的海岸线比德黑兰还近的地方，这会给我们带来危险和灾难。这个问题很严重，事实证明，不仅我们，全世界都在为此事担忧。”[②]

尽管海合会国家将伊朗视作更直接和更严重的威胁、依赖美国为它们提供安全保障，但海合会国家并不能完全摆脱泛阿拉伯主义和泛伊斯兰主义的影响，泛阿拉伯主义和泛伊斯兰主义要求海湾国家表现出更强烈的反以色列姿态并批评美国的对伊朗政策，而不是将矛头指向伊朗这个伊斯兰兄弟国家。

三、海合会国家的经济发展带动能源需求增长

随着经济的发展，全球能源需求不断增加。在传统能源日益枯竭的情况下，开发新能源及替代能源已成为一个必然趋势，而清洁的核能则占据了重要的地位。

---

① Tariq Al-Homayed, “Iran … ‘I Cry Out in the Gulf,’” *Asharq Alawsat*, April 13, 2006.

② *Asharq Alawsat*, London, December 19, 2005.

据2006年国际原子能机构统计，目前全世界有440座核电站在运行，年发电量3720亿千瓦，占世界总发电量的16%。[①] 尤其是在东亚国家、俄国及印度，兴建更多核电站的计划已经启动。美国在经历了逾25年的休眠之后，也即将恢复核电厂的建设。这将在全球开启第三个时代，即核能复兴的时代。

即使是海湾这个全球油气资源最丰富的地区也不例外。近几十年来，海合会国家丰厚的石油收入为其经济持续高速增长带来了巨大的推动力。这种经济的高速发展及外来人口的不断涌入，也使其石油、电、水等能源需求急速地增长。沙特国王大学教授霍沙伊姆（Bakr Bin Hamza Khoshaim）认为，海湾国家电力需求量每年增长6%—8%，而全球其他地区仅增长2%～3%。能源的短缺对海湾地区的经济发展起到了一定的阻碍作用。如阿联酋因在旅游业和房地产业领域的大规模投资，使其经济增长率在2006年达到了12%。海湾六国2000年的年发电能力是440亿千瓦、2005年是620亿千瓦，而到2028年计划要达到2920亿千瓦。为满足能源需求，海湾六国在2000年至2020年期间要投资1300亿美元。核能只是它们目前正在考虑发展的能源形式之一，它们也在探讨如太阳能和风能等其他可再生能源。

2007年在迪拜举行的《中东电力论坛》研讨会上，阿联酋中东国际问题研究院（IIR-Middle East）提交的一份报告预计，在未来十年中，海合会国家在海水淡化工厂建设上要花费1000亿美元以满足当地居民的需要。目前，阿拉伯世界每年对淡化水的需求增长率是6%，而全球增长率是3%。阿联酋70%以上的日常用水来自海水淡化工厂。

---

① "Census for Nuclear Plants Construction," *IAEA Chronology*, 2006.

虽然海湾地区油气资源丰富，但在夏季偶尔也会有电力短缺的现象。酷热的气候使当地过快增长的人口的需水量也急速增加。“只有海水淡化才能解决此类问题”，海合会科威特分会长阿迪亚说。[①]

一个功率大些的工业核反应堆造价约 40 亿美元，而海湾六国花在同类非核计划上的投资约在 100 亿美元左右。因此，核能建设对海湾国家而言还是一个比较经济的能源项目。

核电工厂的建设周期一般要在 15 年左右。英国原子能委员会主席贾奇（Barbara Thomas Judge）预计在未来 20 年内，至少有一个海湾国家会建成一个核电厂。埃及电力部长哈桑·尤尼斯于 2006 年向媒体宣布，因电力资源相对缺乏，埃及计划在 10 年内耗资 15 亿美元建成一座 1 千兆瓦的核电厂。约旦 20%的国民收入花费在石油进口上，它也紧随埃及之后，计划在其南部沙漠地区建起一个核电厂。

自联合核计划公开之后，海合会国家始终强调其核计划会在国际原子能机构的领导和监督下，仅用于和平目的。海合会秘书长阿迪亚强调说，海湾国家从初始阶段就会邀请国际原子能机构参与到其计划中来，以使其核计划在“国际准则中成为一个完全透明的进程”。他同时重申，海湾国家发展核计划的决定并不是要与伊朗比高低。“这绝不是海湾国家针对伊朗所做出的反应，我们的意图就是和平利用核能。”[②]

海湾六国都是《不扩散核武器条约》的签字国，该条约禁止发展核武器，要求任何发展核工业的国家对国际原子能组织实行

① “Tribune on Middle East Power Analysis”, Dubai, UAE, 2007.

② “Tribune on Middle East Power Analysis”, Dubai, UAE, 2007.

毫无保留的开放，并无条件地对该条约承担义务。

美国国务院曾明确表示华盛顿在其海湾盟国的民用核计划建设中会成为一个“积极的参与者”，布什政府也会支持各国利用核能，以减少全球的温室效应。阿迪亚说，国际原子能机构已与海湾六国的政府进行了几次会谈，答应提供技术咨询服务以使其核计划研究进入轨道。

2007年2月19日，阿联酋能源部副部长奥瓦伊斯（Ali Al Owais）说，目前正在进行可行性研究的海合会国家核计划得到海合会批准后，最早会在2025年在海湾地区建立第一个核电站，建立核电站的计划目前正由海合会和国际原子能机构共同制定。他在阿联酋战略研究中心第13次年度能源会议上宣称，阿需要新型能源。

根据海合会现有的核计划工作日程安排，海合会国家第一个核电站生产的电能将通过海湾六国统一电网进行分配。海湾六国统一电网首期工程将于2010年完工。

海合会国家石油储量丰富，目前并无传统能源供应短缺之虑。外界普遍对海合会国家发展核能的真实动机进行猜测，但英国原子能机构主席贾奇却毫不置疑，她说，“海湾确实需要替代型能源，目前不动手，用时方恨迟。未雨绸缪吧。”她还说，虽然海湾地区有丰富的石油储量，但全球经济的高速发展对能源的需求也日益旺盛，海湾国家向替代能源的转向应该被视作一个有前瞻性的、积极的步骤，而且相对于其他替代能源来说，不释放碳化物的核能较为理想。虽然“风和太阳能是较好的绿色能源，但要受气候的制约”。贾奇说，核能设施会给海湾各国带来更清洁的供水并满足当地不断增长的商业需求。

或许，急于开发核能的海合会国家政府将要面对的最大挑战是：随着当地民众文化程度的不断提高及参与社会公共事务意识的逐渐增强，他们会将核反应堆当作一种危险的能源形式。国际上曾经发生过的两起严重的核泄漏事故，即1986年4月前苏联的切尔诺贝利核电站和1979年美国的三哩岛（Three Mile Island）核电站事故，不能不使海湾各国民众在享用现代物质文明成果时有所顾虑。国际原子能机构和世界卫生组织2005年提供的一份报告称，1986年切尔诺贝利核电站事故造成56人死亡，9000人受到核辐射影响。所幸的是，美国三哩岛核电站是机体内泄露，没有造成人员伤亡。

但是，近年来核技术有了长足的进步，英国原子能机构主席贾奇说，"人们应该意识到，新核能与旧核能不可同日而语。虽不能说没一点儿风险，但核技术与核电厂总体上是安全的。"[①]

核电站对空气污染非常有限，而且核电站运营的环境成本较低。但核废料的贮放一直是个棘手和颇受争议的问题。关于核废料的贮存问题，贾奇主张海湾国家向英国学习。"我们有贮存核废料的技术。10万年以内不用考虑废料问题。但在何处贮存却是个问题。"[②] 虽然海合会国家的人口密度不及英国，但牵涉到建核电厂及贮存核废料的地点时肯定会遭到当地居民的强烈反对。英国政府下属的可持续发展委员会（咨询机构）声称，如果英国现有的核能设施增加一倍，到2035年英国二氧化碳的总体排放量将减少8%。实际上，核电厂排放最多的是不含任何放射元素和硫、氮、汞及其他矿物的水蒸气。这对一个经济发展相对缓慢但有相

---

① *Wenatchee World*, June 5, 2008.

② *Wenatchee World*, June 5, 2008.

当环保意识的海湾地区来说是一个较好的选择。

据报道，即使是最倡导绿色事物的环保组织也正在极力推动一场核变革。前绿色和平组织主席莫尔（Patrick Moore）最近在美国发表文章，宣称改变世人对核能观点的时刻到来了。因为核能是一种零排放的绿色能源。如果中东国家能够掌握核技术并履行其和平利用核能的诺言，它们的经济发展就会逐步摆脱对石油的依赖，其实这也是海湾石油富国所应遵循的一种长远的经济战略政策。

但国际战略研究院负责核扩散事务的专家马克·菲茨帕特里克说，海湾国家对核技术的这种突然的冲动显然是在追求一种“核屏障”。[①] 开发新能源、推动经济发展、满足民众需求实为海湾国家政府为其长久的防务政策之计而打出的一张经济牌。

第二节 海合会国家的核计划进程及其对核不扩散机制的冲击

2006 年 12 月第 27 届海湾合作委员会成员国首脑会议宣布海合会国家要进行联合核研究，2007 年 2 月，海合会与国际原子能机构达成合作协议，开始研究本地区开发核能的可行性。2007 年 12 月在马斯喀特举行的海合会峰会上，海合会向海合会国家领导人汇报了开发核电的研究报告。虽然海湾国家积极性很高，也有充分的物质手段去规划、设计和实施其核计划，加上海湾国家与

① Mark Fitzpatrick, “Six Arab States Join Rush to Go Nuclear,” *Times*, November 4, 2006.

以美国为首的西方国家的传统友好关系等有利因素，但海湾国家核计划的进展仍十分缓慢。

一、海合会国家核计划进程

海合会国家发展核能拥有有利的国际环境。首先是传统上海湾国家在国际和地区事务中始终采取的温和立场，使它们与美国和欧洲国家通过军事同盟关系建立了互信机制。在和平利用核能方面，西方国家不但对海合会国家采取完全不同于对伊朗等伊斯兰激进国家的立场，相反还在商业利益的驱动下对海合会国家的核计划采取积极支持甚至是鼓励的态度。2007 年 6 月 6 日，美国常驻国际原子能机构代表舒尔特（Gregory Schulte）在访问多哈时强调，美国不反对海湾六国的核计划，准备通过与它们直接合作或通过国际原子能机构的方式帮助其发展民用核技术。除美国之外，欧盟、埃及和约旦均表示支持海合会国家“负责任、公开地开发民用核能”。[①] 国际原子能机构总干事巴拉迪也表示，“海湾六国决定开发民用核技术，我们对其采取支持的态度，我们正在与它们进行一系列磋商”。[②]

沙特在海湾六国的核计划中处于领导和核心地位。海合会国家的核研发基地就设在利雅得。2006 年年底，海湾合作委员会宣布其核研发项目，并计划于 2009 年启动。2007 年 2 月，海湾合作委员会与国际原子能机构就海湾六国开发核能方案达成合作协议，后者提供技术支持。

---

① *Gulf News*, April 21, 2008.

② Ibid.

（一）沙特的核计划

外界普遍认为沙特是海湾国家中第一个启动核计划的国家。早在2003年，沙特就与巴基斯坦签订了核技术合作协议，同年巴基斯坦总理阿齐兹率团访问沙特商讨具体合作事宜。另据2007年4月15日《纽约时报》报道，为启动核计划，沙特还有史以来第一次邀请俄罗斯总统普京访问沙特。阿卜杜拉国王在与普京会面时毫不掩饰地提出，愿意接受俄罗斯提供的核技术。令外界感到吃惊的是，两年之前，阿卜杜拉国王曾向国际原子能机构表示，“沙特无需开发核能”。

沙特于2005年6月16日与国际原子能机构签订了《微量条款》，外界猜测沙特可能有意开发核能。特别是“9·11”事件后，随着美沙关系的降温及美国减少对海湾地区的安全保障，在沙特必须同时面对以色列和伊朗两个地区强国的形势下，外界推测沙特所能做出的合乎逻辑的决定就是开始寻求其他自保方式。

早在2005年5月，国际原子能机构一份内部文件透露说，为了降低核扩散的风险，国际原子能机构很可能要对《微量条款》进行修订时，沙特立即强烈要求与国际原子能机构签署该条款。该条款允许被认定为低风险的国家对外公开其核活动后即可避免严格的检查。此外，本条款还允许上述国家无需报告即可拥有最多可达10吨的自然铀、或20吨贫铀、或2.2镑钚。外界普遍认为，如果沙特无意发展武器级的铀或钚的话，依一般标准，10吨自然铀足够使其建成1～4个核设施。理论上说，设置该条款的目的是使国际原子能机构能够密切地关注那些被认为具有高扩散风险的国家。尽管欧盟、美国和澳大利亚等国际原子能机构理事国都对《微量条款》会为部分国家提供潜在的核扩散的可能性表示强烈关注，但国际原子能机构还是与沙特签署了《微量条款》。这样，沙特仅通过发表一项单方面的声明，就可避免国际原子能机构对其核活动的监测和检查。[①]

虽然过去没有任何国家将沙特视作中东核扩散的威胁源，但鉴于海湾地区近期发生的急剧变化，有些国家还是对沙特急迫的核诉求背景给予了严重的关注。特别是在《微量条款》行将修订之际，沙特提出与国际原子能机构签订此条款，加之沙特多年倡导中东无核化的立场，此时沙特的作为更是让人产生怀疑。[②]

有证据表明，早在1975年沙特就开始寻求核能力，当年在苏来耶尔（Al-Suleiyel）地区建立了一个核研究中心。另外，沙特从1985年到海湾战争前向伊拉克支付了50亿美元，来支持伊拉克的核计划。根据沙特—伊拉克双方协议，如果伊拉克核计划获得成功，则由伊拉克向沙特提供核武器，因为双方都对以色列的核设施表示极大的关注。当伊拉克奥西拉克核反应堆于1981年被以色列摧毁后，双方曾进行过有关重建的讨论。[③]

1994年年中，沙特前驻联合国大使穆罕默德·基勒维（Muhammad Khilewi）叛逃到美国后，公开了几千份文件，其中一些文件披露了沙特曾资助巴基斯坦的核弹工程以换取巴基斯坦承诺

① "Saudi Arabia Exempt From Nuke Inspections", *The Guardian*, June 16, 2005.

② Richard L. Russell, "A Saudi Nuclear Option?" *Survival*, Vol. 42, No. 2 (Summer 2001), pp. 69—79.

③ "Saudi Arabia Special Weapons", *Global Security. org*, Oct. 22, 2003; Arnaud de Borchgrave, "Pakistan, Saudi Arabia in Secret Nuke pact", *The Washington Times*, 22 October 2003.

一旦沙特遭到核袭击，巴基斯坦将用核弹对入侵国进行报复。[①] 1999 年，沙特第二副首相苏尔坦·本·阿齐兹在巴基斯坦总理谢里夫的陪同下参观了巴卡胡塔铀浓缩厂，并与巴基斯坦“核弹之父”卡迪尔·汗博士进行会谈。其后在 2002 年，沙特阿卜杜拉王储的儿子参加了巴基斯坦新研制的可携带核弹头的“高里”(Ghauri) 中程导弹发射仪式。沙、巴更紧密的友谊还体现在：穆沙拉夫总统 1999 年发动政变上台后，被废黜的巴前总理谢里夫在沙特得到了庇护。这显然是沙、巴之间曾达成了某种协议。[②]

“9·11”事件之后沙特与美国关系降温。2002 年美国中央司令部迁往卡塔尔，美国相应减少了在沙特的驻军。伊朗总统内贾德上台后发表了一些过激言论，使沙特首次感受到了中东地区地缘政治的压力。[③] 伊朗什叶派政府一直公开抨击沙特逊尼派政府对其境内的什叶派少数群体的压制。同时，以色列的核武器已成公开的秘密，而伊朗的核计划也对沙特构成潜在的威胁。在本地区西方安全保障减弱的情况下，沙特谋求其他安全自保的手段也就不奇怪了。[④]

（二）阿联酋的核计划

2008 年 3 月 24 日，阿联酋政府公开声明，它将启动一个 1

---

① “Saudi Arabia Special Weapons”, Global Security. org, Oct. 22, 2003.

② Arnaud de Borchgrave, “Pakistan, Saudi Arabia in Secret Nuke pact,” *The Washington Times*, 22 October 2003.

③ “US Pressures Saudi on Nuclear Monitoring-Diplomats”, *Reuters*, June 1, 2005.

④ “Toward a Saudi Nuclear Option: The Saudi-Pakistani Summit,” *Washington Institute Policy Watch* ＃793, Oct. 16, 2003.

亿美元的和平利用核能项目，将向美国、俄罗斯、中国和日本等8个国家进行咨询并寻求帮助。[①]

2008年4月21日，阿联酋外交部长那赫岩（Shaikh Abdullah Bin Zayed al-Nahyan）与美国国务卿赖斯签订一项和平利用核能的谅解备忘录。阿联酋希望与美国签订更广泛的双边协议，建立一个进行高品位核材料贸易的法律框架。然而，“国际核技术公司外事局”特别代表哈阿比（Hamad al-Ka'abi）对《海湾新闻》(Gulf News）发表评论说，虽然美国—阿联酋协议囊括了核设施、核材料、人员培训和安全保障等方面的合作条款，但没有包括任何具体的内容，也没有美国公司到阿联酋建设和运作核电厂的商业合同。在此之前，2008年1月，阿联酋与法国也签订了同样的合作协议。另据2008年5月13日《海湾新闻》报道，阿联酋还从韩国寻求核技术，以推动其核工程项目的发展。

（三）卡塔尔的核计划

卡塔尔生化核能设施最高管理委员会领导人哈塔伊比（Ahmad Jamil Al-Khataybe）透露说，在国际原子能机构的大力支持下，卡塔尔正在建造一个用于和平目的、研究型的核反应堆。[②]

以上情况表明：海合会国家对核能利用的态度已由过去的反对、抵制转向积极认同、主动参与，由过去秘而不宣转向公开甚至是大张旗鼓的筹备阶段。对此，迪拜海湾研究中心安全与反恐项目研究员尼科尔·斯特拉克（Nicole Stracke）认为，2006年12月，海合会联合进行核研发的声明标志着一个重大的立场转

---

① Al-Itihad, UAE; *Al-Sharq Al-Awsat*, London, March 24, 2008.

② *Al-Quds Al-Arabi*, London, May 13, 2008.

变：它过去批评伊朗的核企图，也谴责以色列的核武库，一直坚持中东地区的无核化。伊朗核问题曝光之前，很少有阿拉伯海湾国家愿意参与国际原子能机构的例行会议，但目前的情况却与过去大不相同了。相比较而言，海湾地区除了伊拉克之外，85％的国家宣布对发展核能感兴趣，而在南美洲仅有15％，在非洲只有不到20％的国家愿意发展核能。①

至于海湾国家的核计划是否能够完全被置于国际原子能机构的框架内，并遵循"和平利用"、"环保节能"及"非军事用途"的原则，国际原子能机构核能工程师伊安·法瑟尔说，"海湾国家今天对核能的基本知识有强烈的求知欲，国际原子能机构可以向其传授核能知识，前提是它们必须接受定期检查，以保证核材料的副产品不被转用于军事目的。"②

海合会国家公开宣布核计划，其核心因素就是伊朗。海湾研究中心分析人士尼科尔·斯特拉克说，海合会成员国"希望以自己的力量来抗衡拥有核武的邻国的威胁，各成员国感觉从技术上不能落后于伊朗"。面对海合会的核计划，美国核不扩散问题专家罗伯特·约瑟夫（Robert Joseph）说，"我们正面临一个既要降低核扩散风险和环保问题，又要满足能源需求的紧迫局面。"③

海湾六国经济发展水平接近、安全目标一致，在核计划的制定和实施方面，它们很可能会走集体研发、成果共享的道路。海湾国家在新的地区安全机制中，可能希望由沙特代替美国，承担

① Willianm J. Broad and David E. Sanger, "With Eye on Iran, Rivals Also Want Nuclear Power," *New York Times*, April 15, 2007.

② Nicole Stracke, *Nuclear arms race in the Gulf*, Feb. 2, 2007.

③ Ibid.

起次区域核保护伞的职能。

二、海湾核不扩散前景堪虑

相对于海湾国家，中东其他阿拉伯国家早就有研发自己核武器的设想和计划。40 年前，以色列突破了核门槛，在中东地区引起了核恐惧，埃及等几个阿拉伯国家随即迈向了核研发的道路。[①] 但多数欧美国际问题专家倾向于认为，还是伊朗的核计划刺激了这些逊尼派大国开始认真反思其在核计划方面传统的“骑墙”政策。针对目前中东地区的核扩散态势，白宫智库之一、尼克松研究中心的中东问题专家杰弗里·肯普（Geoffrey Kemp）说，“目前确实到了一个需要忧虑的时刻，伊朗人也不例外。本地区任何国家想成为核大国的想法都是不明智的，它会在周边国家传统的军备领域和核研发方面引起强烈的反弹。”[②] 分析人士也警告说，中东地区的核竞赛并非不可避免，这些国家一直在观望伊朗与联合国的核对峙究竟会发展到什么程度，在此之前它们不会竭尽全力投入到这种耗资不菲的核研发中来。而且即使部分中东国家获得了一定的核技术，它们与西方之间的盟友关系及军控协议也会限制它们获得核武器。有些国家和地区最终会发现进行核研发必须投入的巨额开支和风险远大于收益，韩国、中国台湾、南非和利比亚即属此类情况。另一些分析人士和外交官则认为，逊尼派

---

① Avner Cohen，“Israel and the Bomb”，University of Maryland，1998.

② William Broad and David E Sanger，*With Eye on Iran*，*Rivals Also Want Nuclear Power*，Dmitry Astakhov/Presidential Press Service，via Agence France-Presse，Published on April 15，2007.

阿拉伯国家绝对不能容忍伊朗的核计划，它们最后可能会默许美国发动一场对伊朗的军事打击。位于迪拜的海湾研究中心国际问题研究所所长克里斯迪安·科奇（Christian Koch）说，“如果形势真发展到这种程度，如果留给海湾国家的选择只有两个：伊朗拥有核弹、美国进行军事打击，海湾国家肯定会暗中支持美国。”①

《以色列与核武器》一书的作者、马里兰大学高级研究员阿夫诺·柯罕认为，几十年前，确实是以色列挑起了中东的核竞赛，但当时的以色列领导人对自己的核计划极度小心谨慎，生怕引起周边国家的反应。早在20世纪60年代，当以色列的第一个核反应堆开始运转之后，埃及即威胁说要发展自己的核武器，但国内政局的动荡与技术上的障碍使得埃及的核计划最终陷于停顿。杰弗里·肯普认为，中东核竞赛早在四十年前以色列被认为已拥有核武器之后即已开始，但因各种原因始终没进入正轨，而且以色列的核武库一直没有引起各阿拉伯国家的过分忧虑和紧迫感。其后伊拉克接力核计划，但1981年伊拉克奥西拉克核反应堆被以色列摧毁，在全球引发了一场伊拉克离获得核武器究竟还有多远的争论，并刺激了正与伊拉克交战的伊朗秘密迈向了长达22年的核研发之路。此后直到2003年国际原子能机构披露伊朗核计划之前，中东阿拉伯国家几乎放弃了核诉求，没有任何阿拉伯国家愿意参加国际原子能机构召开的有关核能开发和利用的会议。但目前却有十几个阿拉伯国家开始追逐核计划，尤其是海湾六

① William Broad and David E Sanger, *With Eye on Iran*, *Rivals Also Want Nuclear Power*, Dmitry Astakhov/Presidential Press Service, via Agence France-Presse, Published on April 15, 2007.

国。沙特一反过去对核研发的冷淡态度，表现出了浓厚的兴趣。

2006年9月，西方国家否决了一项由部分阿拉伯和伊斯兰国家提出的要求联合国原子能核查机构宣布“以色列的核武器对中东地区构成威胁并立即予以销毁”的议案。[1] 2006年12月9日，沙特情报局长阿齐兹（Muqrin bin Abdul-Aziz）在巴林举行的海湾安全会议上说，“以色列拥有核武器这一事实对海湾地区安全构成了最大的威胁”，以色列的核武库将导致中东地区的军备竞赛。他在向包括伊朗外长穆塔基（Manouchehr Mottaki）等与会者发表演讲时不无所指地提到：“本地区有些国家参与这种竞赛就是例证。”阿齐兹在此次会议上虽然没有像其他西方国家领导人那样直接指责伊朗企图制造核武器，但其矛头所指已十分明显。他说：“大规模杀伤性武器的扩散也会刺激本地区温和国家或公开或隐蔽地开发其核计划，目的就是在本地区建立核均势。”[2]

当伊朗核问题成为全球焦点时，很多阿拉伯国家也将以色列的核设施当作解决中东地区核扩散的一个主要因素，并坚持认为任何一项最终的解决方案都必须将以色列包括在内。

虽然阿拉伯海湾国家一方面主张中东地区的无核化，并希望在未来借助西方力量建立一个地区安全机制，但另一方面它们也估计到了此项工程的艰巨性和复杂性，所以在某种程度上身不由己地卷入了中东地区的核竞赛。沙特最大的《利雅得日报》政治版编辑阿德尔·哈比（Adel al-Harby）说，“从海合会峰会发表的联合公报的内容看，我认为海湾国家的态度是严肃的，看来海

① *Reuters*, December 9, 2006.

② Ibid.

湾国家卷入本地区军备竞赛已是不争的事实。”《简氏防务周刊》副主编罗宾·休斯（Robin Hughes）说，“沙特人说他们并不想要核武器，但问题是任何形式的核技术的扩散均会加大核武器竞赛的可能性。”①

2006年12月20日，海合会秘书长阿迪亚在接受《沙特新闻报》（*Ikhbariya*）采访时字斟句酌（coded language）地说，海湾核计划是在一个“重要的时间段内产生的”。“本计划是根据国际标准、在国际原子能机构的框架内进行的，是用于和平目的的。”海湾国家并未透露其核计划是否用于海水淡化、将来是否会提炼铀浓缩。国际原子能机构官员说，提炼铀浓缩难度较大，但海湾国家由此所转达的政治信息是不言而喻的。

一位接近国际原子能机构的外交官说，“如果海湾国家仅要求拥有核电反应堆，这个问题不大。因为截至目前，尚没有任何国家利用核电反应堆生产出核武器来”；但另一个官员说，“目前对海湾国家核计划的动机做出判断为时尚早，但以色列和伊朗都拥有了核武器，就不难理解海湾国家的立场了。”②

西方国家从政府和企业角度对海湾国家的核计划给予积极的支持，但有关机构和专业人员则从核设施安全运营的角度表示了他们的顾虑，如核设施的选址问题，由哪个国家或机构监管，沙特还是阿联酋？目前的情况表明，还没有任何个人或机构对核设施的安全问题认真考虑过。沙特是一个相当不安定的地区，2003年，“基地”组织曾在沙特发动了一系列针对外国人、石油设施

① Jameel Theyabi，“Ahmadinejad，The Instigator!，” *Al-Hayat*，London，May 2，2007.

② *Reuters*，December 9，2006.

和政府办公机构的恐怖袭击。

美国东卡罗来纳大学政治科学系安全研究室主任加里尔·罗山德尔（Jalil Roshandel）在其文章中分析说，“获得核技术是目前中东各国的热门话题，包括那些曾经放弃了核计划的国家也在跃跃欲试。”他以埃及和伊朗为例，说这两个国家“曾多次发表言论要求在中东实现无核化，但明显的是，没有一个国家采取过任何实际措施来中止自己的核计划”。“就目前来说，本地区各国的初衷是愿意维持和平的，有关国家如果抱着军事目的迈向核门槛，其结果就是灾难性的。”①

截至2007年2月，海合会国家还没将使用核能列入议事日程。这些国家多数是《不扩散核武器条约》、《保障条款》和《附加议定书》的签字国。六国中的五国签署了《微量条款》，即处于“零”核活动状态。所以海湾国家做出开发核能的决定，标志着其因地区政治和安全环境的变化而开始调整传统的政策。伊朗的核计划及伊朗的强硬立场引起了海合会国家的严重不安，所以开始依靠地区集体力量，应对来自一个有核国家潜在和可能的威胁。

海湾六国联合进行核开发的决定引起了国际社会的关注。其一，该决定是由海湾国家的最高领导层做出的；其二，既然这是六个海湾国家的联合项目，那么后勤与资金支持将不会有任何障碍；其三，此项决定的出台是一个自然的结果，因为海湾六国都意识到，它们在核技术方面不能与伊朗差距太大，否则将会面临现有地缘战略格局发生不利变化的局面。所以，如果该地区安全

① Brian Whitaker, “Gulf States Show Concern at Iran's Nuclear Plans,” *The Guardian*, December 19, 2005.

环境仍不能保持稳定，海湾六国定会极力践行其决定，投入大量财力和人力，实施其核计划。虽然目前尚不能确定海湾六国的初衷是要与伊朗进行“核竞赛”，但这毕竟是海合会国家的一项战略举措并借此向伊朗发出一个明白无误的信息：面对伊朗的核计划，海湾六国不会采取退缩立场。

伦敦国际战略研究院核控专家马克·菲茨帕蒂克说，“伊朗跨入核门槛的最大危险是刺激别国的效仿。看到中东地区到处都在开发核能时，怎么能不引起人们的关注。”几乎所有西方分析人士均认为，海湾石油富国花费巨资投资核能的真实意图并不像它们所宣称的那样是“为将来石油枯竭时而投资”。[①]

面对中东新一轮的核冲动，2007 年 4 月 15 日，约旦国王阿卜杜拉二世不无戏谑地对以色列《国土报》发表评论说，“每个国家都在追逐核计划，规则已经全变了。”美国驻国际原子能机构代表格利高里·舒尔特在一次采访中评论说，美国长期以来支持和平发展核能技术，但要有严格的国家安全监管保障。华盛顿的外交重点在于制止伊朗获得能够生产武器的核燃料，而非限制用于发电的核能开发。[②]

但像国际原子能机构这个被授权对全球民用核计划进行监管和制定规则的机构对此并不乐观。巴拉迪总干事于 2007 年 5 月 24 日在卢森堡参加一个裁军会议时说，这么多国家突然对敏感的核技术表示出热衷增加了核武器扩散的风险。他不指名地警告

---

① Mark Fitzpatrick, “Six Arab States Join Rush to Go Nuclear,” *Times*, November 4, 2006.

② 参见 Gregory L. Schulte, “Stopping Proliferation before It Starts,” *Foreign Affairs*, July/August 2010。

说，“有些国家在不断地进行铀浓缩活动以为其反应堆提供燃料，而它们一旦掌握了燃料循环技术，这些国家离制造核武器的距离就非常近了。”

专家们说几乎所有追逐核能的国家包括伊朗都保证其核设施仅用于和平目的，但这种保证的可信度如何进行验证呢？防止核扩散必须提上议事日程。

海湾研究中心安全问题专家穆斯塔法·阿拉尼说，“如果伊朗有权开发民用核计划，海湾国家也有这个权利。我们不妨告诉伊朗人，我们不反对他们开发民用核计划，但如果他们将核计划转为军用，我们也会这么做。”吉达阿卜杜—阿齐兹大学政治学教授萨哈布（Salem Ahmad Sahab）说，“海湾国家虽然没有挑明，但是人人都可以看出，伊朗才是驱使海湾国家追逐核技术的关键因素。邻国都搞核技术，我们为什么不搞呢？”但海湾国家领导人官方的说法是“我们仅想缩小与伊朗和以色列的核差距”。[①]

海湾六国与伊朗一样，声称它们为了“和平目的”仅要求基本的核知识和核技术，但阿拉伯国家要制造阿拉伯核弹的传闻绝非凭空产生。同时，埃及、阿尔及利亚、摩洛哥也表达了进行民用核能开发的愿望。

西方一些观察家认为，海湾合作委员会六个成员国所做出的联合进行核开发的看似平和的决定，实为对伊朗核计划的一个强烈反应，从而加速了中东地区核扩散的进程。

伊朗曾于 2007 年 6 月在约旦举行的“世界经济与贸易论坛”上就伊朗核计划寻求阿拉伯国家的支持。伊朗前副外长拉里贾尼（Mohammed J. A. Larijani）在会上说，“伊朗是一个合作者，兄

---

① 新华社 2007 年 5 月 27 日电。

弟般的合作者。将与本地区的所有人民分享我们的核能力。”但与会的阿拉伯官员对他的发言反应冷淡，并公开质问伊朗的核动机。①

随着伊朗在中东实力的不断上升，海合会国家的核计划显然具有针对伊朗的意图。在2007年3月举行的中东阿拉伯国家峰会上，很多高级官员发出警告称，伊朗对核技术的追逐，定会在本地区导致一场代价不菲、破坏性极强的核武器竞赛。

布什总统私下表示对“逊尼派炸弹”充满忧虑，它们很可能会向唯一拥有核武的逊尼派国家巴基斯坦寻求帮助。一位美国高级官员说：“伊拉克情报门事件后，总统对公开就中东核问题发表意见顾虑重重。”②

新加坡资政李光耀在阿布扎比出席世界领导人峰会时说，伊朗核计划会在海湾地区引发军备竞赛，进而使本地区旺盛的经济活力趋于衰竭，更重要的是它会改变海湾地区的力量平衡。李光耀还预测，“海湾地区很快就会有几个核国家”，其结果是对通过波斯湾向外出口石油、天然气的航道构成巨大的威胁。鉴于留给布什总统解决此问题的时间已不多，只好由下届美国政府去解决了。李光耀认为，中国或印度等其他世界大国要在海湾地区起到美国所能起到的稳定作用至少还要50年时间。③

---

① Bob Drogin and Borzou Daragahi, “Arabs Make Plans for Nuclear Power”, *Los Angles Times*, May 26, 2007.

② William J. Broad and David E. Sanger, “With Eye on Iran, Rivals Also Want Nuclear Power,” New York Times, April 15, 2007.

③ 李光耀：《伊朗核计划会在海湾地区引起军备竞赛》，载《联合通讯社》，2006年11月21日。

三、核扩散在中东有急剧蔓延之势

美国《华盛顿邮报》2008年5月12日报道，最近有超过40个发展中国家向联合国官员表示，它们有兴趣发展核能计划。核扩散专家对此表示关注，认为这可能为一些国家提供发展核武器的基础。据报道，有意发展核能的国家，包括海湾及拉丁美洲国家，经济因素是它们的主要考量，包括高昂的油价。

不过，一些拥有大量石油或天然气资源的中东国家，例如科威特、沙特阿拉伯及阿拉伯联合酋长国等，投资发展核能源的部分原因，似乎是为应对日后可能出现的区域军备竞赛而做好准备。

报道中引述一名负责监督核科技扩散程度的美国官员的话说:“我们关注的是，一些国家朝着核（武器）的方向发展，是出自对伊朗的反应。最大的问题是，当有足够多的国家走向发展核武方向之时，其他国家也会决定跟风吗?”过去四年，有至少6个国家宣称它们将计划进行核燃料的浓缩及加工活动，这将扩大全球的钚及浓缩铀供应。

近年来，就在伊朗核问题愈演愈烈之际，中东国家纷纷宣布民用核开发计划，中东已处在核竞赛的边缘。这一事态发展不仅使该地区地缘政治环境进一步复杂化，也威胁到中东乃至全球的稳定与安全。

2006年是中东核发展史上具有标志性意义的一年。长期以来，一直致力于建立中东无核区和中东无大规模杀伤性武器区的阿拉伯国家突然集体高调宣布要加入“核俱乐部”。2006年3月，阿盟秘书长穆萨在阿盟首脑会议上呼吁阿拉伯国家致力于“加入核俱乐部”，以和平利用原子能。9月，阿盟外长会议呼吁阿拉伯国家联合采取行动，加大核技术研究，加强核能的和平利用。同月，海合会秘书长阿蒂亚呼吁阿拉伯国家共同合作，制定一个地区核能计划。12月10日，海湾合作委员会峰会决定，海合会成员国将研发和平利用核能的技术，并将着手制定联合发展核能的计划。

截至2011年1月，包括以色列和伊朗在内的已拥有或已宣布正在进行核开发计划的中东国家已达到17个。它们分别是：以色列、伊朗、土耳其、埃及、约旦、阿尔及利亚、利比亚、摩洛哥、突尼斯、也门、苏丹以及沙特、阿联酋等海合会六国。

从国家层面看，越来越多的中东国家开始了民用核技术研究和开发。据国际原子能机构负责核安全和保卫工作的副总干事谷口富裕披露，埃及、沙特、阿联酋、阿尔及利亚、突尼斯和摩洛哥等6个国家已向该组织表示有兴趣发展民用核能，建造发电量在100～300兆瓦的小型核电站。核计划已中断多年的埃及、土耳其也已公开宣布重新恢复核电开发。

埃及于20世纪50年代就开始核研究，并计划建设核电站，后因资金和技术等一系列因素于20世纪80年代冻结。2006年9月，穆巴拉克总统提出埃及将重新启动和平利用核能计划，加大民用核计划的科研力度，更好地利用核能。10月27日，埃及外长盖特宣布将在10年内建成第一个核电站。电站选址在达巴，装机容量1000兆瓦，计划投资约15～20亿美元，2015年完成。11月，埃及国际合作部长纳佳宣布，埃及和平利用核能的战略已基本制定完毕，将很快提交国家最高能源委员会批准。

作为中东地区最大的阿拉伯国家，埃及是该地区最有可能进行核扩散的潜在国家，因为它完全不能接受伊朗成为核国家。埃及认为一旦伊朗跨入核国家的行列，就会对当前中东地区脆弱的平衡格局产生严重的冲击，即伊朗的能源大国地位再加上其地区核优势，会严重削弱埃及在国际和地区政治中以“三个圈子”（阿拉伯世界、伊斯兰世界和非洲国家）为基础的外交资源和经济利益，[①] 动摇埃及作为阿拉伯国家领导者和中东地区第二大经济受援国的地位。与以往相比，埃及已经公开表示了它对伊朗铀浓缩进程的严重关注。而且，埃及一些负责核技术的官员在过去几年中所发表的声明皆强调，民用核技术可根据政府的决定随时转向军事用途。2006 年 9 月，穆巴拉克总统宣布将埃及是否建设核电站的问题交埃及民众表决，当然，这可以被视为埃及是在向外界显示其潜力，目前太不可能研发核武器。2006 年 11 月，美国国务院发言人麦克马克公开宣布，美国不反对埃及开发核计划。另据《路透社》2006 年 11 月 4 日报道，俄罗斯近期表示愿为埃及建设核电站提供帮助。但埃及政府迟迟没有实施核计划的一个顾虑可能是，在美国“大中东民主计划”的诱导下，穆斯林兄弟会时刻准备通过合法选举上台，埃及的核计划如掌握在宗教极端势力手中，其后果是不言而喻的。另外，埃及现政府的高级军政领导人皆参加过历次中东战争，他们对冷战时期埃及被超级大国当作马前卒和交易牺牲品的惨痛经历记忆犹新，生怕大国插手其核计划，最终形成核基地在埃及而核按钮在别人手里的结

① 王京烈：《埃及外交政策分析》，载《西亚非洲》，2006 年第 4 期。

局。或许这可以解释埃及为何对核计划表现出了热情但并没有明确的实施步骤的深层次原因。

土耳其油气资源匮乏，早在1965年就开始进行核电站建设的可行性研究，也多次决定建造核电站项目，但最终也因资金短缺等原因下马。2006年4月，土耳其能源和资源部长宣布将在黑海城市斯诺普建造第一个核电站，站址为总理艾尔多安亲自选定。6月，艾尔多安宣布将于2015年前修建3座核电站。

曾公开“弃核”的利比亚也宣布启动民用核计划。2004年，卡扎菲在会见法国总统希拉克时第一次明确表示希望法帮助利比亚发展民用核能。2006年3月和6月，利比亚分别与法国、英国签署和平利用核能协议。12月，利比亚与一家阿根廷公司签订合同，对利比亚现有的一座小型研究性核反应堆进行修复，利比亚还有意与该公司合作兴建一个新反应堆。2007年3月，据利比亚通讯社报道，利比亚政府授权其外交部签署利比亚与美国和平利用原子能合作协议。据称，这项由美方提出来的协议旨在帮助利比亚建立一个用于发电、海水淡化和医学激光的核能站。按照协议草案，两国将在核领域进行研究与交流，并成立地区核医学中心，帮助利比亚培养核能方面的人才。

2007年1月，约旦国王阿卜杜拉二世宣布约旦将开发核能。4月初，阿卜杜拉二世在会见国际原子能机构总干事巴拉迪时再次表示，约旦将开发民用核能，用于发电和海水淡化，并将成为民用核计划的典范国家，他还提出要建立一个“阿拉伯民用核技术研究中心”。随后，约旦议会于4月通过了开展民用核能开发的立法。据悉，约旦希望在2015年完成第一个核电站。阿卜杜拉二世的弟弟哈姆扎亲王将出任国家原子能机构的主席。约旦正在寻求美国、欧盟、加拿大和其他国家在此领域进行合作。

2006 年 7 月，也门总统萨利赫宣称，将在下一个总统任期寻求发展民用核能。

阿尔及利亚早在 80 年代就建造了 2 座小型研究性核反应堆。1998 年西班牙情报机构的报告预测，阿尔及利亚核计划已经突破民用界线，两年内将拥有生产钚的能力。2007 年 1 月，阿尔及利亚与俄罗斯就开展核合作签署了协议。2007 年 6 月，阿尔及利亚与美国签署核研究合作协议。

突尼斯总统本·阿里于 2006 年 3 月和 11 月两次专门就能源问题主持召开内阁会议，决定研发核能。2006 年 12 月，突尼斯与法国签订一项和平利用核能的科技合作协议。

长期以来，以色列和美国等西方机构一直指责叙利亚有一个秘密核开发计划。2006 年 5 月解密的美国国会关于大规模杀伤性武器的调查报告称，叙利亚曾在 2004 年从巴基斯坦购买了核技术和有关设施，并称叙利亚在继续开发核能。2007 年 1 月，包括电力部长在内的多名叙利亚高官表示，核能是满足叙日益增长的能源需求的唯一选择。2007 年 9 月 6 日，多家西方媒体报道叙利亚一处核反应堆遭到以色列空袭。美国公布了一些照片，据称是朝鲜帮助叙利亚建设的能生产钚的核反应堆。但叙利亚方面否认了美国的说法，称其纯属捏造，同时对外界报道以色列空军轰炸其核设施的说法不置可否。

以色列早在 20 世纪 50 年代在美国、法国等国帮助下在内格夫沙漠建造了迪莫纳核反应堆。据悉，到目前为止，以色列已有两座核反应堆。

伊朗正在修建的布什尔核电站已完成 90％以上，但由于美国施压，承建方俄罗斯一再推迟交付使用时间。依照 2006 年 9 月伊俄补充协议，俄应于 2007 年 3 月向伊提供核电站燃料，2007 年 9 月核电站启动，同年 11 月发电。但据报道，2008 年 3 月 29 日俄罗斯运往伊朗布什尔核电站的核设施在阿塞拜疆过境时被扣押，近一个月来，阿塞拜疆政府顶住俄、伊两国的压力，坚持不予放行。①

虽然阿拉伯各国领导人多次声明他们对核能的追求仅是出于和平目的，并强调“和平利用核能是每个国家的权利”，但国际社会对他们的这项要求仍充满了疑问和疑虑。突然出现的“中东核俱乐部”的背景是什么？海湾各国对核技术的热衷仅是一种能源短缺恐惧症，或是对以色列核武能力及伊朗核计划的一种直接反应？

面对国际社会的种种猜测，自诩为对中东地区事务较有发言权的英国原子能机构主席贾奇认为：“中东地区确实需要发展核能以应付不断增长的能源需求。因为该地区虽仍拥有尚未开发的丰富的油气储藏，但能源供应正日益减少，发展核能是其他可替代能源中最可靠的解决办法。”通过这一典型事例我们不难发现，西方对中东地区发展民用核计划也始终处于一种政策矛盾的困境之中，即政治安全领域中的忧虑与商业利益动机的强力驱使。据 2008 年 5 月 30 日埃及 al-Ahram 报报道，有来自欧洲、美国、阿根廷、澳大利亚的 21 家公司参加竞标，愿为埃及首个核电站反应堆的建设和运营提供专家咨询服务。正是西方的利益需求、核不扩散政策执行过程中的二元化方针与这些国家安全诉求的无序结合，对中东地区核扩散的加速蔓延起到了推波助澜的作用。

---

① *Shahab News*, April 23, 2008.

埃及外长阿布·盖特（Abul-Gheit）指出，阿拉伯各国所面临的真正挑战是怎么应对以色列的核设施并避免在本地区出现新的核大国。但不少学者却认定，这一轮核冲动也是一种“多米诺效应”，因为“有关国家认为确保自己的竞争力就必须拥有核技术”。①

四、国际社会的应对机制

国际社会努力加强武器控制并鼓励地区安全对话可能是促使这些国家选择放弃核计划的关键。第一步是国际社会要创建和完善一种机制，在这个机制中这些国家对自身安全的关注应能得到国际社会的重视和认可。在中东方面，有关国家就各方共同关心的领域进行合作已达成了初步的协议并已付诸实施，2007 年 10 月 29 日，六国海军在海湾进行联合军事演习即为一例。令人欣慰的是，2007 年 9 月在约旦亚克巴召开了由巴勒斯坦自治政府主席阿巴斯、以色列安全总局局长迪斯金及约旦、埃及和两个海湾国家的安全局长共同参加的一次地区安全会议。本次会议上，约旦表达了将来能够主办所有旨在推动和平进程和反恐会议的愿望。更有意义的是，会议还强调了在地区反恐方面各方加强合作并互通情报的必要性。

特别引人关注的是，中东地区最近提出发展核计划的竟是那些传统上较为温和并与西方保持着密切关系的阿拉伯国家，它们提出各自的核计划，虽然有促使国际社会采取行动阻止伊朗跨入核门槛的考虑，但经济因素也不能完全排除。与海湾国家不同，

① Simon Tisdall, “the End of NPT,” *Guardian*, December 12, 2006.

埃及、突尼斯和摩洛哥皆为贫油国，近几年居高不下的油价对这些国家的经济发展进程确实起到了阻碍作用，它们需要更廉价、更安全稳定的替代能源产品以应付经济和人口急速增长的需求。埃及在发展核计划方面处于较领先的地位，阿尔及利亚次之，而阿联酋和突尼斯则处于始创阶段。沙特的石油储量世界第一，它声称要发展核能可能不是出于经济原因，而更多的是做出一种姿态。

"越来越多的国家觉得必须用核武器武装自己，而非国家行为体则希望掌握实施核恐怖主义的手段。"[①] 如果国际社会能够创建多途径的危机应对和危机处置机制以确保共同安全，就不会促使这些国家得出一种悖论，即为抵御伊朗的核威胁并保障本国安全，就必需效仿冷战时大国的核均势战略，发展自己的核武器。

鉴于各国都知道获得核武器并非一日之功，而且即使能获得核技术，本地区因各种矛盾而形成的潜在变数也有可能将这种技术变成"潘多拉的盒子"，使该地区各国成为首当其冲的受害者。因此，这些国家可能更愿意采取多途径的选择并营造一种安全机制。

但另一方面，这些阿拉伯国家发展核计划的声明也应引起国际社会的相应关注。如果北非的某个国家重开核计划，就会打破自1993年南非放弃核武器计划以来非洲大陆没有核"梦魇"的历史。几个世纪来中东地区的历史经验表明，该地区蕴含、交织着全球各利益集团的战略和政策延伸，中东有关国家的政策和动向固然反映了本地区的安全需求，但某种程度上也更能反映出区域外国家和集团为减少冲突和对抗成本而欲将初期同质矛盾置入本

① 安南秘书长2006年6月21日在日内瓦裁军会议上的讲话。

地区的一种前瞻性试验，即“冲突治理”的外缘化。[①]

五、前景展望

哈佛大学肯尼迪政府研究院核问题专家马林（Martin Malin）认为，外界将海湾国家对伊朗核计划的恐惧夸大了。“对核能项目进行严格的国际核查会彻底堵死此类项目通向核武器的路径。”[②]

海湾研究中心安全问题专家阿拉尼说，海湾国家的核计划目前仅停留在探讨可能性的阶段，基础设施的建造尚遥遥无期。现在还不清楚有多少国家将开展宏伟而极其昂贵的核计划。有些分析家认为，某些政府宣称自己正在进行核计划更大程度上也许是为了获取国内的支持，并向伊朗发出信号，表明其他国家准备制止它成为地区大国。因此，一些分析家说担心中东地区出现核军备竞赛的忧虑被夸大了。[③]

最后，这些国家在伊朗核危机僵持不下之时纷纷提出核开发计划，也是对美国以及国际社会的警告。阿拉伯国家目前的核开发计划大多还停留在口头阶段，核技术处于“相当幼稚”阶段，距离具体实施还有很长的路要走。尤其是海合会成员国家，其用意更多是作为一种外交姿态，警告美国及国际社会，要求其支持

---

① Lisa L. Martin and Beth A. Simmons, “Theories and Empirical Studies of International Institutions,” *International Organization*, Vol. 52, No. 4, 1998, pp. 729—757.

② Bob Drogin and Borzou Daragahi, “The Production of Arab Nuclear Plan,” *Los Angeles Times*, May 26, 2007.

③ *Reuters*, April 12, 2007。

建立中东无核区，并加大介入力度。阿联酋的海湾研究中心主任称，“海湾国家是想表明，如果伊朗核计划得不到国际社会的制止，将迫使我们也成为具有核能力的国家。”沙特则直接告诫美国，“要么阻止伊朗，要么我们也要发展自己的核计划。”[1] 如果国际社会做不到这一点，那么这一外交姿态恐怕将成为现实。海合会国家的领导人认为，海湾六国计划发展核计划并非要破坏中东的无大规模杀伤性武器区，相反，它们倒希望无大规模杀伤性武器区在海湾地区尽快建立起来，成为一个对所有阿拉伯国家开放的、更广阔的地区多边安全体系的基石。海湾六国宣布进行核开发的声明与建立中东无大规模杀伤性武器区并不矛盾，该声明为海湾地区所有成员国提供了一个和平利用核能的合法框架，以及不将核计划用于军事目的的保障体制。海合会国家力图证明：它们并不是对伊朗的核计划进行批评，而是伊朗的行为及本地区安全机制的缺失使它们对伊朗没有信任感。

① *Reuters*, April 12, 2007。

第九章

结论

1968年签订的《不扩散核武器条约》至今已有40多年，核不扩散的目标并未真正实现。核国家已由当初的五国（美、苏、英、法、中）增加到现在的九国（美、苏、英、法、中、以、印、巴、朝）[①]，还有相当数量的潜在的核国家。虽然爆发全球性核大战的可能性已大大降低，但爆发地区性核冲突的可能性依然存在，中东地区就是其中之一，而西方大国对造成这种局面应负很大的责任。

一、中东的核扩散态势

到目前为止，以色列是中东唯一拥有核武器并具备多种运载

① 国际社会普遍认为以色列拥有核武器，对此，以色列既不承认也不否认。朝鲜自称拥有核武器，但国际社会一般认为朝鲜还不拥有实战性核武器。

手段的国家。除以色列之外，还有一些中东国家正在发展核计划，但从目前发展态势来看，似乎还没有一个国家拥有或接近于拥有核武器。

(一) 以色列拥有核武器是一个公开的秘密

以色列是 20 世纪 60 年代初期开始其核计划的。据西方报道，以色列除了在索雷克拥有一个小型的核反应堆外，在迪莫纳还拥有一个 26 兆瓦的用自然铀作燃料、重水调节的核反应堆。该反应堆的功率可能已经提高到 70—150 兆瓦。以色列通过再次处理反应堆的燃料来提炼武器级的钚。

美国中央情报局认为早在 1968 年以色列已成为一个核国家。[①] 1978 年，美国中央情报局公布了 1974 年 9 月 4 日的一份备忘录，该备忘录认定以色列已生产出核武器。[②] 1991 年年中，美国情报部门估计以色列拥有 60—80 枚核弹和专门用于携带和运载核弹头的飞机和杰里科弹道导弹。[③] 1993 年初，《纽约时报》曾报道以色列拥有世界第五大核武库，拥有 50－250 枚核弹头，以及包括射程为 1400 公里的杰里科 II 型导弹在内的运载工具。[④]同年，俄罗斯对外情报局估计，以色列拥有 200 件核武器，拥有可使用 200 年的铀。[⑤]英国《简氏防务周刊》和瑞典斯德哥尔摩国际和平研究所提供的数据显示，以色列现有大约 200 枚核弹头，与英国大体

---

① ［以］《晚报》1986 年 12 月 16 日。

② 《纽约时报》1986 年 10 月 29 日。

③ ［以］《最新消息报》1991 年 6 月 21 日。

④ ［以］《晚报》1993 年 1 月 11 日。

⑤ “俄国说以色列隐藏了大量核储备”，《国际先驱论坛报》1993 年 6 月 29 日。

相当。[1]《简氏防务周刊》的分析专家认为，以色列的“杰里科”III型导弹射程达7800公里。以色列还拥有三艘“海豚”级潜艇，可以发射装载核弹头的“鱼叉”式巡航导弹。[2]

以色列拥有核武器是一个公开的秘密。

（二）伊朗核问题成为中东地区的热点问题

伊朗的核研究始于20世纪60年代后期，当时由美国向德黑兰大学核技术研究中心提供了一座5兆瓦的核反应堆。20世纪70年代中期，德国的西门子公司和克拉夫特维克联合公司为伊朗在布什尔建造两座1300兆瓦的核电反应堆。伊斯兰革命前，伊朗政府与法国弗拉马通公司签订合同，在阿瓦兹建造一座935兆瓦的核电反应堆。这些工程都因1979年伊斯兰革命爆发而停顿。两伊战争期间，布什尔的两座核反应堆曾四次遭伊拉克轰炸。

20世纪80年代初期，伊朗恢复了核计划。海湾战争结束后，伊朗制订了发展先进核基础设施的计划，包括发展核电站，进行核研究。1985年一些居住在国外的伊朗核科学家回国参加在布什尔召开的核能大会，许多科学家就此留在国内从事核研究。同年，伊朗的艾米尔卡比尔技术大学开设核科学与技术博士学位课程。

1991年，伊朗总统拉夫桑贾尼宣布伊朗决心要完成布什尔的两座核反应堆的建设。伊朗曾与德国、中国、巴西、捷克等国谈判重建布什尔反应堆事宜，都因各种原因未获成功。1991年和

---

① “国际原子能机构想‘核查’以色列”，《环球时报》2010年5月10日第2版。

② “以色列核能力堪比英国”，《参考消息》2010年4月11日第2版。

1992年，伊朗计划向印度和中国购买用于研究的小于20兆瓦的低功率核反应堆，因美国的压力，计划取消。1992年初，阿根廷向伊朗出售价值1200万美元的能够生产低浓缩铀的核燃料工厂的合同也由于美国的压力而取消了。

1992年，俄罗斯与伊朗签订协议，由俄罗斯向伊朗提供两座440兆瓦核电反应堆，建在里海边的戈尔甘，这两座反应堆受国际原子能机构的安全监督。1993年，中国同意为伊朗在达尔霍温建造一座300兆瓦的核反应堆，这座反应堆同样受国际原子能机构的安全监督。1995年9月，中国政府通知美国政府，中国取消了这一合同。1993年，伊朗与俄罗斯签订了一项关于核能、核反应堆安全、生产与使用同位素等方面的基础研究与应用合作协定。1995年初，伊朗与俄罗斯签署了一项价值8亿美元的合同，由俄罗斯帮助伊朗在2001年前在布什尔重建一座反应堆。在美国的压力下，俄罗斯又与伊朗签署了一项协议，协议规定布什尔反应堆用过的燃料将全部运回俄罗斯。①

西方媒体怀疑伊朗从事核武器研制和用激光技术与离心机生产浓缩铀的报道时有所闻。②美国中央情报局局长罗伯特·盖茨在1992年3月的一次听证会上说，根据伊朗核基础设施的状况，估计伊朗可能在8—10年之内有能力生产出核武器。③ 1995年初，

---

① 实际上布什尔重建的是加压水反应堆，根本不可能生产出制造核武器所需的足够的钚，核扩散的风险可以说微乎其微。见“俄罗斯—伊朗核合作确认”，《核扩散新闻》第32期，1995年9月8日，第19页。

② 《简氏情报评论》第4卷，第5期（1992年5月），第212页；大卫·奥尔布莱特和马克·希布斯：“聚光灯转向伊朗”，《原子科学家公报》，第48卷，第2期（1992年3月）；第9—11页。

③ 杰弗利·史密斯：“伊朗重新武装争取海湾强国地位”，载《国际先驱论坛报》，1992年3月28—29日。

美国防部长佩里和以色列总理拉宾一致认为“按照目前的速度，伊朗将在 7—15 年内获得核武器，这一估计是合理的”。[①]不过，如果通过走私从独联体国家获得裂变材料和敏感技术，伊朗拥有核武器的日子会大大提前。这一点是西方国家最为担心的。西方媒体有许多未经证实的报道，称在俄罗斯黑手党的帮助下，伊朗从哈萨克斯坦、土库曼、朝鲜获得浓缩铀、科学家甚至核武器，就是这种担心的表现。

对于伊朗何时能够研制出核武器有各种各样的猜测，莫衷一是，但有一点是可以肯定的，即到目前为止，伊朗还不拥有核武器。

2003 年年中，国际原子能机构在伊朗的伊斯法罕和纳坦兹两个地方发现了高浓缩铀的痕迹，但是没有向国际原子能机构报告设施的所在位置和运行方式。伊朗方面称，这些高浓缩铀来自进口的离心机设备，这些设备在进口到伊朗之前就已经被污染。伊朗核计划于是演变成了伊朗核问题。

伊朗核计划存在的主要问题：一是伊朗没有按照《不扩散核武器条约》的规定完全和及时地申报其核材料的进口、加工和使用情况。二是伊朗限制国际原子能机构的核查行动，实际上就是拒绝接受《核不扩散条约附加议定书》。附加议定书的主要内容是核安全保障，关键是国际原子能机构有权对签约国的核设施进行事先不通知的突击检查。伊朗提出签署附加议定书的两个条件：一是取消对伊朗的国际制裁；二是要向伊朗提供和平利用原子能的最新技术。美国断然拒绝了伊朗的这两个条件，认为签署

① 克莱德·哈伯曼：“美国和以色列认为伊朗人要花很多年时间才能制造出原子弹”，载《纽约时报》，1995 年 1 月 10 日。

附加协议书是伊朗的义务，伊朗没有讨价还价的权利。在这个问题上欧盟的态度也比较强硬。在巨大的压力下，2003 年 12 月 18 日，伊朗签署了《不扩散核武器条约附加议定书》。但伊朗议会至今没有批准附加议定书。

此后，就伊朗核问题伊朗与六方（安理会五个常任理事国加德国）举行了多次谈判，由于双方分歧过大，谈判陷于停滞状态。

2010 年 6 月 9 日，联合国安理会通过了关于伊朗核问题的第 1929 号决议，决定对伊朗实行自 2006 年以来的第四轮制裁。2010 年 12 月，伊朗与六国（美国、英国、法国、俄罗斯、中国和德国）有关伊核问题的谈判虽然在日内瓦重启，但由于双方在铀浓缩等关键问题上分歧严重，谈判未取得任何实质性进展。2011 年初，伊朗发函邀请多国代表参观其核设施，邀请名单中并未包括美国。2011 年 11 月 8 日，国际原子能机构在维也纳发表了一份有关伊朗核问题的报告，认为伊朗至少在 2003 年底之前，曾“有组织、有系统”地从事“与核爆炸装置有关的”活动。但报告未就伊朗目前是否试图制造核武器给出明确结论。[①]接着，美国、英国等宣布对伊朗采取新的制裁措施，英国和以色列甚至暗示要对伊朗采取军事行动。2011 年 11 月 18 日，国际原子能机构通过决议，表达对伊朗核活动的深切担忧。中国和俄罗斯也在决议上签了字，希望伊朗澄清其核活动的意图，以排除军事层面的可能性。12 月下旬，伊朗在波斯湾举行了为期 10 天、代号为“守卫 90”的大规模军事演习，显示其封锁霍尔木兹海峡的能力。美国则派航母“约翰·斯滕尼斯”号到伊朗军演海域巡弋，并穿

① 新华社北京 2011 年 11 月 10 日电。

过霍尔木兹海峡。一时间双方剑拔弩张，伊朗核问题大有升级为伊朗核危机的架势。

伊朗有没有权利发展核武器?

伊朗签署了《不扩散核武器条约》，就没有权利发展核武器。伊朗要发展核武器，就必须先宣布退出《不扩散核武器条约》，但是这要冒很大的风险，付出很大的代价，即国际社会的制裁和美国与以色列“先发制人”的打击。但是伊朗有和平利用原子能的权利。

如果伊朗的核计划真有军事意图，那么伊朗为什么要发展核武器?

伊朗发展核武器可能有以下几点原因：

第一，伊朗有浓重的“大国情结”。伊朗始终不能忘记历史上“波斯帝国的辉煌”，一直想重振雄风。霍梅尼“输出伊斯兰革命”就是想当伊斯兰世界的领袖。而长达八年的两伊战争的实质就是与伊拉克争夺地区领导权。第二，以色列拥有了核武器，伊朗也就强烈希望拥有核武器，以求得新的力量平衡。第三，不少国家包括伊朗在内，把核武器看作是实力的标志、国家地位的象征。第四，来自霸权主义的威胁。美国和北约非但没有放弃对核武器的依赖，反而宣布核武器仍然是西方安全政策的基石，而且，美国参议院拒绝批准《全面禁止核试验条约》，美国政府再次强调不会承诺“不首先使用核武器”和“不以核武器威胁无核国家”，这就给伊朗等中东无核国家造成很大的压力。特别是布什政府的“邪恶轴心”的观念和“先发制人”的理论，更使中东一些主权国家再次感到霸权主义的威胁，而伊拉克战争和利比亚战争更使它们从反面吸取了教训，增强了它们发展核武器的决心。

从表面上看，伊朗核问题在很大程度上是伊朗与美国的矛盾。伊朗坚持不放弃和平利用核技术的权利，而美国则要求伊朗立即停止与军事意图有关的铀浓缩活动。而实质是伊朗与美国长期敌对。伊朗把美国看成“大撒旦”，而美国则视伊朗为“邪恶轴心”。美国的最终目标并不仅仅是为了消除伊朗的核能力，而是为了改变伊朗政权 。如果伊朗政府是个亲美的政府，那么伊朗核问题就不是一个问题，就像以色列核问题一样。

美国的全球战略中有一个基本原则，就是在任何时候都不允许出现对美国利益构成威胁的地区大国。阿富汗战略和伊拉克战争后，美国为伊朗消除了它的两个传统的敌人，即阿富汗的塔利班和伊拉克的萨达姆，伊朗作为地区大国而崛起，对美国在中东的利益构成威胁。就算伊朗不发展核计划，美国可能照样要打击伊朗。

另外，美国对伊朗这样一个天然气和石油资源极为丰富的国家发展核电站的用意表示怀疑。伊朗进口核燃料，在中部建立了两座浓缩铀工厂，进口了大量用于浓缩铀的真空管，均未向国际原子能机构申报。加上伊朗议会拒绝批准《核不扩散条约附加议定书》，拒绝接受国际原子能机构的核查。这些更加加深了美国的怀疑。

还有，美国认为与伊拉克相比，恐怖分子更加容易从伊朗获得核技术。

最后，伊朗拥有运载工具，一旦伊朗生产出核武器，将对美国的盟友和美国在中东的驻军构成重大的威胁。伊朗已经拥有打击精度很高的征服者 A-110 地对地导弹和流星-3 导弹，后者的射程达到1300公里，即可以覆盖以色列全境。2003年9月22日，伊朗在阅兵式上展示了6枚“流星-3”导弹，导弹上写着“我们将使美国一败涂地”。2004年9月25日，伊朗又成功地试射了“流星-4”战略导弹，其射程超过2000公里，即可以打到欧洲。

伊朗的核问题说到底是伊朗与美国之间的较量，伊朗的最高目标是要争取时间，跨过核门槛，掌握核技术；最低目标是以放弃核活动为代价，换取美国放弃对伊朗的“政权变更”政策，换取有利于伊朗经济发展的资金、技术和环境。而美国的最低目标是要彻底消除伊朗的核能力，最高目标是要改变伊朗政权。今后，围绕伊朗核问题可能会出现三种情况：

一是外交斡旋。今后相当长的一段时期内，伊朗核问题在很大程度上将会是伊朗与美国之间的“猫鼠游戏”，在美国步步紧逼的情况下，伊朗会作出适当的让步，而当美国由于国内国际形势的限制而无法对伊朗保持足够的压力的时候，伊朗会趁机发展核技术。但是，谈判解决伊朗核问题也是有可能的，因为美国和伊朗两国都没有把谈判的大门关死。现在问题的症结在于美国要求伊朗先无条件停止铀浓缩活动，然后才开始谈判；而伊朗则坚持谈判不能有先决条件。只要双方互作让步，重启谈判不是没有可能。

二是继续制裁，以压促变。伊朗已经经受了西方特别是美国的长期制裁，效果似乎并不明显。有人认为，只要加大制裁的力度，坚持下去，总有一天会出现压垮骆驼的最后一根稻草，但其力度和持续的时间都很难把握。更何况制裁是把双刃剑，制裁伊朗的同时，肯定会殃及世界经济的复苏，特别是在当前欧债危机的情况下。

三是秘密战。近年来，伊朗已经有4名核科学家和1名导弹专家死于非命。以色列迪莫纳核基地和美国能源部下属的国家实验室联合完成了“震网”病毒的开发工作。2010年11月，“震网”病毒袭击造成伊朗约20%的离心机因感染病毒瘫痪或无法正常运作。另外，美国和以色列针对伊朗的情报工作从未停止过。2011年5月，伊朗逮捕了30名中情局特工，指责这些人一直从事间谍和破坏活动。2011年12月，伊朗起诉了15名美国和以色列间谍。2011年12月4日，美国一架执行侦察任务的RQ－170无人机在伊朗境内坠毁。

最后是军事打击。西方特别是美国和以色列一直把军事打击伊朗核设施作为解决伊朗核问题的最后一种选择。但是军事打击存在诸多政治上、外交上、经济上、技术上的障碍，而且军事打击的后果难以预料和控制。除非西方掌握了伊朗发展核武器的确凿证据，或者伊朗已经构成对西方的即时威胁，否则，西方不会轻易动武。

（三）中东核扩散风险并未完全消除

除以色列事实上拥有核武器之外，中东地区的核扩散问题主要集中在伊朗身上，其他国家不会马上产生核扩散问题。经过多年的制裁和美国的多轮军事打击后，伊拉克放弃了核计划。布什政府以萨达姆发展核武器为由，发动了伊拉克战争，但事后并没有找到伊拉克发展核武器的证据。伊拉克战争爆发后，卡扎菲担心自己成为下一个打击目标，将利比亚的核材料和核设备装船运到美国接受核查，被西方树为“弃核”的榜样。埃及的核电计划由于财政和环保考虑，尚处于冬眠状态。到目前为止，也没有迹象表明埃及改变了不发展核军事能力的战略决定。叙利亚和阿尔及利亚的核计划仍处于萌芽阶段。过去若干年，这两个国家发展了一些核基础设施，但相当薄弱，它们购买的一些反应堆功率也很小，且都处于国际原子能机构的安全监督之下，叙利亚的核设施还遭受过以色列的轰炸。

但是近年来，特别是伊拉克战争和伊朗核问题出现后，埃及、叙利亚、阿尔及利亚以及海湾合作委员会六国纷纷表示对掌握核技术怀有浓厚兴趣，这表明今后中东地区的核扩散风险将会进一步增加。中东地区的安全困境增强了各国竞相发展核技术的决心，而伊拉克战争和利比亚战争又起了消极的反面作用。

二、国际社会面临的“核泄漏”风险

目前，除以色列以外，中东地区尚无一个国家能够立即或接近于依靠自身力量生产出核武器，因此，仍有时间防止中东的核扩散，除非裂变材料、核技术等走私进中东。而走私进中东的裂变材料、核技术、核科学家和工程人员最可能的源头之一就是前苏联。

苏联解体后，西方十分担心有些核武器会失控，会秘密走私或出售到中东。另外，由于前苏联地区经济状况的恶化，西方还担心前苏联一些核科学家、核工程技术人员和武器专家会到中东地区寻找出路，最令西方担心的还是后处理钚或浓缩铀走私进中东。

据叶利钦称，20 世纪 90 年代初，俄罗斯拥有 150 吨钚和

1000多吨浓缩铀。[1]只要少量这种裂变材料被偷被走私到中东，其后果就十分堪忧，因为只要10公斤钚或25公斤浓缩铀就足以建造一座核设施。

西方关于查获裂变材料的报道时有所闻，1994年6月13日，德国警方在兰茨胡特发现0.8克纯度为87.5%的浓缩铀。8月10日，德国警察又在慕尼黑机场查获580克二氧化混合燃料，其中钚的含量为300—350克，其中87%为可制造核武器的钚239。8月12日，德国警察再次在不来梅火车站查获0.05克钚。10月5日，德国警方在斯图加特附近查获6克钚。12月20日捷克警方查获了4公斤浓缩铀。

查获的走私裂变材料量都很小，很可能查获的只是一些走私"样品"，真正的大宗走私并未查获。另外，绝大多数走私的裂变材料都是被效率较高的德国警察查获的，因此不能排除未被发现的通过其他国家走私裂变材料的可能性。关于走私裂变材料的目的地和发源地，西方报道很少披露。一般认为，目的地在中东的可能性最大。至于发源地，则存在两种可能性：一种可能是来源于前苏联；另一种可能是来源于南亚。

德国情报部门估计，俄罗斯政府官员可能参与了裂变材料的走私活动。1994年8月，俄罗斯官员承认，德国查获的核材料"可能来自俄国"，并表示"防止核材料失窃的系统需要改进"。[2]由于俄罗斯政府官员的卷入，加上查获的走私裂变材料的量都相当微小，因此也有可能俄国并没有发生"核泄漏"，微量裂变材

---

① 威廉·布劳德："俄国铀估计增加"，载《国际先驱论坛报》，1992年9月12—13日。

② "俄国承认核安全存在弱点"，载《国际先驱论坛报》，1994年8月24日。

料的走私是由俄国情报部门导演的，目的是为了引起西方对俄罗斯核设施安全的警惕，促使美国和西方政府继续向俄罗斯提供财政支持。2006 年，格鲁吉亚政府逮捕一名俄罗斯人，此人试图将 100 克武器级铀（U-235）以 100 万美元的价格出售给当地一个政治组织的穆斯林成员。①

西方尤其是美国十分担心前苏联发生核失控和“核泄漏”，即核武器、核设施、裂变材料、核科学家和工程技术人员流失，特别是流失到中东地区，因为中东是最有可能发生核扩散的地区之一。1991 年，在参议员山姆·努恩和理查德·卢加尔的提议下，美国国会在四年内拨款 16 亿美元，支持前苏联的非核化计划。另外，德国等西欧国家也为前苏联的非核化计划提供经济和财政援助。

随着乌克兰、白俄罗斯和哈萨克斯坦这三个国家签署了《不扩散核武器条约》，哈萨克斯坦将其领土上的核武器全部转移到俄罗斯，乌克兰和白俄罗斯非核化进程的发展，美国对前苏联“核泄漏”的担忧减轻了。到目前为止，尚无迹象和证据表明前苏联发生过核失控和核流失。除了西方的援助起了一定的作用外，不能否认前苏联的安全措施还在起作用。

冷战结束后，俄罗斯无力也无心与美国进行核竞赛，因此在核不扩散问题上对美国采取比较积极的合作态度。科索沃战争之后，俄罗斯的心态开始有所改变，国内民族主义情绪抬头，今后很难肯定俄罗斯在核不扩散问题上仍会继续采取与美国合作的积极态度。

---

① Michael Scheuer, *Marching toward Hell: America and Islam after Iraq*, New York: Free Press, 2008, p. 1169.

至于南亚核扩散，主要是指巴基斯坦。20 世纪 90 年代初，国际上已经普遍认为巴基斯坦拥有或即将拥有核武器。1994 年，巴基斯坦前总理纳瓦兹·谢里夫确认了这一看法。①

人们担心巴基斯坦会向中东伊斯兰国家提供核武器或裂变材料，或向他们提供“核保护伞”，这种担心主要基于下列原因：第一，巴基斯坦前总理阿里·布托曾宣布巴基斯坦决心研制“伊斯兰炸弹”，意即巴基斯坦的核能力也将为其他伊斯兰国家服务。其次，国际上有传言，称沙特和利比亚曾为巴基斯坦的核计划提供财政资助。第三，巴基斯坦与一些阿拉伯国家关系紧密，约旦和沙特都有巴基斯坦军事人员驻扎。第四，巴基斯坦与一些阿拉伯国家签订了和平利用核能的合作协定。最后，巴基斯坦长期的经济困难会促使巴基斯坦用核技术来换取经济援助。

但是，从目前来看，巴基斯坦向中东扩散核武器、核材料和核技术的可能性不大：首先，巴基斯坦发展核武器主要是为了对付来自印度的威胁。巴基斯坦向阿拉伯国家进行核扩散将与以色列为敌，促使以色列与印度结为战略同盟，联合起来对付巴基斯坦，“一害未除，又添一害”，巴基斯坦决不会冒此风险，而这样做也是与巴基斯坦发展核武器的初衷相违背的。其次，巴基斯坦制造“伊斯兰炸弹”的声明目的在于为竞争伊斯兰世界领袖地位增加砝码，如果真是这样的话，巴基斯坦当然希望维持自己伊斯兰世界唯一核国家的地位，而不会向其他伊斯兰国家进行核扩

---

① “前领导人宣布巴基斯拥有核弹”，载《国际先驱论坛报》，1994 年 8 月 24 日。

散。[①]最后，由于美国在中东有重要的利益，巴基斯坦向中东国家进行核扩散会引起美国的强烈反应，因此巴基斯坦在这个敏感问题上一定会慎之又慎。

而事实上，巴基斯坦确实发生了核扩散，但不是政府行为，而是个人行为。2004年初，巴基斯坦的“核弹之父”卡迪尔·汗被揭露曾向伊朗和利比亚提供核技术。目前，人们最担心的是巴基斯坦的安全形势恶化，核武器失控，落入塔利班或其他恐怖组织之手。

三、美国核不扩散政策的双重和多重标准

长期以来，美国一直承诺要防止核扩散，但在具体执行时则经常是前后矛盾的。二战结束后，美国政府制定了比较严格的核不扩散政策。1946年美国提出“巴鲁克计划”[②]，建议设立国际原子能开发署，在联合国领导下控制全球的裂变材料，管理所有可能会威胁世界和平的原子能活动，监督所有的原子能设施。约翰逊当政时期，美国政府大力推行核不扩散政策，经过谈判，终于1968年7月1日与英、苏等62个国家签订了《不扩散核武器条约》，有核国家保证不帮助无核国家获得或制造核武器，无核国家则承诺不谋取核武器。

20世纪70年代末，卡特政府把防止核武器扩散作为美国外

---

① Shai Feldman, Nuclear Weapons and Arms Control in the Middle East, Boston: MIT Press, 1996, p. 178.

② 巴鲁克，1870—1965，美国金融家，威尔逊总统和罗斯福总统的经济顾问。

交的头等大事。1978 年美国国会通过“核不扩散法案”，禁止与任何不将其核设施置于国际原子能机构安全监督下的国家进行核合作。此后，美国国会又通过对 1977 年“国际安全援助法案”的“格伦修正案”，该修正案强化了福特时期的“赛明顿修正案”，规定切断对任何爆炸核装置或进出口浓缩铀设备或钚再处理设备的国家的一切经济和军事援助。1985 年，美国国会相继通过了“普雷斯勒修正案”和“索拉尔兹修正案”，进一步强化了美国的核不扩散政策。

美国强化核不扩散政策，主要是担心核扩散会引发地区性的核冲突进而引发全球性的核战争，担心核扩散会削弱美国的影响力，即削弱美国的核垄断和核优势地位。

但具有讽刺意味的是，美国又是世界上最活跃的核扩散国家。艾森豪威尔时期，美国积极推行所谓的“和平利用原子能计划”，帮助其他国家建立了 26 座核反应堆。从 1954—1979 年，美国帮助非华沙条约国家培训了 1.3 万多名核科学家。[①]

另外，美国在执行核不扩散政策时常常前后不一致甚至采取双重或多重标准，其出发点当然是美国的国家利益。巴基斯坦就是一个明显的例子。在苏联入侵阿富汗期间，巴基斯坦支持阿富汗抵抗力量，美国政府认为巴基斯坦在牵制苏联方面起了关键的作用，于是对巴基斯坦发展核武器视而不见。美国政府甚至向国会作证，没有清楚确实的证据证明巴基斯坦开发了核武器。但是，1990 年末，苏联撤出阿富汗后，巴基斯坦对苏联的牵制作用消失，美国政府马上执行“普雷斯勒修正案”，禁止向巴基斯坦

① 大卫·霍夫曼：“盟友获得美国原子武器的核心”，载《费城调查者报》，1979 年 5 月 19 日。

交付巴先前向美国定购并已付款的28架F—16A战斗机。[1] 1995年，克林顿政府再次改变了对巴基斯坦的政策。克林顿政府认为巴基斯坦不会改变其核政策，制裁巴基斯坦不再符合美国利益，于是在贝·布托访问华盛顿后，克林顿政府决定恢复两国的军事关系，向巴基斯坦出售三架反潜飞机、28枚渔叉式舰对舰导弹、39枚响尾蛇空对空导弹。[2] 1998年5月，巴基斯坦在印度进行了核试验以后，不顾美国的压力，也进行了核试验，克林顿政府宣布对印巴进行制裁。

南非是美国执行核不扩散政策采取双重甚至多重标准的又一个例子。冷战时期，由于南非与苏联和古巴支持的安哥拉和莫桑比克政府相对抗，因此，尽管南非种族隔离政权遭到国际社会的制裁，但美国政府从牵制苏联和古巴的目的出发，对南非发展核武器计划非但没有作出有力的反应，还帮助南非获得裂变材料。南非前外交部长皮克·博塔事后承认，美国政府曾帮助南非获得浓缩铀，条件是南非与纳米比亚（当时西南非洲）就后者独立问题开始谈判，并作出“不先向华盛顿通报不会爆炸核武器”的保证。[3]

美国对以色列核计划的态度是美国核不扩散政策采取双重甚至多重标准的一个最典型例子。长期以来，美国对以色列发展核武器采取睁一只眼闭一只眼的态度，以色列假装没有核武器，而美国假装信其无。以色列最初的核能力是在美国的帮助下发展起

① 诺尔曼·坎普斯特：“尽管巴基斯坦的核努力，美援持续7年”，载《国际先驱论坛报》，1992年3月19日。

② “巴基斯坦交易”，载《华盛顿邮报》，1995年9月27日。

③ “博塔确认里根帮助发展核计划”，载《华盛顿时报》，1995年1月11日。

来的。20世纪50年代，美国通过所谓“和平利用原子能计划”向以色列提供5兆瓦的反应堆。后来，虽然艾森豪威尔、肯尼迪和约翰逊政府都反对以色列获得核武器，但以色列的核计划却得到美国国会的支持。1968年美国助理国防部长鲍尔主张以色列承诺不发展核武器作为美国向以色列提供F—4鬼怪式战斗机的先决条件，但遭到美国国会的否决。

1969年尼克松的国家安全顾问基辛格取消了肯尼迪时期开始的美国官员对以色列迪莫纳反应堆的监督视察。1968年、1970年、1974年和1976年，美国中央情报局多次向政府和国会报告以色列拥有核武器，但美国国会并未作出反应，美国政府也未采取任何重大的步骤阻止以色列发展核武器，美以关系也未因此受到影响，美国的经济和军事援助照样源源不断地涌入以色列。1974年以色列总统卡齐尔宣布以色列拥有核武器，美国国务卿基辛格还代为掩饰。

卡特政府是战后在核不扩散问题上持比较强硬立场的美国政府，但对以色列的核能力仍抱宽容的态度。1978年，当中央情报局1974年报告公开后，白宫新闻秘书鲍威尔说：“以色列政府宣布以色列不是一个核国家并不会率先将核武器引入该地区，我们接受以色列政府的这一官方立场”，[①]对以色列核武器仍采取视而不见的态度。副国务卿本森在向参议院政府事务小组作证时甚至暗示，在特定条件下美国政府将容忍以色列使用核武器。[②]1979年，美国参议院以76票对7票否决了赫尔姆斯的提案，该提案要求“以埃和平条约”签订后，美国向以色列提供特别援助应以以

① ［以］《晚报》，1978年3月2日。

② ［以］*Jerusalum Post*, June 2, 1985.

色列先签署和批准《不扩散核武器条约》为前提。

1986年，一位曾在迪莫纳核反应堆工作的以色列科学家瓦努努逃到西方，透露了以色列研制核武器的内幕，英国《星期日泰晤士报》作了详细的报道。后来瓦努努被以色列特工绑架押回以色列受审，西方媒体闹得纷纷扬扬，但里根政府和美国国会对此却几乎不置一词。

海湾战争期间，美国支持以色列核能力的态度最为明显。国防部长切尼在1991年2月2日美国有线电视网的电视采访中说，如果遭到伊拉克化学武器的袭击，以色列将不得不用战术核武器进行回击。事实上美国默认了以色列拥有核武器并支持以色列进行核威慑。

克林顿政府继承了自尼克松以来美国政府的一贯做法，即不强迫以色列签署《不扩散核武器条约》。1993年3月，拉宾第一次访问美国，曾在白宫与克林顿私下会见十分钟，拉宾得到保证，美国将继续不强迫以色列签署《不扩散核武器条约》。[①] 1996年7月中旬，内塔尼亚胡访美时，克林顿向他作出了相同的保证。[②]

美国对以色列发展核武器采取宽容态度，主要有以下一些原因：第一，美国认为以色列是一个民主国家，拥有与美国相似的文化和相同的价值观，以色列政府是理智的负责任的政府，相信以色列政府有能力控制手中的核武器，不到万不得已不会轻易使用。第二，以色列是美国最亲密的盟友之一，美国认为以色列拥

① 阿卢夫·本："最后一座山"，载［以］《国土报》，1994年11月11日。

② 希蒙·希弗尔："克林顿不打埋伏"，载［以］《最新消息报》，1996年7月12日。

有核武器不会威胁到美国的根本利益。另外，美国对以色列的生存和安全负有道义上的责任，以色列拥有核威慑能力可以减轻美国的责任。第三，出于对犹太人在第二次世界大战中悲惨遭遇的同情，美国对以色列（不仅在发展核武器方面）采取宽容的态度。第四，美国国内存在着一个强大的犹太社团，出于国内政治的考虑，历届美国政府和国会都不愿对以色列施加过大的压力。

冷战结束后，世界格局发生了重大变化，苏联已不复存在，美俄两个核大国发生核对抗的可能性已大大下降。在这种情况下，美国及时地调整了其核不扩散政策。

冷战后美国核不扩散政策调整之一表现为美国核不扩散政策的重点已从全球范围转移到直接涉及美国利益的特定地区，如波斯湾和朝鲜半岛。随着冷战的结束，美国的注意力已从防止地区冲突引发两个超级大国之间的核大战转移到担心某个国家（如伊拉克）获得核武器会影响地区稳定和美国海外驻军的安全。海湾战争及其后对伊拉克无休止的武器核查正反映了美国的这种担心及其解除伊拉克武装的决心。美国“用炸弹、用武器核查将伊拉克的核计划打翻在地”①的严厉态度与对以色列核武器的宽容态度形成鲜明的对比。

冷战后，美国核不扩散政策越来越强调国家政权的性质，尤其是克林顿政府将一些国家划分为所谓的民主国家和非民主国家。如美国对伊拉克、伊朗和朝鲜的核潜力采取极为严厉的打击和限制措施，而对以色列、印度和巴基斯坦的核能力则采取相对宽容的态度。美国将伊拉克、伊朗、朝鲜等国家列为所谓的“无

---

① “联合国专家认为眼下对伊拉克制裁无效”，载《国际先驱论坛报》，1993年7月1日。

赖”国家，认为这些国家的“非理智”政权具有无视国际准则的强烈倾向，一旦拥有核武器，便非常有可能使用核武器。而认为像以色列这类国家，其民主政权是理智的、冷静的，在对待核武器问题上是十分克制的。另外，美国在对待以色列、印度和巴基斯坦的核武器的态度是有区别的，同样，美国对伊拉克、伊朗和朝鲜的核潜力采取的也不是相同的态度。因此，与其说美国在核不扩散问题上采取双重标准，还不如说多重标准。

冷战结束后，有些地区的安全威胁已经消失或逐渐减小，一些国家发展核能力的势头相继减弱，如巴西、阿根廷和南非，而有些地区的安全威胁仍然存在，这些地区国家获得核武器的愿望并未减弱，于是美国便将其核不扩散政策的重心即要求全世界遵守《不扩散核武器条约》和将所有的核设施置于国际原子能机构的安全监督之下转移到禁止特定地区（如中东）生产武器级裂变材料。于是，美国一方面仍然强调《不扩散核武器条约》的重要性，另一方面，对建立无核区表现出越来越大的兴趣。而在过去，美国对建立无核区并不积极，因为美国担心这会削弱美国在海外布置核报复力量的能力。但迄今为止，美国建立中东无核区和南亚无核区的目标并未实现。一方面是这些地区国家的安全威胁感并未消除，另一方面，与美国推行双重甚至多重标准有关。

冷战后美国核不扩散政策调整之二表现为美国核不扩散政策的重点由“防核扩散”转移到“反核扩散”，体现在1993年底美国国防部长阿斯平的“反扩散防卫提案”中，该提案强调，冷战后美国的防卫政策将赋予不扩散以更高的优先考虑。①

① 戴维斯和雷斯：“美国反扩散原则”，载《国会研究报告》，1994年9月21日。

阿斯平提案反映了冷战后尤其是海湾战争后美国决策者的两大考虑：其一，认为对付处于萌芽状态的秘密核计划比对付后期核计划容易，因此美国日益注重发现早期核计划，投入大量的情报力量监视核武器扩散。其二，认为必要时可以采取武力制止核武器的扩散。1992年五角大楼“国防计划指南”就暗示美国军队可能面临是否采取军事步骤防止大规模破坏性武器的开发和使用的问题。[①] 1994年初，美国防部官员强调，摧毁核目标是新的反扩散政策的支柱之一。[②]美国官员还暗示，如果美国劝说朝鲜允许国际原子能机构视察其所有核设施的外交努力失败，华盛顿将考虑其他选择来对付出现的核威胁。结果，此举引起了美国国内和国际的广泛争议，美国、韩国和日本的一些官员和评论家对此持反对意见。

事实表明，到目前为止，美国并不愿意冒险使用武力制止核扩散并为此付出代价，1998年印巴核试验就是一个明显的例子。

美国是国际核不扩散机制的主要倡导者和力行者，为全球核不扩散作出了重大贡献。但同时，美国的核不扩散政策的出发点是其国家利益，表现为双重标准或多重标准，这又使国际核不扩散努力遇到极大的困难和阻力，可谓“成也萧何，败也萧何”。

四、结束语

冷战结束后，地区冲突引发全球性核大战的可能性已经大大降低，但地区核扩散和核冲突的可能性并未消除，中东和南亚就

---

① 《防卫督察》，第21卷3期，1992年，第5页。

② 《情报时事通讯》，1994年1月13日，第7页。

是突出的例子。感到自身安全和生存受到威胁，是促使一些国家极力发展核能力获取核武器的重要动因，因此创造和平的国际环境，不以武力或武力威胁来解决国与国争端，是防止核扩散，削减并最终消灭核武器的根本途径。但是，以美国为首的北约悍然轰炸南斯拉夫并提出所谓“人权高于主权”的理论，使一些主权国家再次感到霸权主义的威胁，增强了它们发展核武器的决心，因为它们清楚地意识到，如果南斯拉夫拥有核报复能力，北约就不敢轻易下手。而2003年的伊拉克战争和2011年的利比亚战争进一步增强了有些国家的这一信念。

《不扩散核武器条约》已经签署40多年了，但正如美国前总统卡特所说的，“现在的核扩散事态并不妙，世界正面临着一次核危机，美国的政策与这个危机的出现有很大关系。”[①]首先，美国自己就是一个主要的核扩散者，其“和平利用原子能计划”事实上为核扩散起了推波助澜的作用。其次，二战以来，美国和北约非但没有放弃对核武器的依赖，反而宣布这些武器仍然是西方安全政策的基石，而且，美国参议院拒绝批准《全面禁止核试验条约》，美国政府重新强调不会承诺“不首先使用核武器”和“不以核武器威胁无核国家”，这就给那些无核国家造成很大的压力，迫使它们发展核武器。另外，美国的核不扩散政策推行双重甚至多重标准，以意识形态划线，以社会制度分界，采取“顺我者昌，逆我者亡”的政策，企图以势压人，其结果必然是压而不服。在美国的强大压力下，迫使一些国家避开美国的监视，在极其秘密的状态下研发核武器，如印度和巴基斯坦。另一些国家则绕道而行，要么致力于开发核武器的替代物——生化武器，如伊

① Jimmy Carter, “A Nuclear Crisis,” *Washington Post*, February 23, 2000.

拉克；要么先行开发运载工具，如伊朗。

美国极力推行核不扩散政策，在很大程度上是为了保持核垄断，维持核优势，是“只许州官放火，不许百姓点灯”，最终目的是为了维护美国的霸权地位。只要美国称霸全球、充当世界警察的野心不变，那些主权和安全受到威胁的国家以发展核武器来对抗霸权主义的强烈愿望就难以消除，核不扩散和建立无核区就只能是一句空话。只有世界头号核大国美国作出“不首先使用核武器”和“不以核武器相威胁”的承诺，批准和严格履行《全面禁止核试验条约》，完成《停止生产裂变材料条约》的谈判，切实履行《反弹道导弹条约》和《削减战略武器条约》，推行没有任何歧视的核不扩散政策，推动裁减核武器和核不扩散同步进行，人类才有可能实现减少并最终消灭核武器、彻底摆脱核梦魇的目标。

附录：中国的军控与裁军政策[①]

中国政府重视并支持国际军控、裁军和防扩散努力，采取切实措施严格履行相关国际义务，致力于与国际社会一道，在遵守《联合国宪章》的宗旨和原则以及其他公认的国际关系准则、维护国际战略稳定和增进各国共同安全的基础上，巩固和加强现有国际军控、裁军和防扩散体系。

核裁军

中国主张所有核武器国家明确承诺全面、彻底销毁核武器，并承诺停止研发新型核武器，降低核武器在国家安全政策中的作用。两个拥有最大核武库的国家对核裁军负有特殊、优先责任，应认真履行已达成的有关协议，并以可核查、不可逆的方式进一步大幅度削减其核武库，为其他核武器国家参与核裁军进程创造必要条件。

中国支持《全面禁止核试验条约》早日生效，并将继续恪守“暂停试”承诺。中国支持条约组织筹委会为条约生效所做的筹

① 参见中华人民共和国国务院新闻办公室：《2008年中国的国防》，2009年1月。http：//www.gov.cn/jrzg/2009—01/20/content_1210075.htm.

备工作，积极参与国际监测系统的建设。

中国恪守在任何时候、任何情况下不首先使用核武器和无条件不对无核武器国家和无核武器区使用或威胁使用核武器的承诺，呼吁其他核武器国家也做出同样承诺并缔结相关国际法律文书。中国签署了所有已开放签署的无核武器区条约相关议定书，已与东盟就《东南亚无核武器区条约》议定书有关问题达成一致，并欢迎中亚五国签署《中亚无核武器区条约》。

中国重视日内瓦裁军谈判会议的作用，支持达成全面平衡的工作计划，以尽早就“禁止生产用于核武器或其他核爆炸装置裂变材料条约”、防止外空军备竞赛、核裁军、向无核武器国家提供安全保证等问题开展实质性工作。

中国认为，全球导弹防御计划将损害战略平衡与稳定，不利于国际和地区安全，并对核裁军进程产生消极影响。中国对此表示高度关注。

禁止生物、化学武器

中国严格履行《禁止生物武器公约》义务，支持旨在加强公约有效性的多边努力，以积极务实的态度参加公约缔约国年会和专家组会议。中国建立了较完备的履约法律体系，设立了国家履约联络点，按时向公约履约支持机构提交公约建立信任措施宣布资料，加强生物安全和疫情监控工作，积极开展国际交流与合作。

中国认真履行《禁止化学武器公约》各项义务，建立了从中央到地方的各级履约机构，按时、完整地提交各类年度宣布、新发现日本遗弃在华化学武器的后续宣布及年度国家防护方案，接待了禁化武组织对中国进行的170余次现场视察。继1998年中国防化研究院分析化学实验室成为禁化武组织首批指定实验室之后，2007年，军事医学科学院毒物分析实验室成为禁化武组织指定实验室。2008年5月，中国与禁化武组织在北京联合举办防护与援助培训班。为推动处理日本遗弃在华化武进程，中国协助日本进行了100余次现场调查，回收日本遗弃化武4万余件。中国敦促日本切实履行公约义务，尽早启动实质性销毁工作。

防扩散

中国坚决反对大规模杀伤性武器及其运载工具扩散，积极参与国际防扩散努力。中国主张，防扩散应标本兼治，综合处理。国际社会应致力于构建一个稳定、合作与互信的全球和地区安全环境，切实维护和加强国际防扩散体系的权威性和有效性，摒弃双重标准。应坚持通过对话和谈判处理有关分歧，并妥善处理防扩散与和平利用科学技术之间的关系，既确保各国和平利用的权利，又有效防止扩散。

中国参加了防扩散领域所有的国际条约和相关国际组织，高度重视《不扩散核武器条约》、《禁止生物武器公约》和《禁止化学武器公约》在防止大规模杀伤性武器扩散方面发挥的重要作用。中国支持联合国在防扩散领域发挥应有的作用，认真执行安理会相关决议。

中国致力于实现朝鲜半岛无核化，坚定推动朝鲜半岛核问题六方会谈进程，推动六方会谈于2007年2月和10月分别通过《落实共同声明起步行动》共同文件和《落实共同声明第二阶段行动》共同文件。

中国主张通过政治和外交途径和平解决伊朗核问题。中国多次参加伊朗核问题六国机制外长和政治总司长会议，并于2008年4月在上海主办伊朗核问题六国政治总司长会议。中国还积极参与国际原子能机构和联合国安理会审议伊朗核问题的进程，发挥了建设性作用。

中国高度重视防扩散出口管制工作，已建立起一套涵盖核、生物、化学、导弹及相关两用物项和技术的完备的出口管制法规体系，并根据承担的国际义务和出口管制工作的需要，不断对有关法规进行更新。2006年11月，修订了《中华人民共和国核出口管制条例》。2007年1月，修订了《中华人民共和国核两用品及相关技术出口管制条例》。7月，修订了《核两用品及相关技术出口管制清单》。中国不断采取措施，加强防扩散出口管制执法。

中国重视并积极开展防扩散和出口管制领域的国际交流与合作，与10余个国家和欧盟建立了军控和防扩散磋商机制，与北约开展了防扩散对话，与“澳大利亚集团”、“瓦森纳安排”等多国出口管制机制保持着对话与交流。

中国支持“打击核恐怖主义全球倡议”的目标和原则，是“倡议”创始伙伴国，参加了历次伙伴国会议。2007年12月，中国与美国在“倡议”框架下在北京联合举办了放射性材料搜寻研讨会。

防止外空武器化和外空军备竞赛

中国政府一贯主张和平利用外空，反对外空武器化和外空军备竞赛。现有关于外空的国际法律文书不足以有效防止外空武器化。国际社会应谈判缔结一项新的国际法律文书，弥补现有外空法律体系的漏洞。

2008年2月，中国与俄罗斯共同向日内瓦裁军谈判会议提交了“防止在外空放置武器、对外空物体使用或威胁使用武力条约”草案，希望尽快就这一草案开展实质性讨论，并早日谈判缔结。

常规武器军控

中国认真履行《特定常规武器公约》及其附加议定书各项义务，采取切实措施确保现役杀伤人员地雷达到经修订的《地雷议定书》有关技术要求，积极参与集束弹药问题政府专家组谈判工作，继续开展公约所附《战争遗留爆炸物议定书》批约筹备工作。中国继续积极参与国际人道主义扫雷援助，两年来分别为安哥拉、莫桑比克、乍得、布隆迪、几内亚比绍以及苏丹北南方培训扫雷技术人员，并无偿向上述国家和埃及捐赠扫雷器材，向秘鲁、厄瓜多尔、埃塞俄比亚提供地雷行动资金。

中国积极参与打击轻小武器非法贸易的国际努力，认真落实联合国轻小武器《行动纲领》与《识别和追查非法轻小武器国际文书》，制订实施了轻小武器标志细则。中国派专家参加了联合国“武器贸易条约”问题政府专家组工作。

军费透明和常规武器转让登记

中国一贯重视军事透明度问题，在提高军事透明度、增进与世界各国军事互信方面做出了不懈努力。中国自2007年起开始参加联合国军费透明制度，向联合国提交上一财政年度的军事开支基本数据。

中国对联合国常规武器登记册的建立和发展做出了重要贡

献。登记册建立后，中国每年向登记册提供七大类常规武器的进出口情况。由于个别国家自 1996 年起向登记册提供其向台湾出售武器的情况，违背了联大有关决议的精神及登记册的宗旨和原则，曾迫使中方暂停登记。鉴于有关国家已停止上述做法，中国从 2007 年起恢复向登记册提供七大类常规武器的进出口情况。

参考文献

一、主要中文参考文献

（一）著作

1. 艾什敦·卡特、威廉姆·佩里：《预防性防御：一向美国新安全战略》，胡利平、杨韵琴译，上海人民出版社，2000年版。

2. 布热津斯基：《大棋局：美国的首要地位及其地缘战略》，中国国际问题研究所译，上海人民出版社，1998年版。

3. 高祖贵：《美国与伊斯兰世界》，时事出版社，2005年版。

4. 戈尔巴乔夫著，苏群译：《改革与新思维》，新华出版社，1987年版。

5. 胡学兵、郑科伦、曹健峰主编：《武器霸王：核武器100问》，国防工业出版社，2007年版。

6. 金宜久：《伊斯兰教史》，江苏人民出版社，2011年版。

7. 李慎明、王逸舟主编：《2007年：全球政治与安全报告》，社会科学文献出版社，2007年版。

8. 李伟建等著：《以色列与美国关系研究》，时事出版社，

2006 年版。

9. 刘华秋主编：《军备控制与裁军手册》，国防工业出版社，2000 年版。

10. 刘金质著：《冷战史（1945—1991）》，世界知识出版社，2002 年版。

11. 孙德刚著：《多元平衡与“准联盟”理论研究》，时事出版社，2007 年版。

12. 孙德刚著：《危机管理中的国家安全战略》，上海人民出版社，2010 年版。

13. 王辑思：《高处不胜寒：冷战后美国的全球战略和世界地位》，世界知识出版社，1999 年版。

14. 王仲春著：《核武器·核国家·核战略》，时事出版社，2007 年版。

15. 吴大辉著：《防范与合作：苏联解体后的俄美核安全关系（1991—2005）》，人民出版社，2005 年版。

16. 俞正梁等著：《大国战略研究》，中央编译出版社，1998 年版。

17. 张倩红著：《以色列史》，人民出版社，2008 年版。

18. 赵伟明：《近代伊朗》，上海外语教育出版社，2000 年版。

19. 赵伟明著：《中东问题与美国中东政策》，时事出版社 2006 年版。

20. 中国现代国际关系研究所：《国际危机管理概论》，时事出版社，2003 年版。

21. 朱明权著：《核扩散：危险与预防》，上海科技文献出版社，1995 年版。

22. 左文华、肖宪：《当代中东国际关系》，世界知识出版社，1990 年版。

(二) 论文

1. 陈万里、杨明星：《伊朗“第三国外交”战略的历史考察》，载《国际论坛》，2005 年 5 期。

2. 东方晓：《伊拉克武器核查机制：前景堪忧》，载《西亚非洲》，1999 年第 1 期。

3. 顾国良：《美国对伊政策——伊朗核与导弹问题》，载《美国研究》，2006 年第 1 期。

4. 郝图安：《和平与和解——挪威追求世界和平的努力》，载《世界经济与政治》，2007 年第 8 期。

5. 华黎明：《伊朗核问题不是中国的包袱》，载《亚非纵横》，2006 年 2 期。

6. 华黎明：《伊朗核问题与中国外交的选择》，载《国际问题研究》，2007 年 1 期。

7. 贾瓦德·曼苏里：《和平利用核能与维护正当权利——伊朗核计划”，载《世界经济与政治》，2007 年 10 期。

8. 李莉：《冷战后预防性外交的发展及影响》，载《现代国际关系》，2001 年第 10 期。

9. 李荣：“奥巴马政府中东战略中的伊朗政策调整”，载《阿拉伯世界研究》，2009 年第 3 期。

10. 梁平安：《试论伊朗核问题对阿拉伯国家的辐射效应》，载《阿拉伯世界研究》，2007 年第 1 期。

11. 时殷弘：《中美关系基本透视和战略分析》，载《世界经济与政治论坛》，2007 年第 4 期。

12. 孙德刚：《国际原子能机构及其核查效能研究》，载《阿拉伯世界研究》，2007 年第 6 期。

13. 唐志超：《中东国家核竞赛加剧及其影响》，载《现代国际关系》，2007 年第 1 期。

14. 田景梅、田东风：《〈莫斯科条约〉与美俄核裁军》，载《现代国际关系》，2004 年第 5 期。

15. 田文林：《对伊朗核危机的战略解读》，载《 现代国际关系 》，2007 年 11 期。

16. 吴成：《伊朗频打核计划牌，谋求“积极安全”》，载《当代世界》，2008 年第 10 期。

17. 夏立平：《论以色列核政策与核战略的特点与影响》，载《西亚非洲》，2009 年第 4 期。

18. 肖凌：《以色列的核威慑策略和阿拉伯国家的应策》，载《阿拉伯世界》，2001 年第 3 期。

19. 徐学银：《〈不扩散核武器条约〉的评判与展望——从朝鲜、伊朗核危机说起》，载《法学论坛》，2007 年第 12 期。

20. 杨兵、郭君丽：《以色列核武能力揭秘》，载《军事文摘》，2006 年第 06 期。

21. 杨曼苏、王良生：《“第六核大国”的狠招——以色列的核武装之路》，载《世界知识》，2003 年 19 期。

22. 岳汉景：《利比亚的核政策：历史与现实》，载《阿拉伯世界研究》，2009 年第 3 期。

23. 岳汉景：《美国与以色列在伊朗核问题上的共识与分歧》，载《阿拉伯世界研究》，2010 年第 4 期。

24. 张彦飞：《浅析美国对以色列核选择的政策及其原因》，载《兰州学刊》，2008 年第 1 期。

25. 赵伟明、杨明星：《美伊核博弈的建构主义分析》，载《现代国际关系》，2005 年第 7 期。

26. 赵伟明：《美国的核不扩散政策》，载《国际观察》，2001 年第 5 期。

27. 赵伟明：《虽无近虞，但有远忧：中东核扩散形势评述》，载《国际观察》，2000 年第 3 期。

28. 周士新：《中东国家核动因比较》，载《阿拉伯世界研究》，2009 年第 3 期。

29. 朱丹：《以色列核力量发展模式》，载《西亚非洲》，2003 年第 2 期。

30. 朱鹏飞：《论〈核不扩散条约〉缔约国和平利用核能的权利——以伊朗为例》，载《燕山大学学报》，2007 年第 4 期。

31. 章节根：《日本的核不扩散政策的悖论》，载《国际论坛》，2005 年第 4 期。

32. 张贵洪：《国际核不扩散体系面临的挑战及发展趋势》，载《国际观察》，2009 年第 5 期。

二、主要英文参考文献

(一) 论著

1. Al-Suwaidi, Jamal S., *Iran and the Gulf: A Search for Stability*, London: British Academic Press, 1996.

2. Andersen, Roy R., and Robert F. Seibert and Jon G. Wagner, *Politics and Change in the Middle East: Sources of Conflict and Accommodation*, New Jersey: Pearson Education Ltd., 2007.

3. Ansari, Ali M., *Modern Iran Since 1921: The Pahlavis and After*, London: Pearson Education Limited, 2003.

4. Bader, William, *The United States and the Spread of Nuclear Weapons*, New York: Pegasus, 1968.

5. Bellany, Ian, *Curbing the Spread of Nuclear Weapons*, Manchester and New York: Manchester University Press, 2005.

6. Berman, Ilan, *Tehran Rising: Iran's Challenge to the United States*, Lanham MD: Rowman & Littlefield Publishers, 2005.

7. Bhatia, Shyam, *Nuclear Rivals in the Middle East*, London & New York: Routledge, 1988.

8. Burns, Richard Dean, *Encyclopedia of Arms Control and Disarmament*, New York: Charles Scribner's Sons, 1993.

9. Burrows, William E. and Windrem, Robert, *Critical Mass The Dangerous Race for Superweapons in a Fragmenting World*, New York: Simon and Schuster, 1994.

10. Chubin, Shahram, *Whither Iran? Reform, Domestic Politics, and National Security*, New York: Oxford University Press. 2002.

11. Cirincione, Joseph and Wolfsthal, Jon B. and. Rajkumar, Miriam, *Deadly Arsenals: Nuclear, Biological, and Chemical*

Threats, Washington, D. C.: The Brookings Institution Press, 2005.

12. Cirincione, Joseph with Jon B. Wolfsthal, and Miriam Rajkuamar, *Deadly Arsenals: Tracking Weapons of Mass Destruction*, Washington, DC: Carnegie Endowment for International Peace, 2002.

13. Cirincione, Joseph, and Jon B. Wolfsthal and Miriam Rajkumar, *Deadly Arsenals: Nuclear, Biological, and Chemical Threats*, Washington, D. C.: The Brookings Institution Press, 2005.

14. Cirincione, Joseph, *Bomb Scare: The History and Future of Nuclear Weapons*, New York: Columbia University Press, 2007.

15. Cirincione, Joseph, ed., *Preparing the Regime: Preventing the Spread of Weapons of Mass Destruction*, New York: Rourledge, 2000.

16. Cohen, Avner, *Israel and the Bomb*, New York: Columbia University Press, 1998.

17. Cordesman, Anthony H., *Iran and Nuclear Weapons: A Working Draft*, Washington, D. C.: Center for Strategic and International Wtudies, February 7, 2003.

18. Craig Harris, Lillian, *Libya: Qadhafi's Revolution and the Modern State*, Boulder: Westview Press, 1986.

19. Dunn, Lewis A., *Controlling the Bomb: Nuclear Proliferation in the 1980's*, New Haven: Yale University

Press, 1982.

20. Feldman, Shai, *Israeli Nuclear Deterrence*, New York: Columbia University Press, 1982.

21. Feldman, Shai, *Israeli Nuclear Deterrence: A Strategy for the* 1980*s*, New York: Columbia University Press, 1982.

22. Feldman, Shai, *Nuclear Wea pons and Arms Control in the Middle East*, London: The MIT Press, 1997.

23. Fischer, David, *History of the International Atomic Energy Agency: The First Forty Years*, Vienna: The Agency, 1997.

24. George, Alexander L., *Bridging the Gap: Theory and Practice in Foreign Policy*, Washington DC: U.S. Institute of Peace Press, 1993.

25. Goldblat, Jozef, *Non-Proliferation: The Why and the Wherefore*, London and Philadelphia: Taylor & Francis, 1985, p. 187.

26. Goodby, James E., *At the Borderline of Armageddon: How American Presidents Managed the Atom Bomb*, Lanham: Rowman & Littlefield Publishers, Inc., 2006.

27. Graver, John W., *China and Iran: Ancient Partners in a Post-Imperial World*, Seattle and London: University of Washington Press, 2006.

28. Green, Stephen, *Living by the Sword: America and Israel in the Middle East* 1968—1987, London: Faber, 1988.

29. Hansen, Keith A., *The Comprehensive Nuclear Test Ban*

Treaty: An Insider's Perspective, Stanford: Stanford University Press, 2006.

30. Hersh, Seymour M., *The Samson Option Israel's Nuclear Arsenal and American Foreign Policy*, New York: Random House, 1991.

31. Howlett, Darryl and John Simpson, *Nuclear Non-Proliferation: A Reference Handbook*, Longman Group UK Limited, 1992.

32. Hymans, Jacques E. G., *The Psychology of Nuclear Proliferation: Identity, Emotions, and Foreign Policy*, Cambridge: Cambridge University Press, 2006.

33. Jones, Rodney W. and Mark G. McDonough, *Tracking Nuclear Weapon Proliferation*, the Carnegie Endowment for International Peace, 1998.

34. Karpin, Michael, *The Bomb in the Basement*, New York, Simon & Schuster, 2006.

35. Krass, Allan S., *Uranium Enrichment and Nuclear Weapon Proliferation*, London and New York: Taylor & Francis Ltd, 1983.

36. Krosney, Herbert, *Deadly Business: Legal Deals and Outlaw Weapons: The Arming of Iran and Iraq*, 1975 *to the Present*, London: Four Walls Eight Windows, 1993.

37. Landau, Emily B., *Arms Control in the Middle East: Cooperative Security Dialogue and Regional Constraints*, Brighton, Portland: Sussex Academic Press, 2006.

38. Lefever, Ernest, *Nuclear Arms in the Third World: U. S. Policy Dilemma*, Washington, D. C.: The Brookings Institution, 1979.

39. Lund, Michael S., *Preventing Violent Conflicts: A Strategy for Preventive Diplomacy*, Washington D. C.: United States Institute of Peace Press, 1996.

40. Marwah, Onkar, and Ann Schulz, *Nuclear Proliferation and the Near-Nuclear Countries*, Cambridge: Ballinger, 1975.

41. Medeiros, Evan S., *Reluctant Restraint: The Evolution of China's Nonproliferation Policies and Practices*, 1980—2004, Palo Alto, CA: Stanford University Press, 2007.

42. Muller, H., *A European Non-Proliferation Policy: Prospects and Problems*, Oxford: Clarendon Press, 1987.

43. Muller, Harald, ed., *Europe and Nuclear Disarmament: Debate and Political Attitudes in 16 European Countries*, Brussels: European Interuniversity Press, 1998.

44. Nashif, Taysir N., *Nuclear Weapons in the Middle East: Dimensions and Responsibilities*, Princeton, New Jersey: Kingston Press, 1984.

45. National Academy of Sciences, *Nuclear Arms Control: Background and Issues*, Washington D. C.: National Academy Press, 1985.

46. Nikkie R. Keddie, *Modern Iran: Roots and Results of Revolution*, New Haven: Yale University Press, 2003.

47. Norris, Robert, Andrew Burrows, and Richard Fieldhouse, *British, French, and Chinese Nuclear Weapons*, Boulder, Colorado: Westview Press, 1994.

48. Peres, Shimon, *Battling for Peace: Memoirs*, London: Weidenfeld and Nicolson, 1995.

49. Poneman, Daniel, *Nuclear Power in the Developing World*, London: George Allen & Unwin, 1982.

50. Prelas, Mark A. and Michael S. Peck, *Nonproliferation Issues for Weapons of Mass Destruction*, Boca Raton: Taylor & Francis, 2005.

51. Ramazani, Rouhallah K., *The Foreign Policy of Iran 1500—1941: A Developing Nation in World Affairs*, Charlottesville: University Press of Virginia, 1966.

52. Ramazani, Rouhallah K., *Iran's Foreign Policy 1941—1973: A Study of Foreign Policy in Modernizing Nations*, Charlottesville: University Press of Virginia, 1975.

53. Rhodes, R, *Dark Sun: The Making of the Hydrogen Bomb*, New York: Simon and Schuster, 1995.

54. Rosenne, Meir, *Referral of Iranian President Ahmadinejad on the Charge of Incitement to Commit Genocide*, Jerusalem: Edna Weinstock-Gabay, 2007.

55. Shaker, Mohamed I., *The Nuclear Non-Proliferation Treaty: Origins and Implementations, 1959—1979*, New York: Oceana Publications, 1980.

56. Shalom, Zaki, *Israel's Nuclear Option: Behind the*

Scenes Diplomacy between Dimona and Washington, Brighton, Portland: Sussex Academic Press, 2005.

57. Sokolsky, Richard D., *The United States and the Persian Gulf: Reshaping Security Strategy for the Post-Containment Era*, Washington, D.C.: National Defense University Press, 2003, pp. 9—21.

58. Spector, Leonard S., *Going Nuclear*, Cambridge, Mass: Ballinger Publication, 1987.

59. Timmerman, Kenneth R., *Weapons of Mass Destruction: The Cases of Iran, Syria and Libya*, Los Angeles: Simon Wiesenthal Center, 1992.

60. Weissman, Steve and Krosney, Herbert, *The Islamic Bomb: The Nuclear Threat to Israel and the Middle East*, New York: Times Books, 1981.

61. Yaniv, Avner, *Deterrence without the Bomb-The Politics of Israeli Strategy*, Washington D.C. Lexington Books, 1987.

62. Zubok, Vladislav and Constantine Pleshakov, *Inside the Kremlin's Cold War from Stalin to Khrushchev*, Cambridge: Harvard University Press, 1996.

(二) 论文

1. St John, Ronald Bruce, "Libya Is Not Iraq: Preemptive Strikes, WMD and Diplomacy," *Middle East Journal*, Vol. 58, No. 3, Summer 2004.

2. Albright, David and Khidhir Hamza, "Iraq's Reocnstitution

of Its Nuclear Weapons Program," *Arms Control Today*, October 1998.

3. Albright, David, and Corey Hinderstein, "Algeria: Big Deal in the Desert?" *Bulletin of the Atomic Scientists*, May/June 2000.

4. al-Marashi, Ibrahim, "Saddam's Iraq and Weapons of Mass Destruction: Iraq as a Case Study of a Middle Eastern Proliferant," *MERIA Journal*, Vol. 8, No. 3, 2004.

5. Amuzegar, Jahangir, "Iran's Crumbling Revolution," *Foreign Affairs*, Jan. /Feb. 2003.

6. Amuzegar, Jahangir, "Nuclear Iran: Perils and Prospects", *Middle East Policy*, Vol. XIII, No. 2, Summer 2006.

7. Asada, Masahiko, "Strengthening the Nuclear Non-Proliferation Regime: Proposals and Problems," *The International Spectator*, Vol. 44, No. 1, March 2009.

8. Baabood, Abdulla, "Dynamics and Determinants of the GCC States' Foreign Policy, with Special Reference to the EU," *The Review of International Affairs*, Vol. 3, No. 2, Winter 2003.

9. Bahgat, Gawdat, "Israel and Nuclear Proliferation in the Middle East", *Middle East Policy*, Volume VIII, No. 2, Summer 2006.

10. Bahgat, Gawdat, "Nuclear Proliferation: The Islamic Republic of Iran," *International Studies Perspectives*, Vol. 7, 2006.

11. Barbara M. Gregory, "Egypt's Nuclear Program: Assess-

ing Supplier-Based and Other Developmental Constraints", *Nonproliferation Review*, Fall 1995.

12. Barnett, Michael N., "Regional Security after the Gulf War," *Political Science Quarterly*, Vol. 111, No. 4, Winter 1996—97.

13. Baumgart, Claudia, and Harald Müller, "A Nuclear Weapons-Free Zone in the Middle East: A Pie in the Sky?" *The Washington Quarterly*, Vol. 28, No. 1, 2005.

14. Beck, Michael, Gary Bertsch, Igor Khripunov, "The Development of Nonproliferation Export Control in Russia," *World Affairs*, Vol. 157, No. 1, 1994.

15. Betts, Richard K., "Incentives for Nuclear Weapons: India, Pakistan, Iran," *Asian Survey*, Vol. 19, No. 11, November 1979.

16. Cain, Anthony C., "Iran's Strategic Culture and Weapons of Mass Destruction: Implications of US Policy", *Maxwell Paper No.* 26, Air War College: Air University Press, April 2002.

17. Carus, Seth, "Iranian Nuclear, Biological and Chemical Weapons: Implications and Responses," *Middle East Review of International Affairs*, Vol. 2, No. 1, March 1998.

18. Center for Nonproliferation Studies, "Israeli Friends," *ISIS Report*, May 1994.

19. Chubin, Shahram, and Robert S. Litwak, "Debating Iran's Nuclear Aspirations," *The Washington Quarterly*, Vol. 26, No. 4, Autumn 2003.

20. Cohen, Avner and Burr, William, "The Untold Story of Israel's Bomb", *Washington Post*, April 30, 2006.

21. Cohen, Avner, "The Last Taboo: Israel's Bomb Revisited", *Current History*, Philadelphia: Apr 2005. Vol. 104, Iss. 681.

22. Cohen, Yoel, "Nuclear Ambiguity and the Media: The Israeli Case", *Israel Affairs*, Vol. 12, No. 3, July 2006.

23. Diab, M. Zuhair, "Syria's Chemical and Biological Weapons: Assessing Capabilities and Motivations," *Nonproliferation Review*, Vol. 4, Fall, 1997, p. 105.

24. Dowty, Alan, "Nuclear Proliferation: The Israeli Case," *International Studies Quarterly*, Vol. 22, No. 1, March 1978.

25. Einhorn, Robert J. and Gary Samore, Ending Russian Assistance toIran's Nuclear Bomb, *Survival*, Vol. 44, No. 2, 2002.

26. Einhorn, Robert J., "A Transatlantic Strategy on Iran's Nuclear Program", *The Washington Quarterly*, Autumn 2004.

27. Eisenstadt, Michael, "Living with a Nuclear Iran?" *Survival*, Vol. 41, Iss. 3, Summer 1999.

28. Eisenstadt, Michael, "Syria's Strategic Weapons," *Jane's Intelligence Review*, April 1, 1993.

29. Engelhardt, Michael J., "A Nonproliferation Failure: America and Israel's Nuclear Program, 1960—1968," *Nonproliferation Review*, Vol. 11, No. 3, Fall-Winter 2004.

30. Evron, Yair, "The Arab Position in the Nuclear Field: A Study of Policies up to 1967," *Cooperation and Conflict*, No.

1, 1973.

31. Farr, Warner D., "The Third Temple's Holy Of Holies: Israel's Nuclear Weapons," The Counterproliferation Papers, Future Warfare Series No. 2, USAF Counterproliferation Center, Air War College, Air University, Maxwell Air Force Base, Alabama, September 1999.

32. Feldman, Shai, "The Bombing of Osiraq-Revisited," *International Security*, Vol. 7, No. 2, Autumn 1982.

33. Fuller, Graham E., "The Hizballah-Iran Connection: Model for Sunni Resistance," *The Washington Quarterly*, Vol. 30, No. 1, Winter 2007.

34. George, Alexander L., "Strategies for Preventive Diplomacy and Conflict Resolution: Scholarship for Policymaking," *PS: Political Science and Politics*, Vol. 33, No. 1, March 2000.

35. Gregory, Barbara M., "Egypt's Nuclear Program: Assessing Supplier-Based and Other Developmental Constraints", *Nonproliferation Review*, Fall 1995.

36. Haass, Richard N., "The New Middle East", *Foreign Affairs*, Nov./Dec. 2006.

37. Hibbs, Mark, "Bushehr Construction Now Remote After Three Iraqi Air Strikes," *Nucleonics Week*, November 26, 1987.

38. Hibbs, Mark, "Iran Balking at Approval of IAEA Environmental Monitoring", *Nuclear Fuel*, Vol. 21, No. 20, 1996.

39. Hibbs, Mark, "Iran won' t Accept More Inspections Unless U.S. Stops Nuclear Blockade," *Nuclear Fuel*, Vol. 41,

No. 22, 2000.

40. Hsu, Poyueh Wang, "US Coercive Diplomacy in the North Korean Crisis: From the Crime-and-Punishment Approach to Diplomatic Give-and-Take, 1993—1994", *Tamkang Journal of International Affairs*, Vol. 9, No. 4, April 2006.

41. Jones, Peter, "Arms Control in the Middle East: Some Reflections on ACRS", *Security Dialogue*, Vol. 28, No. 1 , Kemp, Geoffrey, and Walter Lippmann, "How to Stop the Iranian Bomb," *The National Interest*, No. 72, Summer 2003.

42. Kam, Ephraim, "A Nuclear Iran: What Does it Mean, and What Can be Done," Institute for National Strategic Studies, *Memorandum* 88, February 2007.

43. Kibaroglu, Mustafa, "Turkey's Quest for Peaceful Nuclear Power," *The Nonproliferation Review*, Spring/Summer 1997.

44. Lee, Tae Joon, and Maeng Ho Yang, "Half-century Evolution of U. S. Non-proliferation Policy," *The Korean Journal of Defense Analysis*, Vol. 15, No. 1, Spring 2003.

45. Levite, Ariel E. , "Never Say Never Again: Nuclear Reversal Revisited", *International Security*, Vol. 27, No. 3, Winter 2002/03.

46. Litwak, Robert S. , "Non-proliferation and the Dilemmas of Regime Change," *Survival*, Vol. 45, No. 4, Winter 2003—04.

47. Maoz, Zeev, "The Mixed Blessing of Israel's Nuclear Policy", *International Security*, Vol. 28, No. 2, Fall 2003.

48. Michel, Quentin, "The Evolution of Nuclear Export Con-

trol Regime: From Export Control List to Catch-all Clause," *Atoms for Peace: An International Journal*, Vol. 1, No. 1, 2005.

49. Mizin, Victor, "The Evolution of the Russian Approach to the MTCR: The End of a Charpter?," *Journal of Military and Strategic Studies*, Vol. 8, No. 1, Fall 2005.

50. Nasr, Vali, "When the Shiites Rise," *Foreign Affairs*, July/August, 2006.

51. Nasr, Vali, " Who Wins in Iraq?" *Foreign Policy*, March/April 2007.

52. Pape, Robert A., "Soft Balancing against the United States," *International Security*, V. 30, No. 1, Summer 2005.

53. Patri, Neel, "India's AEC offers to reprocess, under safeguards, foreign spent fuel," *Nuclear Fuel*, Vol. 16, No. 11, May 27, 1991.

54. Pollack, Kenneth M., "Bringing Iran to the Bargaining Table", *Current History*, No. 694, November 2006.

55. Raas, Whitney, and Austin Long, "Osirak Redux? Assessing Israeli Capabilities to Destroy Iranian Nuclear Facilities," *International Security*, Vol. 31, No. 4, Spring 2007.

56. Reiter, Dan, "Preventive Attacks Against Nuclear Programs and the 'Success' at Osiraq," *Nonproliferation Review*, Vol. 12, No 2, July 2005.

57. Rosen, Steven J., "A Stable System of Mutual Nuclear Deterrence in the Arab-Israeli Conflict," *The American Political Science Review*, Vol. 71, December 1977.

58. Salhi, Hamoud, "Syria's Threat to America's National Interest," *Strategic Insights*, Vol. IV, Iss. 4, April 2005.

59. Schiff, Ze' ev, "Israel's War with Iran," *Foreign Affairs*, Vol. 85, No. 6, 2006.

60. Schmidt, Fritz W., "The Zangger Committee: Its History and Future Role", *The Nonproliferation Review*, Fall 1994.

61. Seneviratne, Gamini, "IAEA Approves Argentine Fuel for Teheran Research Reactor," *Nuclear Fuel*, October 3, 1988.

62. Serfaty, Simon, "Bridging the Gap across the Atlantic: Europe and the United States in the Persian Gulf," *The Middle East Journal*, Vol. 52, No. 3, Summer 1998.

63. Shen, Dingli, "Iran's Nuclear Ambitions Test China's Wisdom," *The Washington Quarterly*, Vol. 29, No. 2, Spring 2006.

64. Sinai, Joshua, "Libya's Pursuit of Weapons of Mass Destruction", *The Nonproliferation Review*, Spring/Summer, 1997.

65. Specter, Arlen, and Christopher Bradish, "Dialogue with Adversaries," The Washington Quarterly, Vol. 30, No. 1, Winter, 2006—07.

66. St. John, Ronald Bruce, "The Ideology of Mu' ammar Al-Qadhafi: Theory and Practice", *International Journal of Middle East Studies*, Vol. 15, No. 4, 1983.

67. Steinberg, Gerald M., "Examining Israel's NPT Exceptionality: 1998—2005," *Nonproliferation Review*, Vol. 13, No. 1, March 2006.

68. Strindberg, Anders, "Syria under Pressure, *Journal of Palestine Studies*, Vol. 33, No. 4, Summer 2004, p. 62.

69. Strulak, Tadeusz, "The Nuclear Suppliers Group," *The Nonproliferation Review*, Fall 1993.

70. Takeyh, Ray, "Qadhafi and the Challenge of Militant Islam", *The Washington Quarterly*, Vol. 21, No. 3, Summer, 1998.

71. Takeyh, Ray, "Time for Detente with Iran," *Foreign Affairs*, Vol. 86, No. 2, March/April, 2007.

72. Taremi, Kamran, "Iranian Perspectives on Security in the Persian Gulf," *Iranian Studies*, Vol. 36, No. 3, September 2003.

73. Thayer, Bradley A., "The Causes of Nuclear Proliferation and the Unity of the Nuclear Nonproliferation Regime," *Security Studies*, Vol. 4, No. 3, Spring 1995.

74. Tucher, Jonathan B. "Monitoring and Verification in a Noncooperative Environment: Lessons from the U. N. Experience in Iraq", *The Nonproliferation Review*, Spring-Summer 1999.

75. Wyllie, James, "Libya: Regime Stress", *Jane's Intelligence Review*, Vol. 21, No. 7, December 1995.

76. Youssef, A. O., "Co-operation is the key to Arab nuclear development," *Nuclear Engineering International*, Vol. 27, No. 322, 1982.

77. Zunes, Stephen, "U. S. Policy towards Syria and the Triumph of Neoconservativism," *Middle East Policy*, Vol. 11, No. 1, Spring 2004.

后　记

伊朗核问题升温后，中东地区出现了核扩散的苗头。特别是伊拉克战争以后，受美国霸权主义、单边主义和先发制人战略的刺激，一些中东国家发展核计划的愿望不是减弱而是增强了。中东有可能成为继南亚之后最容易发生核扩散和核冲突的地区。出现这种状况既与这些国家感受到来自世界大国和地区大国的安全威胁分不开，又在一定程度上与国际核不扩散机制自身的缺陷有关。于是我萌生了研究中东核扩散与国际核不扩散机制的想法，并开展了一些前期研究。

2006 年，我在前期研究成果的基础上，设计了“中东核扩散和国际核不扩散机制研究”的课题，计划将中东核扩散案例与国际核不扩散机制结合起来进行研究，探索国际安全防范机制与国际热点问题之间的关联。希冀对中东核扩散态势进行前瞻性研究，对国际核不扩散机制进行客观和正确的评估，为有关部门的对策提供建议和依据，并为解决核扩散问题提供借鉴。

经专家评审通过，教育部批准“中东核扩散与国际核不扩散机制研究”作为教育部人文社会科学重点研究基地重大研究项目立项。得知我申报的课题获得立项后，我的一些博士生表现出参与本课题研究的浓厚兴趣和积极意愿，而吸收青年人参与课题研究也完全符合教育部科研项目要"出成果，锻炼队伍，培养人才"的精神。于是我吸收了一些优秀的专注于中东问题和核问题研究的中青年博士和科研人员，组织起精干的课题组队伍，开始了课题的研究工作。

本书是一个团队合作的集体工程，是团队合作的集体成果。孙德刚博士、副研究员，杨明星博士、译审，岳汉景博士、副教授，周士新博士，杨扬博士、副教授，梁平安副研究员，姜振飞博士、副教授先后参加了本课题的研究，或独立或合作撰写了部分章节。他们都是从事中东研究或核问题研究的中青年才俊，在各自的领域都颇有建树。他们在从事本课题研究期间或之前，大多有赴国外工作和学习交流的经历，如杨明星曾在中国驻伊朗大使馆工作，孙德刚曾赴美国和以色列学习交流，岳汉景曾赴伊朗工作学习，杨扬、周士新和梁平安曾赴以色列学习交流。他们的才华和经历，是本课题质量的重要保证。现在，他们都是各个单位的教学和科研骨干，有的还成了单位或部门的负责人。

作为本课题的负责人和主持人，我除参与课题研究与撰写部分内容外，还负责课题的总体设计和章节内容的结构安排，立项申请，课题组的组建和分工，中期考核汇报，全书初稿、二稿和三稿的审读、修改，以及课题结项申请和最后的出版事宜。孙德刚副研究员作为课题组的协调人，做了大量的联络和协调工作，并负责全书最后的统稿、定稿和校样审读。

经过课题组成员历经四年的努力，本课题于2010年底完成，2011年初提交教育部申请结项，同年10月经教育部组织专家评审通过，同意结项。至此，我才如释重负。

本课题在进行过程中，中东核扩散特别是伊朗核问题仍在持续发酵、升温，往往今天写的内容，过了一段时间，又出现了新的变化，于是不得不改写甚至重写。本课题经我审读的就有三稿，各成员自己改写或重写的可能远不止三稿，付出的艰辛由此可见一斑。全书截稿于2010年底，导言和结论部分在出版前又根据形势的发展进行了更新。本书出版时，一定有部分内容落后于形势，这是我们想尽量避免而最终无法避免的，还请读者谅解。

赵伟明

2012年初于上海